普通高等教育汽车服务工程专业规划教材

专用车辆

● 司景萍　主编　● 明平顺　主审

人民交通出版社

内 容 提 要

本教材由全国高等院校汽车服务工程专业教学指导委员会组织编写，为全国高等院校教学指导委员会汽车服务工程专业分教学指导委员会推荐教材。本教材从目前广泛使用且具有代表性的罐式汽车、自卸汽车、厢式汽车、汽车列车及其他专用车辆着手，详细介绍了这些专用车辆的结构特点、总体设计原则、参数选择、专用工作装置的工作原理及设计计算等内容。教材尽可能地反映了目前国内外专用车辆的新知识和新技术，能够适应社会发展和科技进步的需要。内容符合专业培养目标和课程教学基本要求，尽量达到弹性化、模块化，可读性强。

本教材可供高等院校汽车服务工程专业本科生教学使用，也可供车辆工程、汽车运用工程等专业或开设专用车设计课程的其他专业本科生用做教材，也可供从事专用汽车设计及汽车改装行业的工程技术人员阅读参考。

图书在版编目(CIP)数据

专用车辆/司景萍主编．—北京：人民交通出版社，2007.10

ISBN 978-7-114-06655-9

Ⅰ．专… Ⅱ．司… Ⅲ．汽车—高等学校—教材 Ⅳ．U469.6

中国版本图书馆 CIP 数据核字(2007)第 093974 号

书　　名：专用车辆
著 作 者：司景萍
责任编辑：宋　伟
出版发行：人民交通出版社
地　　址：(100011)北京市朝阳区安定门外外馆斜街 3 号
网　　址：http://www.ccpress.com.cn
销售电话：(010)59757973
总 经 销：人民交通出版社发行部
经　　销：各地新华书店
印　　刷：北京交通印务实业公司
开　　本：787×1092　1/16
印　　张：16.25
字　　数：380 千
版　　次：2007 年 10 月第 1 版
印　　次：2013 年 7 月第 2 次印刷
书　　号：ISBN 978-7-114-06655-9
定　　价：30.00 元

前 言

Qianyan

进入21世纪以来,伴随国家汽车产业发展政策的调整,我国汽车产业进入健康、持续、快速发展的轨道。在汽车工业大发展的同时,汽车消费主体日益多元化,广大消费者对高质量汽车服务的渴求日益凸现,汽车厂商围绕提升服务质量的竞争业已展开,市场竞争从产品、广告层面提升到服务层面,这些发展和变化直接催生并推进了一个新兴产业——汽车服务业的发展与壮大。

当前,我国的汽车服务业正呈现出"发展快、空间大、变化深"的特点。"发展快"是与汽车工业本身的发展和社会汽车保有量的快速增长相伴而来的。"空间大"是因为我国的汽车普及率尚不够高,每千人拥有的汽车数量还不及世界平均水平的1/3,汽车服务市场尚有很大的发展潜力,汽车服务业将是一个比汽车工业本身更庞大的产业。"变化深"一方面是因为汽车后市场空前繁荣,蓬勃发展,大大拉长和拓宽了汽车产业链。汽车技术服务、金融服务、销售服务、物流服务、文化服务等新兴的业务领域和服务项目层出不穷;另一方面是因为汽车服务的新兴经营理念不断涌现,汽车服务的方式正在改变传统的业务分离、各自独立、效率低下的模式,向服务主体多元化、经营连锁化、运作规范化、业务集成化、品牌专业化、技术先进化、手段信息化、竞争国际化的方向发展,特别是我国加入WTO后的今天,汽车产业相关的保护政策均以到期,汽车服务业实现全面开放,国际汽车服务商加速进入,以上变化必将进一步促进汽车服务业向纵深发展。

汽车工业和汽车服务业的发展,使得汽车厂商和服务商对高素质的汽车服务人才的需求比以往任何时候都更为迫切,汽车服务业将人才竞争视作企业竞争致胜的关键要素。在这种背景下,全国高校汽车服务工程专业教学指导委员会(筹)顺应时代的呼唤,组织全国高校汽车服务工程专业的知名教授,编写了汽车服务工程专业规划教材。

本套教材总结了全国高校汽车服务工程专业的教学经验,注重以本科学生就业为导向,以培养综合能力为本位。教材内容符合汽车服务工程专业教学改革精神,适应我国汽车服务行业对高素质综合人材的需求,具有以下特点:

1. 本套教材是根据全国高校汽车服务工程专业教学指导委员会审定的教材编写大纲而编写,全面介绍了各门课程的相关理论、技术及管理知识,符合各门课程在教学计划中的地位和作用。教材取材合适,要求恰当,深度适宜,篇幅符合各类院校的要求。

2. 教材内容努力做到由浅入深,循序渐进,并处理好了重点与一般的关系;符合认知规律,便于学习;条理清晰,文字规范,语言流畅,文图配合适当。

3. 教材努力贯彻理论联系实际的原则。教材在系统介绍汽车服务工程专业的科学理论与管理应用经验的同时,引用了大量国内外的最新科研成果和具有代表性的典型例证,分析了发展过程中存在的问题,教材内容具有与本学科发展相适应的科学水平。

4. 教材的知识体系完整,应用管理经验先进,逻辑推理严谨,完全可以满足汽车服务行业对综合性应用人材的培养要求。

《专用车辆》是汽车服务工程专业规划教材之一,由内蒙古工业大学司景萍教授主编,武汉理工大学明平顺教授主审。参加本书编写的人员有:司景萍(第一章,第六章和第七章),陈永艳(第二章),蒋工亮(第三章),林丽华(第四章,第八章的第一节),刘占峰(第五章,第八章的第二节)。全书由司景萍统稿。

本书作为普通高等学校汽车服务工程专业的规划教材,将对汽车服务工程专业和相关专业(方向)的教学起到促进作用。此外,本书也可以作为国内汽车服务业就业群体学习提高和职工培训的教材或参考读物使用。

由于时间仓促,本套教材定有许多不尽人意的地方,敬请广大读者和同仁使用后批评指正,以便教材再版时修正。

全国高校汽车服务工程专业教学指导委员会(筹)

2007 年 7 月

目 录

Mulu

第一章　绪　论

一、专用车辆的一般概念及分类

关于“专用车辆”术语世界各国尚无统一的标准，国外所谓的专用车辆一般是指一种在许多特征上不同于基本型车辆或经过特殊改装之后，才能用于运输货物或人员的车辆，以及只用于完成特定任务的车辆。

我国对“专用车辆”的概念则根据 GB/T 17350—1998《专用汽车和专用半挂车的术语和代号》定义为：“装置有专用设备，具备有专用功能，用于承担专门运输任务或专项作业的汽车和汽车列车”。

GB/T 17350—1998 还将国产专用车辆划分为厢式汽车、罐式车辆、专用自卸汽车、起重举升车辆、仓栅式车辆和特种结构车辆等六大类，它们分别定义为：

厢式汽车：具有独立的封闭结构车厢或与驾驶室联成一体的整体式封闭结构车厢，装备有专用设施，用于载运人员、货物或承担专门作业的专用车辆和汽车列车。

罐式车辆：装配有罐状的容器，并且通常带有工作泵，用于运输液体、气体或粉状物质，以及完成特定作业任务的专用车辆和汽车列车。

自卸汽车：装有由本身发动机驱动的液压举升机构，能将车箱卸下或使车箱倾斜一定角度、货物依靠自重能自行卸下的专用车辆。

起重举升车辆：装配有起重设备或可升降的作业台（斗）的专用车辆。

仓栅式车辆：具有仓笼式、栅栏式结构的车厢，用于运输散装颗粒食物、畜禽等货物的专用车辆和汽车列车。

特种结构车辆：具有衍架形结构、平板结构等各种特殊结构的专用车辆和汽车列车。

二、我国专用车辆的编号规则

根据中华人民共和国国家标准 GB 9417—88“汽车产品型号编制规则”，我国汽车的产品型号由企业名称代号、车辆类别代号、主参数代号、产品序号、企业自定代号五部分组成，如图 1-1 所示。

对于专用汽车及专用半挂车还应增加专用汽车分类代号，这样专用汽车产品型号则由六部分组成，如图 1-2 所示。

1. 企业名称代号

企业名称代号位于产品型号的第一部分，用代表企业名称的 2 个或 3 个汉语拼音字母表示。

2. 车辆类别代号

各类汽车的类别代号位于产品型号的第二部分，用一位阿拉伯数字表示，按表 1-1

规定。

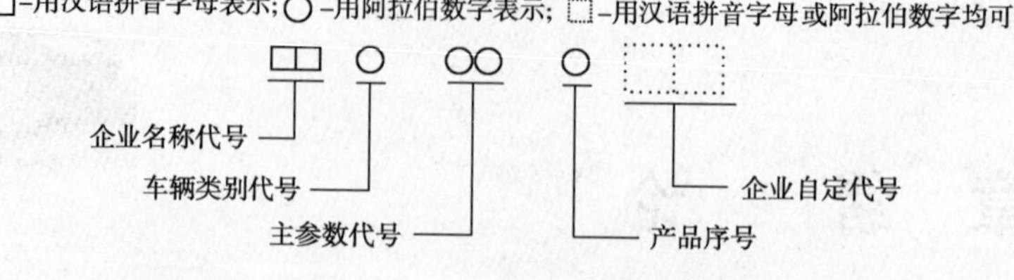

图 1-1　汽车产品型号的构成

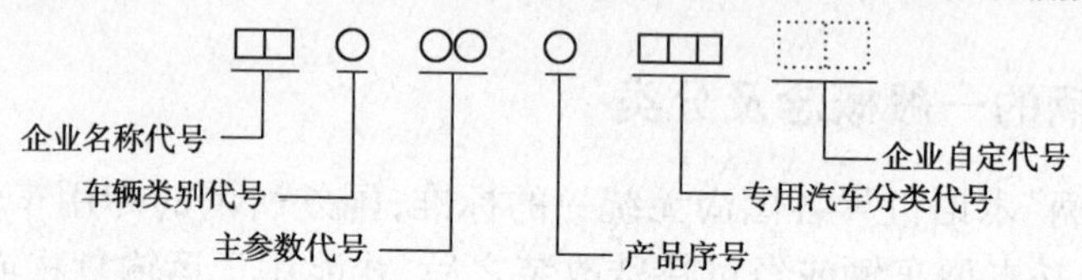

图 1-2　专用汽车产品型号的构成

车辆类别代号

表 1-1

车辆类别代号	车辆种类	车辆类别代号	车辆种类	车辆类别代号	车辆种类
1	载货汽车	4	牵引汽车	7	轿车
2	越野汽车	5	专用汽车	8	
3	自卸汽车	6	客车	9	半挂车

3. 主参数代号

各类汽车的主参数代号位于产品型号的第三部分,用两位阿拉伯数字表示。

(1)载货汽车、越野汽车、自卸汽车、牵引汽车、专用汽车与半挂车的主参数代号为车辆的总质量(t)。牵引汽车的总质量包括牵引座上的最大质量,当总质量在100t以上时,允许用三位数字表示。

(2)客车及半挂客车的主参数代号为车辆长度(m)。当车辆长度小于10m时,应精确到小数点后一位,并以长度(m)值的十倍数值表示。

(3)轿车的主参数代号为发动机排量(L),应精确到小数点后一位,并以其值的十倍数值表示。若一个轿车产品同时选装不同排量的发动机,且其变化范围大于10%时,允许企业以其中的一个排量为主参数,其他排量用企业自定代号加以区别。

(4)专用汽车及专用半挂车的主参数代号,当采用定型车辆底盘或定型半挂车底盘改装时,若其主参数与定型底盘原车的主参数之差不大于原车的10%,则应沿用原车的主参数代号。

(5)主参数的数字修约按GB 8170—87《数字修约规则》的规定。

(6)主参数不足规定位数时,在参数前以"0"占位。

4. 产品序号

各类汽车的产品序号位于产品型号的第四部分,用阿拉伯数字表示,数字由0、1、2……依次使用。

当车辆主参数有变化,但不大于原定车型设计主参数的10%时,其主参数代号不变;大于10%时,应改变主参数代号;若因为数字修约而主参数代号不变时,则应改变其产品序号。

5. 专用汽车分类代号

专用汽车分类代号位于产品型号的第五部分，如图 1-3 所示，用反映车辆结构和用途特征的 3 个汉语拼音字母表示，结构特征代号按表 1-2 规定，用途特征代号按 ZB/T T50 005 规定。

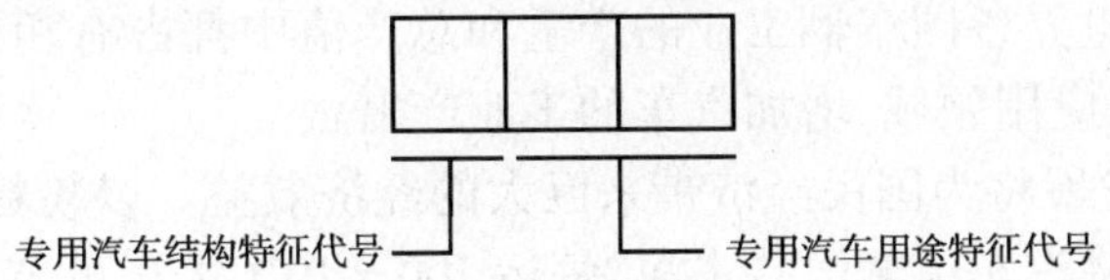

图 1-3 专用汽车分类代号

专用汽车结构特征代号 表 1-2

厢式车辆	罐式车辆	专用自卸车辆	特种结构车辆	起重举升车辆	仓栅式车辆
X	G	Z	T	J	C

6. 企业自定代号

企业自定代号位于产品型号的最后部分，同一种车辆结构略有变化而需要区别时（例如汽油、柴油发动机，长、短轴距，单、双排座驾驶室，平、凸头驾驶室，左、右置转向盘等），可用汉语拼音字母和阿拉伯数字表示，位数也由企业自定。供用户选装的零部件（如暖风装置、收音机、地毯、绞盘等）不属结构特征变化，应不给予企业自定代号。

三、专用车辆在汽车工业中的地位和作用

目前，汽车运输业和日益兴旺的物流业在我国国民经济发展中占有非常重要的地位，现代汽车已是推动现代文明的重要工具。随着汽车工业和市场经济的发展，在用载货汽车的保有量在逐年增加。专用车辆的研制、生产和应用不仅在实现"门到门"的专业化运输和作业方面受到社会的重视和欢迎，也受到物流业的广泛青睐，在大幅度提高运输效率、降低运输成本、扩大车辆的应用领域等方面发挥着极其重要的作用。众所周知，汽车工业发展的经济效益不只是车辆本身，而是集中表现在车辆使用和流通的全过程，由于商品经济的发展，社会对汽车运输的效率和经济性、以及汽车本身的各种功能和性能的要求也越来越高，使得汽车运输工具向专用化发展成为必然趋势。在某种意义上讲，基础车型仅能满足"量"的要求，而专用车辆才能更有效地发挥汽车运输的经济效益，从而满足"质"的要求。因此，专用车辆是汽车运输发展的必然产物，与普通汽车相比，专用车辆的特点主要表现在以下几个方面：

（1）有效地提高车辆运输效率、减少劳动消耗、降低作业成本。据统计，一辆载货质量为 5t 的集装箱运输车与同吨位载货车辆比较，运输效率可提高 37%；在建筑作业中采用混凝土泵车泵送施工，一般能降低施工费用 20% ~30%、缩短工时 30% ~35%、节约劳力（人员）41%。由此可见，使用专用车辆可有效地提高运输效率。

（2）减少运输途中的货损、货差，提高安全性。一些易燃、易爆、易碎、易破、易腐、易蚀、易散、易落等方面的物资，可采用带有各种专用容器、防腐装备、恒温和高级避震装置的专用车辆进行运输。如粮食及食品类货物，采用专用冷藏车辆运输，可保鲜保质，减少损失；石油类货物，采用罐式车辆运输，可采用专用设备进行装卸，喷涂"易燃、易爆、严禁烟火"等字样，加设消防设施等，以保证货物运输质量、改善劳动条件、提高安全性。

（3）发展专用车辆生产能扩大汽车的应用领域。专用车辆能适应一般载货汽车所不能

满足的各种特殊要求,从而扩大了车辆的应用领域。汽车制造厂向社会提供改装用的专用底盘,是汽车制造厂摆脱品种单一,拓宽品种和市场,适应市场变化的方法。目前,世界各大汽车生产厂生产的载货汽车,几乎80%以上是以底盘形式提供给专用车辆厂进行专用车辆的改装。专用车辆在世界各国车辆工业的产量和总产值中都占有相当比重,努力发展专用车辆生产,将扩大汽车应用领域,增加汽车的工业产出。

(4)专用车辆的发展将为国民经济带来巨大的经济效益。以粉粒物料的散装运输车辆的开发为例。采用粉罐汽车运输散装水泥,每运 100×10^4t 水泥可节约袋装纸6 000t,不仅节约了造纸原料和能源,还节约了近40万人劳动力。我国目前水泥产量已突破 2×10^8t,如果水泥运输散装率在90%以上,则每年仅节约包装费达50亿元以上。高技术和高附加值的专用车辆在提高产值、利润和节约外汇方面都有着极其重要的作用。

四、国外专用车辆的发展概况

国外最早发展专用车辆产品的是美国和西欧的一些国家,二战后相继在日本、前苏联等国得到了发展。20世纪70年代末,当汽车工业出现世界性的萧条和滞销时,发展专用车辆成了当时摆脱汽车工业危机的一条出路,因此专用车辆在世界范围内迅速发展起来。

(一)国外专用车辆的生产组织状况

国外专用车辆的生产组织形式多样化,基本上概括为以下4种:

(1)汽车制造厂(即主机生产厂)设分公司或分厂生产专用车辆,主要生产本厂基本车型改装的专用车辆。如著名的戴姆勒·本茨车辆公司自产救护车、消防车、清扫洒水车等。日本丰田车辆集团公司由15家公司组成,是一个综合企业,荒川车体工业株式会社是丰田汽车集团的成员公司,它用丰田汽车集团的汽车底盘生产硬顶吉普和特种车(如急救车、宣传车、移动售货车等)。前苏联的各主要汽车厂也都生产由基本型货车底盘改装的牵引车、自卸车、厢式货车等。

国外的许多汽车制造厂在提供大量普通底盘的同时,日益重视各种专用底盘的开发与生产。这些专用底盘主要有车辆起重机底盘、高空作业车底盘、混凝土输送泵车底盘、清扫车底盘、消防车底盘以及其他特殊要求的专用底盘。

(2)专用车辆厂从汽车制造厂购买底盘,装配自己生产的专用车辆。这些专用车辆厂在接受用户订货后,从汽车制造厂购买所需底盘进行改装生产。在竞争中,各汽车制造厂大量生产适于改装专用车的各种底盘以求发展。

(3)非汽车公司组织专用车辆生产。如有些从事飞机制造、造船、设备制造、铁道车辆制造公司也可设分公司或分厂,根据市场需求生产专用车辆。

(二)国外专用车辆生产企业的特点

(1)多品种,小批量。如英国约克公司能生产牲畜运输车、保温车、冷藏车、自卸车、市政工程车、粉粒物料散装车等品种。日本东急车辆制造株式会社是日本最大的挂车公司,专用车产品以挂车、罐车为主,其中集装箱半挂运输车占有较大比例。此外该公司还生产厢式车、自卸车、高空作业车、消防车、环卫车等品种。

(2)厂家多、规模小。如英国专营和兼营专用车辆的厂家有600~700家,甚至更多,其中70%的工厂职工人数在30人以下。美国在1991年专用车厂就有900多家,而职工不足20人的有500多家。日本在1988年生产专用车辆的公司约有128家,工厂近200家。

(3)零、部件生产专业化。国外大部分专用车辆厂实质是一个总装厂,其产品按结构分工或组织专业化协作生产。如挂车车轴、牵引座、支腿、悬架等,自卸车举升缸、油泵等,工程车辆的关键专用设备等,均由各专业厂集中生产。

(三)国外专用车辆产品的现状及其发展趋势

1. 国外专用车辆产品的现状

美国是专用车辆发展最早的国家之一,其专用车辆的生产是美国汽车工业的重要组成部分。据不完全统计,美国在1986年其专用车辆的产品即占货车产量的58%,在其9~12t的中型货车保有量中,专用车辆占2/3以上;20世纪70年代,美国的挂车平均年产量已达15万辆左右(约占9t以上载货车产量的40%左右)。日本在20世纪70年代末期,其专用车辆年平均产量在20万辆左右;到1990年,日本专用车辆总产量已达到25.8万辆;近年来在中型货车中,专用车辆的比例已超过54%。欧洲的专用车辆主要是重型专用车辆,且绝大多数产品为不同规格尺寸和不同承载量的低货台载货汽车、挂车和半挂车;欧洲的大部分专用车辆生产厂家集中在德国,1979年原西德挂车产量达15.1万辆,占载货车产量的51%,占专用车辆产量的87%。原苏联自1956年以来,汽车工业有较大的发展,但载货汽车在总产量中的比例却在下降,而专用车辆在载货汽车保有量中的比例却逐年上升。

据资料统计,国外主要汽车工业发达国家的专用车辆社会保有量,占载货汽车保有量的比率在70%左右。近年来世界各国都在大力发展专用车辆的生产,致力于专用车辆的研究,以利于各种货物的高质量运输。

2. 国外专用车辆产品的发展趋势

国外专用车辆的产量明显以重型居多,其原因主要是重型专用车辆有较好的经济效益。重型专用车辆功率大、强度高,有中、小型专用车辆无法替代的优点,因此在国外得到了迅速发展。如德国的散装水泥车吨位均在15t以上;比利时莫尔(Mol)公司近年花费相当大的人力、物力从事50~70t的大型半挂车用牵引车的研究和生产,其大型粉罐车也已进行系列化生产,装载容积达30~60m^3。

国外不少汽车厂专门从事专用车辆底盘的生产,尤其重视专用底盘的系列化、专业化生产,以满足专用车辆的特殊需要。

近年来,国外专用汽车厂家逐步重视新材料、新技术在专用车辆上的应用,如采用玻璃纤维增强塑料替代金属材料制造冷藏车厢体,具有强度高、质量轻、寿命长等优点,其应用日趋广泛。

微电脑的应用正逐渐渗透到所有产业领域,专用车辆也不例外。微电脑已广泛用于发动机控制、自动变速、专用装置动力传递、电器故障诊断等方面,使专用车辆的使用价值逐渐扩大,技术性能明显提高。

五、我国专用车辆的发展概况

(一)我国专用车辆的生产现状

我国专用车辆的生产起步较晚,始于20世纪60年代初期,是在军用改装车辆、消防改装车辆的基础上逐步发展起来的。20世纪70年代,一些专用车辆生产厂根据国民经济的不同需要,已逐步成为某一门类专用车辆生产的骨干企业,形成了自己的产品特色。如生产半挂车的汉阳特种车辆制造厂、生产粉罐汽车的武汉专用车辆厂、生产冷藏保温车的镇江冷藏汽车厂、生产厢式汽车的兰州专用汽车厂、生产自卸汽车的青岛专用汽车厂等。进入20世纪80年代,随着国民经济的发展,专用车辆得到迅速发展,年生产能力达10多万辆,特别是国内各大汽车集团公司，如第一汽车集团公司、东风汽车公司、重型汽车集团公司等都把专用车辆的开发放到了重要地位，为专用车辆的发展起到了重要作用。从此，专用车辆已从形成行业阶段向逐步成熟阶段迈进。目前，专用车辆已经成为国民经济中不可缺少的交通运输和工程作业的重要装备，专用车辆覆盖面越来越广泛。近几年来，一些专用车辆生产厂家在立足国内市场的基础上，已开始涉足国际市场，尤其是我国中吨位的专用车辆以其具有的可靠性、性能适中、价格低廉在第三世界国家中具有相当的竞争能力。

经历了30多年的发展，我国的专用车辆行业已具有一定的规模，特别是20世纪90年代初，我国专用车辆的发展以较高的速度增长。目前，我国专用车辆生产厂家大致可分4类：一是生产基本型车辆的汽车制造厂（主机厂），这些生产厂实际是大的汽车集团、公司下设的分公司或分厂，它们生产的专用车辆占专用车辆总产量的50%左右；二是专用车辆的专业生产厂，在汽车制造厂（主机厂）提供的汽车底盘上进行改装，这是目前我国专用车辆生产的主要形式，其产量约占45%；三是非专业生产厂，如客车、航天、航空、造船及军工厂等在生产其他产品同时，也生产专用车辆；四是一些部门的修理厂，根据用户需要也在改装少量的专用车辆。

近20年来，我国专用车辆生产的发展速度很快，成绩巨大，但纵观国内经济发展需求和世界工业发达国家专用车辆的发展趋势，我国专用车辆的品种还比较集中、单一。不断开发新产品，增加产量和品种，提高产品品质，调整生产规模是摆在专用车辆厂家面前的一项紧迫而艰巨的任务。

（二）专用车辆产品的发展趋势

随着我国国民经济的发展，基础工业建设的需要，油田开发建设、矿山开发建设、电站和水利建设、交通运输建设等发展，需要大量的专用车辆，重型专用车辆起着举足轻重的作用，如重型半挂车、重型自卸车等。重型车经济效益好、功率大，有利于综合利用。而目前我国的专用车辆占全国载货车辆保有量和年产量的比例还较小，与发达国家相比较差距很大。因此重型专用车辆的开发生产，无论在品种上或批量上都具有广阔的发展前景。

我国的专用车辆过去一直以中型为主，现在的趋势一是往“大”走。如上所述，大（或重）型适于公路运输；二是往“小”走，小（或轻）型适于走街穿巷。随着国民经济的发展，城市需要大量的生活用车、环卫用车、医疗用车、市政用车等各种轻型专用车辆。客厢式乘用车和各种轻型专用车，也已成为轻型车市场的组成部分，专用车（包括各种改装车）的轿车化趋势也在悄悄兴起。

专用车辆在适应市场发展需求的同时，随着材料的发展和进步，开发生产高水平、高技术、高品质、高附加值的专用车辆，可不断提高专用车辆的档次，以满足国民经济发展的需求，替代进口，使专用车辆产品的出口具有一定的竞争力。

目前，高速公路运输车、高速公路专用服务车、装载$20m^3$以上的飞机加油车、机场专用运输车、城市建设专用车辆、高层建筑消防车、散装颗粒物料运输车、沙漠油田特种运输车、高空、水下作业特种曲臂作业车，以及超重、超大货物运输专用车辆等，众多国民经济发展急需的高技术、高水平、大质量、高附加值的专用车辆新产品亟待开发生产。

第二章　专用车辆的总体设计

第一节　概　　述

一、专用车辆的特点及设计要求

专用汽车与普通汽车的区别主要是在所选定的底盘上,改装具有专用功能的上装部分,用以完成某些特殊的运输和作业功能。因此在设计上,除了要满足基本型汽车的性能要求外,还要满足专用功能的要求,而形成自身的特点。

(一)专用车辆的特点

(1)能保持运输货物的物理状态和质量。采用普通型汽车运输,使有些货物在运输过程中可能会发生腐烂变质,在长途运输中,如肉类、蛋类若没有冷冻保鲜专用设备,尤其是在炎热的夏天会发生变质;有些货物在运输过程中容易流失损坏,如水泥、玻璃、谷物、蔬菜等。

(2)能提高运输生产率,降低运输成本,减少劳动消耗、缩短装卸时间、实现最佳经济效益。例如自卸汽车可减少装卸劳动力;液罐汽车可以自行装卸油液;洒水车具有自动加水、喷洒道路、冲洗水沟的功能;混凝土搅拌车具有搅拌水泥、石沙和将混凝土运输到建筑工地的功能。普通型汽车是不可能完成这些功能的。

(3)具有专门的防护设备。对于一些易燃、易爆、易腐蚀、有毒等化学物质必须使用专用车辆来运输,普通型汽车难以胜任这些特殊物质的运输工作。

除公路运输外,对石油勘探、市政工程、环保卫生、消防、机场、医疗、建筑等也需要专用汽车运输。由于专用车辆具有某些普通型汽车不能比拟的功能,近年来世界各国都大力发展专用车辆,致力于专用车辆的研究,以扩大汽车使用范围。

综上所述,专用车辆是汽车运输发展的产物,与普通型汽车相比,具有能充分发挥汽车运输效率,降低运输成本、缩短装卸货物时间、减少劳动消耗和货物损失,特别是能保持货物的质量与使用价值,有利于各种类货物运输的优点。

(二)专用车辆的设计要求

1. 选用定型的基本型汽车底盘进行改装设计

这就需要了解国内外汽车产品,特别是载货汽车产品的生产情况、底盘规格、供货渠道、销售价格及相关资料等。然后根据所设计的专用汽车的功能和性能指标要求,在功率匹配、动力输出、传动方式、外形尺寸、轴载质量、购置成本等方面进行分析比较,优选出一种基本型汽车底盘,作为专用汽车改装设计的底盘。对于不能直接采用二类底盘或三类底盘进行改装的专用汽车,也应尽量选用定型的汽车总成和部件进行设计,以缩短产品的开发周期和

提高产品的可靠性。

2. 设计的主要工作是总体布置和专用工作装置匹配

设计时既要保证专用功能满足其性能要求,也要考虑汽车底盘的基本性能不受到影响。在必要时,可适当降低汽车底盘的某些性能指标,以满足实现某些专用工作装置性能的要求。

3. 专用汽车设计应考虑产品的系列化、标准化

针对专用汽车品种多、批量少的生产特点,专用汽车设计应考虑产品的系列化和标准化,以便根据不同用户的需要而能很快的进行产品变型。对专用汽车零部件的设计,应最大限度地选用标准件,或选用已经定型产品的零部件,减少自制件。对专用汽车自制件的设计,要多考虑通用设备加工的可能性。

4. 合理选择专用装置的配套件

对专用汽车工作装置中的某些核心部件或总成,如各种水泵、油泵、气泵、空压机、取力器及各种阀等,要从专业生产厂家中优选。专用汽车专项作业性能的好坏,主要决定于这些部件的性能和可靠性。

5. 应满足公路交通安全法规的要求

专用汽车设计应满足有关机动车辆公路交通安全法规的要求,对于某些特殊车辆,如重型半挂车、油田修井车、机场宽体客车等,应作为特定作业环境的特种车辆来处理。

6. 其他

在普通汽车底盘上改装的专用汽车,底盘受载情况可能与原设计不同,因此要对一些重要的总成结构件进行强度校核。某些专用汽车可能会在很恶劣的环境下工作,其使用条件复杂,要了解和掌握国家及行业相应的规范和标准,使专用汽车有良好的适应性,工作可靠,且要设置安全性装置。

综上所述,专用汽车的设计有其自身的特点和要求,既要满足汽车设计的一般要求,同时又要获得好的专用性能。这就要求汽车和专用工作装置合理匹配,构成一个协调的整体,使汽车的基本性能和专用功能都得到充分发挥。

二、专用车辆的设计程序

专用车辆制造生产的特点是批量小,不同于新车设计,不需要进行从总体到总成的系统设计,主要根据使用要求和功能特点选择合适的车型底盘,匹配具有专用功能的工作装置。

设计程序一般经过如下几个阶段。

(一)可行性分析

在深入调查研究的基础上,对新型专用车辆进行可行性分析。了解新产品的使用条件,用户对新产品的性能要求、使用要求以及需求量,收集国内外同类或相近类专用车辆的技术资料进行分析比较,整理出新型专用车辆开发的可行性报告,分析新产品开发的目的意义,国内外现状及发展趋势,市场预测及技术经济分析,产品开发的关键技术及其实施方案等内容。

(二)技术设计

1. 确定主要性能指标

专用车辆的性能指标可分为基本性能指标和专用性能指标两大类。

基本性能指标包括动力性、燃油经济性、制动性、操纵稳定性、通过性等指标;专用性能指标是由专用车辆的专用功能确定的,可通过现有技术资料进行分析比较或社会调查来选择确定。

2. 选择汽车底盘

专用车辆是在汽车底盘上安装专用工作装置,用于承担专门运输任务或专项作业的车辆。因此,专用车辆的基本性能是由汽车底盘的性能所决定的。所选用的汽车底盘有4种结构形式;二类底盘是由驾驶室、发动机和底盘总成组合在一起;三类底盘是由底盘总成和发动机组合在一起;专用底盘是专门为某一类专用车辆设计制造的底盘;组合底盘是选用定型的总成组装成的底盘。以上4种专用底盘可根据专用车辆的用途及使用条件、已确定的专用汽车性能指标、专用车辆的专用功能及其总布置的需要以及生产厂家现有的条件和能力来选定。

3. 总布置图的绘制及性能参数计算

专用车辆的设计实质上是在汽车底盘上进行改装设计的过程,根据专用功能设计安装各类型的专用装置。在专用车辆总布置图上应能反映出专用装置的布置形式及相对尺寸、取力装置和传动装置的布置形式。有时由于专用装置布置的需要,在不改变使用性能的前提下,对底盘上的某些部件可进行重新布置,如加燃油箱、管路、杆件等。

确定总体布置方案后,要计算一些主要性能参数,如动力性指标、轴载质量分配、燃油经济性指标等。这些性能参数应不改变原汽车底盘的性能参数,视其计算结果对总体布置方案进行必要的修改。

4. 总成及零部件设计

以总布置图为依据,进行各总成及零部件的设计计算,各总成及零件的尺寸确定以后,还应在总布置图上作进一步的布置及运动校核,使各部件之间相互协调。

(三)产品的试制与鉴定

以上专用车辆的技术设计完成以后,工艺人员根据产品设计图样与本厂的生产实际,编制工艺流程卡片及工艺路线,用于产品的试生产。通过试生产或装配进一步暴露技术设计中的问题,以便于改进设计。完成技术设计和试生产后的专用车辆产品必须经过严格的定型试验,全面考核其结构、性能、使用可靠性等是否达到设计任务书的要求。定型试验的主要项目有专用车辆的基本性能试验、专用性能试验、可靠性试验。最后进行新产品的技术鉴定,由主管部门组织同行专家、技术人员对设计的图样、工艺文件、试验报告、样车等进行审查鉴定,通过鉴定后完善各种上报手续,待国家改装车产品生产目录公布后,即可投入批量生产。新产品投入市场后,还应进一步收集用户意见及在实际使用中所暴露的诸如设计、制造、材料等问题,作为第二、三轮的设计依据。

第二节 专用车辆的总体布置

专用汽车与普通汽车的区别主要是改装了具有专用功能的上装部分,能完成某些特殊的运输和作业功能。因此在设计上,除了要满足基本型汽车的性能要求外,还要满足专用功能的要求。专用汽车总体布置的任务是正确选定整车参数,合理布置工作装置和附件,使取力装置、专用工作装置、其他附件与所选定的汽车底盘构成相互协调和匹配的整体,以获得较好的整车基本性能和专用性能的要求。

一、总体布置原则

专用汽车的总体布置包括专用装置的布置、取力装置和传动装置的布置,以及汽车底盘上需改装部件的布置。专用汽车品种繁多,不同种类专用汽车总体布置的要求相差较大。但不论对何种专用汽车,在进行总体布置时都应按照以下原则:

(1)有利于专用功能的充分发挥。如气卸散装水泥罐式汽车的专用功能就在于利用压缩空气使水泥粉料液态化后,通过管道将其输送到一定高度和水平距离。卸料时间与水泥剩余率是其主要的专用性能指标。为了提高卸料速度、缩短卸料时间及减少剩余率,总布置时可将罐体沿纵向倾斜一定角度安装,并将出料口布置在罐体较低侧。或者将罐体内部设置成中间高、两头低,出料口布置在罐体前后端。

(2)应满足汽车底盘性能的要求。轴载质量分配对于专用汽车行驶性能有重大影响,而专用汽车总体布置是决定轴载质量分配的关键因素。为适应汽车底盘或总成件的承载能力和整车性能要求,在总布置初步完成后,应对装载质量的确定和轴载质量的分配进行估算和校核,因此总体布置初步完成后应进行轴载质量校核,应满足汽车底盘的要求。如不满足,则需重新修改总体布置方案。

(3)应满足有关法规的要求。例如,有关法规对汽车的长、宽、高以及最大轴载质量都有具体要求。严格满足这些法规和标准的要求,是专用汽车产品设计中必须要考虑的问题之一。

(4)尽量减少对汽车底盘各总成的改动。专用汽车出于专用设备及功能的要求,大都需要对底盘上部分总成的结构和位置进行必要的改动,如改装不当,不仅增加了成本,而且影响专用汽车的使用性能。因此在进行总体布置时,应仔细研究有关汽车车型的结构,尽量减少对汽车底盘各总成的改动。

(5)应避免专用装置布置时对车架造成的载荷集中。

(6)应尽量减少专用汽车的整车整备质量,提高装载质量。

二、专用车辆的底盘

所谓汽车底盘通常是指除车身以外的其余部分,即在车架上安装好发动机系统、传动系统、行驶系统、悬架系统以及转向和制动系统等的整体。

(一)专用车辆底盘的型式及选型

专用车辆所采用的基本底盘按结构组成可分为二类底盘、三类底盘和四类底盘。从基本载货汽车整车上去掉货厢装置为二类底盘;从基本整车上去掉驾驶室和货厢为三类底盘;在三类底盘上去掉车架总成剩下的散件为四类底盘。根据整车结构的需要,采用何种底盘,是专用汽车总成选型设计的前提条件。

目前,几乎80%以上的专用车辆均采用二类底盘进行改装设计。二类底盘中,有一些是汽车厂专为专用车辆而设计,也称其为专用底盘,例如各类自卸车的底盘与普通二类底盘的主要区别是车架大梁较短、后悬小,以便于车厢在倾翻时,不发生干涉;还有半挂汽车列车的牵引车等。采用二类底盘改装设计工作的重点是货厢和专用工作装置的设计,对底盘仅作性能适应性分析和必要的强度校核。

采用三类底盘改装成的专用汽车主要有大、中、小型客车、厢式货车或客货两用车辆。近年来,我国乘用车的发展很快,对乘用车使用性能要求不断提高,因此各类专用客车底盘应运而生。这些专用客车底盘的基本特点是利用基本型总成,按客车性能要求重新进行整车布置,重新设计悬架系统。它不仅在质心分配、整车性能方面,而且在传动系统与动力匹配,以及制动系统等总成方面均有很大变化和较多的改装设计。

利用四类底盘改装的专用车辆主要是为特种作业设计的特殊结构,如各种起重运输汽车、各类工程机械、各类农用汽车等。

(二)底盘改装部件的布置

在图纸上进行底盘改装部件(如发动机、传动轴、制动系、转向梯形等)布置之前,要确定基准线。一般以底盘车架的上平面线作为高度基准,以前轮中心线作为纵向基准,以汽车中心线(纵向对称平面)作为横向基准。

1. 发动机的布置

采用三类汽车底盘改装专用汽车时,有更换发动机的可能,这时要对发动机作重新布置,其布置原则为:

(1)应使整车质心在横向尽量落在纵向对称垂直平面内。

(2)尽量降低发动机的位置,以便于传动系的布置和降低整车的质心高度。但要注意保证适当的离地间隙及和转向拉杆等杆件间的运动间隙。

(3)曲轴中心线与车架上平面必要时可有一定倾角,一般取 1°~4°,以减少万向节传动的夹角。

(4)应考虑发动机维修方便。

目前的专用车辆多以二类汽车底盘进行改装,即使采用三类汽车底盘,建议尽可能不要去重新布置或更换发动机。

2. 传动轴的布置

对于需要变动轴距的车辆,要对传动轴作重新布置,在布置时要特别注意以下两点:

(1)满载静止时,两传动轴的夹角不大于 3°~4°,过大的传动轴夹角,会使传动效率降低,磨损加快。

(2)若轴距加大后,传动轴要加长,此时要计算传动轴的临界转速 n_{er}:

$$n_{er} = 1.2 \times 10^8 \frac{\sqrt{D^2 + d^2}}{L^2} \quad (\mathrm{r/min}) \tag{2-1}$$

式中:L——两个万向节的中心距,cm;

D、d——传动轴的外径和内径,mm。

传动轴设计的实际最高安全工作转速 n_{max}:

$$n_{max} \leqslant 0.7 n_{er} \tag{2-2}$$

若传动轴过长时,为提高传动轴的临界转速,或由于总布置的原因,可将传动轴分成二根或三根,但要注意在中间传动轴上设中间支承。

此外还应注意,当轴距改变后,专用汽车的转向性能也受到影响,其理论转向梯形特性曲线(理论的内、外轮转角关系)与实际转向梯形特性曲线会产生较大偏差。因此,也应进行校核,必要时对转向梯形的结构参数作相应调整。

3. 制动系统的布置

制动系统对专用汽车的安全性有重大影响,因此在对汽车底盘的行车制动、驻车制动和辅助制动系统作某些改装时,应注意以下事项:

(1)管路的布置。在增加制动管路或全挂车、半挂车的制动管路设计和布置时,应采用与底盘相同的制动管或软管、管夹、管螺纹等连接件。制动管与其他运动件之间应留有足够的自由空间,避免造成干涉,避免制动软管与金属件的相互摩擦造成的损坏,必要时应增加防护装置。

(2)储气筒的布置。储气筒的布置必须便于检查和排水。在某些厢式专用汽车上,储

气筒排水开关上需要多装一个控制操纵开关,操纵杆尽可能安装成水平位置,以利于排水开关的操作。

(3)附加耗气装置的布置。当专用工作装置或其操纵控制机构需要气源时,可以从底盘制动系统的储气筒或气路中直接取气,但需计算耗气量。一般允许一次取1~1.5L的压缩空气,若附加耗气装置是在汽车非行驶状态下使用,则可允许耗气量提高到2L。对于耗气量大、工作压力又高的耗气装置,须附加辅助储气筒,其容量视需要而定。辅助储气筒与底盘行车制动系统储气筒连接,通常用一个止回溢流阀与前桥制动回路连接。这样一旦辅助储气筒失效产生压降时,可使行车制动系统储气筒内的压力仍保持尽可能高的数值。

4. 其他附件的改装及布置

(1)消声器。对消声器作重新布置时要考虑其安全性,例如油罐车禁止将消声器及排气口安放到车厢下部,必须安放在前保险杠的下面,且排气口不得指向右侧。此时还要注意消声器对车辆接近角的影响。

(2)燃油箱。燃油箱是汽车底盘改装中经常被移动位置或改装的部件之一。当专用汽车需要加装副油箱时,应尽量使用车架上已有的安装孔位。布置时应使主、副油箱的底部处于同一水平面,并且安装位置尽可能靠近主油箱,同时还要注意避免偏载。燃油箱和燃油管的布置尽可能避开排气管,距排气管的距离应在300mm以上。若布置困难,则应在燃油箱和排气管之间加装隔热板。

(3)后保险杠。对某些专用车,如油罐车、液化气罐车等,一定要设置后保险杠。在布置后保险杠时,后保险杠应以车辆中心平面对称安装,其长度略小于车辆总宽,但不得小于罐体的外径,一般取后保险杠的长度 b 为:

$$b \geqslant (0.80 \sim 0.85)B \tag{2-3}$$

式中:B——车辆总宽,mm。

此外,后保险杠伸出罐体后端的水平距离应不小于100mm;在车辆空载状态下,后保险杠下缘的离地高度应不大于700mm;为不影响灯光及牌照显示,应尽量保证车辆最大离去角。

在对后保险杠的强度或其断面的几何尺寸作计算时,其计算载荷 F:

$$F = 5m_a g \tag{2-4}$$

式中:m_a——整车总质量,kg;

g——重力加速度,m/s^2。

(4)防护装置。防护装置又称护栏,有侧护栏和后护栏,我国从1991年开始要求安装护栏,它属于一种人身安全防护装置,防止人摔倒在车辆前后轮之间,以及防止小型车辆从后部嵌入大车的下方。护栏一般都用圆形管材制作,在安装时,要注意排气管口不要对准侧护栏管口。防护装置的安装尺寸要求,详见GB 11567.2—2001《汽车和挂车后下部防护要求》。

三、取力器

各类专用汽车的专用工作装置大都是以汽车底盘自身的发动机为动力源,经过取力器,用来驱动齿轮液压泵、真空泵、柱塞泵、轻质油液压泵、自吸液压泵、水泵、空气压缩机等,从而为自卸车、加油车、牛奶车、垃圾车、吸污车、随车起重车、高空作业车、散装水泥车、栏板起重运输车等专用汽车配套使用。但也有少量专用汽车的工作装置因考虑工作可靠和特殊的要求而配备专门的动力驱动装置,如部分冷藏汽车的机械制冷系统等。

(一)取力器的取力方式

取力器在专用汽车的设计和制造方面显得尤为重要。根据取力器相对于汽车底盘变速器的位置,取力器的取力方式可分为前置、中置和后置 3 种基本形式,常用的取力方式可分类如下:

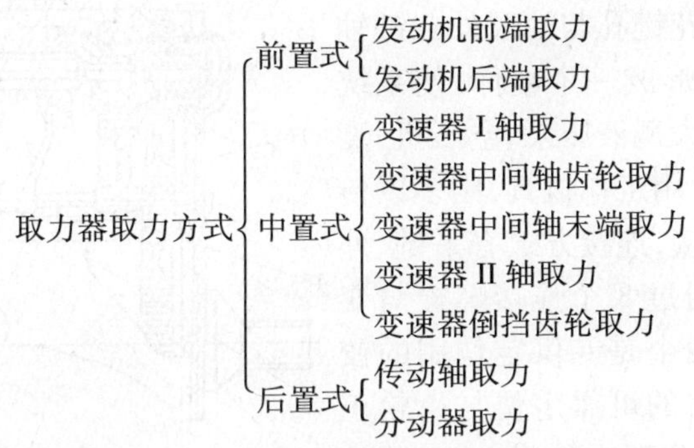

1. 发动机取力

发动机前端取力是一种常用的形式,一般都是由正时齿轮室或由风扇、水泵的皮带轮输出,例如气压制动系统中的气泵,某些专用工作装置所用的液压马达等。由于该方式的取力器到专用装置的距离较长,且需要转换传动方向,若采用机械传动其结构就很复杂,因此一般采用液压传动。

发动机后端取力一般都是在飞轮处。图 2-1 是一种飞轮取力的布置方案,在飞轮前端的齿轮,通过中间轴齿轮传动取力器齿轮,从而驱动取力器的输出轴。这种取力方式的优点是不受主离合器控制,但因改变了曲轴末端的结构,对于平衡会有一些影响。这种布置在机场消防车上有所应用。

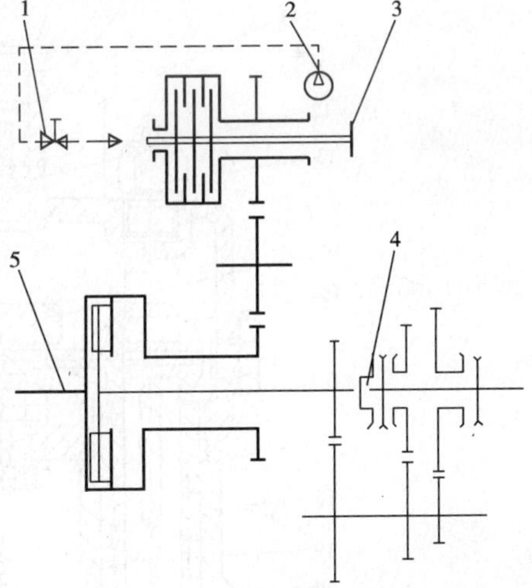

图 2-1 飞轮后端取力装置

1-阀;2-油泵;3-取力器;4-变速器;5-发动机

2. 变速器取力

(1)变速器上盖取力。这种布置方案是改制原变速器的上盖,将取力器叠置于变速器之上,用 1 个惰轮和变速器的第一轴常啮合齿轮啮合,再由该惰轮将动力传给取力器的输出轴,如图 2-2 所示。这种取力器同样有与发动机同转速输出的特点,因而适合于需要有高转速输入的工作装置,如自卸车、液罐车、冷藏车、垃圾车等都可采用。

(2)变速器侧盖取力。变速器侧盖取力又可分为左侧盖取力和右侧盖取力。一般汽车厂在设计变速器时已考虑了动力输出,因而在变速器左侧和右侧都留有标准的取力接口,也有专门生产与之配套的取力器厂家,因此这种取力方案应用非常广泛,如 CA1091 系列汽车取力器、EQ1091 系列汽车取力器均为侧置取力器。但这种取力方式一般都是从变速器的中间轴上的齿轮取力,因而在传动路线上经过了变速器一对常啮合齿轮的减速,所以取力器输出轴的转速低于发动机转速。

图 2-3 为侧置式取力器的基本结构图,其工作原理是:

当压缩空气通过管接头 27 进入汽缸 18 时,使活塞 20 和拨叉轴 16 轴向移动,安装在拨叉轴

16上的拨叉15拨动从动齿轮14与主动齿轮4啮合,带动输出轴8转动。当汽缸内无压缩空气时,活塞20在复位弹簧19作用下回位,拨叉15使从动齿轮14与主动齿轮4脱开,油泵停转。

输出轴轴头常以内花键孔与油泵外花键轴连接并将取力器与油泵形成一个整体,使系统结构十分紧凑。对一些大型液压泵、空压机、真空泵、轻质油泵或其他专用工作机具,则多以传动轴与取力器输出端连接,连接方式有平键、外花键、销钉等。取力器通过8个连接螺栓与变速器壳体相连,其中有两个是专供定位用的铰制孔螺栓,以保证取力器的可靠定位与齿轮正确啮合。在变速器取力孔面应装以1mm厚的衬垫并涂以密封胶。

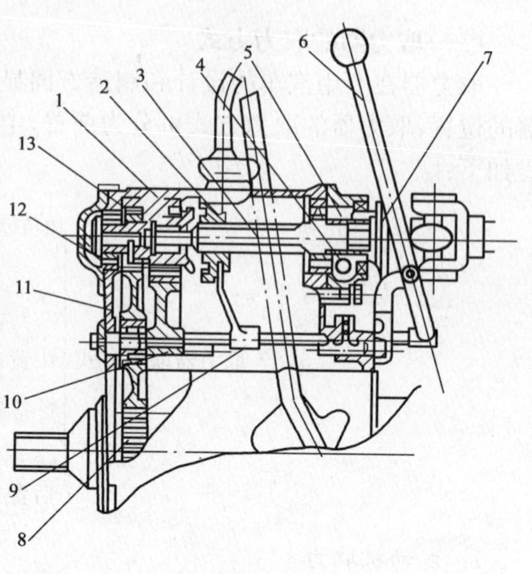

图2-2 变速器Ⅰ轴取力布置方案

1-齿轮轴;2-离合齿套;3-花键轴;4-蜗杆;5-蜗轮;6-离合手柄;7-输出凸缘;8-变速器Ⅰ轴;9-拨叉;10-拉杆;11-取力器壳体;12-惰轮;13-小齿轮

按照取力器在变速器上的安装位置可分为左侧式取力器与右侧式取力器。在取力器换挡操纵方式上,除了上述气动操纵结构外,还常采用手动操纵结构,具有换挡可靠、灵活,适应用户操纵习惯等特点。

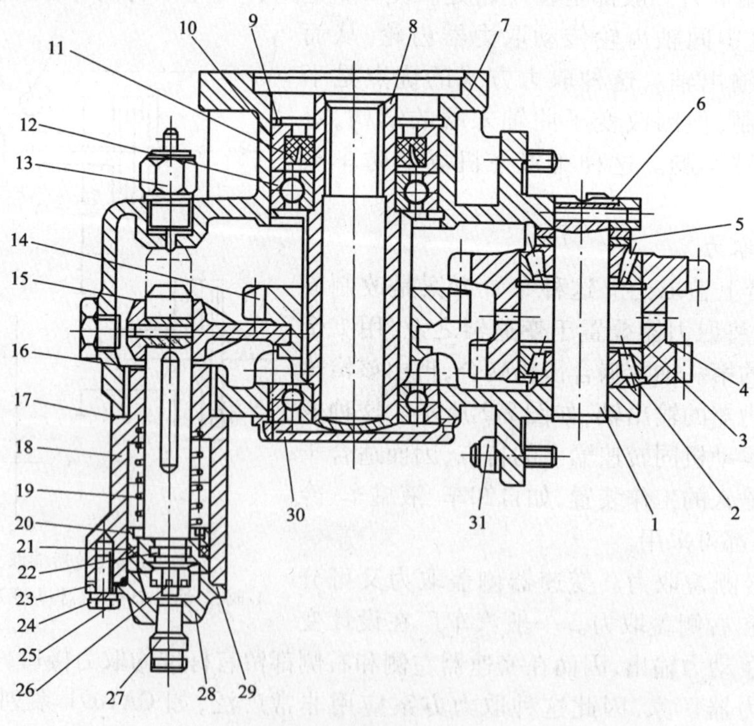

图2-3 侧置式取力器基本结构

1-主动齿轮轴;2-轴承;3-轴承挡圈;4-主动齿轮;5-调整垫;6-弹性销;7-取力器壳体;8-输出轴;9-油封挡圈;10-油封座;11-油封;12-轴承;13-指示开关;14-从动齿轮;15-拨叉;16-拨叉轴;17-密封垫,18-汽缸;19-复位弹簧;20-活塞;21、22、29-O形橡胶圈;23-密封垫圈;24-弹簧垫圈;25-紧固螺钉;26-螺母;27-管接头;28-汽缸盖;30-端盖;31-螺栓

(3)变速器取力的其他方案。从变速器取力有多种结构形式,如图 2-4 是从中间轴末端取力,图 2-5 是从倒挡齿轮取力,图 2-6 是从Ⅱ轴取力等。

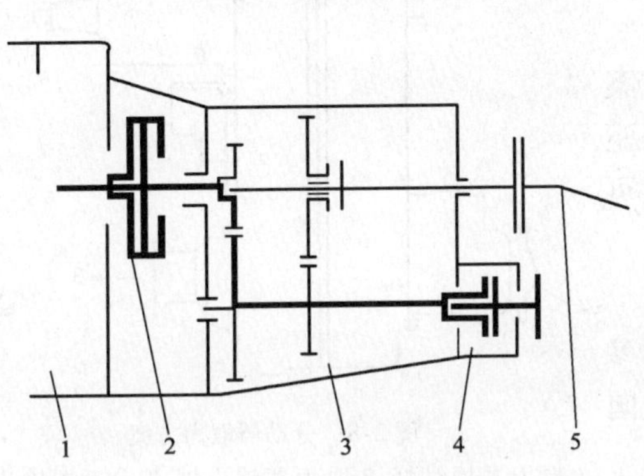

图 2-4　离合器中间轴末端取力方案

1-发动机;2-主离合器;3-变速器;4-取力器;5-传动轴

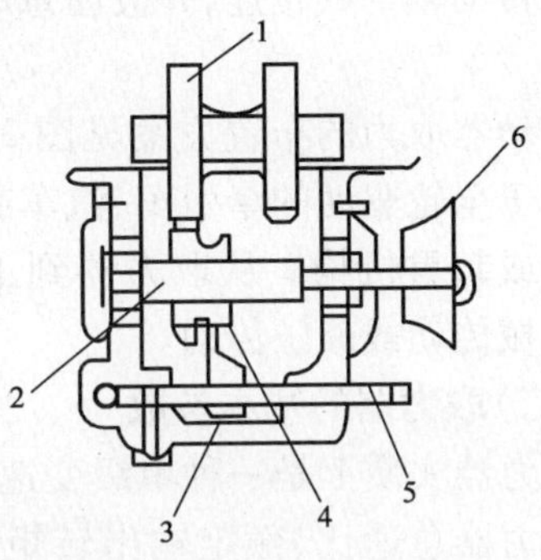

图 2-5　变速器倒挡齿轮取力方案

1-变速器倒挡;2-取力器轴;3-拨叉;4-取力齿轮;5-拨叉轴;6-输出凸缘

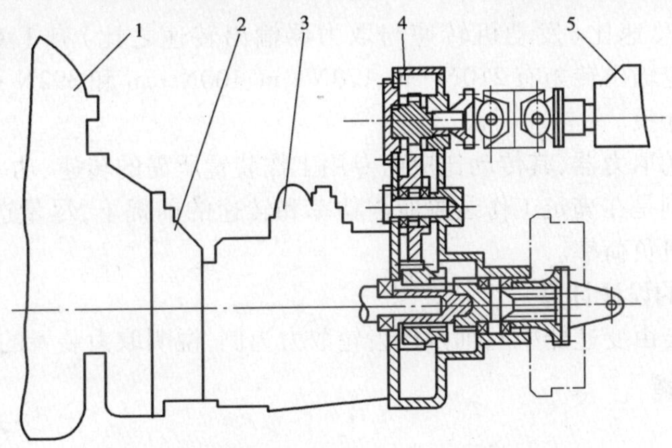

图 2-6　变速器Ⅱ轴取力方案

1-发动机;2-离合器;3-变速器;4-取力器;5-水泵

3. 传动轴和分动器取力

图 2-7 是将取力器设计成一独立结构,设置于变速器输出轴与汽车万向传动轴之间。

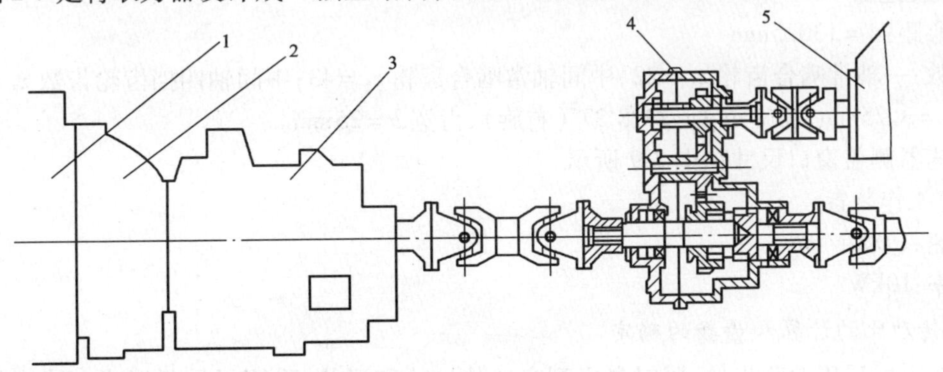

图 2-7　传动轴取力布置方案

1-发动机;2-离合器;3-变速器;4-取力器;5-水泵

该独立的专用取力装置固定在汽车车架上不随传动轴摆动，也不可伸缩，设计时应使用可伸缩的附加传动轴与其相连，并应注意动平衡与隔振消振。

分动器取力的布置方案见图2-8，该种方案主要用于全轮驱动的牵引车、汽车起重机等来驱动绞盘或起重机构。从取力器到工作装置间可采用机械传动或液压传动。

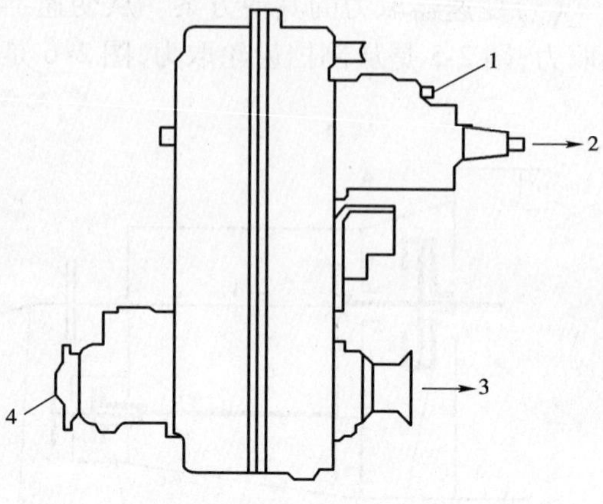

图2-8 分动器取力方案

1-取力器操纵杆；2-取力器输出轴；3-分动器输出轴（接后桥）；4-分动器输出轴（接前桥）

（二）取力器的基本参数

取力器实质上是一种单级变速器，其基本参数有取力器总速比、额定输出转矩、输出轴旋向以及结构质量等。

以CA1091系列汽车取力器为例，该系列有PT012/252、PT012/263、PT012/264、PT012/273等30几种型号；其总速比（发动机转速与取力器输出转速之比）有1.06、0.892、1.253、1.199等多种；其额定输出转矩有210N·m、170N·m、100N·m和392N·m等。输出轴旋向均与发动机旋向相反。

无论哪种形式的取力器，其传动比应由专用工作装置所需的转速、功率和发动机的外特性决定。其基本原则是在满足工作装置所需功率和转速的前提下，尽量选择较低的发动机转速和较高的发动机负荷率。

（三）取力装置的设计计算

下面以某改装车由变速器中间轴四挡齿轮取力为例，说明取力装置的设计计算。

1. 已知基本数据

（1）发动机

型号：CA6102

最大功率（3 000r/min）：99kW

最大转矩（1 200～1 400r/min）：372N·m

（2）变速器

中心距：$A=130.5$mm

齿数：一轴常啮合齿轮$z_1=22$，中间轴常啮合齿轮$z_2=43$；中间轴四挡齿轮齿数$z_3=33$、模数$m_n=3.75$mm、螺旋角$\beta=23°8'27''$（右旋）、齿宽$b=25$mm。

变速器侧盖窗口尺寸如图2-9所示。

（3）工作装置

转速：1 000r/min

功率：10kW

2. 传动比的计算和齿数的确定

该取力器采用双联齿轮，同时考虑到窗口的尺寸和形状，采用了吊耳形式。结构紧凑，操纵也较方便。取力器传动简图如图2-10所示，动力输出采用两级齿轮传动，中间为双联齿轮。

若按发动机最大转矩时的输出转速来确定传动比，因而有：

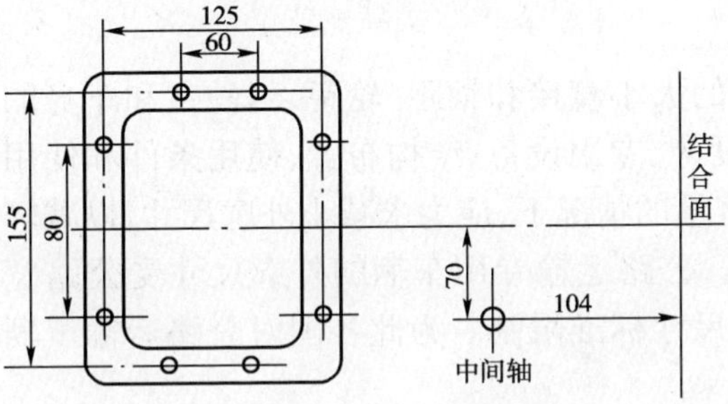

图 2-9　变速器侧盖取力窗口尺寸

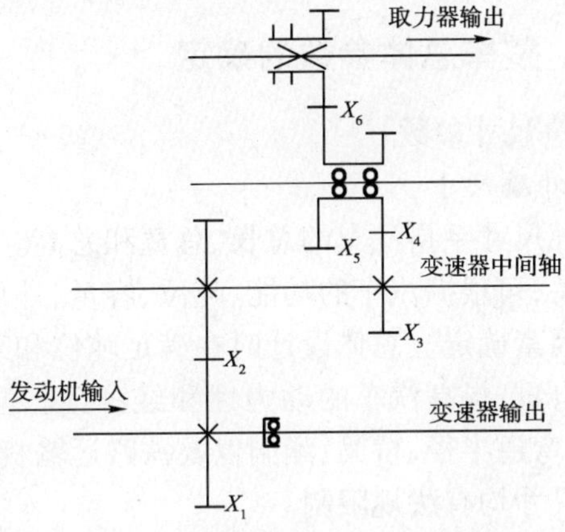

图 2-10　取力器传动简图

$$i_{总}=\frac{1\ 300}{1\ 000}=1.3$$

变速器内一对常啮合齿轮的传动比为：

$$i_1=\frac{z_2}{z_1}=\frac{43}{22}=1.954\ 5$$

设取力器双联齿轮第一级的齿数 i_4 为 23，则：

$$i_2=\frac{z_4}{z_3}=\frac{23}{33}=0.696\ 9$$

$$i_3=\frac{i_{总}}{i_1\cdot i_2}=0.95$$

设双联齿轮直齿轮（第二级）齿数为 $z_5=24$，则：

$$z_6=i_3\cdot z_5=0.95\times 24=22.90$$

取整后得 $z_6=23$，故实际的总传动比 $i_{总}$ 为：

$$i_{总}=\frac{43}{22}\times\frac{23}{33}\times\frac{23}{24}=1.305$$

综上所述，可得如下齿数和传动比：

$$\left.\begin{matrix}z_1=22\\z_2=43\end{matrix}\right]i_1=\frac{43}{22}=1.954\ 5$$

$$\left.\begin{matrix}z_3=33\\z_4=23\end{matrix}\right]i_2=\frac{23}{33}=0.696\ 9$$

$$\left.\begin{matrix}z_5=24\\z_6=23\end{matrix}\right]i_3=\frac{23}{24}=0.95$$

齿轮的材料和精度可参照变速器内的齿轮选取，如 40Cr、初选精度为 8 级等。

直齿齿轮的模数可取 $m=4\text{mm}$。

齿轮和轴的强度计算,轴承校核与传统的机械设计相同,故从略。

四、整车总体参数的确定

(一)尺寸参数

1. 外廓尺寸

外廓尺寸系指汽车的总长、总宽和总高。它的大小直接和轴距、轮距、驾驶室和车身的布置有关,可根据汽车的功能、吨位、容量、外形设计、专用设备、结构布置、使用条件和使用情况等因素确定。总体设计时在满足吨位和载客量的情况下,应力求减小外廓尺寸,以减轻汽车的自重,提高汽车的动力性和经济性。但是,公路运输专用车辆的外廓尺寸受公路宽度、公路弯道半径、桥梁、涵洞以及铁路运输货物尺寸标准限制。为此各国对公路运输车辆的外廓尺寸均有法规限制。

GB 1589—2004《道路车辆外廓尺寸、轴荷及质量限值》中规定:载货汽车总长不大于12m,半挂汽车列车总长不大于16.5m,全挂汽车列车总长不大于20m;总高不大于4m(汽车处于空载状态,顶窗、换气装置等处于关闭状态);总宽(不包括后视镜、侧位灯、示廓灯、转向指示灯、可拆卸装饰线条、挠性挡泥板、折叠式踏板、防滑链以及轮胎与地面接触部分的变形等)不大于2.5m。此外,车外后视镜单侧外伸量不得超出本标准规定的汽车最大宽度处250mm;当被牵引的挂车比牵引车宽时,牵引车上的车外后视镜单侧外伸量允许不超出挂车最大宽度处250mm;汽车的顶窗、换气装置等处于开启状态时不得超出车高300mm。

2. 轴距和轮距

专用车辆的轴距除影响汽车的总长外,还影响汽车的轴荷分配、装载质量、装载容积、最小转弯直径、纵向通过半径等。此外,还影响汽车的操纵稳定性等,可见轴距是专用汽车的重要尺寸参数。专用汽车通常采用原车的轴距尺寸。当需要改变轴距时,应综合考虑上述诸因素的影响,根据专用汽车的用途、使用条件、装载质量、驾驶室形式、货厢长度、传动系布置、轴荷分配、最小转弯直径等因素,初步确定轴距的尺寸,然后通过具体布置和总布置计算,以及适当地调整,直到满意为止。在保证专用汽车功能的前提下把轴距设计得尽量短一些,使其自重轻、整车尺寸小,最小转弯直径小,机动性好;纵向通过角大,通过性好。

专用车辆的轮距除影响汽车总宽外,还影响汽车的总重、横向通过半径、车身横摆角和横向稳定性等。汽车的前轮距主要决定于汽车的车架前部宽度、前悬架的形式和尺寸、前轮轮胎宽度、转向拉杆与转向车轮与车架之间运动间隙等。后轮距决定于车架后部宽度、后钢板弹簧的宽度、弹簧与车架及车轮之间的间隙,以及轮胎宽度等因素。

对于汽车列车,要求挂车轮距要和牵引车轮距一致。

3. 前悬和后悬

汽车的前悬、后悬直接涉及到汽车的接近角和离去角,一般要求都在25°以上,至少不小于20°。前悬应满足车辆接近角和轴荷分配的要求。前悬与驾驶室、发动机、转向器、前保险杠等总成布置有关。后悬应满足车辆离去角和轴荷分配的要求,同时还要满足有关标准的规定,即对于客车和全封闭厢式车辆,后悬不得超出轴距的0.65倍;对于其他车辆,后悬不得超出轴距的0.55倍,但最长不得超出3.5m。

在实际设计过程中,如选择专用底盘,前悬和后悬一般都不需进行改装;选择普通汽车底盘时,则在改装时后悬变动比较多。例如对于自卸车,一般要将所选的普通汽车底盘的后悬变短,而对于有些罐式和厢式汽车,则需将后悬加长。

(二)质量参数

1. 装载质量 m_e

在选择装载质量时,应根据用途、使用条件、用户要求以及所选用底盘允许承载能力综合确定,同时应注意到吨位的合理分档与产品的系列化。比如对于货流大、运距长的运输,则宜采用大吨位车辆,以便于提高生产率、降低运输成本;而对于货流多变、运距短的运输,则宜采用中、小吨位车辆。对于同一底盘,在设计时应尽量提高装载质量。

2. 整备质量 m_o

整备质量 m_o 是指专用汽车带有全部工作装置及底盘所有的附属设备,加满油和水的空车质量。整备质量是一个重要设计指标,对运输型专用车辆的动力性和经济性有很大影响。据估计,载重汽车整备质量每减少10%,可使经济性提高8.5%。因此从设计原则上讲,应减少整备质量,尽量采用轻质金属材料和非金属材料,减少原材料消耗,降低制造成本。当然整备质量在设计时要受到一些条件的制约,如车辆使用的公路条件、原材料质量、制造工艺水平等,这些方面都需要综合考虑。

整备质量 m_o 等于底盘的整备质量与汽车改装部分质量之和。改装部分质量一般包括取力装置、专用装置、副车架、货厢以及其他改装附件的质量。在总体设计时,常参考同类样车及总成,进行零部件称重或质量分析,初步估算出改装部分质量与底盘整备质量。

3. 最大总质量 m_a

m_a 是指专用汽车装备齐全、按规定装满货物(满载)、坐满驾乘人员的质量。可按下式计算:

$$m_a = m_e + m_o + m_r \tag{2-5}$$

式中:m_r——额定驾乘人员质量,kg,按座位数计,65kg/人。

对于作业型专用汽车,如起重举升车、高空作业车等,总质量主要由改装后的汽车底盘质量和专用工作装置质量确定,无需考虑装载质量。

为了部分弥补专用汽车装载质量的下降,可采用原车底盘允许的最大总质量,合理地利用原车底盘的超载能力。一般最大允许可超过原车型总质量的5%左右。

(三)轴载质量及质心位置

最大轴载质量是专用车辆在公路行驶时使用受限的一个技术参数,也是公路和桥梁设计载荷标准的依据,因此在确定最大轴载质量时,一定要满足本地区车辆使用的法规要求。

1. 轴载质量的计算

专用汽车总质量 m_a 和专用工作装置各部件质量及其质心位置确定后,就可计算轴载质量。图2-11为某罐式汽车的轴载质量及质心位置计算示意图,设 m_1、m_2 为整车前、后轴轴载质量,根据力矩平衡有:

$$m_2 = \frac{\sum m_{io} x_i}{L} + m_{o2} \tag{2-6}$$

$$m_1 = m_a - m_2 \tag{2-7}$$

上两式中：m_{io}——货物、专用设备各部件和乘员质量，kg；$i=1,2,\cdots n$；

L——轴距，mm；

x_i——各总成质心的横坐标；

m_{o2}——所选底盘的后轴空载质量，kg。

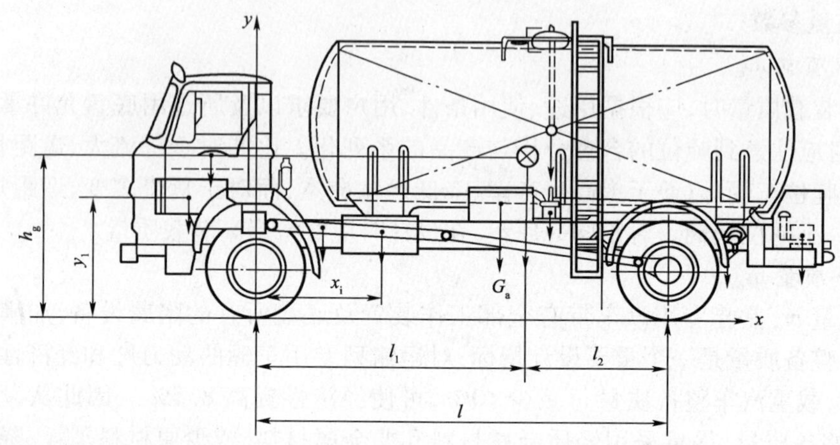

图 2-11　某罐式汽车的轴载质量及质心位置计算示意图

2．轴载质量的分配原则

所谓轴载质量分配是指车辆某轴的承载质量占整车总质量的百分比。在确定轴载质量分配时，应考虑以下原则：

(1)轮胎磨损均匀。为使轮胎磨损均匀，理想的轴荷分配是满载时使每个轮胎的负荷大致相等。例如：后轴单胎的 4×2 式汽车，希望满载时前后轴轴载质量各为 50% 左右；对后轴双胎的 4×2 式汽车，则希望满载时前后轴轴载质量按 1/3 和 2/3 的比例分配。但实际情况，还应考虑其他使用性能（动力性、操纵稳定性、通过性和制动性等）。例如，为了提高汽车的驱动力，增加附着重量，常需提高驱动轴的负荷，从而使轮胎磨损均匀性降低。后轴单胎的 4×2 式汽车其后轴轴载质量常达 60% 以上，后轴双胎的 4×2 式汽车其前后轴装载质量分配为 30% ~40% 和 66% ~70%。改装的专用汽车或半挂车也常因车速降低，且驱动时的轴载质量转移系数减小，为提高驱动力，增加附着质量，也常将后轴质量适当增加。为保证汽车在泥泞道路上的通过能力，常将前轴质量减少，从而减少前轮的滚动阻力，使后驱动轮上有足够的附着力。为避免转向沉重，前轴质量也不宜过高。对于轴距短、质心高的汽车，因制动时或满载下坡时轴载质量转移大，也常将满载时的前轴轴载质量减少。此外，驾驶室的形式对汽车各轴轴载质量分配也有较大影响。长头驾驶室的双轴汽车，由于货厢比较靠后，后轴质量在 73% 左右，短头车在 70% 左右，平头车在 66% ~70%。货厢和货物的重心离后轴中心线的距离对汽车轴载质量分配有决定性的影响。为了获得比较合适的轴载质量分配，对后轴双胎的长头或短头驾驶室的汽车，该距离为轴距的 2% ~10%。对于平头驾驶室汽车或自卸车，该距离为轴距的 12% ~22%。

实际轴载质量分配还受允许轴载质量的限制。如上所述我国允许轴载质量为 13t，这也就规定了汽车的总质量。在双轴汽车上，其总质量不应超过 19t，而三轴汽车的总质量不应超过 32t。

(2)允许轴载质量的限制。如前所述，允许轴载质量有相应的限值及系列标准。汽车的轴载质量是根据公路运输车辆的法规限制和轮胎负荷能力确定的。各国根据道路表面的坚固性和抗磨性决定汽车在道路的轴载质量，我国《公路工程技术标准》(JT 701—88)中对不同总质量汽车的轴载质量作了明确规定，见表2-1。

我国汽车轴载质量限值 表2-1

汽车最大总质量(kg)	10 000	15 000	20 000	30 000
前轴轴载质量(kg)	3 000	5 000	7 000	6 000
后轴轴载质量(kg)	7 000	10 000	13 000	2×12 000

(3)轮胎负荷系数。轮胎所承受的静负荷与轮胎额定负荷之比称为轮胎负荷系数。该系数理想值为1，但实际上多数汽车在0.9~1之间，该系数过小，除汽车总质量增加外，非悬架质量也显得过大；如果过大，则会导致轮胎早期磨损，甚至发生胎面剥落和爆胎现象，试验表明，该系数为1.2，其寿命下降30%左右。因此，一般货车改装的专用汽车不允许大于1.1。

3. 质心位置

汽车质心的位置对汽车使用性能影响很大，因此，汽车总体设计时应使其具有希望的数值。出于汽车行驶稳定性考虑，汽车的质心应落在汽车的纵向垂直平面内。如图2-11，根据力矩平衡原理可求出汽车的纵向位置。

$$L_1 = \frac{m_2 L}{m_a} \tag{2-8}$$

$$L_2 = \frac{m_1 L}{m_a} \tag{2-9}$$

汽车的质心高度为：

$$h_g = \frac{\sum m_i y_i}{m_a} \tag{2-10}$$

式中：L_1、L_2——整车质心距前、后轴中心的距离，mm；

m_1、m_2——汽车前、后轴载质量，kg；

m_a——汽车总质量，kg；

y_i——各总成质心的纵坐标，mm。

汽车质心的纵向位置将影响汽车的轴载质量分配，质心的高度将影响汽车的操纵稳定性，同时影响驱动工况和制动工况的轴载质量转移系数，质心高度愈低愈好。但是质心的高度受轮胎尺寸和离地间隙的限制，并与车轮跳动间隙、驾驶室形式、车厢大小、装载情况、专用设备的质心高度等有关。汽车总体布置时需要对汽车满载、空载时质心高度进行初略计算，检查是否满足设计要求。如不符合希望的数值，则应对总体布置作适当的调整和修放。

总之，整车质心的位置，在横向，应使左、右车轮的承载质量分配均等，其最大偏差不得大于3%~4%；在纵向，要满足前面提到的轴载质量分配条件；在高度位置，应使整车质心尽可能低；从车辆行驶稳定性考虑，质心高度应满足以下条件：

$$\left.\begin{aligned} &\text{保证汽车不发生侧翻的条件：} \quad \frac{B}{2h_g} > \varphi \\ &\text{保证汽车不发生纵翻的条件：} \quad \frac{L_2}{h_g} > \varphi \end{aligned}\right\} \tag{2-11}$$

式中：B——汽车轮距，mm；

φ——附着系数，一般取0.7~0.8。

第三节　专用车辆车架设计

一、主车架的改装

主车架是指专用车辆所选择的汽车底盘上自带的原车车架，是专用车辆专用装置的基础件，其上固定和安装着各个总成和部件。主车架除承受静载荷外，还要承受行驶时产生的动载荷，特别是在改装时受到的影响最大，若改装不当，将会严重影响原底盘车架的强度和刚度。为了保持主车架的强度和刚度，原则上不允许在其上任意地进行不合理的加工，如钻孔、焊接、安装夹紧装置、局部加强等，处理不当，都会使应力增加或产生集中应力，使主车架过早损坏。

（一）主车架的钻孔

为了防止主车架出现裂纹，安装时不得在其上随意进行钻孔，要尽量使用车架上原有的孔。如因安装专用设备或其他附件，不得不在车架上钻孔时，应尽量减小孔径，增加孔间距离，对钻孔的位置和孔径应规范，应满足图 2-12 和表 2-2 的要求，并且必须使用钻头加工，不得用氧气割孔，严格注意孔间距及钻孔的部位。图 2-13 所示的区域为不允许钻孔加工的部位。

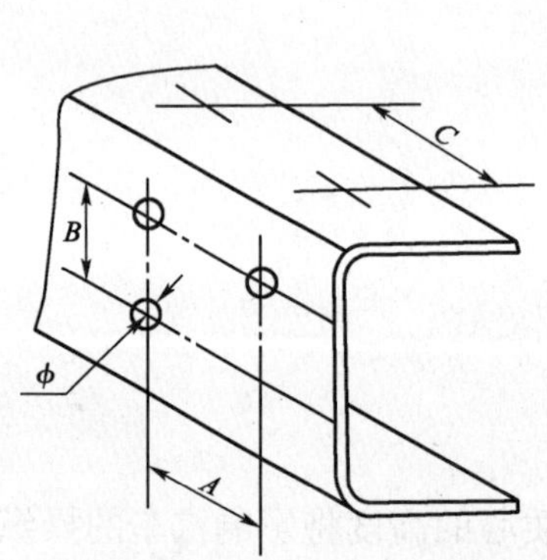

图 2-12　主车架钻孔的孔径和孔间距

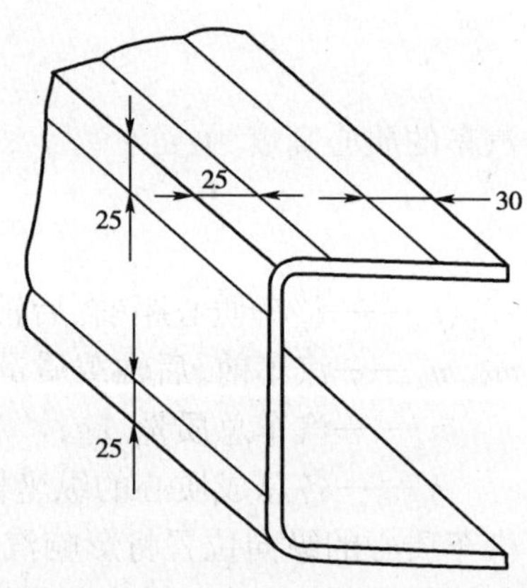

图 2-13　主车架纵梁禁止钻孔区

主车架钻孔的尺寸要求　　表 2-2

尺寸		车型 重型车	中型车	轻型车
孔间距（mm）	A	>70	>60	>50
	B	>50	>40	>30
	C	>50	>40	>30
孔径（mm）	ϕ	<15	<13	<11

纵梁前部安装着发动机和驾驶室，纵梁中部是弯曲载荷最大的部位，都应尽量避免钻孔，尤其是纵梁的前部上翼和轴距之间的纵梁上翼面严禁钻孔。

（二）主车架的焊接

主车架的焊接与钻孔一样，不准随意进行。一般的焊接方法对车架来说并不是一种好的连接方法，在实践中，和其他因素相比，焊接不当是引起车架疲劳损坏的重要因素。若使用得当，则是又经济、又方便且实用的一种方法。如因安装专用设备或其他附件，不得不在主车架上进行焊接时应注意下列事项：

（1）焊接位置。主车架外侧的上缘和侧面从边缘起 20mm 以内及从转角部位起 20mm 内的内侧，均不得进行焊接，且焊接的方向不得与纵梁垂直。如图 2-14 所示的区域为不允许在主车架纵梁焊接加工的部位，在这些部位进行焊接可能引起车架开裂。

（2）焊条的选用。在主车架纵梁上进行焊接，应选用磁性焊条，以使在高载荷、变形和振动的情况下保证焊接强度。焊接时应根据纵梁材料选择合适的焊条型号、直径及焊接规范。碱性焊条尤其要注意妥善保管，受潮后要及时烘干。55kg/mm^2 的钢材可选用相当于 LB57 的焊条，60kg/mm^2 的钢材可选用相当于 LB62 的焊条。

（三）主车架的加长

因专用车辆总布置的需要，对主车架有时要进行加长。例如厢式零担货物运输车和轻泡货物运输车，若用普通汽车底盘改装，则需要将轴距加大，改装长货厢来提高运输效率，此时要将车架在其中部断开后再加长。也有将车架后悬部分加长的改装设计。

车架加长部分应尽量采用与原车架纵梁尺寸规格一样、性能相同的材料。车架的加长部分与车架的连接一般采用焊接。纵梁拼接时要进行 3 种位置的焊接，即上翼面的平焊、腹板的立焊、下翼面的仰焊。拼接处采用直焊缝较好，即采用 V 形对接接头。同样，焊接时应根据纵梁的材料选择合适的焊条型号、直径及焊接规范。为了获得 V 形对接接头的最佳强度，防止焊接起点出现焊接缺陷，应采用引弧板焊法或退弧焊法，并将纵梁接头处开坡口。坡口的加工一般用砂轮磨，但不易操纵，实际生产中一般用氧乙炔气割，然后打磨以去掉氧化皮，坡口尺寸如图 2-15 所示。

平焊时，$\alpha = 60°$，$a = 2\text{mm} \pm 1\text{mm}$；

立焊时，$\alpha = 70°$，$b = 1.5 \sim 2\text{mm}$；

仰焊时，$\alpha = 0°$。

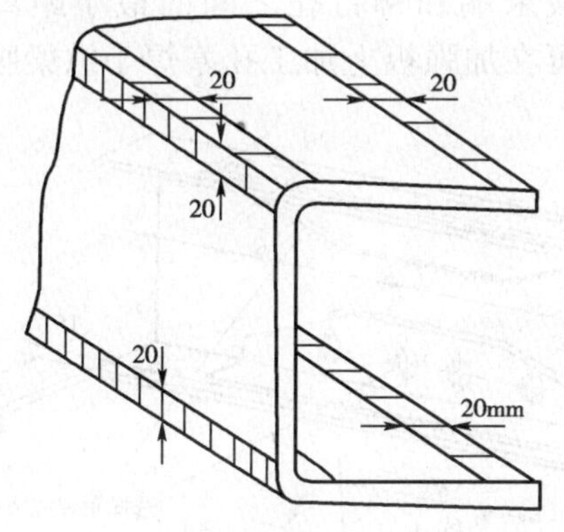

图 2-14　主车架纵梁禁止焊接区

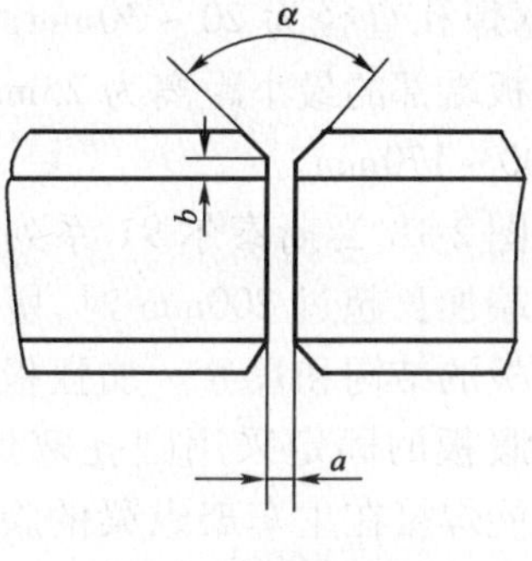

图 2-15　纵梁的坡口形状

（四）主车架的加强板

1. 设置车架纵梁加强板的条件

主车架改装时，为了减少车架纵梁的局部应力，或者为了使车架加长后仍能满足其强度和刚度的要求，对下述情况，常常采用主车架纵梁加强板。

（1）装载质量增加。

(2)轴距和总长发生变化,车架采用中部拼接或尾部加长时。

(3)为了使车架高应力区(危险断面)满足强度和刚度的要求,同时又使车架在某一区间的截面尺寸变化不致太大。

2. 加强板的形状

加强板的截面形状推荐选用L形,其厚度应不小于车架厚度的40%。L形加强板的翼面应贴合在车架纵梁翼面受拉伸的一边。加强板的端头形状应逐步过渡,如切成小于45°的斜角,或在端头中部开光滑槽,如图2-16所示。

3. 加强板的布置

加强板布置的合理,可以有效地减少车架的应力。若布置不合理,则可能使车架产生应力集中。为了避免应力集中,加强板的端头位置不应在刚度变化部位和集中载荷作用的地方,加强板的端头不应在支架或横梁附近终止,即加强板两个端头应远离横梁或支架。例如,加强板的端头和副车架的端头充分重叠一部分或使二者相互离开足够的距离,如图2-17所示;加强板的端头要与车架纵横梁的相交处以及诸如悬架弹簧的支座处错开一定距离;若车架纵梁内外侧有加强板,则二者也要错开。

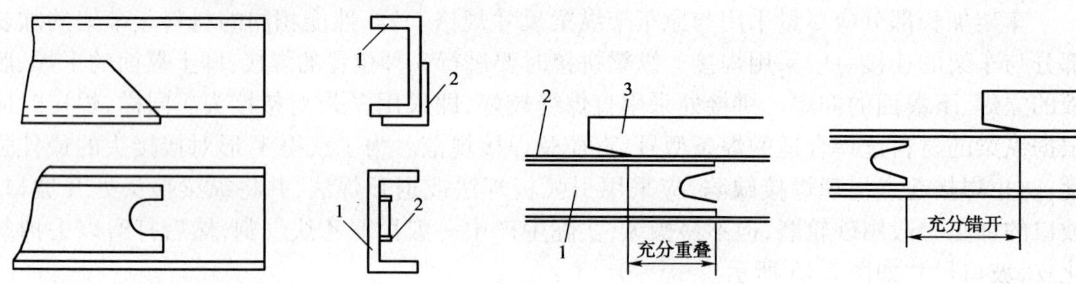

图2-16 加强板的端头形状

1-主车架纵梁;2-加强板

图2-17 加强板端头的正确位置

1-加强板;2-纵梁;3-副梁

4. 加强板的固定

加强板和主车架的固定最好采用铆接。加强板末端和铆钉孔之间的最小距离为25mm,铆钉的间距为70~150mm。当铆接有困难时,可在加强板上加工孔塞焊于纵梁腹板上,塞焊孔直径为20~30mm,塞焊孔与加强板端部的最小距离为25mm,孔间距为100~170mm。

图2-18为斯泰尔91系列重型车车架末端加长超过200mm时,所用的两块加强板的结构和尺寸。加强板和主车架纵梁腹板的固定采用圆孔塞焊和角焊,但只能焊接在主车架纵梁的腹板上。加强板两端头以及距两端头10mm的区间内严禁焊接。

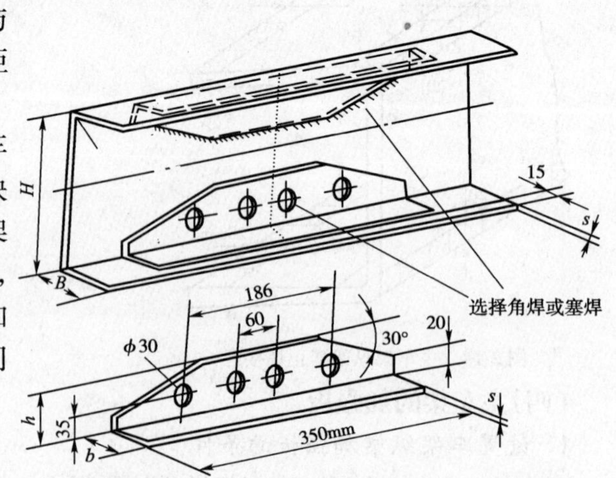

图2-18 斯泰尔91系列重型车车架加长时的加强板

$b=75\text{mm}; h=70\text{mm}; s=8\text{mm}$

二、副车架的设计

为了使主车架承受尽可能均匀的载荷,避免载荷集中,同时也为了不破坏主车架的结构，在专用车辆设计时，一般多采用副车架过渡。

副车架是由两根纵梁（也称为副梁）和若干横梁组成。在增加副车架的同时，为了避免由于副车架刚度的急剧变化而引起主车架上的应力集中，所以对副车架的形状、安装位置及与主车架的连接方式都有一定的要求。

（一）副梁的截面形状及尺寸

专用车辆副梁的截面形状一般和主车架纵梁的截面形状相同，多采用如图2-19a）所示的槽形结构，其截面形状尺寸取决于专用汽车的种类及其承受载荷的大小。在整个纵梁上，对于承载较大载荷的部位，应在纵梁承载部位的一定范围用腹板将副梁的截面进行封闭，如图2-19b）所示，以提高副车架的抗扭和抗弯能力，增强其局部的承载能力。

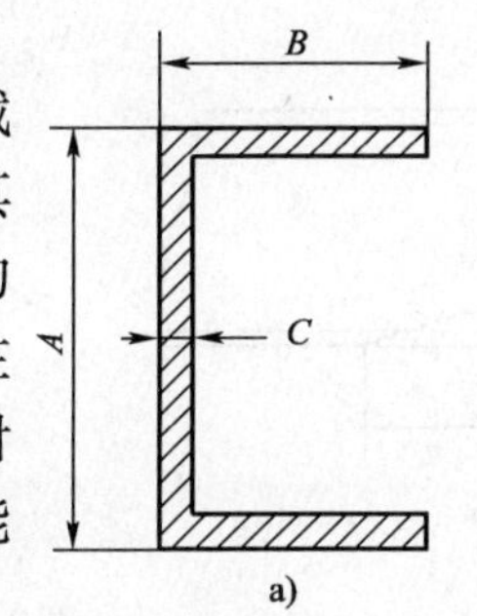

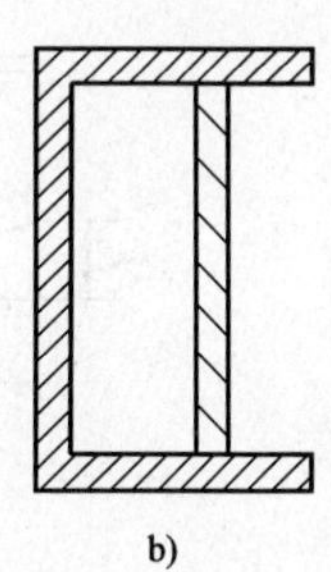

图2-19　副梁截面形状

a）副梁截面；b）加腹板后的副梁截面

（二）副梁的前端形状及安装位置

为了避免由于副梁截面高度尺寸的突然变化而引起对主车架纵梁的应力集中，副梁的前端形状应采用逐步过渡的方式。通常采用的过渡方式有3种，如图2-20所示。

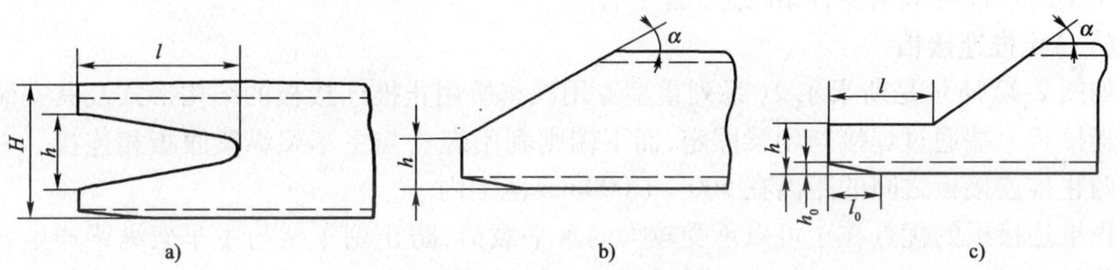

图2-20　副梁的3种前端形状

a）U形；b）角形；c）L形

在图2-20中，对于U形前端形状：

$$l=(1.0\sim1.2)H$$
$$h=(0.6\sim0.7)H$$

对于角形前端形状：

$$h=(0.2\sim0.3)H$$
$$\alpha<30°$$

对于L形前端形状：

$$h=(0.25\sim0.35)H$$
$$\alpha<45°, l>H$$

对于这3种不同形状的副梁前端，在其与主车架纵梁相接触的翼面上部可加工成局部斜面，其斜面尺寸如图2-20c）所示：

$$l_0=(15\sim20)\text{mm}, h_0=1\text{mm}$$

如加工上述形状困难时，也可采用如图2-21所示的副梁前端简易形状，此时斜面尺寸较大。

对于钢质副梁：

$$l_0 = 200 \sim 250\text{mm}$$
$$h_0 = 5 \sim 7\text{mm}$$

对于硬木质副梁：

$$l_0 = H$$
$$h_0 = 5 \sim 10\text{mm}$$

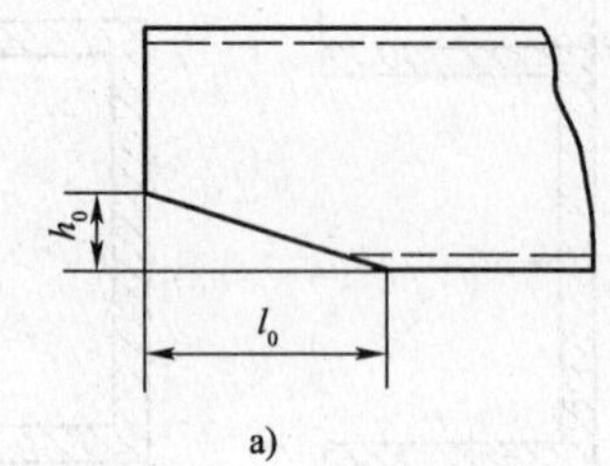

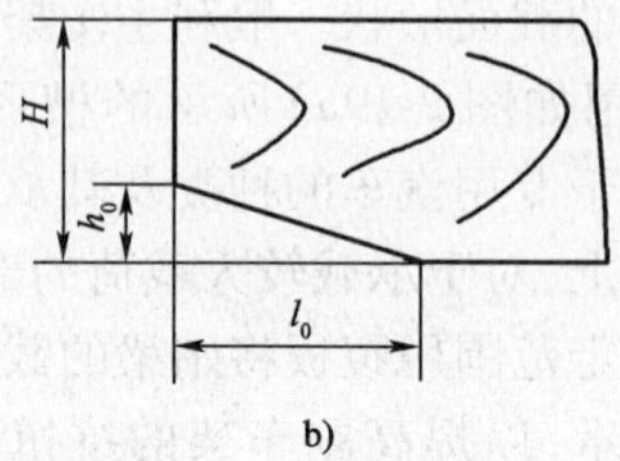

图 2-21　副梁前端简易形状

a）钢质副梁；b）硬木质副梁

三、副车架与主车架的连接

首先副车架在汽车底盘上布置时，其前端应尽可能地往驾驶室后围靠近。此外副车架与主车架的连接可采用多种结构形式。

（一）止推连接板

如图 2-22 所示是斯泰尔 91 系列重型专用汽车所用止推连接板的结构形式及其安装方式。连接板上端通过焊接与副梁固定，而下端则利用螺栓与主车架纵梁腹板相连接。一般相邻两止推连接板之间的距离在 500 ~ 1 000mm 范围内。

止推连接板的优点在于可以承受较大的水平载荷，防止副车架与主车架纵梁产生相对水平移动。

（二）连接支架

连接支架由相互独立的上下托架组成，上下托架均通过螺栓分别与副车架和主车架纵梁的腹板相固定，然后再利用螺栓将上下托架相连接。由于上下托架之间留有一定间隙（图 2-23），所以连接支架所能承受的水平载荷较小。因此连接支架一般可与其他连接方式配合使用。如与止推连接板配合，可在后悬架前支座以前采用支架连接，而在后悬架前支座以后采用止推连接板。

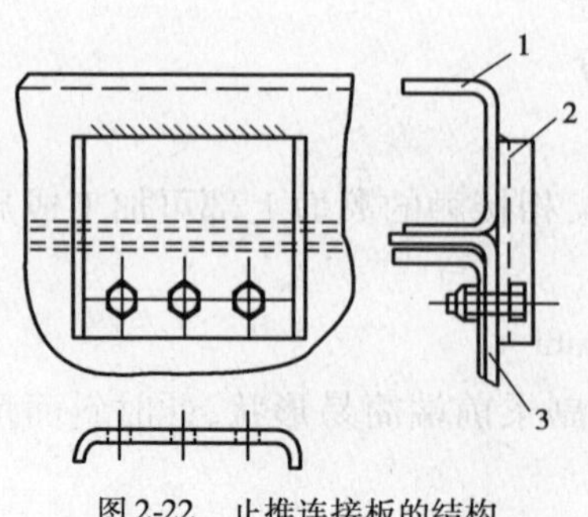

图 2-22　止推连接板的结构

1-副车架；2-止推连接板；3-主车架纵梁

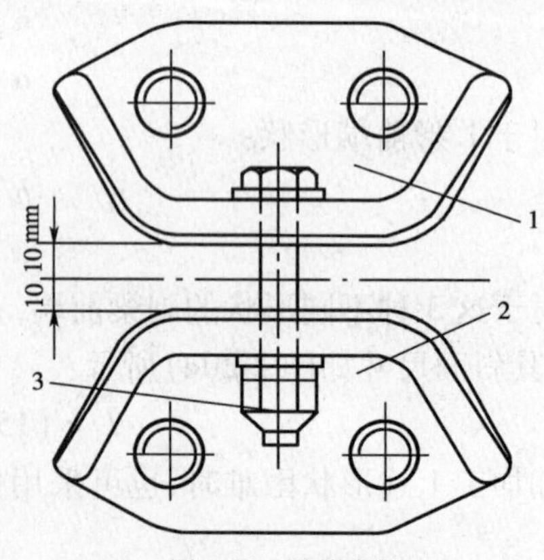

图 2-23　连接支架

1-上托架；2-下托架；3-螺栓

(三)U 形夹紧螺栓

副车架与主车架采用U形夹紧螺栓连接,是应用非常普遍的一种连接方式,但在车架受扭转载荷大的范围内不允许采用U形螺栓。而且采用U形夹紧螺栓进行连接,在车辆紧急制动时,副车架与主车架容易发生纵向串动。因此采用U形夹紧螺栓也必须与其他连接方式配合使用,以防止车辆在行驶过程中主、副车架的纵向位移。

在采用U形螺栓固定的部位,为防止车架纵梁翼面变形,应在其内侧衬以木块,但在消声器附近,必须使用角铁或钢管作内衬。

第四节　专用车辆主要性能参数的计算

专用车辆性能参数计算是整车总体设计的主要内容之一,其目的是检验整车参数选择是否合理,使用性能参数能否满足要求。这里重点介绍整车的动力性、经济性和稳定性等主要性能的计算。

一、动力性

(一)发动机的外特性

发动机的外特性是指发动机节气门全开时的速度特性,是汽车动力性计算的主要依据。外特性的获得可由发动机厂家或汽车制造厂家提供,也可直接由发动机台架试验测出或由经验公式拟合而得。

发动机外特性为非线性曲线,是发动机的输出转矩和输出功率随发动机转速变化的两条重要特性曲线。发动机外特性可通过多项式拟合的方法获得其数学方程。已有研究结果表明,在工程应用上采用二次方程来描述汽车发动机的外特性已具足够精度,即:

$$M_e = an_e^2 + bn_e + c \tag{2-12}$$

式中:M_e——发动机输出转矩,N·m;

n_e——发动机输出转速,r/min;

a、b、c——待定系数。

待定系数 a、b、c 可由多种方法获得,下面介绍常用的两种:

1. 3点插值法

如果已知发动机的外特性,则可利用拉格朗日3点插值法求出待定系数 a、b、c。在外特性曲线上取3个点,即 M_{e1}、n_{e1},M_{e2}、n_{e2},M_{e3}、n_{e3},则拉格朗日三项式可写成:

$$M_e = M_{e1}\frac{(n_e - n_{e2})(n_e - n_{e3})}{(n_{e1} - n_{e2})(n_{e1} - n_{e3})} + M_{e2}\frac{(n_e - n_{e3})(n_e - n_{e1})}{(n_{e2} - n_{e1})(n_{e2} - n_{e3})} + M_{e3}\frac{(n_e - n_{e1})(n_e - n_{e2})}{(n_{e3} - n_{e1})(n_{e3} - n_{e2})} \tag{2-13}$$

将(2-13)展开,按幂次高低合并,然后和式(2-12)比较系数,即可得3个待定系数为:

$$\left.\begin{aligned}
a &= \frac{M_{e1}}{(n_{e1} - n_{e2})(n_{e1} - n_{e3})} + \frac{M_{e2}}{(n_{e2} - n_{e1})(n_{e2} - n_{e3})} + \frac{M_{e3}}{(n_{e3} - n_{e1})(n_{e3} - n_{e2})} \\
b &= -\frac{(n_{e2} + n_{e3})M_{e1}}{(n_{e1} - n_{e2})(n_{e1} - n_{e3})} - \frac{(n_{e1} + n_{e3})M_{e2}}{(n_{e2} - n_{e1})(n_{e2} - n_{e3})} - \frac{(n_{e1} + n_{e2})M_{e3}}{(n_{e3} - n_{e1})(n_{e3} - n_{e2})} \\
c &= \frac{n_{e2}n_{e3}M_{e1}}{(n_{e1} - n_{e2})(n_{e1} - n_{e3})} + \frac{n_{e1}n_{e3}M_{e2}}{(n_{e2} - n_{e1})(n_{e2} - n_{e3})} + \frac{n_{e1}n_{e2}M_{e3}}{(n_{e3} - n_{e1})(n_{e3} - n_{e2})}
\end{aligned}\right\} \tag{2-14}$$

2. 经验公式

如果没有所要发动机的外特性，但从发动机铭牌上可知道该发动机的最大输出功率及相应转速、最大转矩及相应转速时，可用下列经验公式来描述发动机的外特性：

$$M_e = M_{em} - \frac{M_{em} - M_P}{(n_t - n_P)^2}(n_t - n_e)^2 \tag{2-15}$$

式中：M_{em}——发动机最大输出转矩，N·m；

n_t——发动机最大输出转矩时的转速，r/min；

n_P——发动机最大输出功率时的转速，r/min；

M_P——发动机最大输出功率时的转矩，N·m；

$M_P = 9\ 549\frac{P_{em}}{n_p}$，$P_{em}$为发动机最大输出功率，kW。

由式(2-12)和式(2-15)可得：

$$\left.\begin{aligned} a &= \frac{-M_{em} + M_P}{(n_t - n_p)^2} \\ b &= \frac{2n_t(M_{em} - M_P)}{(n_t - n_p)^2} \\ c &= M_{em} - \frac{(M_{em} - M_P)n_t^2}{(n_t - n_p)^2} \end{aligned}\right\} \tag{2-16}$$

应该指出的是发动机外特性曲线是在室内试验台架上测量出来的。台架试验时发动机未带空气滤清器、水泵、风扇、消声器、发电机等附件，且试验工况相对稳定，即能保持试验时发动机的水、机油温度在规定的数值内。带上全部附件设备时的发动机特性曲线称为使用外特性曲线。使用外特性的功率小于理论外特性的功率。因此应对台架试验数据用修正系数μ进行修正，才能得到发动机的使用外特性。

由于各国发动机台架试验所执行的标准值不同，故修正系数μ的取值亦不同。一般为：$\mu = 0.81 \sim 0.92$。

按 SAE 标准试验（美、法、意）：$\mu = 0.81 \sim 0.84$

按 DIN 标准试验（德）：$\mu = 0.90 \sim 0.92$

按 BS 标准试验（英）：$\mu = 0.83 \sim 0.85$

按 HS 标准试验（日）：$\mu = 0.88 \sim 0.91$

按 GB 标准试验（中）：$\mu = 0.85 \sim 0.91$

（二）汽车的行驶方程式

汽车的动力性可由汽车的行驶方程式表示。专用车辆在直线行驶时，驱动力和行驶阻力之间存在如下平衡关系：

$$F_t = F_f + F_i + F_w + F_j \tag{2-17}$$

式中：F_t——驱动力，N；

F_f——滚动阻力，N；

F_i——坡道阻力，N；

F_w——空气阻力，N；

F_j——加速阻力，N。

汽车动力性计算公式如下：

1. 驱动力

专用车辆的驱动力与发动机的输出转矩存在如下关系：

$$F_t = \frac{M_e i_g i_o \mu \eta}{r_d} \tag{2-18}$$

式中：r_d——驱动轮动力半径，m；

i_o——主减速器速比；

i_g——变速器的传动比；

η——传动系的机械效率；

μ——发动机外特性修正系数。

2. 滚动阻力

专用车辆的滚动阻力由下式计算：

$$F_f = m_a\, g\, f\cos\alpha \tag{2-19}$$

式中：m_a——专用车辆总质量，kg；

f——滚动阻力系数；

α——道路坡度角。

滚动阻力系数f取决于轮胎的结构形式、汽车行驶速度和路面条件等因素。当车速在50km/h以下时，可取f为常数。

当车速大于50km/h，但小于100km/h时，f可表达成车速v的线性函数，即：

$$f = f_o + kv \tag{2-20}$$

式中：v——专用车辆行驶速度，km/h；

f_o——滚动阻力系数中的常数项；

k——比例系数。

3. 坡道阻力

当专用车辆上坡行驶时，整车重力沿着坡道的分力为坡道阻力，其计算公式为：

$$F_i = m_a g\sin\alpha \tag{2-21}$$

4. 空气阻力

大量试验结果表明，车辆的空气阻力与车速的平方成正比，即：

$$F_w = C_D A v^2 \tag{2-22}$$

式中：C_D——空气阻力系数，专用汽车C_D可取为0.5～0.9，汽车列车每节全挂车C_D增加25%，每节半挂车C_D增加10%；

A——专用车辆的迎风面积，m^2；可按$A = BH$估算，B为车辆轮距，H为整车高度。

5. 加速阻力

加速阻力是汽车加速行驶时所需克服的惯性阻力。

$$F_j = \delta m_a j \tag{2-23}$$

式中：δ——专用车辆传动系统回转质量换算系数；

j——专用车辆加速度，m/s^2。

δ的计算公式为：

$$\delta = 1 + \frac{\sum I_w}{m_a r^2} + \frac{I_f i_o^2 i_g^2 \eta}{m_a r^2} \tag{2-24}$$

式中：I_w——车轮的转动惯量，kg·m^2；

I_f——发动机飞轮的转动惯量,$kg\cdot m^2$;

r——车轮的滚动半径,m。

进行动力性计算时,若不知道 I_w、I_f 值,可按经验公式估算 δ 值。

6. 专用车辆直线行驶时的运动微分方程式

将公式(2-18)~(2-24)代入公式(2-17)可得:

$$(an_e^2+bn_e+c)\frac{i_o i_g \mu\eta}{r_d}=m_a g(f\cos\alpha+\sin\alpha)+C_D A v^2+\delta m_a j \tag{2-25}$$

又因为:

$$n_e=\frac{i_o i_g v}{0.337r} \tag{2-26}$$

将公式(2-25)和(2-26)进行整理后,得出专用车辆直线行驶时的运动微分方程式:

$$\delta m_a j=Av^2+Bv+C_1+C_2(f\cos\alpha+\sin\alpha) \tag{2-27}$$

式中:

$$\left.\begin{aligned}A&=\frac{i_o^3 i_g^3 \mu\eta a}{0.142r^2 r_d}-C_D A\\B&=\frac{i_o^2 i_g^2 \mu\eta b}{0.377 r r_d}\\C_1&=\frac{i_o i_g \mu\eta c}{r_d}\\C_2&=-m_a g\end{aligned}\right\} \tag{2-28}$$

根据专用车辆直线行驶时的运动微分方程式,即可计算出评价专用车辆的动力性指标。

(三)动力性评价指标的计算

衡量专用车辆动力性能的评价指标有3个,即最高车速、最大爬坡度和加速性能。

1. 最高车速

根据汽车最高车速的定义,有 $\alpha=0$,$j=0$,代入专用车辆直线行驶时的运动微分方程式(2-27)可得:

$$Av^2+Bv+C_1+C_2 f=0 \tag{2-29}$$

将式(2-20)代入式(2-29),有:

$$Av^2+(B+kC_2)v+(C_1+f_o C_2)=0 \tag{2-30}$$

因:

$$(B+kC_2)^2-4A(C_1+f_o C_2)>0$$

则令

$$D=\sqrt{(B+kC_2)^2-4A(C_1+f_o C_2)} \tag{2-31}$$

又因通常 $A<0$,$(B+kC_2)>0$,所以方程的第二个根即是所求专用汽车的最高车速 v_{max},即:

$$v_{max}=\frac{-(B+kC_2)-D}{2A} \tag{2-32}$$

2. 最大爬坡度

按照汽车以最低挡稳定速度爬坡,有 $j=0$,为简化起见,设 $f\approx f_o$,由式(2-27)可得:

$$Av^2+Bv+C_1+C_2(f_o\cos\alpha+\sin\alpha)=0 \tag{2-33}$$

对上式两边以 v 为自变量进行求导得:

$$2Av + B + C_2(-f_o\sin\alpha + \cos\alpha)\frac{d\alpha}{dv} = 0 \tag{2-34}$$

当$\frac{d\alpha}{dv}=0$时，α得到最大值，此时：$v = -\frac{B}{2A}$

将上式代入式(2-33)可得：$f_o\cos\alpha + \sin\alpha = \frac{B^2 - 4AC_1}{4AC_2}$

令：

$$E = \frac{B_2 - 4AC_1}{4AC_2} \tag{2-35}$$

则：

$$f_o\cos\alpha + \sin\alpha = E$$

对上式进行整理可得：

$$(1 + f_o^2)\sin^2\alpha - 2E\sin\alpha + (E^2 - f_o^2) = 0$$

$$\sin\alpha = \frac{(E \pm f_o\sqrt{1 + f_o^2 - E^2})}{1 + f_o^2}$$

当$f_o=0$时$\sin\alpha = E$，但实际上滚动阻力总是存在的，并且滚动阻力系数愈大，汽车的爬坡能力愈小。因此对上式中应取负号，即可得到专用车辆的最大爬坡角：

$$\alpha_{max} = \arcsin\frac{(E - f_o\sqrt{1 + f_o^2 - E^2})}{1 + f_o^2} \tag{2-36}$$

因$f_o \ll 1$，$1 + f_o^2 \approx 1$，则上式可简化成：

$$\alpha_{max} = \arcsin(E - f_o\sqrt{1 - E^2}) \tag{2-37}$$

由此可得到专用车辆的最大爬坡度i_{max}为：

$$i_{max} = \tan a_{max} \tag{2-38}$$

3. 最大加速度

专用车辆在平坦路面上的加速度计算公式可由式(2-27)变化而得：

$$j = \frac{1}{\delta m_a}[Av^2 + Bv + C_1 + C_2(f_o + kv)] \tag{2-39}$$

专用车辆在某一挡位加速过程中的最大加速度可由$j=f(v^2)$的极值点求出，令：

$$\frac{dj}{dv} = \frac{1}{\delta m_a}(2Av + B + kC_2) = 0$$

得到极值点的车速v_0为：

$$v_0 = -\frac{B + kC_2}{2A} \tag{2-40}$$

将式(2-40)代入式(2-39)，可得专用车辆在该挡位时的最大加速度：

$$j_{max} = \frac{1}{\delta m_a}\left(C_1 + C_2 f_o - \frac{B + kC_2}{4A}\right) = -\frac{D^2}{4A\delta m_a} \tag{2-41}$$

因此，专用车辆在该挡位从车速v_1加速到v_2的平均加速度j_e可由下式计算：

$$\begin{aligned} j_e &= \frac{1}{\delta m_a(v_2 - v_1)}\int_{v_1}^{v_2}[Av_2 + Bv + C_1 + C_2(f_o + kv_o)]dv \\ &= \frac{1}{\delta m_a}\left[\frac{1}{3}A(v_2^2 + v_2v_1 + v_1^2) + \frac{1}{2}(B + kC_2)(v_2 + v_1) + (C_1 + f_oC_2)\right] \end{aligned} \tag{2-42}$$

4. 加速时间和加速行程

(1)求加速时间

由式(2-39)可得:

$$dt=\frac{\delta m_a dv}{Av^2+Bv+C_1+C_2(f_o+kv)} \tag{2-43}$$

对上式两边积分,可得到专用车辆在水平路面从 v_1(m/s)加速到 v_2(m/s)的时间 t(s):

$$t=\int_{v_1}^{v_2}\frac{\delta m_a}{Av^2+Bv+C_1+C_2(f_o+kv)}dv$$

因: $$D^2=(B+kC_2)^2-4A(C_1+f_oC_2)>0$$

则有:

$$t=\frac{\delta m_a}{D}\left[\ln\left(\frac{2Av_2+B+C_2k-D}{2Av_2+B+C_2k+D}\right)-\ln\left(\frac{2Av_1+B+C_2k-D}{2Av_1+B+C_2k+D}\right)\right] \tag{2-44}$$

(2)求加速行程:

因: $$j=\frac{dv}{dt}=\frac{dv\,dS}{dS\,dt}=v\frac{dv}{dS} \tag{2-45}$$

式中:S——车辆行驶的路程,m。

所以有:

$$dS=\frac{\delta m_a v dv}{Av^2+Bv+C_1+C_2(f_o+kv)}$$

对上式两边积分,可求得专用汽车在平坦路面上从 v_1(m/s)加速到 v_2(m/s)的行程 S(m):

$$S=\int_{v_1}^{v_2}\frac{\delta m_a v dv}{Av^2+Bv+C_1+C_2(f_o+kv)}$$

$$=\frac{\delta m_a}{2A}\ln\left|\frac{Av_2^2+(B+kC_2)v_2+C_1+C_2f_o}{Av_1^2+(B+kC_2)v_1+C_1+C_2f_o}\right|-\frac{B+kC_2}{2A}t \tag{2-46}$$

二、燃油经济性

专用车辆的燃油经济性通常用车辆在水平的混凝土或沥青路面上,以经济车速满载行驶的百公里耗油量来评价,也称百公里油耗或等速百公里油耗。

(一)百公里油耗的计算

专用车辆的等速百公里油耗可以根据发动机的负荷特性或万有特性来计算,下面介绍其中一种计算方法。

首先根据专用车辆的行驶车速 v,计算出相应的发动机转速 n_e:

$$n_e=\frac{i_o i_g v}{0.377r} \tag{2-47}$$

然后由专用车辆在该车速时的行驶阻力计算出发动机的转矩 M_e(平坦路面上匀速行驶时,$F_i=0,F_j=0$),即:

$$M_e=\frac{r_d}{i_o i_g\mu\eta}(F_f+F_w)=\frac{r_d}{i_o i_g\mu\eta}(m_a g f+C_D A v^2) \tag{2-48}$$

根据 M_e 和 n_e 的计算值,在万有特性图上查出有效燃料消耗率 g_e(g/kW·h),再利用下式计算百公里燃料消耗量 Q_s:

$$Q_s=\frac{i_o i_g M_e g_e}{3\ 672\rho r}\quad(\text{L/100km}) \tag{2-49}$$

式中：g_e——发动机有效燃料消耗率（也称为比油耗量），g/kW·h；

ρ——燃料的密度，g/cm³。汽油可取：$\rho = 6.96 \sim 7.15$（g/cm³）；柴油可取：$\rho = 7.94 \sim 8.13$（g/cm³）。

（二）百公里油耗曲线

由以上分析可知，车辆在行驶过程中，随着车速的不同，等速百公里燃料消耗量也不相同。因而车辆在任一挡位都有一条等速百公里油耗曲线。下面以直接挡为例，介绍求作等速行驶百公里油耗曲线的步骤。

（1）首先，应知道该发动机的负荷特性或万有特性，并确定相应参数：m_a、f、C_D、A、η、i_o、r 等。以专用车辆直接挡行驶的某一初速度 v 开始，根据公式 2-47 计算出相应发动机转速 n_e。

（2）然后由功率平衡方程式计算出该车速时的整车驱动功率或发动机有效功率 P_e。

专用车辆的功率平衡方程式：

$$P_e = \frac{1}{\eta}\left(\frac{m_a g f}{3\,600}v_{max} + \frac{C_D A}{76\,140}v_{max}^3\right) + \frac{P_0}{\eta_0} \quad (kW) \tag{2-50}$$

式中：η——汽车底盘传动系的机械效率；

v_{max}——最高车速，km/h；

η_0——专用工作装置的机械效率；

P_0——专用工作装置在车辆行驶中从汽车底盘所取的功率，kW。

（3）根据 P_e、n_e 查发动机的万有特性或负荷特性，得到该工况时的比油耗 g_e。

（4）根据下式，计算出该车速时的百公里油耗 Q_e：

$$Q = \frac{P_e g_e}{1.02vr} \quad (L/100km) \tag{2-51}$$

（5）最后以 v 为基数加上一定增量的车速取值（例如以 10km/h 为间隔），按照上面的步骤，重新计算新增车速工况时的百公里油耗，依此类推，直至最高车速。最后将所求的对应各车速油耗的点连成光滑曲线，即为直接挡在一定路面条件下等速行驶的百公里油耗曲线。

三、专用车辆的稳定性

（一）静态稳定性

由普通汽车底盘改装成的专用车辆，其质心位置均较普通载货汽车为高，其原因是由于副车架或工作装置的布置，使装载部分的位置提高了，例如罐体、厢体等，因此应对整车的静态稳定性进行计算。

对有些专用车辆，不仅要对运输状态进行稳定性计算，而且对作业状态的稳定性也应进行计算，如自卸汽车在举升卸货时，就有纵向或侧向失稳的可能性。

分析专用车辆的静态稳定性，首先应计算出整车的质心位置。当专用汽车的总体布置基本完成后（图 2-24），即可对该车的质心位

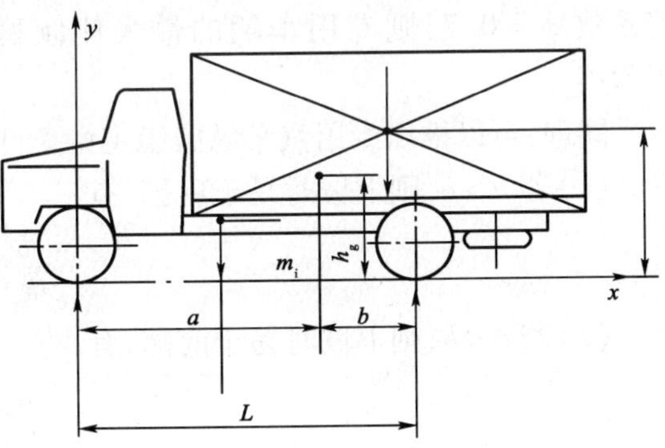

图 2-24　某厢式专用汽车质心位置计算图

置进行计算。

计算时可根据已有的资料，或利用试验结果，也可用计算方法来确定专用车各总成的质量及其质心位置坐标，然后按照力矩平衡方程式，求出整车的质心位置。对图 2-24 厢式货车纵向和高度的质心坐标计算，有：

$$a=\frac{\sum_{i=1}^{n}m_i x_i}{\sum m_i}$$
$$b=L-a \tag{2-52}$$
$$h_g=\frac{\sum_{i=1}^{n}m_i y_i}{\sum m_i}$$

式中：m_i——第 i 个总成的质量，kg；

x_i——第 i 个总成的质心至前轴中心的水平距离，m；

y_i——第 i 个总成的质心至地面的高度，m；

a——整车质心至前轴中心的水平距离，m；

b——整车质心至后轴中心的水平距离，m；

h_g——整车质心至地面的高度，m；

L——轴距，m。

车辆的稳态稳定性是指车辆停放或等速行驶在坡道上，当整车的重力作用线越过车轮的支承点（接地点）侧、车辆不发生翻倾的能力。若整车的重力作用线正好通过支承点，则车辆处于临界的倾翻状态，此时的坡道角称为最大倾翻稳定角 β_{max}。

另一方面，当车辆停放在坡道或在坡道行驶时，若坡道阻力大于附着力时车辆由于附着力不足而向下滑移，同样也会出现失稳，其最大滑移角 α_{max} 仅取决于车轮和路面间的附着系数 φ，有：

$$\tan\alpha_{max}=\varphi \tag{2-53}$$

图 2-25 为某厢式货车侧向稳定的临界状态，有：

$$\tan\beta_{max}=\frac{B}{2h_g} \tag{2-54}$$

由于侧翻是一种危险的失稳工况，因此，为避免车辆发生侧翻现象，依据侧滑先于侧翻的条件有：

$$\frac{B}{2h_g}\geqslant\varphi \tag{2-55}$$

若取专用车辆轮胎和普通混凝土路面间的横向附着系数 $\varphi=0.7$，则专用车辆的最大侧倾稳定角不小于35°。

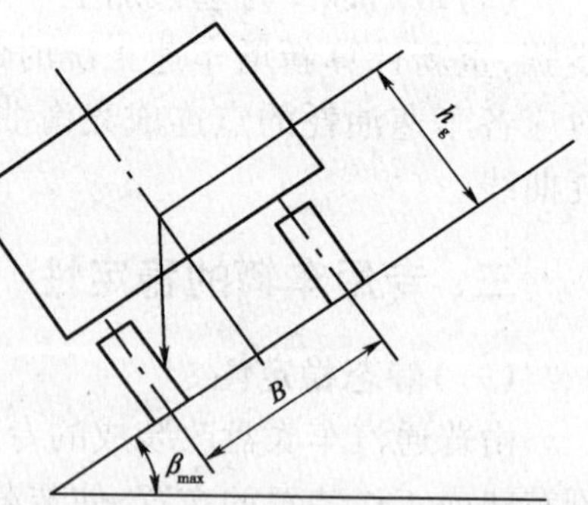

图 2-25　车辆的侧向稳定性计算图

同理，可以推出专用汽车纵向稳定性条件：

（1）若 $a>b$，则上坡时易于后翻，有：

$$\frac{b}{h_g}\geqslant\varphi \tag{2-56}$$

（2）若 $a<b$，则下坡时易于前翻，有：

$$\frac{a}{h_g}\geqslant\varphi \tag{2-57}$$

对于自卸汽车在横向坡道上卸货时的侧向稳定性，可按下式计算：

$$\beta_{max} = \arctan\left[\frac{Bm_a}{2(h'_g m' + h''_g m'')}\right] \tag{2-58}$$

式中：h'_g、h''_g——分别为自卸车底盘加货厢及货物举升后的质心高度，m；

m'、m''——分别为自卸车底盘加货厢及货物的质量，kg。

对于举升高度，满载时可按货物下滑的临界角度计算，空载按最大举升角计算。

（二）行驶稳定性

对于有些专用车辆，不仅要对静止状态或作业状态进行稳定性计算，而且对车辆行驶过程中的稳定性也应进行计算，如液罐汽车弯道行驶或在侧坡上行驶时，由于液体的流动以及侧向力的影响而造成质心位置的转移，形成侧向失稳的状况。下面即以截面为椭圆形罐体的液罐汽车为例予以简单介绍。

如果罐体长度为 L，由于罐内液体在整个罐体长度为等截面。因此液体质心在纵向的位置必然在 $L/2$ 处，与液体横截面形状无关，因此研究液体质心的位置只研究液体横截面质心的位置即可。

建立液体截面坐标系 YOZ，如图 2-26 所示，原点设在罐体横截面的几何中心处。液面与横坐标 Y 轴的夹角为 θ，则罐内液体自由表面的方程即为在坐标系 YOZ 内液体截面的截线方程，即：

$$Z = kY + C \tag{2-59}$$

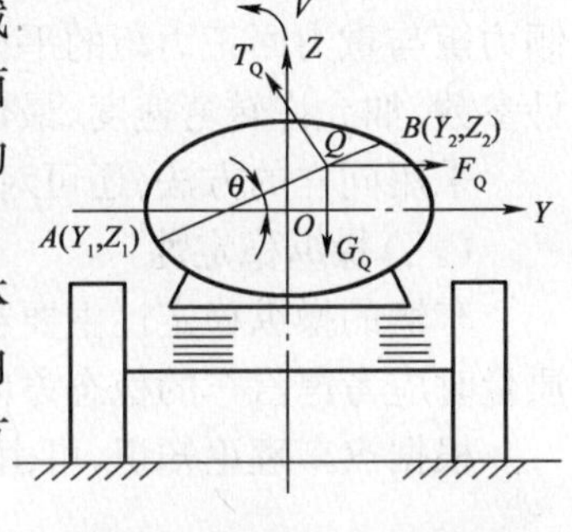

图 2-26　液罐汽车左转弯行驶时罐体坐标图

T_Q-液面的法向反力；F_Q-侧向惯性力；G_Q-质点 Q 的重力

式中：k——液体自由表面的斜率，$k = \tan\theta$；

C——液体自由表面在 Z 轴上的截距，或称液面直线 AB 在 Z 轴上的截距；

θ——汽车转弯行驶时液面与 Y 轴的夹角。

为了准确地建立罐内液面的数学模型，并与转弯行驶工况相联系，现在液面截线 AB 上任取一质点 Q，则质点 Q 的受力如图 2-26 所示，其中：

$$F_Q = \frac{m_Q v^2}{y_Q + R}$$

$$G_Q = m_Q g$$

根据力的平衡关系，对于质点 Q 有：

$$\begin{aligned} T_Q \cdot \cos\theta - G_Q &= 0 \\ F_Q - T_Q \cdot \sin\theta &= 0 \end{aligned} \tag{2-60}$$

将上式整理后得：

$$\tan\theta = \frac{v^2}{g(Y_Q + R)} \tag{2-61}$$

式中：Y_Q——质点 Q 点的横坐标值，m；

R——液罐汽车中心转弯半径，m；

v——液罐汽车稳态转弯行驶速度，m/s；

g——重力加速度，m/s^2。

由于汽车在转弯行驶时，其转弯半径 R 远远大于质点 Q 在 Y 轴上的横坐标 Y_Q 值，即 $R >> Y_Q$，因此式（2-61）可写成：

$$\tan\theta = \frac{v^2}{gR} \tag{2-62}$$

由式(2-59)和(2-62)可得到汽车稳态转弯行驶时罐内液面的斜率：

$$k = \tan\theta = \frac{v^2}{gR} \tag{2-63}$$

将式(2-59)~(2-63)进行整理后，可得出液罐汽车在稳态转弯时，罐内液面的平衡方程式：

$$Z = kv + C = \frac{v^2}{gR} + C \tag{2-64}$$

然后根据液体在罐内装载的情况（即工况：满载、半载等），确定液体的动态质心位置，进而求出各工况下液体截面对 Z 轴、Y 轴的静矩。并对该工况下的质心位置进行分析，确定其质心转移的程度。最后根据液罐汽车转弯行驶时即将发生侧倾的边界条件，形成车辆侧倾力矩与重力回正力矩的平衡方程式，得出液罐汽车转弯行驶时不发生侧倾乃至侧翻的设计参数，如允许转弯速度、最佳装载比例等。

采用同样的方法，还可对液罐汽车在坡道行驶时的相应参数进行稳定性计算。

（三）操纵稳定性

车辆的操纵稳定性主要在确定汽车的轴载质量分配时予以考虑，即在确定汽车的轴载质量时应考虑汽车的稳态方向稳定性和动态方向稳定性。

根据汽车理论知识，可由静态储备系数 S · M 决定汽车的稳态转向特性。即

$$\mathrm{S\cdot M} = \frac{K}{K_1 + K_2} - \frac{L}{L_1 + L_2} = \frac{K_2}{K} - \frac{L_1}{L} \tag{2-65}$$

式中：K_1——前轮轮胎侧偏刚度之和，N/rad；

K_2——后轮轮胎侧偏刚度之和，N/rad；

K——汽车全部轮胎的总侧偏刚度，N/rad；

L_1——整车质心至前轴的距离，m；

L_2——整车质心至后轴的距离，m；

L——汽车轴距，m。

当 S · M = 0 时，汽车具有中性转向特性；

当 S · M > 0 时，汽车具有不足转向特性；

当 S · M < 0 时，汽车具有过多转向特性。

从车辆的操纵稳定性考虑，汽车应具有一定的不足转向特性。汽车总体设计时，合理地进行轴载质量分配、质心位置、轴距及前后轴侧偏刚度的匹配，可以得到一定的不足转向特性。质心前移或减少前后轴轮胎的侧偏刚度比时会增加汽车的不足转向特性。

当汽车具有过多转向特性时，此时用临界车速来表征汽车的稳态特性。临界速度由下式表示：

$$v_{cr} = \sqrt{\frac{L^2}{m_a\left(\frac{L_1}{K_2} - \frac{L_2}{K_1}\right)}} \tag{2-66}$$

因此汽车动态方向稳定性的条件是：

$$1 + m_a\left(\frac{L_1}{K_2} - \frac{L_2}{K_1}\right)\frac{v^2}{L^2} \geqslant 0 \tag{2-67}$$

式中：v——汽车车速，m/s。

因此当汽车具有过多转向特性时,其设计车速应低于临界车速,当低于临界车速行驶时,汽车行驶是稳定的,高于临界车速行驶时是不稳定的。但过多转向特性是车辆在设计时所不希望的。如果出现短暂的过多转向特性,应在车辆使用说明书中予以提示。

1. 专用车辆的编号原则是什么?专用车辆底盘有哪几种形式?
2. 取力器的作用?专用车辆的取力器有几种取力方式?取力器的工作原理是什么?
3. 专用车辆的质心位置应如何确定,确定质心位置时应考虑哪些因素?
4. 主车架改装时,应该注意哪些方面的因素?
5. 专用车辆副车架在设计时应注意的问题。
6. 副车架与主车架的连接方式通常采用哪几种?
7. 专用车辆动力性参数主要包括哪些?如何计算动力性评价指标?
8. 如何计算专用车辆的动态和静态稳定性?

第三章　罐式专用车辆

第一节　概　　述

一、罐式专用车辆的定义及特点

罐式专用车辆是指装有罐状的容器，并且通常带有工作泵，用于运输液体、气体或粉粒状物质，以及完成特定作业任务的专用汽车和专用汽车列车。

我国罐式专用车辆的生产始于20世纪50年代，到60年代已初具规模，进入80年代后，罐式车辆的品种和产量都得到较大的提高，在汽车运输中发挥了重要作用，归纳起来有如下优点。

(1)提高了运输效率。由于罐体是装载物料的容器，可以采用机械化装卸方式，大大地缩短了装卸时间，加快了车辆周转，提高了运输效率。

(2)保证物料在运输途中不变质。罐体通常是个密封容器，罐内物料不受气候条件影响，若物料对温度有要求，还可做成隔热罐体、加热罐体等特殊结构的罐体来保护物料。所以，物料不易变质，也不易污染和泄漏。

(3)改善装卸条件，减轻劳动强度。罐式汽车运输可实现装、运、卸机械化，且都在封闭状态下进行，大大地减少了装卸工人人数和减轻了劳动强度，也减少了粉尘飞扬和散发异味。

(4)节省包装材料、降低运输成本。物料散装运输，节省了包装材料，增加了装载质量，运输成本下降。

(5)有利于安全运输。由于是密封运输，物料不会泄漏，即使是有毒物质，也不会污染环境。对于易爆、易燃物品，也不易产生意外事故。

由于罐式汽车的罐体是专用设备，只能装载规定的物料，且装卸货物要有相应的装料设备和接收设备。

二、罐式专用车辆分类

(一)按运输货物种类和作业性质分类

(1)液罐汽车。用于装运液体物质的罐式汽车，如装运水、轻质燃油、润滑油、酸类、饮料、牛奶、酒类等的罐式汽车。

(2)粉罐汽车。用于散装粉状物料的罐式汽车，如装运水泥、面粉、滑石粉、粉煤灰等的罐式汽车。

(3)颗粒罐车。用于散装颗粒状物料的罐式汽车,如装运谷物、豆类、颗粒盐、粒状塑料等的罐式汽车。其结构与气卸散装粉罐汽车基本相似。

(4)气罐汽车。用于装运液化气体的罐式汽车,如装运液化石油气、液氮、液氧等的罐式汽车。液化气罐车,承受的内压一般在1.1MPa以上。

(5)其他专用罐式汽车。能完成某种作业的罐式汽车,如洒水汽车,沥青洒布汽车等。

(二)按罐体能承受的内压力大小分类

根据GB 150—1998《钢制压力容器》,罐体按内压分级有下列4个等级:

(1)低压罐体 $0.1 \leqslant p < 1.6$MPa;

(2)中压罐体 $1.6 \leqslant p < 10.0$MPa;

(3)高压罐体 $10 \leqslant p < 100$MPa;

(4)超高压罐体 $p \geqslant 100$MPa。

对于承受内压1.1MPa以上的罐体,在设计时必须按照GB 150—1998《钢制压力容器》以及其他相关标准或规定进行。其他的罐式汽车,如液罐汽车、粉罐汽车等内压在0.6MPa以下的罐车,可不按此要求进行。

(三)按罐体与汽车或挂车的连接方式分类

(1)半承载式罐车:罐体刚性固定在汽车或挂车的车架上,载荷主要由车架承受,罐体只承受部分载荷。

罐体容积不太大的罐车多采用半承载式结构。

(2)承载式罐车:罐体除作为容器外,还起车架作用,即无车架结构,全部载荷由罐体承受。由于省去了车架部分质量,所以在总质量一定情况下,装载质量要比半承载式罐车大一些,这对提高运输效率是有利的,但对罐体设计和制造要求也相应提高。

三、罐体支撑梁

罐体与汽车主车架的连接是通过罐体底部的支撑梁和固定装置来完成。支撑梁有整体式和分置式两类,分置式又分纵梁分置式、横梁分置式和纵横梁分置式3种。它们都焊接在罐体底部,与罐体成一体,并在焊接处焊有加强钢板。

(一)整体式支撑梁

整体式支撑梁的纵梁和横梁焊成一体,再与罐体焊在一起,如图3-1所示。纵梁截面有L形或与上部零件的连接面组成长方形、梯形、直角梯形等,上部形状视罐体外形而定。横梁截面多为L形。支撑梁与汽车之间用固定装置联锁。

(二)分置式支撑梁

纵梁分置式支撑梁由左、右两根纵梁分别焊于罐体底部两侧,相互不直接连接,与整体式支撑梁一样,需用固定装置和止推板等与汽车车架连接。

横梁分置式支撑梁的横梁常与罐体连接成长方形封闭截面,用U形螺栓和联锁装置与车架连接。这种支梁常采用前、后横梁支撑于立式罐体下部。

纵横梁分置式支撑梁一般由二根纵梁和一根横梁组成,用U形螺栓和联锁装置与车架连接,也常用干立式罐体上。

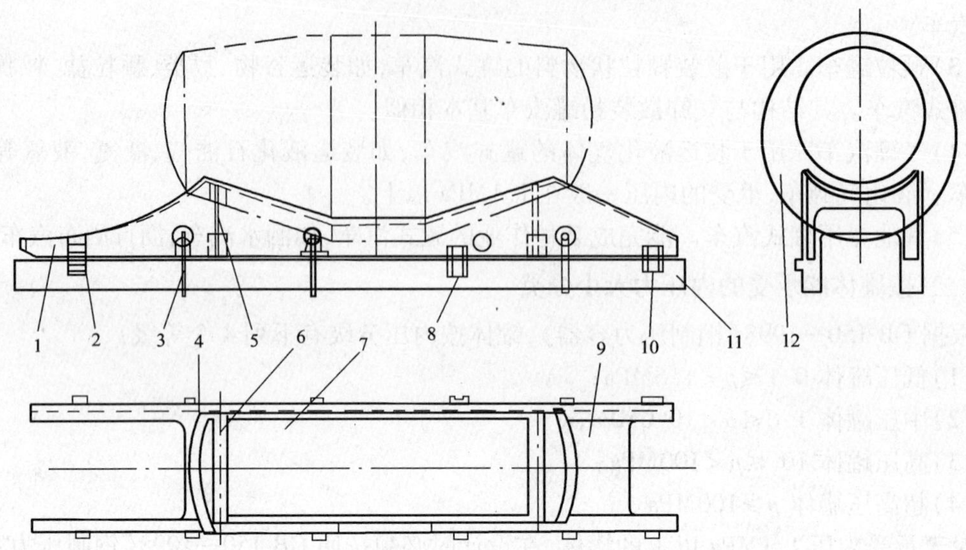

图 3-1 整体式支撑梁示意图

1-支撑纵梁；2-弹性连接块；3-U 形连接螺栓；4-封板上托板；5-支撑横梁；6-横梁上托板；7-纵梁上托板；8-止推板；9-封板；10-刚性连接块；11-汽车车架；12-罐体

第二节 液罐汽车

液罐汽车是装运液态物品的罐式汽车的总称。它主要用于装运油类、化工液体以及食用液体等多种液态物质。

一、油罐汽车

油罐汽车按其功能不同可以分为运油汽车和加油汽车两种。

（一）运油汽车

运油汽车一般指运输轻质燃油、重油、润滑油、植物油等的罐式汽车，也可作储存油料用车。

1. 总体结构

图 3-2 为轻质燃油半挂运油汽车列车。主要装置有油罐、油管、呼吸阀、放油阀、液位指示器、静电消除装置及灭火器等。

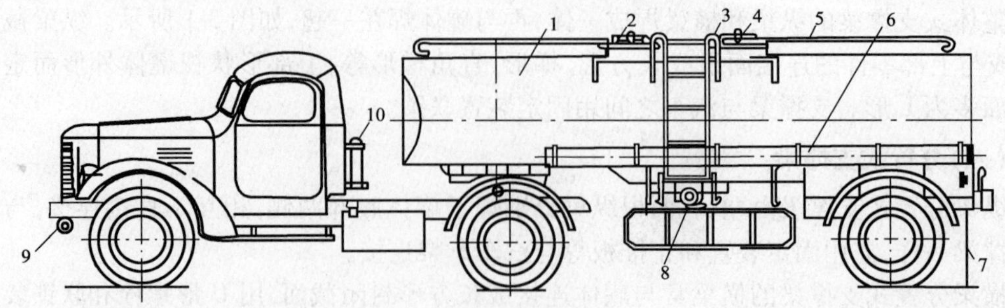

图 3-2 半挂运油汽车列车

1-油罐；2、4-加油口；3-扶梯；5-连通气管；6-输油软管；7-接地链条；8-放油阀；9-排气管及消声器；10-灭火器

图 3-3 为该车油罐罐体结构示意图，罐体分隔成前后互不相通的两个舱，每个舱各

有一个出入孔，每个出入孔盖上都有一个加油口，而呼吸阀只装在前舱的出入孔盖上，用连通气管在罐体外将两舱连通，共用一个呼吸阀。尾部的接地链条是用来将运油车在行驶中产生的静电导入大地。输油软管处安装接地导线，其末端装有接地棒。放油时将接地棒要插入地下，以便将放油时产生的静电导入大地。灭火器通常配置两个，安装于汽车驾驶室后部的两侧。排气管和消声器不能接近油罐，要移至汽车前保险杠下，以免引起火灾。

2. 罐体结构

大型罐体多为承载式，且分隔成几个互不相通的舱（图3-3）。罐内都设有若干块横向防波板，以加强罐体刚度及减弱车辆行驶中油料对罐壁的冲击。防波板可直接焊在罐体内，也可做成可拆卸的。罐体上部的出入孔直径不小于500mm，以便于工作人员出入检查和维修。

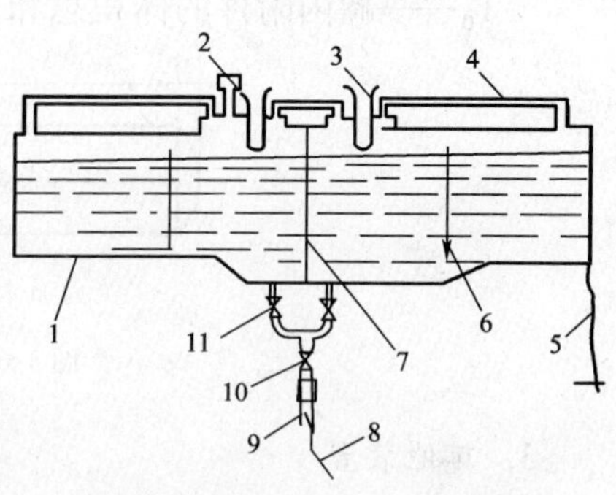

图3-3 半挂运油车油罐结构示意图

1-罐体；2-呼吸阀；3-加油口；4-连通气管；5-接地链条；6-防波板；7-隔板；8-接地导线；9-放油软管；10-放油阀；11-底阀

放油阀一般设在罐体尾部，便于放油。若是多舱罐体，每舱下部有一个底阀，再与放油阀相通，可以各舱单独放油，也可同时放油。罐体内表面通常是经过喷砂处理后再进行涂（喷）锌以防止罐体内表面腐蚀。

确定罐体形状时，应有利于降低整车质心高度，减少自身质量，增大容积效率，减小空气阻力，并与驾驶室外形相称，整体造型美观等。一般罐内压力小于0.1MPa时，罐体横截面取椭圆形；压力大于0.1MPa时，多用圆形横截面。常用罐体横截面形状如图3-4所示。

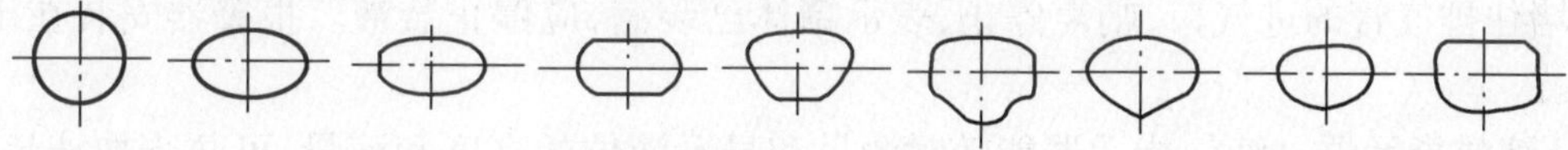

图3-4 罐体横截面各种形状

圆形横截面罐体的实际总容积（图3-5）：

$$V = \frac{\pi}{4} D_i^2 \left(L + \frac{L_1 + L_2}{3} \right) - V_0 \quad (\mathrm{m^3}) \tag{3-1}$$

式中：D_i——圆柱形罐体内径，m；

L——圆柱形筒体长度，m；

L_1、L_2——分别为封头长度，通常 $L_1 = L_2$，m；

V_0——罐内附件的体积总和，$\mathrm{m^3}$。

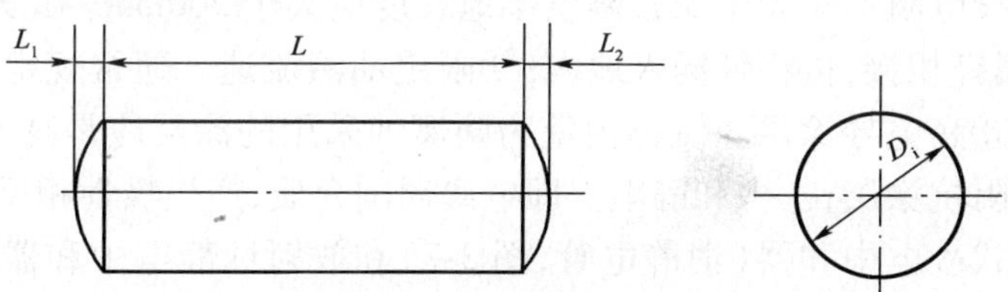

图3-5 圆形横截面罐体容积计算图

椭圆形横截面罐体的实际总容积（图3-6）：

$$V=\frac{\pi ab}{4}\left(L+\frac{L_1+L_2}{3}\right)-V_0 \quad (m^3) \tag{3-2}$$

式中：a、b——椭圆长、短轴长度，m；

L——椭圆筒体长度，m；

L_1、L_2——封头长度，m；

V_0——罐内附件的体积总和，m^3。

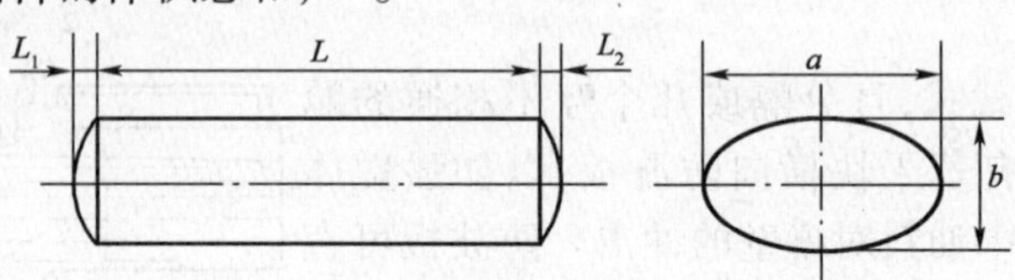

图 3-6　椭圆形横截面罐体容积计算图

3. 其他装置

(1)呼吸阀。呼吸阀能根据罐内气压的大小自动调节，并与大气保持平衡。其作用是减少油料蒸发，防止罐体变形。调定压力(表压力)一般高压为14.7～24.5kPa，低压为-4.9～9.8kPa。一般大型油罐各舱均装一个呼吸阀，中小型油罐可以只装一个呼吸阀。

(2)液位报警器。当液体加入罐内时，罐内气体经排气管和双音哨排出时，双音哨发出警声，表示罐内液面还未到达额定液位，可继续加液；当液面到达额定液面高度时，浮球随液面升起堵住排气管的进气口，哨声停止，表示罐体已装满，应停止装液。报警器安装在出入孔盖上。

(3)液位指示器。液位指示器能随时测量和显示液位的高度和液量，可防止加液超量。常用的液位指示器通常有油量标尺(直观式液位指示器)、浮球式液位计、油量表和油量传感器3种形式。

(4)静电消除措施。运油汽车和加油汽车在自吸装油、给设备加油及运输途中都易产生静电。由于轮胎是绝缘体，产生的静电不能导入大地，由此可能引起的静电放电是影响运油汽车和加油汽车安全的危险因素，故必须考虑疏导静电。

消除静电应从运油汽车和加油汽车的设计和使用两方面着手，通常采取的措施有：①接地。运油汽车和加油汽车上的专用设备，如油罐、管道、附件等与车架之间要用导线或导体相连，最后通过金属链条或专用导电橡胶板条与地面接触，将车体和专用设备上的静电荷导入大地。一般搭铁线电阻不应大于5Ω，链条接地长度应大于200mm。此外，在加油或装油时，导线最好与金属钎相接，再将钎插入地内；②限定油液流速。通常规定易燃性液体的流速不应超过4m/s；③高电导涂层。罐体内壁为防腐蚀采用的涂层应是高电导率涂层，决不允许采用非金属高阻抗涂层；④中和静电。即电离周围介质，产生极性相反的离子来中和静电。常用的有感应式静电中和器(消静电管，图3-7)和放射性静电中和器。静电中和器一般安装在加油汽车过滤器的出口管路上。

(5)放油阀。普通油罐汽车的放油阀大多采用ϕ50mm球阀，布置在罐体尾部的下方，并与放油管相接。当打开放油阀，罐内油液即自行流出；关闭放油阀，油液即停止外流。

(二)加油汽车

加油汽车除能实现运油功能外,还能实现如下功能:

①能为本车油罐加油;②能将本车的燃油加给其他容器;③能不经本车油罐将一个容器的燃油注入另一容器内,起移动泵站作用;④能抽回加油软管中的燃油;⑤能把燃油在本车内循环、搅拌,即所谓倒油。

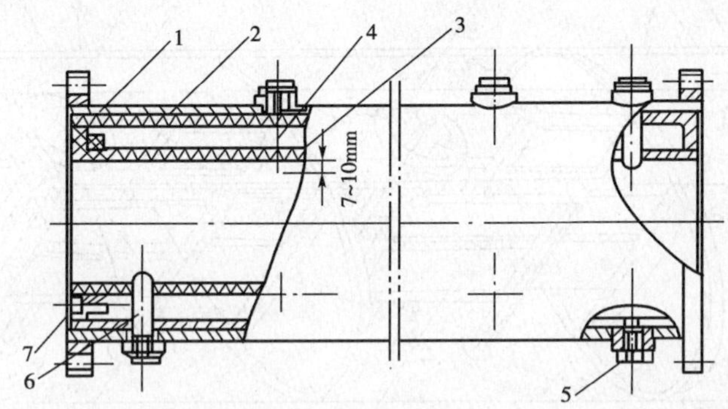

图 3-7　消静电管结构

1-管体;2-外有机玻璃管;3-内有机玻璃管;4-钨针;5-放气塞;6-定位销;7-螺钉

图 3-8 是一某大型加油汽车的油路系统,通过操纵各种阀门的开启或关闭,即可以实现上述 5 种功能。

当开启底阀 2 和阀门 16、7、5、10 时,罐中油液经油泵、管道、阀门 7、过滤器 3、流量计 11、阀门 10 或 5 给受油容器加油;当开启阀门 16、19 时,罐内油液经阀门 16、油泵 15、阀门 19 返回油罐进行内部循环,搅匀罐内油液;当开启阀门 19、6、9 时,加油软管中的剩余油料通过油泵 15、阀门 19 吸回到油罐内;当开启阀门 4、13 时,可起泵站作用,即将油库或其他储油设备的油料经本车油泵通过阀门 13 输给受油设备;当开启阀门 4、19 时,可以为本车油罐自吸装油。

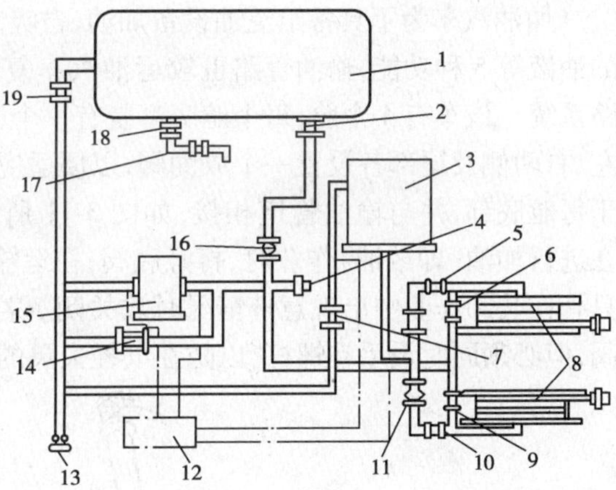

阀门 17、18 可用来排放罐内的水分和沉淀的杂质。

图 3-8　大型加油汽车油路系统

1-油罐;2-底阀;3-过滤器;4、5、6、7、9、10、13、16、17、18、19-阀门;8-绞盘总成;11-流量计;12-仪表板;14-安全阀;15-油泵

加油汽车根据受油对象的不同,可分为普通加油车和飞机加油车两种。普通加油车能够实现给自身油罐加油和给地面储油罐加油的功能。

飞机加油车是一种多功能加油车,但它通常是在飞机场专门为飞机加油,在性能和结构上还有一些特殊要求。

1. 加油汽车结构

加油汽车通常由汽车底盘、罐体、油管、各种阀、各种工作仪表、过滤器、静电消除装置、软管绞盘总成、加油枪及驱动装置等组成。加油汽车的罐体与运油汽车的罐体相似,具有运油汽车罐体的基本装置。

图3-9所示为一大型加油车罐体结构图。横向隔板1将罐体分成3个舱,每个舱内设有横向防波板。罐体宽度较大时,可再设纵向防波板2。防护栏6和侧防护架7是用来保护加油口、呼吸阀等不受意外碰伤,以免造成燃油外溢。大型罐体还可在其内部设置立柱8,以提高罐体刚度。

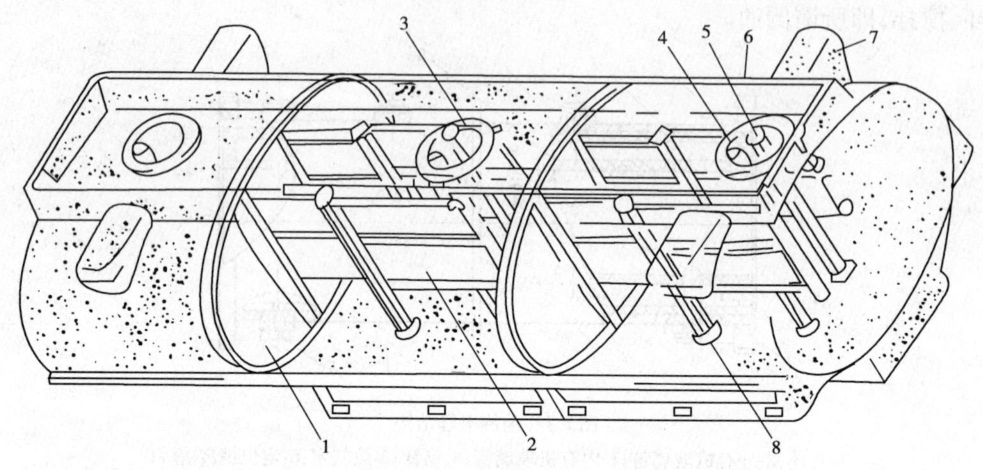

图3-9　承载式罐体内部结构

1-横向隔板;2-纵向防波板;3-出入孔盖;4-加油口;5-呼吸阀;6-防护栏;7-侧防护架;8-立柱

加油汽车为了具备给受油设备加油、自吸装油、循环搅油、移动泵站作用、吸回加油软管中的油液等5种功能,输油管路也较运油汽车复杂,并设有油泵。图3-10是一大型加油车的管路系统。该车有4个舱,每个舱底都装有一个底阀装置(图3-11),并且为了放油方便,在汽车左、右两侧及尾部各设置一个放油阀,以便适应车辆在不同方位时进行加油作业。底阀装置设于每舱底部,并与输油管道相接,如图3-11所示。底阀装置包括底阀和紧急关闭阀两部分。在进行加油(即放油)作业时,打开底阀;在运输时,关闭底阀。紧急关闭阀经常处于打开状态,只有在装卸作业中出现意外情况时才关闭。若底阀用手操纵不方便时,可采用气动操纵的底阀,但必须同时设手动螺杆,以防在气控失灵的情况下,用手动螺杆能使底阀开启。

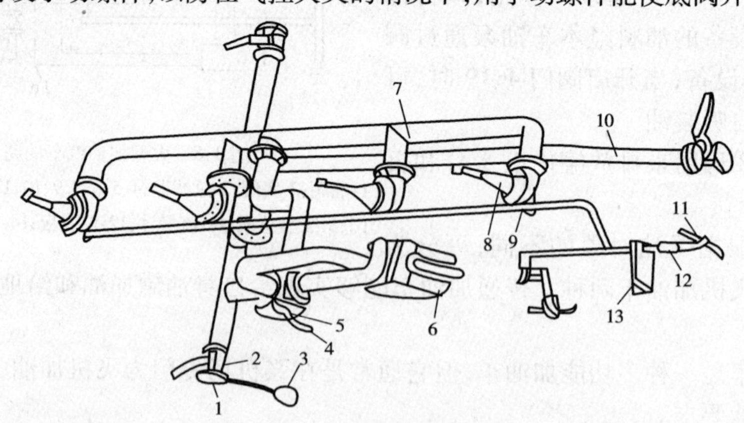

图3-10　大型加油车输送管路

1-软管接头;2-放油阀;3-放油口盖;4-操纵手柄;5-四通阀;6-油泵;7-油管;8-底阀滤网;9-底阀装置;10-放油管;11-紧急关闭阀操纵杆;12-紧急关闭阀操纵杆锁扣;13-固定板

放油阀常用的有球阀、蝶阀等。目前各类加油汽车大多用铝合金球阀。放油阀的操纵形式有手动、液动、气动和电动等，根据总布置要求确定。手动形式简单，在无特殊要求时，一般采用手动；为提高机械化程度，也可采用液动或气动，液动力源可取本车动力转向系统的压力油液，气压源可取本车制动气源；电动形式容易引起火灾。

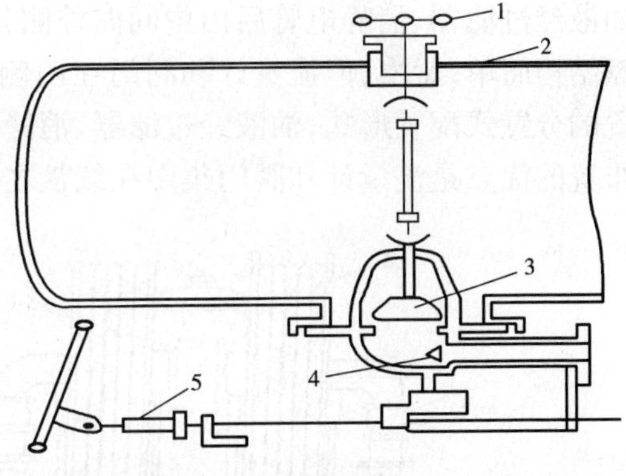

图 3-11　底阀装置示意图

1-底阀操纵机构；2-罐体；3-底阀；4-紧急关闭阀；5-紧急关闭阀操纵机构

2. 加油汽车油路系统

(1)油路系统要求与组成。根据加油汽车实际性能要求，通常是按加油汽车的各种功能，确定一个最佳油路系统，满足作业需要，并力求结构简单，工作可靠，工艺性良好，容易实现“三化”，管路较短。

现以图 3-8 大型加油汽车的油路系统为例，介绍设计中需注意的一些问题。

该车的加油管路中有阀 16、油泵 15、球阀 7、过滤器 3、流量计 11、球阀 5 和 10、绞盘总成 8 及加油枪等。油液是经过滤并计量后给受油容器加油的。为防止系统压力超过规定值，在油泵进出口之间并联了一个安全阀 14。过滤器安装在油泵出油管路上，也可安装在油泵进油管路上。流量计设置在油液过滤后的油路上，用于监测加油量。为了监测主要部件的工作情况和某些加油性能，在油路上可设置一些监测仪表。如在油泵出口安装压力表，监测油泵的工作压力；在油泵进油口安装真空压力表，监测油泵进口真空度大小，随时掌握油泵的工作情况；在过滤器上安装压差表，监测过滤器进出口压力差，若压差大于某一值，表示滤芯已堵塞，应立即进行清理，若压差小于另一值，表示滤芯已被击穿，则应更换。

(2)油路系统的布置。油路系统在汽车上布置时，为充分利用汽车上的空间位置和方便操纵，通常将整个油路系统分为两大部分。油路前段主要作为输送油液的油路，一般布置在汽车车架附近，称作车架油路；油路的后段，操纵阀较集中，又有仪表、过滤器、绞盘等部件，一般集中布置在操纵室内，故把它称作操纵室油路。

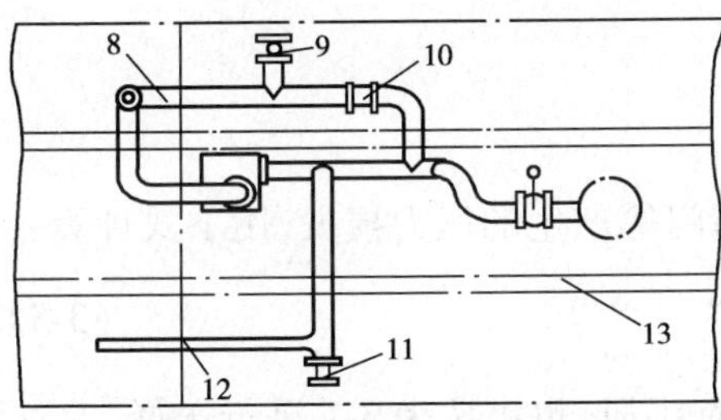

图 3-12　大型加油车车架油路

1-接操纵室油路；2-操纵室；3-油罐；4-底阀；5-球阀；6、13-车架；7-油泵；8-输油管；9、11-阀；10-安全阀；12-回油管

①车架油路的布置。车架油路布置通常随油泵位置而定。油泵位置应尽量靠近动力源，缩短传动距离，但要保证加油汽车的通过性能。油路一般沿车架平面布置，应力求管路短，弯曲少。图 3-12 为一辆大型加油汽车的车架油路布置图。由于油泵 7 是由汽车发动机驱动，所以油泵在汽车车架内侧，靠近前部。油路应沿车架下平面布置。

②操纵室油路的布置。操纵室油路布置时，要使常用的主要阀门便于操纵，仪表便于观察，过滤器便于拆装和维修，绞盘便于软管卷绕。操纵室油路的布置主要决定于操纵室的大小及绞盘的配置形式。加油车一般设置两个绞盘，有集中式和分置式两种布置形式。图 3-13a) 是两绞盘集中配置的整体式配置形式，流量计、阀门等布置在绞盘两侧，来自车架油路的

油液经过滤器、消静电管后由中间向外侧分左右两路进入绞盘软管。这种布置的优点是绞盘结构简单，紧凑，但流量计和阀门在两侧，不便于观察和操纵；图3-13b）是两绞盘分开配置的分置式配置形式，油液经过滤器、消静电管后分两路自两绞盘内侧进入绞盘软管。这种布置的优点是流量计和阀门集中在绞盘之间，便于观察和操纵。

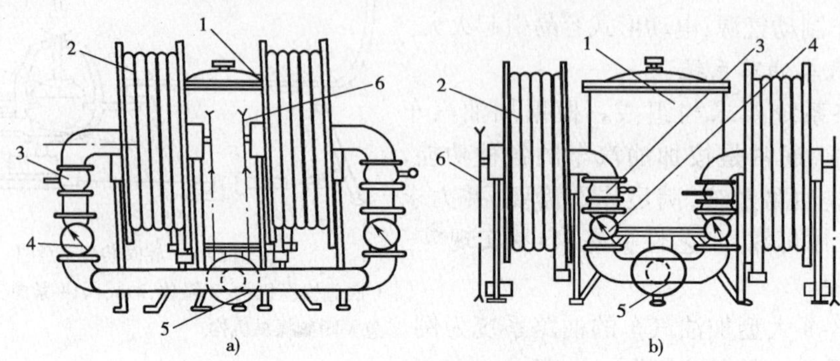

图3-13　软管绞盘配置形式

a）整体式配置；b）分置式配置

1-过滤器；2-绞盘；3-球阀；4-流量计；5-消静电管；6-链轮

3．油路系统主要参数计算

（1）油路压力损失的计算。油液流过管路，由于管路截面的变化，弯头、管壁粗糙情况等方面的原因，对油流产生阻力，故而产生压力损失。要使加油达到规定的流量，必须有相应的能量以提供油液克服阻力的需要。

油路压力损失是计算油泵的功率或扬程、系统的工作压力及加油流量等的重要依据之一。油路压力损失 p 包括沿程压力损失 p_λ 和局部压力损失 p_ζ 两部分。即：

$$p = p_\lambda + p_\zeta \tag{3-3}$$

沿程压力损失是油液在各段直管中流动产生的压力损失，可用下式计算：

$$p_\lambda = \sum \lambda \frac{L}{d} \frac{v^2}{2g} \gamma \quad (\mathrm{Pa}) \tag{3-4}$$

式中：λ——阻力系数，决定于雷诺数及管道内壁的粗糙度，可参考有关设计手册；

L——每段直管长度，m；

d——直管内径，m；

v——油液流速，m/s；

g——重力加速度，$g = 9.8\mathrm{m/s^2}$；

γ——油液重度，$\mathrm{kg/m^2 \cdot s^2}$。

局部压力损失是油液经过流量计、过滤器、弯管、阀门等产生的压力损失，用下式计算：

$$p_\zeta = \sum \zeta \frac{v^2}{2g} \gamma \quad (\mathrm{Pa}) \tag{3-5}$$

式中：ζ——局部阻力系数，与管道的过渡形状有关，可查手册，也可按表3-1进行选择。

加油汽车几种常用部件的局部压力损失　单位（Pa）　表3-1

部件名称	加油枪	流量计	过滤器	消静电管	球阀
p_ζ	$<3.5\times9.8\rho$	$<2.5\times9.8\rho$	$<2.5\times9.8\rho$	≈0	$<0.5\times9.8\rho$

注：ρ 为油液密度，单位为 $\mathrm{kg/m^2}$。

(2)油泵的选择。在计算出管道的压力损失后，根据贝努利方程可求出油泵所需的扬程或有效功率。

油泵的有效功率可由下式求得：

$$P_e = \frac{H_e Q \gamma}{1\,000} \tag{3-6}$$

式中：H_e——油泵扬程，m 油柱，可根据伯努利方程求得；

Q——油泵流量，L/min。

油泵选择的主要根据是加油车的流量和扬程。选择时，力求质量轻、体积小、运行安全可靠。通常采用压力较低排量较大的自吸式离心泵。但是普通油泵对加油汽车的适应性较差，因而常根据加油汽车性能要求和汽车上的空间位置大小自行设计。圆弧齿轮泵具有体积小、运转平稳、效率高、寿命长等特点，得到应用。

当油路系统的最大扬程 H_{max} 和最大流量 Q_{max} 确定后，可用下式计算油泵的扬程和流量：

$$H = (1.10 \sim 1.15) H_{max}$$
$$Q = (0.05 \sim 1.10) Q_{max}$$

然后根据油泵的扬程和流量以及系统的工作压力进行油泵的选型或设计。

(3)管道内径的计算。当管道流量 Q 确定后，其内径 d 由下式表示：

$$d = 2\sqrt{\frac{Q}{\pi v}} \times 10^3 \quad (\text{mm}) \tag{3-7}$$

油液流速 v 的大小要从安全、经济、结构三方面综合考虑。

在安全性方面，油液流速还受油液中静电值的限制。油液流速高其静电值大，流速越快，危险性越大，一般 v 超过 4m/s 就有不安全性。

从经济性和结构方面考虑：管径小，流动损失大，经济性差；流速过低，流阻减少；而管径增大，结构上又不合理。一般燃油经济流速为 0.1 ~ 1m/s。因此推荐，燃油的最佳流速为 0.1 ~ 1m/s，最大不应超过 4m/s。

(4)管道壁厚的确定。管道壁厚 s 应满足强度条件，可用下式计算：

$$s = \frac{pd}{2[\sigma]} \quad (\text{mm}) \tag{3-8}$$

式中：p——设计压力，MPa；

$[\sigma]$——材料许用压力，MPa；

d——油管内径，mm。

按上式计算所得壁厚较薄，还应按工艺要求和材料规格加以修正。

(5)加油软管的选择。加油软管的选择应从使用要求、承受压力、材质和价格等方面综合考虑。它除承受系统的工作压力外，还经常伸直、弯曲和卷绕，所以要求加油软管耐高压，允许弯曲半径尽量小，许用工作压力大于油路系统的最高压力，通常取工作压力的 1.0 ~ 1.6倍。

常用的加油软管有夹布耐油胶管、尼龙软管等。

当油路系统主要参数计算完毕，最后所选择的性能参数应符合表3-2 的规定。

轻质燃油加油汽车性能参数表　　　　表 3-2

油罐额定容量(L)	加油软管公称通径(mm)	加油软管单管流量(L/min)	吸油性能		
			吸油深度(m)	自吸时间(min)	吸油流量(L/min)
<8 000	25	≤150	≥4	≤4	≥500
	38	≤350			
8 000~12 000	51	≤750			
	63	≤1 200			
>12 000	51	≤750			
	63	≤1 200			

注:表中参数是指环境温度在20℃ ±5℃条件下的性能。

飞机加油汽车,在总体上与普通加油汽车基本相同,但在结构上还应符合以下特殊要求:

①加油压力稳定性要求高。为此常在加油管路上加装压力调节器、稳压器和压力加油接头等。

②油料的洁净度高。油路上要用高性能的过滤分离器,罐体和管道一般采用铝合金制造。

③绝对保证加油安全性。应安装消静电装置、联锁控制系统、电气防爆器、灭火器等。

④装有高精度、大流量的计量器。

⑤油罐总容量应大,给飞机加油要一次完成。

4. 软管绞盘

为了便于迅速展开、收拢和存放橡胶软管,加油汽车上均设有专门的卷绕机构,即绞盘总成。绞盘总成主要由卷筒、转动油管、进油管、大小轴承及其轴承座、支架等组成,如图3-14所示。

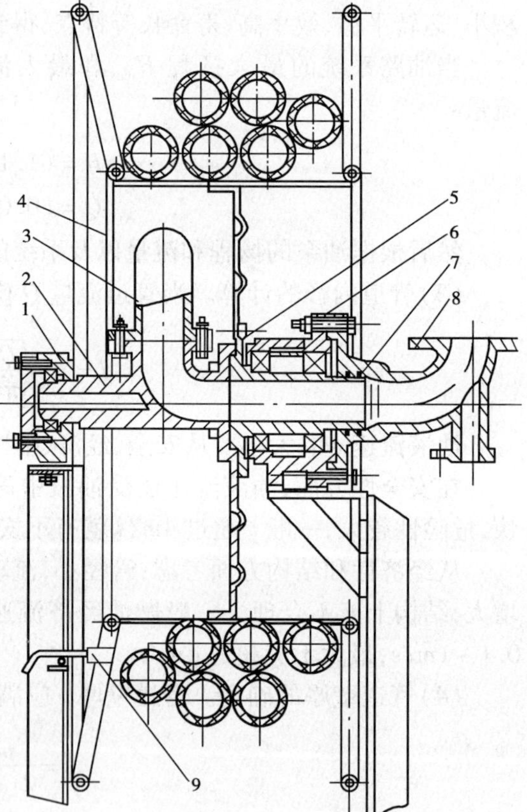

图 3-14　软管绞盘结构图

1-小轴承座;2-小轴管;3-弯管;4-卷筒;5-转动轴管;6-大轴承座;7-密封圈;8-进油管;9-锁紧装置

绞盘的驱动形式有人力、气力、液-机及电力驱动等。人力驱动结构简单,不需要专门的传动机构,一般在软管直径不大于 50mm、绞盘较小、驱动力不超过 150N 时采用。气力和液力驱动操作方便,动力亦可从汽车本身取得,故被广泛采用。电力驱动结构简单,但必须具有防爆措施,目前已极少采用。

绞盘总成的设计主要包括转动轴管的结构设计、卷筒尺寸的确定以及绞盘驱动力矩的计算等。绞盘转动轴管的结构如图 3-15 所示,绞盘卷筒的结构如图 3-16 所示。

二、沥青罐车

沥青罐车是指装有沥青容罐和沥青加温设备,用于运输沥青的专用汽车。它是公路、城市道路、机场及其基本建设工程的重要运输设备之一。

由于沥青在常温时呈半固态，因此，只有在高温熔融状态下才能进行注入、运输和排放作业。沥青罐车的运输温度不超过200℃，为了便于在液体状态下进行排放作业，需采用保温罐体。

常用的沥青罐车有机械排放和气体排放两种。机械排放是利用汽车发动机动力驱动沥青泵，使液态沥青从罐外吸入或从罐内排放出去。气体排放是依靠气体压力迫使罐内液态沥青向外排放。沥青的注入是靠工地上的沥青泵将液态沥青从注液孔注入。

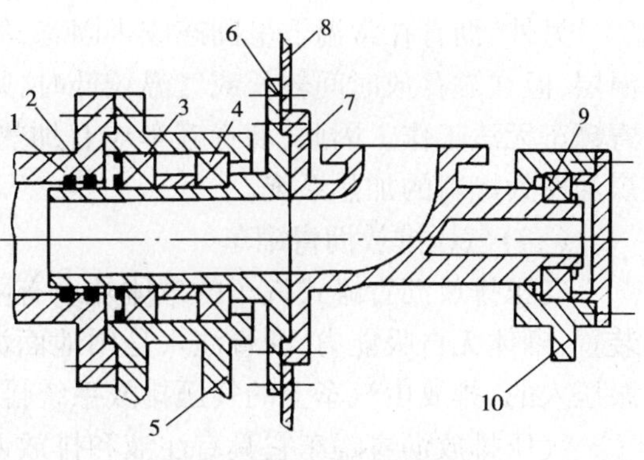

图3-15　软管绞盘结构图

1-进油管；2-密封圈；3、4-球轴承；5、10-支架；6-转动轴管；7-小轴管；8-卷筒辐板；9-双列球轴承

(一)机械排放沥青罐车的结构特点

机械排放沥青罐车由汽车底盘、罐体、管道排放系统和加热系统组成。

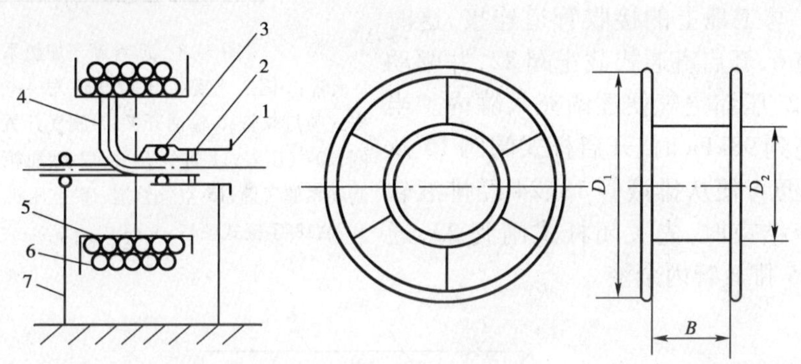

图3-16　绞盘卷筒结构图

1-进油管；2-密封圈；3-轴承；4-转动轴管；5-卷筒；6-软管；7-支架

为了保持罐内温度的相对稳定，在罐体的外表面包有30mm左右厚的能承受约350℃的玻璃纤维保温层(图3-17)，这样可使罐内温度在环境温度为10～15℃时，每小时的温度下降值小于0.5℃。

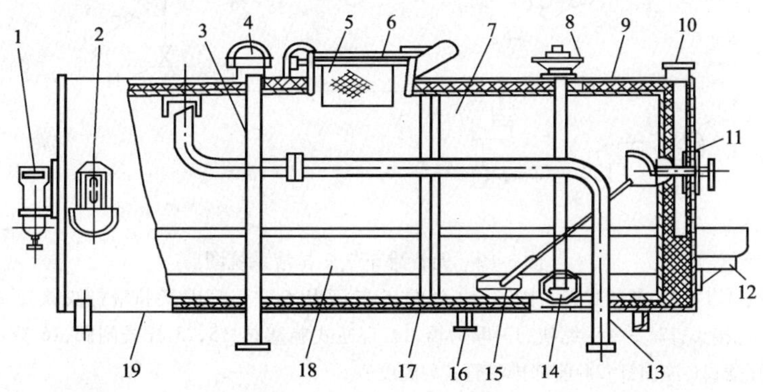

图3-17　沥青罐构造

1-灭火器；2-温度计；3-溢流管；4-排气盖；5-滤网；6-注入孔；7-罐体；8-总阀门手轮；9-玻璃纤维；10-排烟口；11-刻度盘；12-固定喷灯；13-注液管；14-总阀门；15-浮标；16-支脚；17-防波板；18-加热火管；19-外包皮

另外，沥青在常温下呈固态或半固态，经加热呈液态的沥青装入罐内后，虽然罐体有保温层，但在罐存放时间较长或气温较低时，则罐内沥青温度降低，并从液态凝成固态，导致沥青罐车无法工作。因此，沥青罐车应有加热系统，以保证其正常工作。图 3-18 所示为采用煤油作为燃料的加热系统。

(二)气压排放沥青罐车

气压排放沥青罐式汽车的罐体外设有隔热装置，罐体无自吸能力，沥青注入是用地面沥青泵压入的，排放由汽车上的气压排放系统排出。

气压排放沥青罐车它具有注液和排放两种功能。图 3-19 所示为气压排液系统图，其工作过程是：

当在注液过程时，开启直通式截止阀 2，使罐内与大气相通，随后打开出入孔盖 20，将排液橡胶软管 7 与工地上的接收管道连接，这时关闭空气管道 6，开启直通式截止阀 22，并驱动空气压缩机 12，压缩空气便逐渐充入罐内。当罐内气压升高到 98kPa 时，开启杆式闸阀 15 及 23，罐内液态沥青便从排液管 18、24 经排液软管排出。排液结束时，先关闭杆式闸阀 23，通过杆式闸阀 15 排放管内余液。

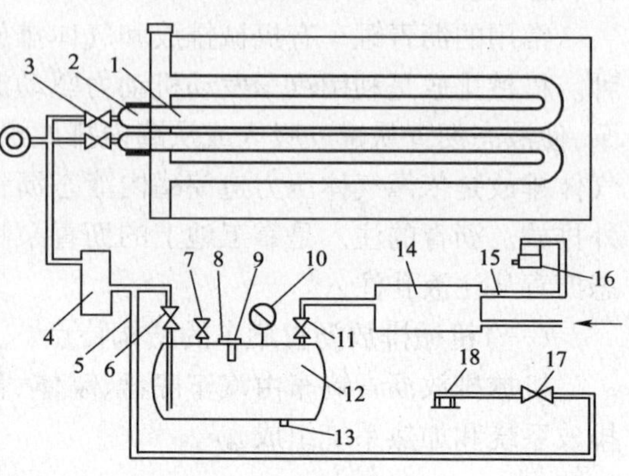

图 3-18　沥青罐车加热系统

1-火管；2-固定式喷灯；3-喷灯开关；4-燃油滤清器；5-手提式喷灯软管；6-输油开关；7-放气开关；8-加油口；9-滤网；10-气压表；11-进气开关；12-燃油箱；13-放油塞；14-制动系储气筒；15-空气管道；16-空压机；17-手提式喷灯开关；18-手提式喷灯

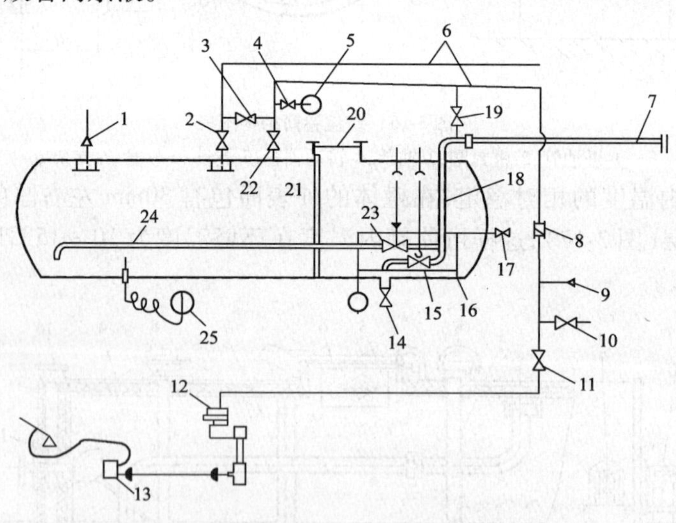

图 3-19　沥青罐车气压排液系统图

1、10-安全阀；2、4、11、17、22-直通式截止阀；3、19-闸阀；5-气压表；6-空气管道；7-排液橡胶软管；8-单阀旋启式止回阀；9-外接压缩空气接头；12-空气压缩机；13-取力器；14-直通式旋塞阀；15、23-杆式闸阀；16-蒸汽加热管；18-后部排液管；20-出入孔盖；21-液面计；24-前部排液管；25-温度表

三、其他液罐汽车简介

(一)化工液罐汽车

化工液罐汽车主要用于装运液体化工物品，如硫酸、盐酸、硝酸、冰醋酸、液碱、氨水、次

氯酸钠、甲醛、苯、甲醇、乙醇、酒精、液体化肥等。这类物品均属化工危险品，具有不同程度的易燃、易爆、有毒或强腐蚀等特性。

1．硫酸液罐汽车

纯浓硫酸是一种不易挥发、无色、油状液体，具有强氧化性、吸水性及强酸性，属剧毒和强腐蚀性物品。硫酸液罐汽车一般装运浓硫酸，不宜装运稀硫酸。常用浓硫酸的浓度为98%，密度为1840kg/m^3，沸点为338℃。硫酸液罐汽车有重力排放和动力排放两种。

(1)重力排放硫酸液罐汽车。重力排放硫酸液罐汽车基本结构与运油汽车相似。罐体上部的出入孔盖上有注液口和呼吸阀，罐内有防波板，罐体尾部有排液管和放液阀。排液时打开放液阀，硫酸靠自重流出。

(2)动力排放硫酸液罐汽车。动力排放硫酸液罐汽车大多采用气压排液方式。罐体横截面为圆形，中间用球面形隔板分为前、后两舱。罐内设有纵向防波板，罐体上部设有防护架。前、后舱内的前端均有一根垂直的排液导管，其下端伸至罐底的凹槽处，以减少剩余量，其上端与放液阀相通。气压排液系统的主要部件包括：

①油水分离器。用来分离压缩空气中凝聚的水分和机油等杂质，使其净化。

②储气筒。是储存空压机排出的压缩空气，以提高输气的连续性和压力稳定性。

③浮动球阀。在气压排液系统中常被采用。这种阀的球体在介质通过时，能在介质压力作用下向出口端产生少量位移，压紧密封圈，提高密封性。但不能承受较大的压力。在系统的空气管道中多用公称通径为25mm的球阀，排液管道中多用公称通径为65mm的球阀。

④升降止回阀。串联安装在罐体上部的水平空气管道中，是依靠阀芯自重及空气压力自动开、闭，以阻止压缩空气倒流，保证罐内气压在规定值下顺利排液。

⑤弹簧式安全阀。通常安装在储气筒上，当储气筒内的空气压力超过规定值时，调压弹簧被压缩而阀门开启，压缩空气泄出，至压力降为正常值时阀门重新关闭。安全阀的开启压力可通过调整螺钉进行调整。安全阀的瞬时开启压力为0.191MPa，全开压力为0.245MPa，关闭压力为0.177MPa，公称通径为25mm，流量为300m^2/h。

2．盐酸液罐汽车

纯盐酸是无色液体，有刺激性气味。常用的浓盐酸约含37%的氯化氢，密度为1190kg/m^3。工业用浓盐酸常因含有杂质而呈黄色。盐酸属剧毒和腐蚀性危险物品。

一般碳钢(包括不锈钢)和铝合金均不耐盐酸的腐蚀，故常用罐体有钢制衬胶罐体和玻璃钢罐体两种。排液方式有重力排放和气压排放。玻璃钢罐体耐腐蚀性好，质量轻，修理方便。但强度较低，承受内压较小，常在罐体外用钢制环箍加强，排液方式也采用重力排放。

采用气压排放的盐酸液罐汽车要用横截面为圆形的钢制衬胶罐体，内表面有5mm厚的天然橡胶衬里，在汽车底盘上安装成前高后低的倾斜状态。

3．苛性钠液罐汽车

苛性钠液罐汽车只能装运液体苛性钠(45%水溶液)，不准装运其他液体物品。液体苛性钠无臭无色(有时带灰色)，密度为1480kg/m^3(15℃)时，沸点为136～137℃(在0.101MPa的压力下)，凝固点为9℃，有强烈腐蚀性，属于剧毒和腐蚀性物品。

苛性钠液罐汽车的结构与盐酸液罐汽车基本相同，也可重力排放或气压排放。在采用气压排放时，由于苛性钠溶液的凝固点较高，冬季使用时容易冻结，造成气压排放困难。通常采取的防冻排放措施有：

①在罐体外包隔热层；

②对罐体、管道和阀门进行蒸汽加热，待苛性钠溶解后再进行排放。但必须注意，加热时应将所有阀门关闭，不得使蒸汽进入阀门或管道，以免发生危险。

(二)食品液罐汽车

食品液罐汽车是装有铝质或不锈钢罐体及吸、排料系统，具有吸入、压出、搅拌物质等功能。用于运输酒类、乳类、饮料等液体食品的专用罐式汽车。食品液罐汽车必须符合食品卫生法的规定要求。

食用油罐汽车主要由汽车底盘、油罐总成、废气加热装置和油路系统等组成。罐体为双层保温罐体，横截面为椭圆形，上部有出入孔和注液孔装置，出入孔盖上装有呼吸阀。

加热装置是用来防止食用油在低温运输时凝固，以免造成装卸困难。车的加热装置是利用汽车发动机排放的废气余热加热油液。

排料系统由油泵、四通球阀、流量计、总阀和连接管路组成，具有实现油液的吸入、排放、自流、关闭4个功能。

第三节 粉罐汽车

一、概述

(一)粉罐汽车定义、组成和分类

粉罐汽车是指运输散装粉料，如水泥、煤粉、粉煤灰、滑石粉、面粉等粉料的专用罐式汽车。采用粉罐汽车运输散装粉料可以提高运输效率，节约运输费用，实现装、运、卸、储机械化。

粉罐汽车一般由汽车底盘、罐体总成、空压机及空气管道、卸料管道系统、取力传动装置、监测仪表及安全装置等组成。

粉罐汽车一般采用气力卸料方式，即将具有一定压力的压缩空气通过罐体底部的流态化装置通入罐内粉料中，使粉料和空气混合，呈现流动状态，然后打开卸料阀，粉料与空气混合物在罐内外压差作用下排出，经管道流入地面容器内。

粉罐汽车按其罐体型式不同可分为下列4种：

1. 立式粉罐汽车

立式粉罐汽车的罐体中心线呈铅垂方向，如图3-20所示。车辆可载一个或多个立式罐。立式粉罐汽车适用范围广，能用于多种粉粒体物料的散装运输。但整车质心较高，采用多个罐体时结构复杂，制造成本也较高。

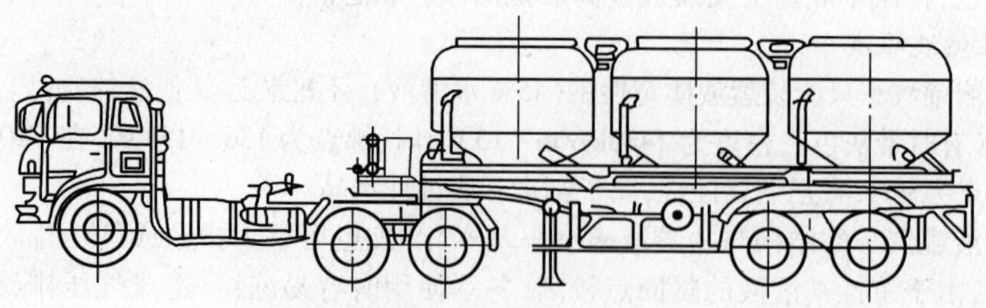

图3-20 立式粉罐汽车

2. 卧式粉罐汽车

罐体中心线呈水平方向，罐体可以是单个舱，也可分隔两个舱。若罐体内的流态化床与水平面成一个倾角，称为内倾卧式粉罐汽车，如图 3-21 所示；若罐体中心线与水平面成一个不大的倾角，则为外倾卧式粉罐汽车。卧式粉罐汽车具有结构简单，操作方便，卸料性能稳定和质心低的优点。但适用性受到限制，一般仅用于流态化性能较好的粉料散装运输。

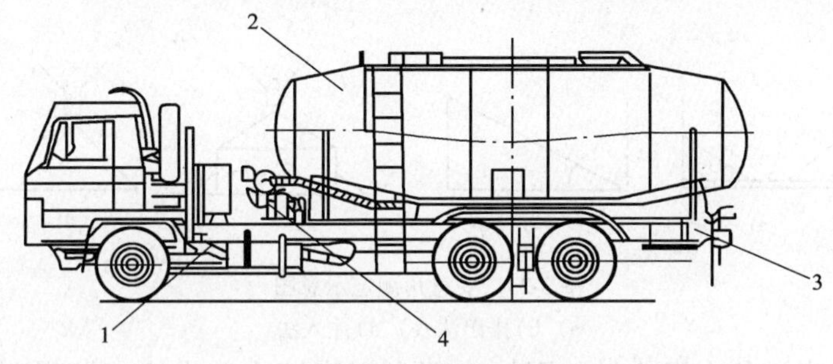

图 3-21 卧式粉罐汽车

1-汽车底盘；2-罐体总成；3-管道及卸料系统；4-空气压缩机

3. 举升式粉罐汽车

举升式粉罐汽车在装料和行驶时，罐体中心线处于水平位置，卸料时举升机构将罐体前端升起，成倾斜状态，如图 3-22 所示。这种罐车罐内底部通常仅在出料口处设置流态化床，卸料时罐体呈倾斜状态，粉料在重力作用下自动下滑，集中到出料口处后卸出。所以，罐体内部结构简单，容积效率高，适用范围广，常用来装运流态化性能差的粉料。但由于增加了举升机构，使用、维修复杂。

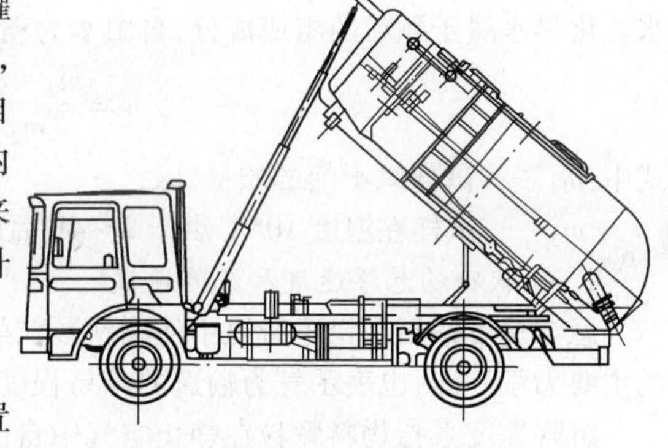

图 3-22 举升式粉罐汽车

4. 斗式粉罐汽车

斗式粉罐汽车的罐体由中心线呈水平位置的直圆筒或长方筒和与中心线垂直的锥筒组合而成，通常不设置流态化床，利用粉料的重力自动卸料。所以，具有结构简单，适用范围广，剩余量少，罐内易于清扫等优点。

(二)粉料特性

1. 粉料的物理特性

散装粉料的运输和装卸与粉料的特性有着密切的关系。粉料的主要物理特性如下：

(1)颗粒粒度。粉料颗粒形状是不规则的，其表面有沟、坑或空穴等，粒径大小不一。因此，将颗粒粒径在一定范围内划分为一个粒组，粒组的平均粒径称为颗粒粒度。粉料中粒度的分布直接影响其性能。

(2)密度。密度系指单位体积内的粉料质量。由于粉料空隙率、粒度分布等的不同，粉料的密度有真密度、表观密度、颗粒密度和堆积密度。

真密度：颗粒的质量与不包括颗粒表面空穴和颗粒之间空隙的全部颗粒真实体积之比。

表观密度：颗粒质量与不包括颗粒之间空隙的全部颗粒体积之比。

颗粒密度：颗粒质量与包括颗粒表面空穴和颗粒之间空隙的全部颗粒体积之比。

堆积密度:颗粒充满容器时颗粒质量与容器的容积之比。

一般常用的是颗粒密度和堆积密度。水泥的颗粒密度为 2 200kg/m^3,面粉为 1410kg/m^3。

(3)安息角。散堆粉状物形成的锥体母线与底面的夹角称为静态安息角,也称静态堆积角,当堆放时因受到振动而形成的安息角,称为动态安息角。安息角的测定方法,见图 3-23。

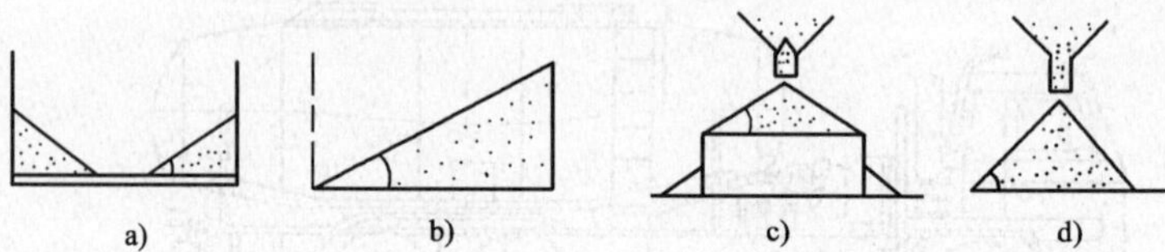

图 3-23　安息角测定示意图

a)、b)排出法;c)、d)注入法

(4)摩擦角。摩擦角表示粉料与固体壁面之间摩擦力的大小,其正切值即是与壁面的摩擦系数。摩擦角的大小与粉料的粒度、粘附性及壁面材料、形状、表面粗糙度有关。

(5)粘附性。粘附性系指粉状物之间及粉料与壁面之间的粘附现象。粘附性与粉料的特性、水分及壁面材料、表面粗糙度等有关。

(6)含水率。粉状物料的水分包括附着在颗粒表面的自由水和结合在颗粒内部的化学水。化学水属于颗粒的组成成分,自由水为粉料的含水量,用含水率 W 表示:

$$W = \frac{m_1 - m_2}{m_2} \times 100\% \tag{3-9}$$

式中:m_1——试样烘干前的质量,kg;

m_2——试样在温度 105℃烘干 2～4h 后的质量,kg。

2. 粉状物的悬浮速度和沉降速度

悬浮速度系指在铅垂管道中使物料颗粒处于悬浮状态时的气流速度。悬浮速度是粉料的主要力学性能,也表示气力输送的难易程度。物料的悬浮速度一般用实验确定。

沉降速度系指物料颗粒在静止空气中自由下落时,由于重力作用,下降速度逐渐增大,同时,颗粒所受空气阻力也增大。当空气阻力增大到与颗粒的浮重相等时,物料颗粒就以这一最大速度等速下降,此恒定的下降速度即为该物料颗粒的沉降速度。

当气流速度以等于颗粒沉降速度从下而上运动时,颗粒将悬浮在某一水平位置上,呈悬浮状态。此时的气流速度就是该物料的悬浮速度。显然悬浮速度与沉降速度数值相等,方向相反。

3. 粉料的流态化现象

流态化是一种向粉粒体床层中通入气体后,使床层具有某些类似液体特征的过程。在容器中装入粉粒体物料,在物料下部设置一个透气元件,承托粉料。设气体通过容器横截面的流速为 v,气体穿过粉粒体层空隙的实际流速为 v_0,显然,$v_0 > v$。随着 v 的变化,粉粒体床层将出现如图 3-24 所示的各种现象。

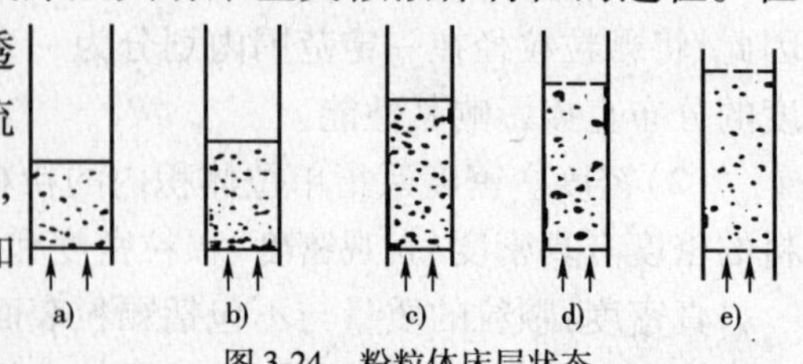

图 3-24　粉粒体床层状态

a)固定床;b)临界流态化床;c)散式流态化床;d)聚式流态化床;e)稀相流态化床

(1)固定床。当气流速度较小时,气流从颗粒之间的空隙穿过,颗粒静止不动,床层的空隙率 ε

不变，床层保持原有的高度，把粉料的这种状态称为固定床。

(2)临界流态化床。气流速度 v 增加到某一值后，气流穿越床层的阻力刚好与床层上的粉粒体重力相等，床层开始膨胀，空隙率 ε 随 v 增加而增大。由于 ε 的增大，粉粒体间通道面积也随之增大，故气流穿过床层的实际流速 v_0 并不增加。此时粉粒体的重力不再由下面的透气元件直接支承，而由气体与粉粒体间的摩擦力承托。对每个颗粒来说，亦不再靠相邻颗粒的接触来维持其位置，它们在床层中可以自由移动。床层中任一截面上的压降大致等于该截面上粉粒体的重力。床层的高度因 ε 的增加而增加，但具有明显的上界面。床层开始产生这种变化的气流速度，称为粉粒体的临界流态化速度，以 v_f 表示。

(3)散式流态化床和聚式流态化床。若气流速度比 v_f 大得不多，粉料粒度又小，则粉粒体床层连续膨胀，颗粒间的平均距离加大，气流在床层内均匀流动，成为散式流态化床，或称均一流态化床；若气流速度比 v_f 大得较多，过量的气体以气泡形式集聚后流过床层，则成为聚式流态化床或称鼓泡式流态化床、非均一流态化床。两种流态化床的床层高度都有增加，但仍有明显的上界面。

(4)稀相流态化床。当床层中的气流速度增加到物料的悬浮速度 v_t 时，粉粒体开始飞出上界面，进入上方空间；当气流速度超过 v_t 后，颗粒将被带出容器，形成稀相流态化床。此时，空隙率 ε 急剧增加，实际形成粉粒体和气体组成的固气二相流——稀相气力输送状态。床层中如出现这种状态，卸料就不能完全。由此可见，流态化床的气流速度只能在 v_f 和 v_t 之间。

4. 流态化床粉粒体的似液性

流态化床的粉料具有某些类似液体的性质，如图 3-25 所示。图 3-25a)表示大而轻的颗粒具有弹跳性，颗粒受压时，极易进入床层，当压力解除时，又重新弹跳到床面上。图63-25b)表示床层具有流动性，当容器倾斜时，床层上界面仍能保持水平。图 3-25c)表示颗粒能从侧壁小孔喷出。图 3-25d)表示当两流态化床联通时，颗粒能从高床位流向低床位，自动平衡床位高度。图 3-25e)表示床层中任意两点的压差大致等于这两点的静压力。

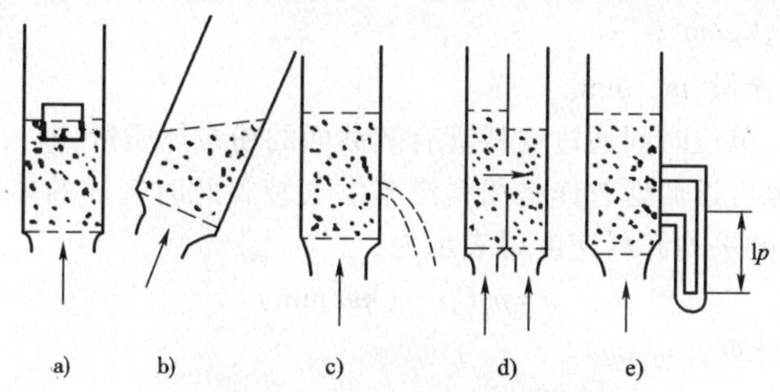

图 3-25　流态化床粉粒体的似液性

a)大而轻的颗粒具有弹跳性；b)床层具有流动性；c)颗粒能从侧壁小孔喷出；d)颗粒从高床位流向低床位；e)床层中任意两点的压差大致等于这两点的静压力

粉罐汽车卸料，就是利用了粉粒体流态化床的这些特性实现流态化气力输送的。

二、粉罐汽车的主要性能参数选择

(一)主要性能参数

1. 卸料速度和剩余率

粉罐汽车卸料时，所卸粉料的质量与卸料时间之比值称为平均卸料速度。卸料结束后，罐内剩余粉粒质量与粉罐汽车额定装载质量之比值称为剩余率。

卸料速度和剩余率反映了粉罐汽车作业效率和经济性。粉罐汽车一般用于短途运输。卸料作业时间和燃油消耗占其运行时间和燃油总消耗的比例较大。因此,在设计时应尽量提高卸料速度,减少剩余率。卸料速度和剩余率是评价粉罐汽车设计水平的重要指标。

为了正确地评价和比较平均卸料速度和剩余率,规定在卸料水平距离5m,卸料垂直高度15m,卸料管内径100mm,压缩气体流量4~8m^3/min,压力196MPa的条件下进行测量,这种状态叫做标准状态。其平均卸料速度为:

$$\bar{v}=\frac{m_b-\Delta m}{t}\quad (kg/min) \tag{3-10}$$

式中:m_b——实际装置质量,kg;

Δm——罐内剩余质量,kg;

t——卸料时间,min。

平均卸料速度与粉罐汽车的结构、压缩空气压力和流量等因素有关,主要取决于卸料过程中管内固气二相流的浓度和运动速度。

固气二相流的浓度亦称混合比,有质量浓度和体积浓度两种。

质量浓度是单位时间内通过输送管有效截面的粉粒体质量流量与气体质量流量之比,即:

$$\mu=\frac{m_s}{m_g}\approx\frac{m_s}{\rho_g Q} \tag{3-11}$$

式中:μ——质量浓度;

m_s——粉料质量流量,kg/min;

m_g——气体质量流量,kg/min;

ρ_g——气体密度,kg/m^3;

Q——气体体积流量,m^3/min。

对粉料汽车而言,单位时间通过输料管有效截面的粉粒体质量,即为该时间的平均卸料速度;气体质量流量也可近似地看作是粉料汽车供气装置此时气体的体积流量与气体密度的积,因此,粉罐汽车的平均卸料速度可表示为:

$$\bar{v}=\rho_g Q\mu\quad (kg/min) \tag{3-12}$$

剩余率i用下式计算:

$$i=\frac{\Delta m}{m_e}\times 100\% \tag{3-13}$$

式中:m_e——额定装载质量,kg。

剩余率i的大小与罐体内部结构、流态化装置的性能有关。i值过大,会降低车辆的有效装载质量,影响使用的经济性。

粉料剩余量Δm主要由两部分组成,一是罐内的“死角”和粗糙表面上的剩余量;二是流态化装置或固气混合装置上的剩余量。因此,在罐体内部结构设计时应尽量消除“死角”,提高滑料板的平面度和表面光滑性,合理设计流态化床,提高流态化床和固气混合装置的性能。

表3-3列出了部分粉粒体在采用粉罐汽车气压卸料时所达到的$\bar{v}$、i和μ值。

部分粉粒体的 $\bar{v}$、i 和 μ 值

表 3-3

粉粒体	堆积密度(kg/m^3)	在标准状态下		μ
		$\bar{v}$(kg/min)	i(%)	
水泥	1200	(1.2~1.6)×1000	0.1~0.4	200~270
粉煤灰	700	(0.7~0.85)×1000	0.4	116~170
石灰粉	900	(0.8~1.0)×1000	0.4	133
滑石粉	850	(0.85~1.0)×1000	0.2~0.4	160
电石粉	900	(0.85~1.2)×1000	0.2~0.4	140
重晶石粉	1450	(1.3~1.5)×1000	0.4	160
面粉	560	(0.45~0.6)×1000	0.2~0.4	90~100

2. 工作压力

粉罐汽车卸料时,为了尽可能地缩短卸料时间,加快车辆运转,一般采用较高的平均卸料速度,即采用流态化式气力输送。流态化式气力输送具有输送效率高,气体用量少,能量消耗少,管道磨损小的优点。但是,输送过程中的压力损失较大。因此,供气时应有较高的工作压力,用来克服气体和粉粒体流动以及流态化过程所产生的压力损失。这些压力损失包括:气体的管道压损、气体透过分布板的压损、粉粒体的透气压损、固气二相流的加速压损、摩擦压损、悬浮压损和局部压损。如果工作压力选得过小,粉罐汽车难以获得较高的平均卸料速度,且易产生堵塞现象。工作压力过高,不但会多消耗功率,而且罐体壁厚增加,空气压缩机、管道、阀门等的质量也要增加。使粉罐汽车的整备质量和制造成本加大。因此,工作压力只要略大于卸料过程中各压力损失之和即可。

关于气力输送压力损失的计算,通过大量的实验和研究工作,提出了各种理论和计算公式。但这些理论和公式往往是在一定条件下建立的,这些条件包括粉料的物性、输送浓度、输送管直径等。目前尚难找到一个适用于各种粉粒体动压气力输送的压力损失计算办法。试验表明,多数粉粒体在 196kPa 的输送压力下可实现 μ 值在 40~300 之间的固气二相流气力输送,能满足散装粉状物卸料的要求。所以,一般粉罐汽车的额定工作压力为 196kPa,只有当长距离、高浓度输送时才采用大于 196kPa 的卸料工作压力。采用铝合金罐体的罐式汽车与额定工作压力为 98~147kPa。

3. 压缩空气流量

压缩空气流量应满足三方面的要求:一是能实现粉料流态化;二是管道气力输送顺利;三是平均卸料速度合乎要求。

(1)压缩空气流量与粉料流态化的关系

如前所述,透过气体分布板的气流速度应满足下式,粉料才会产生流态化,亦即压缩空气流量必须符合下式要求。

$$v_g = \frac{Q}{A} \geqslant v_f \quad 或 \quad Q \geqslant A v_f \tag{3-14}$$

式中:Q——压缩空气流量,m^3/s;

A——流态化床面积,m^2;

v_g——透过气体分布板的气流速度,m/s;

v_f——临界液态化速度,m/s。

(2)压缩空气流量与管道输送要求

对于管道气力输送，一般认为，只要输送气流速度大于粉粒体的悬浮速度 v_t 时，粉料就能顺利输送。但在粉罐汽车卸料的实际条件下，一方面由于粉粒体与罐壁之间以及粉粒体之间的碰撞、摩擦和粘附作用，另一方面由于输料管中气流速度分布不均匀，所以粉罐汽车要实现稳定气力输送，管内气流速度要比粉粒体的悬浮速度大几倍，甚至几十倍。

粉罐汽车卸料时，可采用水平输送或垂直输送。在水平输送中，粉粒体沉积下来不再参与悬浮输送的极限状态时的气流速度，称为沉积速度，用 v_s 表示。实践表明，当管内气流速度 $v_m \geqslant (1.1 \sim 1.3)v_s$，就不会产生粉粒体沉积堵塞，称这个 v_m 为水平输送安全气速，在垂直输送中，粉粒体到某一高度停滞不动称为噎塞，此时的气流速度称为噎塞速度，用 v_h 表示。一般沉积速度大于或等于噎塞速度，所以通常用沉积速度或水平输送安全气速 v_m 来选取气流速度，可用下式确定压缩空气流量：

$$Q \geqslant \frac{\pi d^2}{4} v_m \tag{3-15}$$

式中：Q——压缩空气流量，m^3/s；

d——卸料管内径，m；

v_m——水平输送安全气速，m/s，可用实验或计算确定。

(3)压缩空气流量与卸料速度

从式(3-12)看出，卸料速度与压缩空气流量 Q 成正比。对于一般粉罐汽车来说，二相流的混合比 μ 所能达到的最大值受罐内流态化装置和气力输送条件的限制，故增加 Q 值是提高卸料速度的有效途径。

(二)总布置设计

粉罐汽车是在汽车制造厂生产的二类底盘的基础上装置特殊罐体及一套控制输送机构改装而成的专用汽车。总体布置的任务是使罐体、空气压缩机等专用设备如何与原底盘构成一个协调一致的整体，以完成其专用功能。在总布置时应尽量避免对原车底盘各总成的位置变动。

1. 罐体的布置

罐体是承载粉料的容器，主要用来储存和气化粉料。罐体在布置时，其质心距后轴中心线的距离对载荷分配有着决定性影响。一般应将罐体的质心位置尽量对准原底盘所要求的质心位置；罐体的质心高度应尽可能低。由于驾驶室与罐体之间还装有空气压缩机，因此罐体与驾驶室之间应保持一定的距离，以防止在紧急制动时，罐体的前后串动而冲撞空气压缩机或驾驶室。

2. 卸料方式

粉罐汽车按照卸料方式不同有重力卸料、机械卸料和气力卸料。

(1)重力卸料。重力卸料粉罐汽车是在自卸汽车底盘上加装密封的罐体改装而成。粉料从罐体装料口装入，卸料时，打开罐体后盖，举升机构将罐体倾斜 45°～50°，粉料在自重力作用下从罐体后盖下部倒出。这种重力卸料粉罐汽车结构简单，制造容易。由于卸料高度低，不可能直接将粉料卸入距地面较高和一定水平距离的料库中。因而，使用受到限制。另外，这种卸料方式，卸料时粉尘飞扬较大，粉料损耗也较大，故目前很少采用。

(2)机械卸料。机械卸料一般采用螺旋输送机构的工作原理将粉料从罐体内排出。螺旋机构安装在罐体内底部，由汽车上的动力输出装置或交流电动机驱动螺旋输送机构。粉料从罐体尾部的卸料口排出。这种卸料方式除了具有重力卸料的缺点外,还有螺旋机构运行时摩擦阻力大,消耗功率大,卸料结束后剩余粉料较多的缺点,故一般不采用。

(3)气力卸料。气力卸料粉罐汽车是使用最广泛的一种散装粉料运输车辆。它有较高的卸料速度(1.1t/min)和输送高度(15m)以及较大的水平输送距离(5m),能在不同的工作场所进行装卸。它主要是利用压缩气体的动能,使粉粒体在流态化床上流态化后流向卸料口,输出罐体。其卸料过程与物料的流态化性能有密切关系。

气力卸料粉罐汽车能否采用流态化式气力卸料与粉粒状物料的粒径、粒度组成、颗粒状、颗粒密度、堆积密度、粘附性、含水量有关。某一参数的改变,都直接影响物料的流态化过程,其中以粉粒体的粒径、粒度组成和含水量影响较大。为了确定物料能否采用流态化气力卸料方式,对粉粒体的特性必须要了解清楚。简单而有效的办法是利用粉粒体的临界流态化速度 v_f 值来判断,即压缩空气流量及气流的速度应符合公式(3-14)。

3. 其他专用装置

为避免集中载荷,通常采用副车架,使集中载荷均布在主车架上。气力卸料式粉料罐车上的空气压缩机大都利用汽车发动机作为动力源。从变速器输出动力是目前广泛采用的一种方式。动力可从变速器的中间轴输出,经联轴器传给空气压缩机。

各主要专用部件初步布置完后,计算其载荷和质心是否符合原底盘的要求,如果相差较大,则要重新布置,直至符合要求为止。

三、专用装置的选择与设计

粉罐汽车的设计,要求罐体要有良好的密封性;要求具有一定的卸料速度和足够的输送距离及高度;卸料要干净,剩余率不超过总装载量的4%。

(一)粉罐

粉罐由罐体、滑料板、流态化床、进料装置和出料装置等部件组成。

1. 罐体

罐体的设计除满足专用功能的要求外,还应考虑罐体形式和造型,要与整车协调一致。

(1)罐体的基本结构

为了适应多种粉料的散装运输,满足不同的使用要求,粉罐结构有许多种,常见的有:

①立式罐体。立式罐体由封头、直筒、锥筒、法兰焊接而成,罐体上设有进料口、护栏、底架等,如图3-26所示。

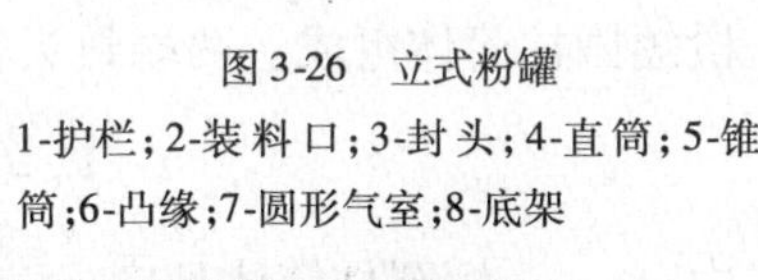

图3-26 立式粉罐

1-护栏;2-装料口;3-封头;4-直筒;5-锥筒;6-凸缘;7-圆形气室;8-底架

立式粉罐体的锥筒母线与水平面的夹角等于或大于粉粒体的安息角。卸料时,粉粒体因自重下落,并沿着锥筒壁面滑向圆形气室7,粉粒体在圆形气室上与气体充分混合,形成固气二相混合体,在压力差的作用下,进入卸料管,压出罐体,实现卸料。

②卧式罐体。卧式罐体由中间直筒和两端锥筒、两个封头焊合而成。罐体上设有进料口、工作平台、底架等,罐内设有滑料板、多孔板。多孔板上装有气体分布板,即流态化元件,气体分布板用螺栓或粘结剂固定在多孔板上,如图3-27所示。

(2)罐体容积计算

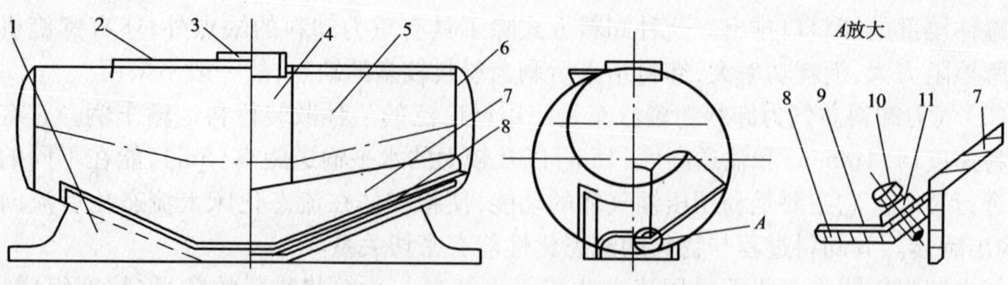

图 3-27　卧式粉罐

1-底架;2-工作平台;3-装料口;4-圆筒;5-锥筒;6-封头;7-滑料板;8-多孔板;9-气体分布板;10-螺栓;11-压条

罐体总容积 V 包括有效装载容积 V_a、扩大容积 V_b 和气室容积 V_c 三部分(图3-28),即:

$$V = V_a + V_b + V_c \tag{3-16}$$

①总容积 V。总容积为罐体壳(单壳)所包容的体积。现以双锥内倾卧式罐体为例,总容积 V 为圆柱筒体容积 V_1、直角斜锥筒体容积 V_2 和封头容积 V_3 之和,如图3-29。用下式计算:

$$V_1 = 2\pi R_1^2 L_1 \quad (\mathrm{m}^3)$$

式中:R_1——圆柱筒体内壁半径,m;

L_1——圆柱筒体长度的1/2,m。

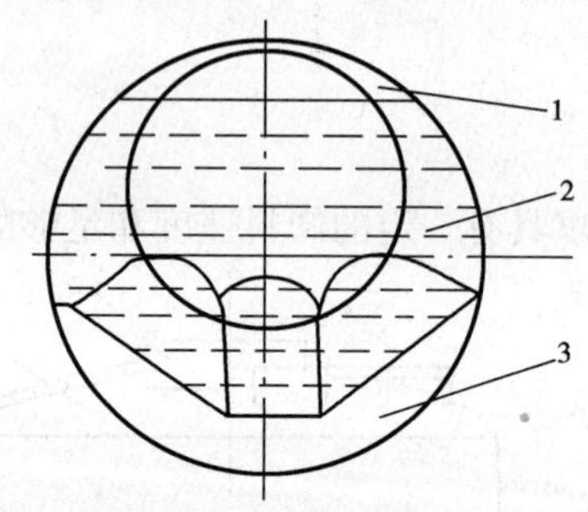

图 3-28　罐体横断面图

1-扩大容积;2-有效装载容积;3-气室容积

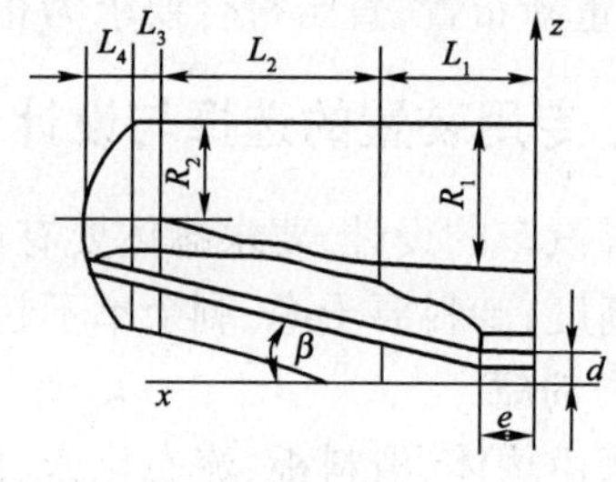

图 3-29　卧式罐体容积计算图

由于两端斜锥筒体容积相等,则:

$$V_2 = 2\,\frac{\pi}{3}(R_1^2 + R_2^2 + R_1R_2)L_2 \quad (\mathrm{m}^3)$$

式中:R_1、R_2——分别为斜锥筒体大、小端内壁半径,m;

L_2——单个斜锥筒体长度,m。

椭圆封头容积 V_3:封头有半球形、椭圆形、蝶形等几种。椭圆形封头由半个椭圆体壳和一段短圆柱筒体组成。两端封头容积相等。则:

$$V_3 = 2\left(\pi R_2^2 L_3 + \frac{2}{3}\pi R_2^2 L_4\right) \quad (\mathrm{m}^3)$$

式中:L_3——短圆柱筒体长度,m;

L_4——封头长度,即椭圆短轴之半,m。

②有效装载容积 V_a。有效装载容积指用于装载粉料的罐内容积,用下式计算:

$$V_a = m_e/\rho_s \quad (\mathrm{m}^3) \tag{3-17}$$

式中:m_e——罐体的标定装载质量,kg;

ρ_s——粉料的堆积密度,kg/m^3。

③扩大容积 V_b。由于粉料的内摩擦力,进料口的数目、位置等原因,装料时粉料不能充满罐体上部的所有空间;粉料在流态化过程中空隙率 ε 要增加,上界面升高,装料时也需留出这部分空间。在上部留出的空间称为扩大容积,按下式确定:

$$V_b = K_b V_a \quad (m^3) \tag{3-18}$$

式中:K_b——扩大容积系数,通常取为0.1~0.2。

④装载容积 V_d。有效装载容积与扩大容积之和称为装载容积,即气体分布板和滑料板以上的罐内容积:

$$V_d = V_a + V_b = (1 + K_b) V_a \quad (m^3) \tag{3-19}$$

⑤气室容积 V_c。气室容积包括气体分布板和滑料板下面的空间,即:

$$V_c = V - V_a - V_b = V - (1 + K_b) V_a \text{ 或 } V_c = V - V_d \tag{3-20}$$

圆柱形罐体和椭圆形罐体容积,可用式(3-1)和式(3-2)进行计算。

(3)罐体壁厚计算

粉罐车的罐体一般承受压力为0.098~0.196MPa,承压时间在5~30min。因此设计时应按钢制压力容器设计方法进行。

罐体承受的主要作用力有静载荷、支撑座反作用力、动载荷和内压力。静载荷包括罐体结构载荷和装载粉料载荷,可将其视为均布载荷。支撑座反作用力可通过静力学分析求出。动载荷是车辆在行驶中,由于加速、制动及在不平道路上的颠簸,使罐体受到的载荷。动载荷一般取静载荷的1.5~2.0倍。内压力主要是粉料罐车采用气力卸料而产生的。4种受力状态中,动载荷和内压力的作用较大。在实际工作过程中这种动载荷和内压力不会同时出现,可不重复考虑。

由于粉罐汽车的卸料压力较高,就罐体强度而言,主要应考虑内压力。

①圆筒体壁厚。圆筒体壁厚 S 可用下式计算:

$$S = \frac{pD}{2[\sigma]\varphi - p} + C \tag{3-21}$$

式中:p——设计压力,MPa;

D——圆筒内径,mm;

$[\sigma]$——材料许用应力,MPa;

φ——焊缝系数,见表3-4;

C——壁厚附加量,mm。

壁厚附加量 C 通常由钢板负偏差 C_1、腐蚀裕量 C_2 和加工减薄量 C_3 组成,即:

$$C = C_1 + C_2 + C_3 \quad (mm) \tag{3-22}$$

C_1 可从有关手册中查取。若 $C_1 < 0.25mm$,且不超过钢板名义厚度的6%,可取 C_1 为0;C_2 可根据常运货物对罐体的腐蚀速度和设计寿命用下式确定:

$$C_2 = KB \quad (mm)$$

式中:K——腐蚀速度,mm/s;

B——设计寿命,s,可取10~15。

当 $K \leqslant 0.05mm/s$(包括大气腐蚀)时,对碳素钢和普通低合金钢单面腐蚀,取 $C_2 \geqslant 1mm$;双面腐蚀取 $C_2 \geqslant 2mm$。对不锈钢,腐蚀速度极微时,可取 C_2 为0。C_3 与罐体的加工方法、材料性质有关。冷藏罐体可取 $C_3 = 0$。也可根据制造厂的工艺条件自行确定。

钢制压力容器焊缝系数 φ 表 3-4

焊缝结构	简图	焊缝系数		
		全部无损探伤	局部无损探伤	不做无损探伤
双面焊或相当于双面焊全熔透的对接焊缝		1.0	0.85	
有金属垫板的单面焊对接焊缝		0.9	0.8	
无垫板的单面环向对接焊缝		—	—	0.6*
* 适用于厚度不超过16mm，直径不超过600mm的壳体环向焊缝				

②锥筒体壁厚。罐体锥形部分的最大应力值出现在锥体大端，其壁厚 S 按下式计算

$$S=\frac{pD}{2[\sigma]\varphi-p\cos\alpha}\frac{1}{}+C \tag{3-23}$$

式中：D——锥筒大端直径，mm；

α——锥顶半角。

③封头壁厚。粉罐汽车罐体封头多采用半球形、椭圆形和碟形等，半球形封头的壁厚为：

$$S_c=\frac{pD_c}{4[\sigma]\varphi-p}+C \tag{3-24}$$

式中：D_c——半球内径，mm。

椭圆形封头的壁厚为：

$$S_c=\frac{MpD_c}{2[\sigma]\varphi-0.5p}+C \tag{3-25}$$

式中：D_c——封头内直径，mm；

M——椭圆形封头形状系数，$M=\frac{1}{6}\left[2+\left(\frac{p}{2h_c}\right)^2\right]$；

h_c——椭圆弦高，mm。

(4)罐体材料

罐体和封头一般采用普通碳素钢板，这种钢板机械性能好，有足够的强度、韧性及良好的焊接性，且工艺性好，价格低廉。

罐体制成后要进行防锈处理和水压试验(0.196～0.29 MPa)，检验其承压能力。

2. 滑料板

在双锥内倾卧式罐体中设有滑料板，如图3-30所示。滑料板的作用是承载粉粒体，并使粉粒体沿滑料板滑入流态化床。滑料板还与罐壁构成气室。为了使粉粒体不残留在滑料板上，滑料板与水平面的夹角 β 一般等于或大于粉粒体的安息角。在钢制罐体内，滑料板一般采用3mm左右的钢板制成，并在罐内对称布置。

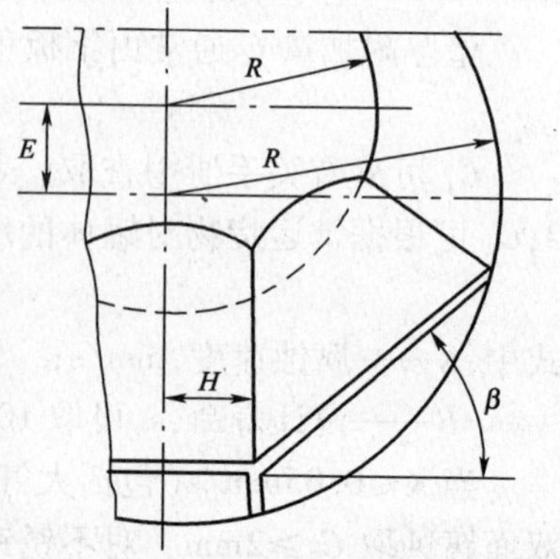

图3-30 滑料板示意图

3. 流态化床

流态化床的主要作用是与滑料板、罐体壁面构成气室，使流态化床上的粉粒体在压缩气体作用下产生悬浮，形成具有类似液体性质的固气二相流，并向一定方向流动。流态化床设计的好坏直接影响粉罐汽车的专用性能。

流态化床由多孔板和流态化元件组成。多孔板的作用是支承流态化元件及其上面的物料，保证压缩空气均匀穿过、并在上部各床层中保持稳定；流态化元件的作用是使压缩空气透过而形成均匀、细微的气流，又称气体分布板。

目前普遍采用单一流态化床和输送流态化床。

(1)单一流态化床。单一流态化床有圆形和长方形两种，如图3-31所示。圆形流态化床多用于立式罐，其多孔板有圆平板和圆锥板两种。圆锥板的锥角一般为120°～150°，所需压缩空气量少，适合于下出料方式。圆锥角大于150°的底面直径在500mm左右，适合上出料方式。长方形流态化床所需要的压缩空气量较多，适用于卧式倾斜固定罐上。

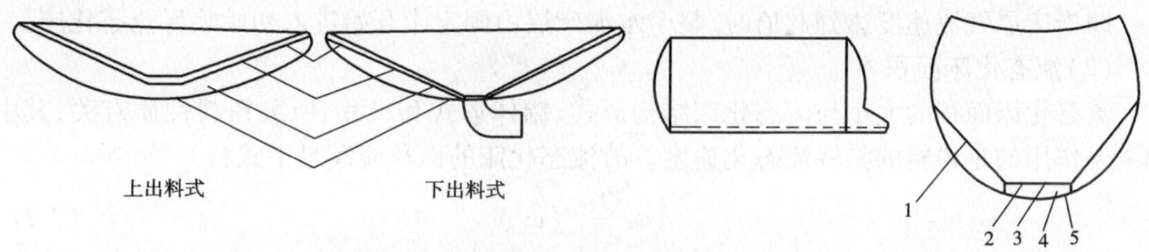

图3-31 单一流态化床示意图

1-滑料板；2-流态化元件；3-多孔板；4-气室；5-壳体

(2)输送流态化床。输送流态化床由几个单一流态化床组合而成，如图3-32所示。

多孔板与水平面的夹角一般取静止安息角的1/3，常选用10°～16°。多孔板常用4mm厚钢板制造，上面均布$\phi20 \sim \phi30$mm的孔，孔距的大小与数量多少以有利于均匀布气、支承强度和节约钻孔工时来确定。多孔板应沿罐底全长设置。

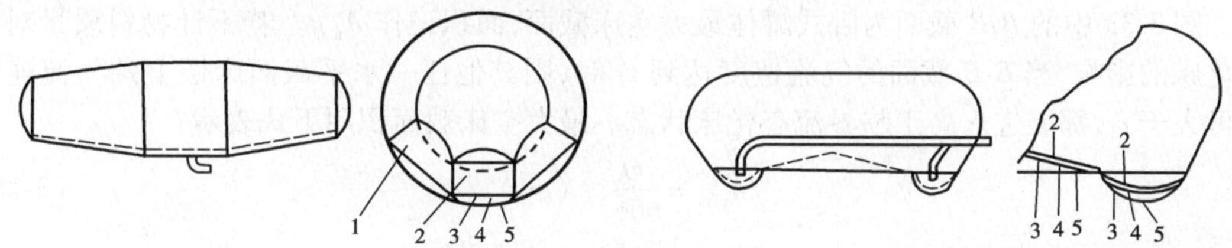

图3-32 输送流态化床示意图

1-滑料板；2-流态化元件；3-多孔板；4-气室；5-气室壳体

流态化元件应具有一定的透气阻力，并能随气体速度的增加而急骤增加；孔隙适宜，分布均匀，布气分散度高，受粉料层厚度影响小；只能透过气体、不能通过粉料，吸湿性及粘着力小，表面光整平滑，易于粉料流动，长期使用不易堵塞，容易恢复透气性；有一定的强度，耐磨、耐温、耐腐蚀、物理化学性质稳定。

目前常用的流态化元件材料有陶瓷、砾石、水泥制品、金属陶瓷、青铜、烧结塑料等硬质材料和工业帆布、夹毛毡、涤纶布等软质材料。软质材料具有质量小、易安装、价格便宜，且容易获得好的透气性的优点。

4. 流态化床主要参数计算

(1)临界流态化床气流速度 v_f:

$$v_f = 4.08\frac{d_s^{1.82}(\rho_s-\rho_g)^{0.94}}{(\eta\times10^3)^{0.88}\rho_g^{0.06}} \quad (m/s) \tag{3-26}$$

式中:d_s——颗粒直径,m,水泥取为 88×10^{-6}m;

ρ_s——颗粒真密度,kg/m³,水泥为 3200kg/m³;

ρ_g——气体密度,在气体压力 $p=0.3$MPa,气体温度 $T=373$K,气体常数 $R_a=29.28$ 时,$\rho_g=p/(R_aT)=2.75$kg/m³;

η——气体的动力粘度(Pa·s),一般取 0.0218×10^{-3}Pa·s。

现以水泥为例,其临界流态化床气流速度为:

$$v_f = 4.08\frac{(88\times10^{-6})^{1.82}\times(3200-2.75)^{0.94}}{0.0218^{0.88}\times2.75^{0.06}} = 0.009 \quad (m/s)$$

即当床层气流速度达到此值时,整个水泥床层由固定床开始进入初始临界流态化床。

(2)流态化床面积 A

流态化床面积的大小与流态化床结构形式、罐体形式和尺寸、所装粉料性质有关,其中起主要作用的是粉料的临界流态化速度。故流态化床的面积应满足下式:

$$A \leqslant \frac{Q}{v_f} \quad (m^2) \tag{3-27}$$

式中:Q——气体流量,m³/s;

v_f——粉料临界流态化速度,m/s。

由上式知,在 Q 一定时,A 与 v_f 成反比,若流态化床面积过大,透过气体分布板的气流速度就会小于粉料的临界流态化速度,粉料就不能良好地流态化,流动性差,易滞留在床面上或产生死角。因此,流态化床面积一定要满足上式。

(3)罐体最大空床截面积 A_{max}

图 3-33 中的 B-B 截面为卧式罐体最大空床截面,面积记作 A_{max}。若不计物料质量对流态化床的影响,当 B-B 截面的气流速度达到 v_f 时,则其他任一水平截面床层上的气流速度均可大于 v_f,都能进入高于临界流态化床状态。最大空床截面积用下式表示:

$$A_{max} = \frac{Q}{60v_f} \quad (m^2) \tag{3-28}$$

对于水泥,$A_{max}=1.85Q$,式中:Q 表示空气流量(m³/min)。

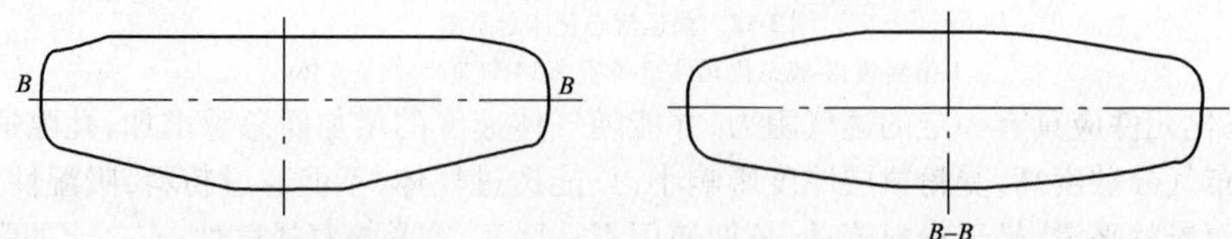

图 3-33 最大空床截面

目前,气卸散装粉罐汽车上常用的空气压缩机流量大致有 4.8、5.2、5.4、6、6.2、7 m³/min等几种。对于水泥,用上式计算所得的 A_{max} 列于表 3-5,可用来判断罐体容积(流态化床面积)与空气压缩机是否匹配,亦可预测水泥流态化操作行为的依据。

空气压缩机流量 Q 与 A_{max}、A_{min} 的对应值(水泥)　　表 3-5

空气压缩机额定流量 Q(m^3/min)	4.8	5.2	5.4	6	6.2	7
最大空床截面积 A_{max}(m^2)	8.88	9.62	9.99	11.1	11.47	12.95
最小空床截面积 A_{min}(m^2)	0.138	0.150	0.155	0.172	0.178	0.201

(4)粉料带出气流速度(v_t)

粉料带出气流速度即粉料开始形成稀相流态化床时的气流速度。若气流速度达此值时,床层的稳定操作行为将急剧偏离理想行为,导致操作失常。v_t 可按下式计算:

$$v_t=\left[\frac{4}{225}\times\frac{(\rho_s-\rho_g)^2g^2}{\rho_g\eta}\right]^{\frac{1}{3}}ds\quad(\mathrm{m/s})\tag{3-29}$$

式中:g——重力加速度,$g=9.81\mathrm{m/s^2}$。

水泥的带出气流速度 v_t 为:

$$v_t=\left[\frac{4}{225}\times\frac{(3200-2.75)^2\times9.81^2}{2.75\times0.0218\times10^{-3}}\right]^{\frac{1}{3}}\times88\times10^{-6}=0.58\quad(\mathrm{m/s})$$

(5)罐体最小空床截面积 A_{min}

最小空床截面积出现在罐体顶部的某一位置,即流态化床顶。在床顶的气流速度不能超过 v_t,否则会导致稀相床出现。最小空床截面积 A_{min} 用下式计算:

$$A_{min}\geqslant\frac{Q}{60v_t}\quad(\mathrm{m^2})\tag{3-30}$$

5. 进料装置

进料装置主要是装料入罐内和作为维修时的出入孔。一般由进料口盖、密封装置、锁紧装置及进料口 4 部分组成。

进料装置的设计要求是:密封性要好,开闭时操作方便,进料装置按密封方式可分为外压密封式和内压自封式。

(1)外压密封式。外压密封式是用机械锁紧力将进料口盖、密封圈、进料口三者锁紧,使罐内的料气混合物不外泄。图 3-34 所示为杠杆式外压密封进料装置。它由压臂支座 2、销轴 3、杠杆压臂 4、叉式压块 5、丝杠 6、丝杠螺母 7、拨叉销轴 8 及杠杆压臂 4 等组成。当旋转拨叉时,螺母 7 随着一起旋转,并推动叉式压块 5 向下运动,压块将杠杆压臂 4 的一端向下压,压臂 5 上的半圆凸台紧压进料口盖 9,并使其上的密封圈 10 压缩外胀,紧压盖槽及料口。

(2)内压自封式。内压自封式是用罐内的压力使特制的密封圈胀开并紧贴在球面料口盖上,压力愈大贴合得愈紧,密封性愈好。图 3-35 所示为内压自封式进料装置。其装料口盖的承压面为球面板,装

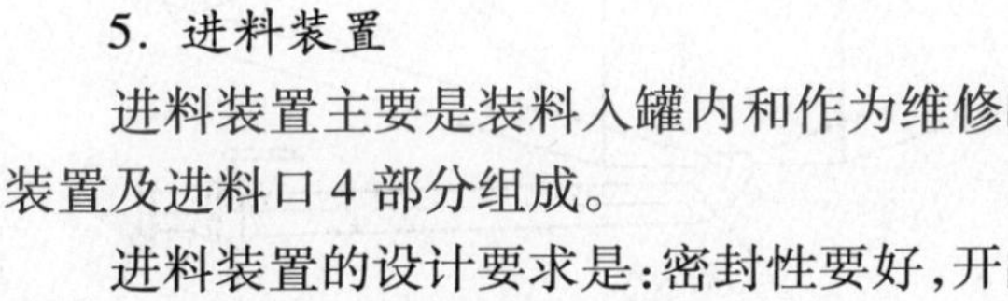

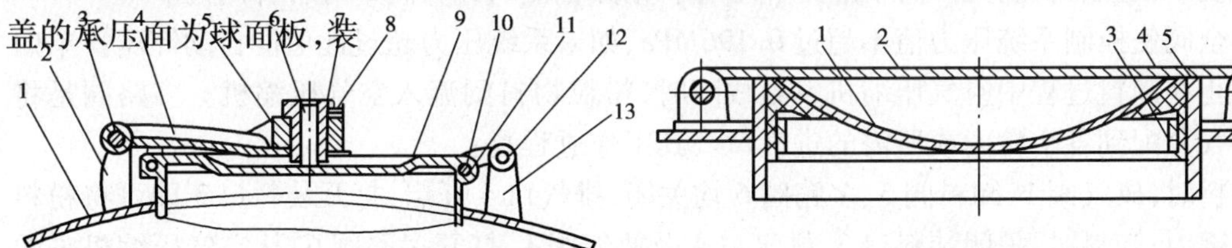

图 3-34　杠杆式外压密封进料装置

1-进料口加强圈;2-压臂支座;3-销轴;4-杠杆压臂;5-叉式压块;6-丝杠;7-螺母;8-拨叉销轴;9-进料口盖;10-密封圈;11-进料口;12-铰接架;13-支座

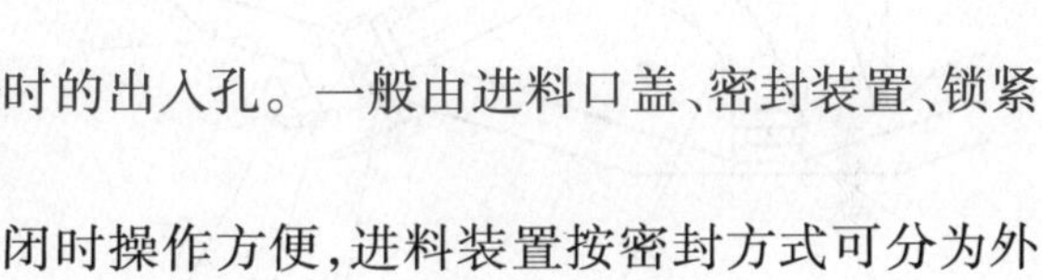

图 3-35　自封式进料装置

1-球面板;2-定板;3-压圈;4-唇状密封圈;5-进料口座;6-加强圈;7-罐体

盖的承压面为球面板，装料口盖关闭后，球面板1便与唇状密封圈4贴合。当气压卸料系统工作时，唇状密封图在罐内气压的作用下紧压在球面板上，形成了可靠的环状密封带。

6. 出料装置

出料装置(卸料装置)是使罐内粉粒物料卸出的机构，是提高卸料速度，实现卸料彻底和畅通的重要保证。出料装置有上吸式和下排式两种形式。

上吸式出料装置具有卸料平顺，吸嘴高度可调，不易产生堵塞的特点，目前应用较广。如图3-36，吸嘴1置于流态化床的上方，嘴口与流态化元件的距离在30~70mm内调节，通常调整为50mm，然后用调节螺母2锁定。出料弯管3的曲率半径应不小于管径的7倍，以减小输送粉料的阻力。二次风套管紧接蝶阀4，当打开二次风球阀时，压缩空气进入二次风套管形成环状压力风，可用来疏通卸料管，或改变卸料浓度，提高卸料速度。在出料装置末端装有快速接头，便于与卸料软管连接。常用的有钩手快速接头和旋转式球面快速接头。

下排式出料装置具有结构简单，维修方便等优点，但易产生堵塞。出料口开设在罐体下部中央的多孔板和罐体壳上，与出料管的一端焊接，如图3-37所示。其他结构与上吸式出料装置基本相同。

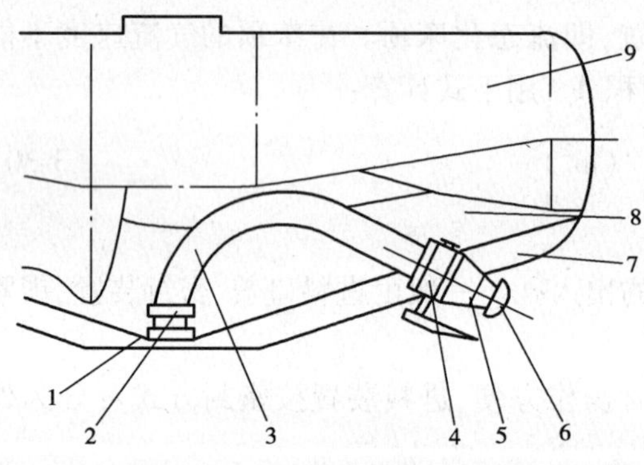

图3-36　上吸式出料装置

1-吸嘴；2-调节螺母；3-出料弯管；4-蝶阀；5-二次进风装置；6-卸料管接头；7-气室；8-滑料板；9-罐体

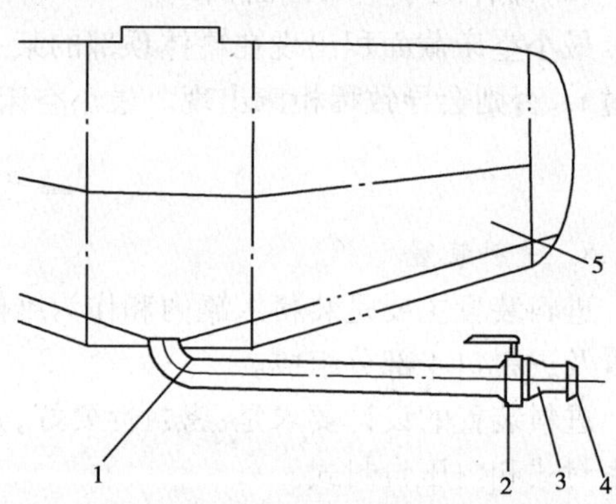

图3-37　下排式出料装置

1-出料管；2-蝶阀；3-二次风套管；4-快速接头；5-罐体

(二)气压卸料系统装置及其计算

1. 气压卸料系统装置

图3-38所示为气压卸料系统图。它由进气、配气、卸压、管道和空气压缩机等装置组成。系统中设置有安全阀7、单向阀9、多路阀6、放气阀1、卸料阀5等各种阀门。

安全阀使控制系统压力值不超过0.196MPa、如果系统压力超过此值能自动卸压。单向阀是防止在卸料过程中空气压缩机发生故障时，粉粒物料倒流入空气压缩机。多路阀是将压缩空气分配到各个舱内或所需的进气口。其工作过程是：

装料时，放气阀1、卸料阀5、多路阀6均关闭，排气口4开启，打开装料口3即可将粉料物装入罐内；卸料时，关闭装料口3、排气口4及放气阀1，打开多路阀6、从空气压缩机来的压缩空气进入罐内，使粉料流态化，当罐内气压约达到0.176MPa时即打开卸料阀5，粉粒物混合气便从罐内排出；卸料结束后，关闭卸料阀5，打开放气阀1，放出罐内剩余的压缩空气，为下次装粉料物做好准备。

目前气卸式粉料罐车所采用的空气压缩机主要有旋转式和摆动式两种。摆动式空气压缩机结构简单，在摆杆扇形板的上部和两侧与汽缸体接触部位装有石墨碳精片密封件，无需润滑油润滑，可以保持排出的压缩空气洁净，不致对粉粒物料污染，是一种较理想的空气压缩机。

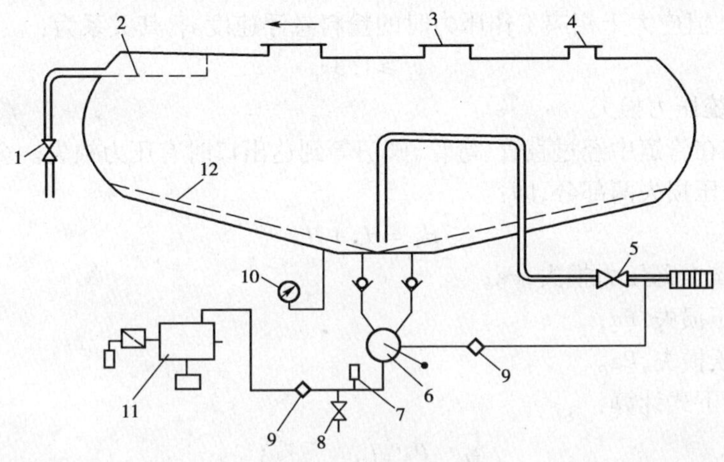

图 3-38　气压卸料系统图

1-放气阀；2-滤清器；3-装料口；4-排气口；5-卸料阀；6-多路阀；7-安全阀；8-放气阀；9-单向阀；10-气压表；11-空气压缩机；12-流态化床

2. 气压系统计算

(1)输送空气量的确定

系统需要的输送空气量 Q 用下式确定：

$$Q = K_a \frac{\bar{v}}{\mu \rho_g} \quad (m^3/min) \tag{3-31}$$

式中：K_a——输送系统的漏气系数，一般取 1.1～1.2；

$\bar{v}$——卸料速度，kg/min；

μ——固气二相流浓度，取 40～80；

ρ_g——空气密度，kg/m^3。

在气力卸料过程中，从罐体内排出的固气二相流流量应等于空气压缩机的流量，才能维持罐内压力稳定。故 μ 可用下式计算：

$$\mu = \frac{\bar{v}}{\rho_g (Q - q_m)} \tag{3-32}$$

式中：Q——空气压缩机流量，m^3/min；

q_m——输料管中粉料流量，m^3/min。

(2)输料管内径和气流速度的确定

罐体内流态化床的建立，使粉料有类似流体的特性，具有从卸料口流出的能力。但要完成在输料管中的整个输送过程，还必须使粉料具有足够的能量来克服各种阻力，始终维持其悬浮状态到达输料管出口。这个能量由罐内压力和气流速度来提供，输料管入口处的固气二相流速度用下式确定。

$$v_1 = \frac{4(Q_1 + \bar{v}/\rho_s)}{60 \pi d^2} \tag{3-33}$$

式中：v_1——在入口处压力下固气二相流速度，m/s；

Q_1——在入口处压力下空气流量，m^3/min；

ρ_s——粉料密度，kg/m^3；

d——输料管内径，m。

计算所得 v_1 值应大于相应工作压力时的粉料悬浮速度 v_t，其关系为：

$$v_1 \geqslant 1.3v_t$$

(3)输送系统压力损失

固气二相流在管道中经过直管、弯管、阀门等到达出口时有压力损失。全部压力损失包括动压损失和静压损失两部分，即：

$$H_1 = H_d + H_j \tag{3-34}$$

式中：H_1——系统全部压力损失，Pa；

H_d——动压损失，Pa；

H_j——静压损失，Pa。

动压损失由下式计算：

$$H_d = \frac{\rho_g v_g^2}{2}\left(1 + \mu \frac{v_s^2}{v_g^2}\right) \tag{3-35}$$

式中：ρ_g——气体密度，kg/m^3；

v_g——气体速度，m/s；

μ——混合比；

v_s^2/v_g^2——粉料速度平方与气流速度平方之比，取 0.65～0.85，μ 值大时取小值。

静压损失包括固气二相流与直管壁的摩擦压力损失 H_λ，垂直升高压力损失 H_h 及各局部阻力压力损失 H_ζ 即：

$$H_j = H_\lambda + H_h + H_\zeta \tag{3-36}$$

直管中摩擦压力损失 H_λ 用下式计算：

$$H_\lambda = \lambda \frac{L\rho_g v_g^2}{2d}(1 + C\mu) \tag{3-37}$$

式中：λ——摩擦阻力系数，当管道直径 $d = 100mm$ 时，取 $\lambda = 0.0235$，也可用下式计算：
$\lambda = K_\lambda(0.0125 + 0.0011/d)$；

K_λ——管道内壁系数，按表 3-6 选取。

L——直管长度，m，挠性管按长度加一倍计算；

C——气体速度修正系数，可在相关手册查取。

管道内壁系数 表 3-6

输料管	K_λ	输料管	K_λ	输料管	K_λ
无缝钢管	1.0	新焊接管	1.3	旧焊接管	1.6

垂直升高的压力损失 H_h 用下式计算：

$$H_h = 0.98\rho_g(1 + \mu)h \tag{3-38}$$

式中：h——垂直升高高度，m。

各种局部阻力的压力损失 H_ζ 用下式计算：

$$H_\zeta = \sum\zeta \frac{\rho_g v_g^2(1 + C\mu)}{2} \tag{3-39}$$

式中：ζ——各种局部阻力系数，由表 3-7 查取。

局部阻力系数　　表 3-7

序号	名称	ζ值	序号	名称	ζ值
1	截止阀	4～8	8	皱纹弯管 $R=3d$	0.9
2	止回阀	1.0～2.5	9	皱纹弯管 $R=4d$	0.6
3	90°弯头	1.0～2.0	10	焊接弯管 $R=2d$	1.5
4	光滑 90°弯头 $R=2d$	0.7	11	三通主管（用于合流时）	1.5
5	光滑 90°弯头 $R=3d$	0.5	12	三通支管（用于合流时）	2.0
6	光滑 90°弯头 $R=4d$	0.3	13	三通主管（用于分流时）	1.0
7	皱纹弯管 $R=2d$	1.1	14	三通支管（用于分流时）	1.5

（4）流态化元件压力降 H_2（即压力损失）

流态化元件的压力降取决于流态化元件材料的种类和特性，由实际测量得到。考虑到使用一段时间后透气性有所下降，阻力略有增加，选取 H_2 值时应略高于实测值。对于用纺织品制作的流态化元件可取 $H_2=9.8\text{kPa}$。

（5）空气压缩机的选择

粉罐汽车使用的空气压缩机应具备下列要求：①具有的流量和压力与罐体容积相适应；②在空气压缩机的压力-流量特性曲线图上，当压力变化时，流量变化应很小；③在空气压力不变的情况下应有稳定的空气流量；④排出的压缩空气应无油、无水、无杂质；⑤体积小、质量轻，便于安装，能连续运转 1h，工作可靠，使用寿命长，维修方便等。

第四节　液化气罐汽车

液化气是指在常温常压下的某种气体经加压或降温处理后成为液体的物质。当液化气压力降低或温度升高后仍能恢复成气体。常用液化气的物理化学性质见表 3-8。

常用液化气的理化性质数据　　表 3-8

名称	氮	氧	氩	二氧化碳	氯	氨	乙烯	丙烯
分子式	N_2	O_2	Ar	CO_2	Cl_2	NH_3	C_2H_4	C_2H_6
相对分子质量	28.01	32.00	39.95	44	71	17	28	42
气态密度(g/L)	1.2506	1.429	1.784	1.977	3.214	0.771	1.26	1.87
熔点(℃)	−209.9	−218.4	−189.2	$\frac{-56.6}{0.05}$	−102	−77.7	−169.4	−185.2
沸点(℃)	−195.8	−183	−185.7	−78.5（升华）	−34.5	−33.5	−103.9	−47.7
爆炸极限							3～29	2～11
临界温度(℃)	−145.9	−119.6	−122.44	31.04	144	132.4	9.90	91.4～92.3
临界压力(MPa)	3.283	4.871	4.704	7.144	7.458	10.996	4.969	4.41～4.47
液态密度(g/mL)	0.808			1.101/−37℃			0.570	0.514
燃烧值(kJ/mol)							1411.9	2052.4

近年来，液化气罐汽车的使用领域不断扩大，品种也越来越多，如液化石油气罐汽车、液氧罐汽车以及液氨、液氮、液氯、液氢等罐式汽车。由于液化气对压力、温度的影响很敏感，所以很不稳定。有些液化气还是易燃、易爆、有毒物质。故在设计和制造液化气罐汽车时，必须符合 GB 150—1998《钢制压力容器》及国家劳动部门和交通管理部门的有关标准、法规

和规范的要求，严格控制产品质量，设置必要的安全和消防装置，保证使用安全。

一、液化石油气罐汽车总体结构

（一）总体结构

用普通载货汽车底盘改装的液化石油气罐汽车。罐体总成与副车架焊成一体，再用螺栓将副车架紧固在汽车车架上。图3-39为半挂式液化石油气罐汽车，该车为半挂承载式结构，罐体支撑座与车架之间用螺栓紧固连接。

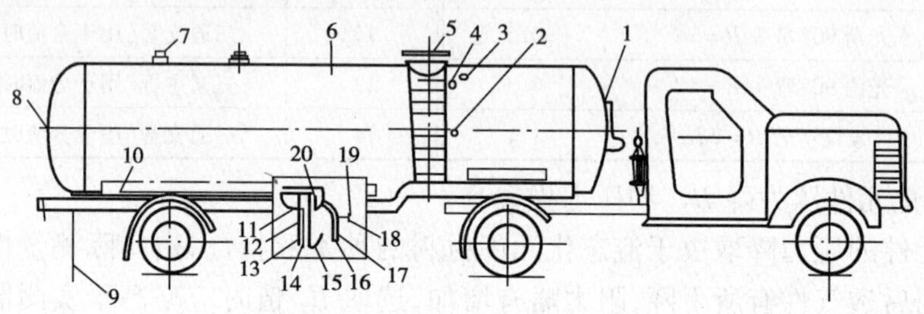

图3-39 半挂式液化石油气罐车

1-压力表；2-全容积40%指示阀；3-全容积85%指示阀；4-全容积80%指示阀；5-出入孔；6-罐体；7-安全阀；8-液位计；9-接地链；10-紧急切断卸压阀；11-紧急切断阀；12-球阀；13、17-排放阀；14-液相接口；15-液泵；16-气相接口；18-截止阀；19-压力表；20-温度计

（二）液化石油气主要成分的密度和罐体最大充装量

液化石油气通常是气体和液体两种状态同时存在，主要成分是含有3个或4个碳原子的碳氢化合物，如丙烷、丙烯、正丁烷、异丁烷、丁烯-1，顺丁烯-2和反丁烯-2等，其中丙烷、丁烷为我国民用液化石油气的代表成分。0℃标准状态时的液化石油气几种主要成分的液态和气态密度列于表3-9。表3-10为液化石油气在20℃时液态和气态的密度。

标准状态下液化石油气主要成分的密度（单位：kg/m^3） 表3-9

项　目	丙烷	正丁烷	异丁烷	丙烯	丁烯-1	顺丁烯-2	反丁烯-2	异丁烯
相对分子质量（约数）	44	58	58	42	56	56	56	56
液态	528	601.1	528	545.4	620	620	620	619
气态	2.0102	2.7030	2.6912	1.9136	2.5030	2.5030	2.5030	2.5030

液化石油气主要成分的密度(20℃)（单位：kg/m^3） 表3-10

项目	丙烷	正丁烷	异丁烷	丙烯	丁烯-1	顺丁烯-2	反丁烯-2	异丁烯
液态	496.3	578.8	577.2	513.9	595.1	621.3	604.2	594.2
气态	1.554	2.090	2.081	1.479	2.008	1.940	1.940	1.940

液化石油气的装卸和运输通常是在常温下进行的，但环境温度有可能升高，使液化石油气膨胀，罐内压力也随之升高。若超过规定值，会引起罐体破裂或爆炸。大约温度升高1℃，液化石油气压力增加0.02～0.03MPa。如纯丙烷的饱和蒸气压在10℃时约为0.47MPa，在20℃时增加到0.83MPa，在50℃时增加到1.8MPa。所以，在充装液化石油气时不允许装满罐体。在特定条件下，如果罐车在一次充装、运输和卸液的全过程中能够保证最大温差不超过30℃时，则允许按罐体容积的85%进行充装。但此规定不适用于罐体兼作储

罐使用的移动式罐车。

二、罐体的结构与设计

(一)罐体的结构

液化石油气汽车的罐体必须采用各径向受力均匀的圆筒(或球)体,以保证有足够的刚度和强度。罐体主要由圆筒体、封头、防波板(大型罐体还有隔板)、出入孔和整体式支撑座等组成。在罐体上还设有安全阀座、液位计座和紧急切断阀座等辅助安装座。图3-40为液化石油气罐体示意图。

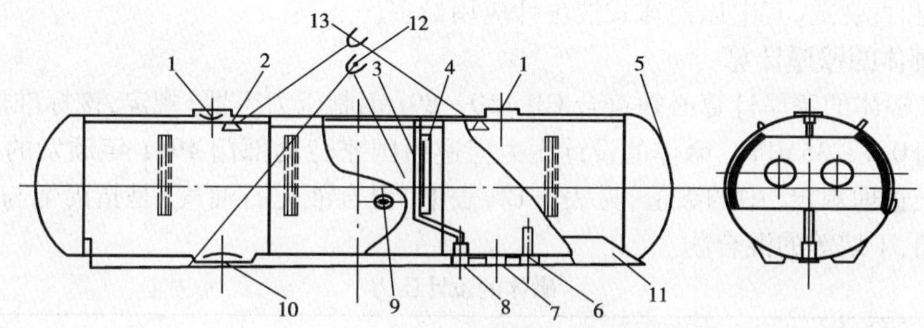

图3-40　液化石油气罐体示意图

1-安全阀凸缘;2-吊耳;3-气相管;4-隔板;5-液位报警器凸缘;6-温度计接口;7-液相紧急切断阀口;8-气相紧急切断阀口;9-液位计凸缘;10-出入孔;11-整体式支承座;12-满罐液吊位;13-空罐吊位

圆筒体通常由数节焊成,节数不应过多,相邻两节的纵向焊缝不允许在同一相位上,其相错距离不应小于100mm,并位于检测方向(图3-41)。焊接中,要求纵向焊缝对接错口量$b \leqslant 0.1S$(S为壁厚),环向焊缝对接错口量$c \leqslant 0.2S$或$c \leqslant 0.1S$(当$S > 10$mm时),对接的各焊缝处棱角$E \leqslant 0.1S_0^{+0.2}$mm,每节长度误差为$-2 \sim 3$mm,单节直线度误差为$0.002L$($L$为单节长度),圆筒体圆度误差为$e \leqslant 0.01D_i$($D_i$为圆筒体公称内径),圆筒体周长允许误差见表3-11。

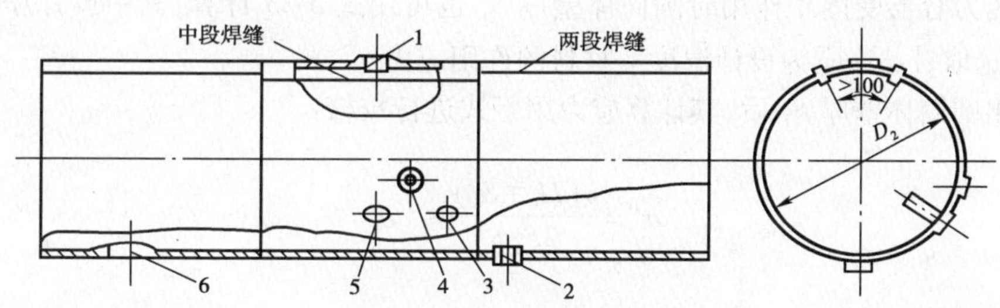

图3-41　圆筒体示意图

1-安全阀口;2-液相紧急切断阀口;3-气相紧急切断阀口;4-液位计法兰口;5-温度计套口;6-出入孔

封头必须采用承压能力强的凸形封头,常用的有蝶形、椭圆形和半球形封头。封头和圆筒体之间必须采用对口双面焊接形式,以保证连接强度和气密性。

圆筒体周长允差(单位:mm)　　表3-11

内　径	800 ~ 1200	1300 ~ 1600	1700 ~ 2200
周长允差	+5 -2	+6 -3	+8 -4

在液化石油气汽车的罐体内也应设防波板以提高汽车行驶平稳性。

安全阀装在罐体的上部，当罐内压力过大时，能迅速打开排放降压，以防罐体炸裂。液化石油气罐汽车上常采用内置全启式安全阀。安全阀的开启压力应高于罐体的设计压力，但不得超过设计压力的1.1倍，全开压力不得高于设计压力的1.2倍，回座压力应不低于开启压力的0.8倍。安全阀的排放能力可参阅 GB 150—1998《钢制压力容器》及劳动部的有关规定进行计算。一般中小型罐体上安装一个安全阀即可，但为了保证绝对安全，通常一个罐体上安装两个安全阀。

液位计用来检查罐内液位高度，显示实际容量，防止超量充装。常用的液位计有浮球式、压力式和直观式，其中以浮球式液位计应用最多。

（二）罐体的壁厚计算

液化气罐体的壁厚计算必须符合 GB 150—89《钢制压力容器》规定，该标准规定的适用内压范围为0.1～35MPa。罐体的设计压力应遵照国家劳动部门1981年颁发的“液化石油气罐车安全管理规定”中的数值，见表3-12，表中“混合液化石油气”是指丙烯与丙或丙烯、丙烷与丁烯、丁烷等的混合物。

罐体的设计压力 表3-12

充装介质种类		设计压力(MPa)
丙烯		2.158
丙烷		1.766
混合液化石油气	50℃时，饱和蒸气压力大于1.619MPa(表压)	2.158
	其余情况	1.766
丁烷、丁烯、丁二烯		0.785

1. 圆筒体壁厚计算

钢制压力容器受内压作用时圆筒体壁厚 S_1 也可用式3-23计算，其中设计压力 P 可参照表3-12选取；$[\sigma]^t$ 应为设计温度下材料的许用应力。

计算出圆筒体壁厚 S_1 后，其计算应力用下式进行校核：

$$\sigma^t = \frac{p(D_i + S_1)}{2S_1\phi} \leqslant [\sigma]^t \tag{3-40}$$

许用应力应取以下三者之中的最小值：

$$\sigma^t = \sigma_b / n_b；[\sigma]^t = \sigma_s^t / n_s；[\sigma]^t = \sigma_D^t / n_D \quad 或[\sigma]^t = \sigma_n^t / n_n$$

式中：σ_b——材料在常温下的最低抗拉强度，MPa；

σ_s^t——材料在设计温度下的屈服强度，MPa；

σ_D^t——材料在设计温度下(经 10^5h 断裂)的持久强度极限，MPa；

σ_n^t——材料在设计温度下(经 10^5h 蠕变率为1%)的蠕变极限，MPa；

n_b、n_s、n_D、n_n——分别为按 σ_b、σ_s^t、σ_D^t、σ_n^t 计算时所取的安全系数，无特殊规定时也可从表3-13中选取。

钢制压力容器的安全系数 表 3-13

材 料	常温下最低抗拉强度 σ_b	常温或设计温度下的屈服强度 σ_s 或 σ_s^t	设计温度下经 10^5h 断裂的持久强度		设计温度下经 10^5h 蠕变率为 1% 的蠕变极限
			σ_D^t 平均值	σ_D^t 最小值	
碳素钢低合金钢	$n_b \geqslant 3$	$n_s \geqslant 1.6$	$n_D \geqslant 1.5$	$n_D \geqslant 1.25$	$n_n \geqslant 1$
奥氏体高合金钢	—	$n_s \geqslant 1.5$	$n_D \geqslant 1.5$	$n_D \geqslant 1.25$	$n_n \geqslant 1$

2. 封头壁厚计算

(1)椭圆形封头壁厚。椭圆形封头推荐采用长、短轴比值为 2 的标准型封头,其有效厚度应不小于封头内径的 0.15%,其他椭圆形封头的有效厚度应不小于封头内径的 0.30%。但当已考虑了内压下的弹性失稳或按分析法进行设计,可不受此限制。

(2)蝶形封头。碟形封头球面部分的内半径应不大于封头的内直径,通常取 0.9 倍的封头内直径。封头转角内半径应不小于封头内直径的 10%,且不得小于 3 倍的封头名义厚度。对于 $R_i = 0.9D_i$,$r_i = 0.17D_i$ 的碟形封头(R_i 为封头球面部分内半径,r_i 为封头过渡段转角内半径,D_i 为圆筒体内径);有效厚度应不小于封头内直径的 0.15%,其他碟形封头的有效厚度应不小于 0.30%,但已考虑了内压下的弹性失稳或按分析法进行设计,可不受此限制。

三、管道系统和液泵选择

(一)管道系统组成和设计要求

液化石油气罐车在装卸作业时必须保证安全,工作可靠,并且具有多种功能。为此,在管道系统中一般设有安全装置(安全阀、紧急切断阀、气相管)、监测仪表(压力表、流量计)、动力源(液泵)、操纵装置(各类阀、手动液压泵)以及连接胶管、快速接头、过滤器等。管道系统应具有自泵装卸、泵站作用、他泵装卸、压差装卸和自流装卸等功能。

液化石油气罐汽车的管道系统与普通液罐汽车不一样,结构也较复杂,其设计要求是:

(1)系统能完成密封装卸作业;

(2)液化石油气在管道中的流速不得超过 5m/s;

(3)必须实行罐底装卸,或将上装管插入罐底灌注,避免高速冲击;

(4)应设置气相平衡装置,当无气相平衡时,泵的每分钟流量应限制在罐体总容量的 2.5% 左右;

(5)监测仪表、控制元件应齐全,工作可靠,动作灵活;

(6)液化石油气温度不得超过设计值,环境温度不允许超过紧急切断易熔合金的熔融温度 70℃ ±5℃。

(二)管道系统主要部件

1. 紧急切断装置

紧急切断装置是液化石油气罐汽车的主要安全装置之一,由液相和气相紧急切断阀、手油泵、放油泵、易熔塞和管道等组成。其作用是:关闭阀门,切断罐体与管道的通路,避免行驶中渗漏或意外排液;阀开启后,若排液流速达 7.6m/s,或发生意外事故,可自动关闭,待流速恢复正常后又能打开阀门;当环境温度超过 70℃ ±5℃或失火时,紧急切断阀的易熔塞熔化,油压控制系统卸压,自动关闭阀门;遇紧急情况,又难于接近操纵箱中的手油泵时,可遥控汽车尾部的放油阀排油,关闭紧急切断阀,能保证在5s内同时关闭液相和气相阀。紧急切断阀装在罐体底部与装卸管道的相连处。

2. 安全阀(溢流阀)

管道系统中设置的安全阀(或溢流阀)用来保护管路和管路部件。其结构为普通的阀芯弹簧结构,非工作状态,在弹簧的作用下处于常闭状态,当管道中液体压力超过弹簧张力时,阀芯开启,使高压液流回到低压管道中。阀芯的开启压力可通过调节螺母和调节弹簧的预紧力进行调节。

3. 温度计和压力表

温度计用来测量液相温度,应选用压力表式温度计,量程应比液化石油气最高温度高25%,通常为-40~+60℃,并在40℃和50℃区域涂以红色标记。为了维修更换方便,受感器应插入与罐体相隔绝的套管内。

压力表的量程也应比最大压力大25%为宜,一般取0~3.92MPa,精度不低于2级(2%)。在压力表之前应装有控制开关。

4. 液相管和气相管

液相管即排液管,其口径根据液泵的出入口径决定,要求流速不超过5m/s,可用下式核算:

$$v = \frac{4Q}{\pi d^2} \tag{3-41}$$

式中:v——液体流速,m/s;

Q——液泵的最大流量,m^3/s;

d——液相管最小内径,m。

由于装卸作业完毕后,阀门关闭,液化石油气被封闭在液相管道系统内,形成没有气相空间的密闭容器,这是不允许的。所以,设计液相管道时,必须考虑能将管道中的余液抽回到罐内或排放到其他容器中,也可设置旁路安全阀。

气相管是液化石油气罐汽车管道系统所特有的,它在密闭装卸中连通汽车罐体与接收(或放液)容器的气相空间,使两者的压力、温度达到新的平衡,实现正常装卸作业。气相管内径一般采用25mm接口,位置可在罐体的侧面(或后封头)操作箱部位,从而减少气相管长度,使回路简短,布置紧凑。

5. 快装接头和软管

快装接头的结构如图3-42,插口4的罐孔端与罐体的输液管端部相接,用盖帽2盖紧。装卸作业时,取下盖帽,与地面上的输液管相接就可进行作业。

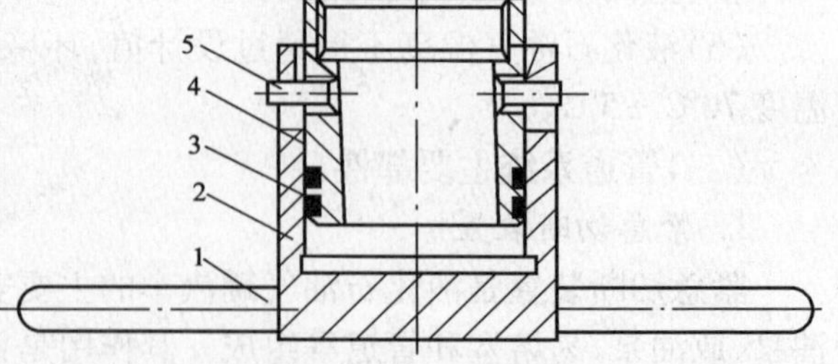

图3-42 快装接头

1-手柄;2-盖帽;3-O形橡胶密封圈;4-插口;5-销钉

高压标准软管为钢丝编织耐油胶管,两端都装有快装接头,一端与罐体上的输油管连接,另一端与地面上的输油管连接。

6. 流量计

流量计必须选择容积式流量计,如椭圆齿轮流量计、滑片流量计或双转子流量计等。其量程应与泵的额定流量相匹配(经常使用的流量计误差最小复现区段应在流量计误差曲线的 $Q_{min} \sim Q_{max}$ 范围内)。为提高流量计的精确度,在流量计入口前应有一段长而直的管道,并装有过滤器、气液分离器和压差计等,不允许混入气体和超计量工作。

7. 液化石油气液泵的选择

对液泵的要求,归纳如下:

(1)泵送液化石油气时,不产生气化,气蚀小。在有气相平衡条件下,吸上压力为正时,能正常抽送具有高气化弹性的液体(液化气);在无气相平衡条件时,能对气瓶灌气。

(2)运转平稳,流量均匀,脉动小。

(3)密封性好,耐腐蚀,使用寿命长。

(4)零部件互换性好,便于维修。

(5)体积小,造价低。

根据整车性能要求选择液化气液泵的流量、压力、功率和转速等主要参数。按装卸速度要求,确定泵的流量。按规定,泵的入口流速为 2 ~ 3m/s,出口流速不超过 5m/s,即可由公式(3-41)算出泵的进出口口径。当流量、口径选定后,其他参数也可随之确定了,但泵的类型必须是容积式。

(三)管道压力损失

管道压力损失主要由于摩擦和局部阻力造成,表现为沿程损失和局部损失。即管道压力损失为沿程压力损失和局部压力损失之和。

1. 直管摩擦压力损失(沿程压力损失)

由于管道内臂与液化气的摩擦阻力产生压力降,其值大小与液体的粘度、密度、流速、管长成正比,与内径成反比,可用下式近似计算:

$$H_{\lambda} = \frac{32\gamma v_{a} L}{10^{4} d^{2} g}(9.8\rho) \tag{3-42}$$

式中:H_{λ}——直管摩擦压力损失,Pa;

γ——运动粘度,m^2/s;

v_a——平均流速,m/s;

L——直管长度,m;

d——直管内径,m;

ρ——液化气密度,kg/m^3。

2. 局部压力损失

局部压力损失 H_{ζ} 主要是因附件(如阀、三通、弯头等)的阻力而产生的压力损失,一般用实验方法确定。为计算方便,经常采用一种当量直管长度近似的计算方法,即在相关手册中查取某附件所对应的当量直管长度,查取方法见表 3-14,然后用式(3-40)进行计算,所得结果即为该附件的局部压力损失。

管路布置时,尽量减少弯道,缩短总长度。弯头不得采用角接对焊形式,应采用整体圆弧弯头结构或用标准焊接弯头,在直线段焊接。标准焊接弯头的中心半径 $R = 1.5D$(D 为管道外径),整体弯头半径 $R \geqslant 2D$。管道焊接后,应进行无损探伤检验、1.5 倍设计压力的水压强度试验和设计压力下的气密性试验。

管路附件摩擦损失(当量直管长度)(单位:mm)　　表 3-14

附件		口径							
		25	38	51	64	76	102	127	152
大半径 90°弯头	螺纹连接	0.8	1.0	1.1	1.1	1.2	1.4		
	法兰连接	0.5	0.7	0.9	0.9	1.0	1.3	1.5	1.7
小半径 90°弯头	螺纹连接	1.6	2.3	2.6	2.9	3.4	4.0		
	法兰连接	0.5	0.7	0.9	1.1	1.3	1.8	2.2	2.7
分流三通	螺纹连接	2.0	3.0	3.7	4.0	5.2	5.0		
	法兰连接	1.0	1.6	2.0	2.3	2.9	3.9	4.6	5.5
……	……	—	—	—	—	—	—	—	—
……	……	—	—	—	—	—	—	—	—

复习思考题

1. 运油车和加油车的主要区别在什么地方?
2. 油罐汽车罐体上的呼吸阀、防波板等附属装置各起什么作用?
3. 油罐汽车的防静电装置有几种? 各起什么作用?
4. 加油汽车可实现几种功能? 如何实现?
5. 加油汽车油路系统由哪几部分组成?
6. 粉状物品有哪些物理特性、各自的概念是什么?
7. 粉状物流态化特性的概念及种类?
8. 粉罐汽车有哪些专用性能参数? 各是什么?
9. 流态化床的主要作用是什么? 流态化床如何构成?
10. 粉罐汽车气压卸料系统由哪几部分组成? 其工作原理如何?
11. 沥青罐车的排放是如何进行的? 掌握沥青排放的工作原理。

第四章　自卸汽车

自卸汽车是利用本车发动机动力驱动液压举升机构，将其车厢倾斜一定角度、使货厢具有自动倾卸货物功能，并依靠车厢自重使其复位的专用汽车。

自卸汽车主要运输砂、石、土、垃圾、建材、煤、矿石、粮食和农产品等散装并可散堆的货物。其最大优点是实现了卸货的机械化，从而提高卸货效率，减轻劳动强度，节约劳动力。因此得到迅速发展与普及，并日趋完善，成为系列化多品种的专用车辆。

自卸汽车按其用途可分为两大类：一类属非公路运输用的重型和超重型（装载质量在20t以上）自卸汽车。主要承担大型矿山、水利工地等运输任务，通常是与挖掘机配套使用。这类汽车也称为矿用自卸汽车。它的长度、宽度、高度以及轴荷等不受公路法规的限制，但它只能在矿山、工地上使用。另一类用于公路运输的轻、中、重型（装载质量在2～20t）普通自卸汽车。它主要承担砂石、泥土、煤炭等松散货物运输，通常是与装载机配套使用。还有一类自卸汽车是针对专门用途设计的，故又称专用自卸汽车。如：摆臂式自装卸汽车、自装卸垃圾汽车等。

第一节　普通自卸汽车

普通自卸汽车按装载质量进行分类：

轻型自卸汽车（$m_e < 3.5t$）；

中型自卸汽车（$3.5t \leqslant m_e < 8t$）；

重型自卸汽车（$m_e \geqslant 8t$）。

普通自卸汽车按运载货物倾卸方向进行分类，有后倾式、侧倾式、三面倾式和底卸式等。

普通自卸汽车按车厢栏板结构进行分类，可分为栏板一面开启式、栏板三面开启式和簸箕式（即无后栏板）等。

一、自卸汽车总体设计

自卸汽车一般是在二类底盘或专用底盘的基础上变形而成，通常主要由底盘、动力传动装置（包括操纵控制装置、取力器、油泵及传动轴等）、举升机构、液压倾卸机构、副车架、专用车厢和后铰链支座等组成，图4-1所示为一普通自卸汽车的结构及组成。

（一）自卸汽车的结构形式

1. 车厢的结构形式

车厢用于装载和倾卸货物。它一般是由前栏板、左右侧栏板、后栏板和底板等组成。为避免装载时物料下落碰坏驾驶室顶盖，通常车厢前栏板加做向上前方延伸的防护挡板，一般称为防护罩。车厢底板固定在车厢底架上,两侧栏板外侧面通常布置有加强筋。

图 4-2 为典型的底板横剖面呈矩形的后倾式车厢结构,后倾式车厢广泛用于轻、中和重型自卸汽车。后倾式车厢的侧栏板和前栏板均固定在车厢底架上,后栏板左右两端上部与侧栏板铰接,后栏板借铰接机构可以开启或关闭,倾卸货物时,后栏板通过铰接轴呈悬垂状态。

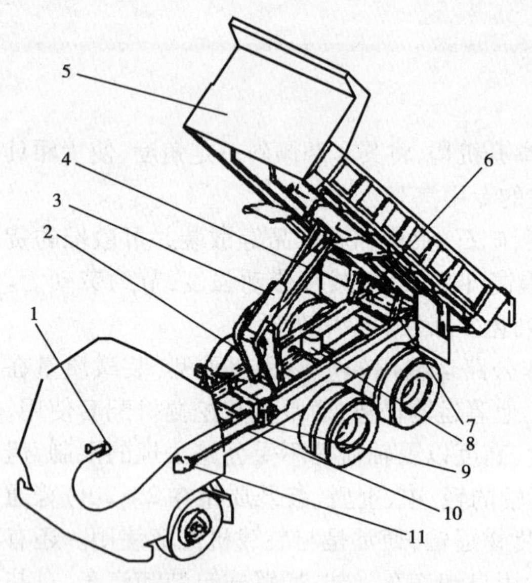

图 4-1　普通自卸汽车结构及组成

1-液压倾卸操纵装置;2-倾卸机构;3-液压油缸;4-拉杆;5-车厢;6-后铰链支座;7-安全撑杆;8-油箱;9-油泵;10-传动轴;11-取力器

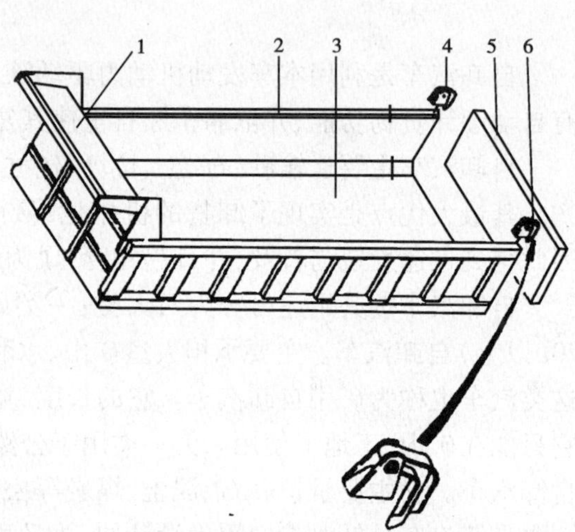

图 4-2　后倾式车厢结构图

1-前栏挡板;2-侧栏板;3-底板;4、6-后栏板铰链座;5-后栏板

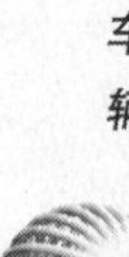

侧倾式及三面倾卸式的车厢结构如图 4-3 所示,其栏板与底板一般为直角,栏板开启、关闭的铰接轴为上置式,开启时,侧倾面的栏板呈自由悬垂状,多用于有侧倾要求的中型自卸汽车。

矿用自卸汽车和重型自卸汽车的车厢多采用簸箕式,以方便装载,倾卸矿石、砂石等。这种车厢没有后栏板,也不需要设置车厢开闭机构。簸箕式车厢可采用双层底板结构,以增加底板的强度和刚度,并可减轻自重。簸箕式车厢如图 4-4 所示。

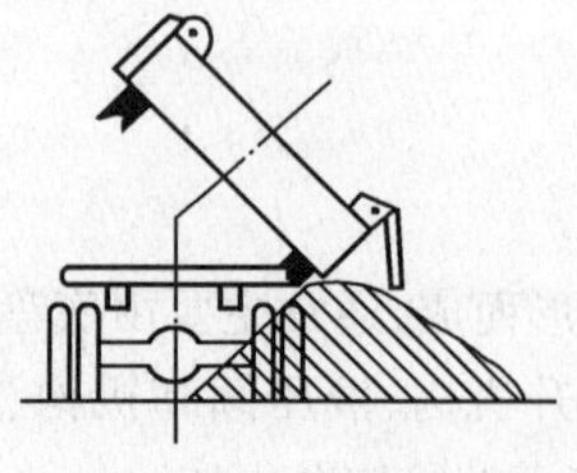

图4-3　侧倾式及三面倾卸式车厢

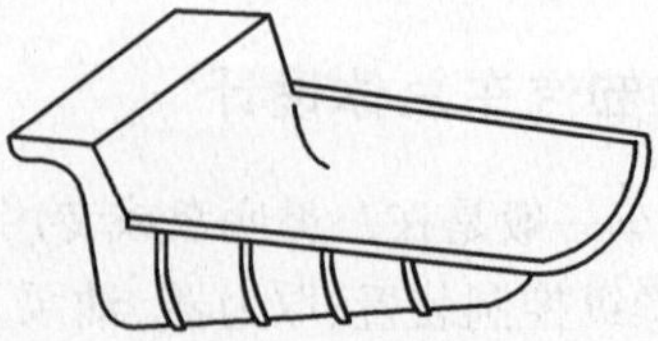

图 4-4　簸箕式车厢

2. 举升机构的结构选型

举升机构的动力传动装置一般从变速器总成的顶部或侧面安装取力器输出动力,取力器直接带动油泵或通过传动轴带动油泵,从而产生液压驱动力。

举升机构分为两大类:直推式和连杆组合式。

(1)直推式

直推式举升机构利用液压油缸直接举升车厢倾卸。该机构布置简单、结构紧凑、举升效率高。但由于液压油缸工作行程长,故一般要求采用单作用多级伸缩式套筒油缸。

直推式举升机构按照油缸与车厢连接点的位置不同可分为前置式与后置式两种,如图4-5 所示;按照举升油缸的级数不同可分为单级式与多级式;按照油缸数目不同可分为单缸式与双缸式。

前置式一般采用单缸,后置式既可采用单缸,也可采用并列双缸。在相同举升载荷条件下,前置式需要的举升力较小,举升时车厢横向刚度大,但油缸活塞工作行程长。后置双缸直推式举升机构具有布置简单、结构紧凑、油缸行程小、举升效率高、举升稳定性好、易于加工等众多优点,故应用较广,但举升时横向刚度较差。

采用多级伸缩式油缸制造成本较高、密封性要求也高。

(2)连杆组合式

连杆组合式举升机构一般由三角臂、副车架和车厢构成的连杆机构与油缸组合而成。此类举升机构具有举升平顺,油缸活塞的工作行程短、活塞行程可成倍增大,举升刚度好,可采用结构简单、密封性好、易于加工的单缸,布置灵活多样等许多优点,因而广泛应用于现代中、轻型自卸汽车。

常用的连杆组合式举升机构如图 4-6 所示,其布置形式有两种,即油缸前推式(又称 T 式)和油缸后推式(又称 D 式),T 式又称马勒里机构,D 式又称加伍德机构。以 T 式和 D 式连杆组合式举升机构为基础,还可以演变出多种各具特色的组合式举升机构,如油缸前推杠杆组合式、油缸后推杠杆组合式、油缸浮动连杆组合式等。

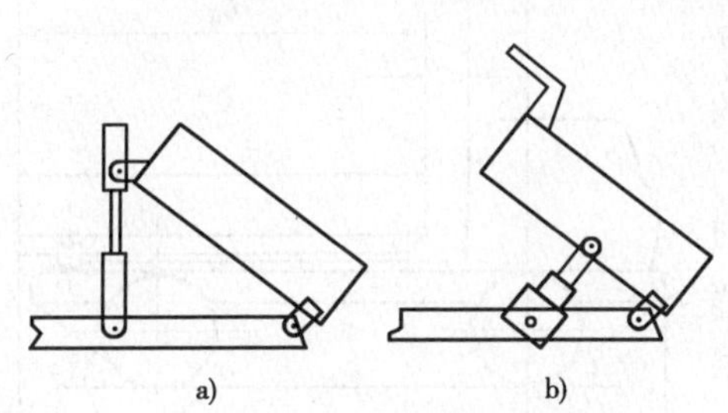

图 4-5 直推式举升机构的布置

a)前置式;b)后置式

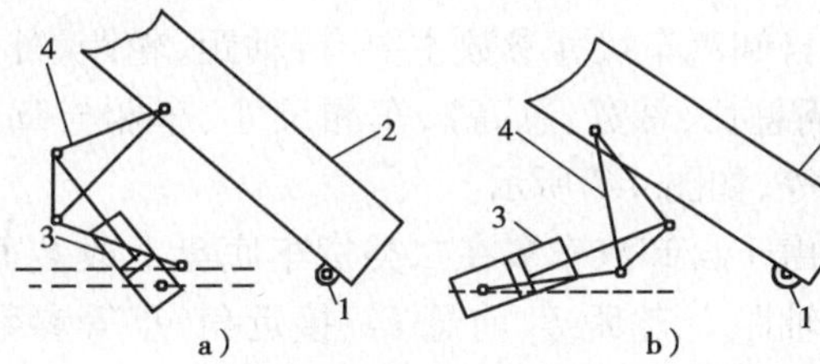

图 4-6 连杆组合式举升机构

a)油缸前推式;b)油缸后推式

1-铰支座;2-车厢;3-油缸;4-三角臂

举升机构选型是自卸车设计中的技术核心问题。应根据使用具体要求结合制造工艺条件,在多方案综合比较的基础上决定取舍。表 4-1 对直推式和连杆组合式举升机构进行了综合比较,表 4-2 列出了国内外各类举升机构的性能特征及应用介绍,可供设计选型时参考。但不论选取何种举升机构,都必须确保举升力与最大举升角度这两项基本要求。

举升机构选型时应考虑的问题:①液压系统是否能承受在举升质量作用下的举升力;②液压缸的行程能否满足车厢的最大举升角度;③液压系统特别是液压缸的生产及配套情况。

直推式与连杆组合式举升机构的综合比较 表 4-1

类别 / 项目	直推式	连杆组合式
结构布置	简便,易于布置	比较复杂
系统质量	较小	较大
建造高度	较低	较高
油缸加工工艺性	多级缸,加工精度高,工艺性差	单级缸,制造简便,工艺性好
油压特性	较差	较好
系统密封性	密封环节多,易渗漏,密封性差	密封环节少,不易渗漏,密封性好
工作寿命	磨损大,易损坏,工作寿命较短	不易损坏,工作寿命较长
制造成本	较高	较低
系统倾卸稳定性	较差	较好
系统耐冲击性	较好	较差

(二)自卸汽车主要参数的确定

1. 主要尺寸参数

自卸汽车尺寸参数主要有:轴距、轮距、外廓尺寸(车辆总长、总宽、总高)、车厢尺寸、车厢与驾驶室的间距等,如图 4-7 所示。

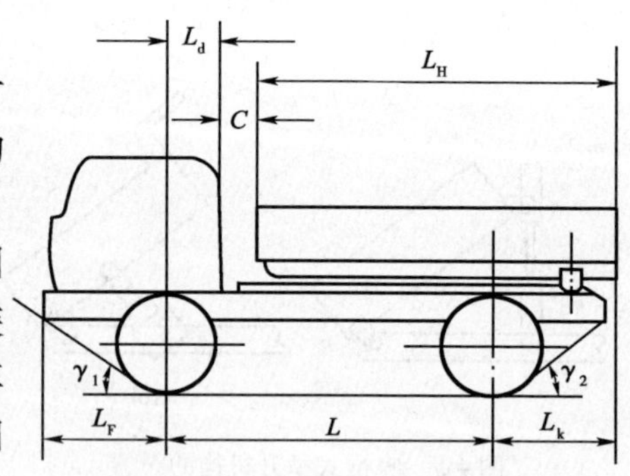

图 4-7 自卸汽车的主要尺寸参数

由于自卸汽车多在二类货车底盘上改装而成,因此其轴距 L、轮距 B、前悬 L_F、接近角 γ_1 等参数,改装前后均保持不变。如采用旧车改制的底盘,自卸汽车轴距往往需要改变,在改装过程中,应注意轴距之间的各部件不能发生干涉,还应注意最小离地间隙的变化,并做传动轴的动平衡实验。

车厢尺寸确定的主要依据是额定装载质量和主要运输的货物密度,并参照同类车型车厢尺寸确定。车厢宽度一般取所选底盘所对应货车的宽度即可,车厢高度也可依据所选底盘所对应货车的高度,但应适当加高。在车厢宽度和高度基本确定后,则根据自卸汽车常运货物的密度和额定装载质量计算车厢长度,计算出的数据还应进行修正,修正的依据有车厢后悬、最大举升角、车厢举升至极限位置时后栏板的离地高度等。

车厢与驾驶室的间距 $C = 100 \sim 250$mm。

车厢与驾驶室的间距确定后,则可根据初算出的车厢长度确定车厢后悬。

自卸汽车举升机构特性比较
表 4-2

<table>
<tr><th colspan="3">结构形式</th><th>车型举例</th><th colspan="2">性能特征</th><th>结构示意图</th></tr>
<tr><td rowspan="3">直推式</td><td rowspan="2">单缸</td><td>前置</td><td>斯太尔 1291 · 280/K38
卡玛斯-5511</td><td colspan="2" rowspan="3">结构紧凑、举升效率高。工艺简单、成本较低。采用单缸时，横向刚度不足，采用多节伸缩缸时密封性稍差</td><td rowspan="3"></td></tr>
<tr><td>后置</td><td>斯太尔 991 · 200/K38
依发 501/K
CA340</td></tr>
<tr><td colspan="2">双缸</td><td>QD351
EQ340</td></tr>
<tr><td rowspan="6">连杆组合式</td><td colspan="2">马勒里举升臂式（油缸前推连杆组合式）</td><td>五十铃 TD50ALCQD
QD362</td><td rowspan="6">横向刚度好、举升转动圆滑平顺</td><td>举升力系数小、省力、油压特性好，油缸摆角大，活塞行程稍大</td><td></td></tr>
<tr><td colspan="2">加伍德举升臂式（油缸后推连杆组合式）</td><td>五十铃 TD50A-D
QD352
HF352</td><td>转轴反力小，举升力系数大，举升臂较大，活塞行程短</td><td></td></tr>
<tr><td colspan="2">油缸前推连杆组合式</td><td>SX360</td><td>举升力小，构件受力改善，油缸摆角大</td><td></td></tr>
<tr><td colspan="2">油缸后推连杆结合式</td><td>日产 PTL81SD</td><td>举升力适中，结构紧凑，但布置集中后部，车厢底板受力大</td><td></td></tr>
<tr><td colspan="2">油缸液动连杆组合式</td><td>YZ-300</td><td>油缸进出油管活动范围大，油管长</td><td></td></tr>
<tr><td colspan="2">俯冲式</td><td>东急 73 型</td><td>杆系结构极简，造价低，但油缸必须增大容量</td><td></td></tr>
</table>

2. 最大举升角的确定

车厢最大举升角是指当货厢举升至设计极限位置时，货厢底部与车架平面的夹角。它取决于常运货物静态安息角的大小。因此确定车厢最大举升角的依据是经常拉运货物的静态安息角，即设计的车厢最大举升角 θ_{max} 必须大于货物的静态安息角，以保证把车厢内的货物倾卸干净。

自卸汽车经常拉运货物的密度及静态安息角如表 4-3 所列。

散装货物的密度及安息角 表4-3

货物名称	单位容积质量（kg/m³）	安息角		货物名称	单位容积质量（kg/m³）	安息角	
		运动	静止			运动	静止
无烟煤	700～1000	27°～30°	27°～45°	碎石	1320～2000	35°	—
褐煤	600～800	35°	35°～50°	砾石	1500～1900	30°	30°～45°
焦炭	360～630	35°	50°	粘土(小块)	700～1500	40°	50°
磁铁矿石	2300～3500	30°～35°	40°～45°	粘土(湿)	1700	—	27°～45°
褐铁矿石	1200～2100	30°～35°	40°～45°	粗沙(干)	1400～1650	30°	—
赤铁矿石	2000～2800	30°～35°	40°～45°	细沙(干)	1400～1900	—	50°
锰矿石	1700～1900	—	35°～45°	水泥	900～1700	35°	40°～45°
铜矿石	1700～2100	—	35°～45°	土豆	680	15°	—
石灰石(中块)	1200～1500	30°～35°	40°～45°	玉米	—	28°	35°
生石灰	1700～1800	25°	40°～45°	小麦	730	25°	35°
白云石(块)	1200～2000	35°	—	甜菜	650	20°～50°	—

此外，在车厢举升至最大举升角 θ_{max} 时，车厢后栏板下垂最低点与地面须保持一定的间距 H，如图4-8所示。为了避免车厢倾卸时与底盘纵梁后端发生运动干涉，图4-8中的 ΔL 必须大于零。

设计时，自卸汽车车厢最大举升角可在50°～60°之间选取。重型簸箕形车厢自卸车最大举升角取65°～70°。

在最大举升角 θ_{max} 确定后，再将车厢长度综合考虑上述各因素后进行最后的修正。

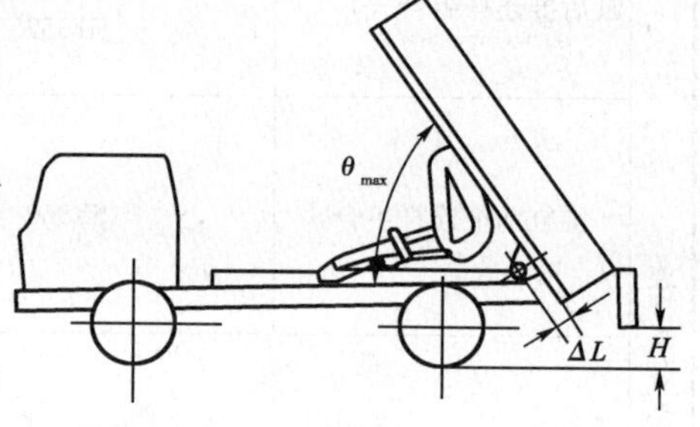

图4-8 后倾式自卸汽车最大举升角的确定

3. 举升时间与降落时间

举升时间是指满载时从开始举升至最大举升角所需时间。

降落时间是指空载时货厢从最大举升角度降落至车架的时间。

此两项参数太长将影响运输生产率，太短又势必增大液压系统负荷。故一般设计举升时间要求为15～25s，降落时间要求为8～15s。

4. 质量参数的确定

自卸汽车的质量参数包括额定装载质量 m_e、整车整备质量 m_o、最大总质量 m_a，质量利用系数 η_G、容积利用系数 η_v，以及质心位置等。

(1)额定装载质量 m_e

额定装载质量是自卸汽车的基本使用性能参数之一，它是根据用途、使用条件、用户要求以及所选用底盘允许承载能力综合确定。目前，中、长距离公路运输趋向使用重型自卸汽车，以便提高运输效率、降低运输成本，额定装载质量一般为9～19t；而承担市区或市郊短途运输的自卸汽车额定装载质量一般为4.5～9t。同时，还应考虑提供底盘的厂家额定装载质量的分档，以利于产品系列化、部件通用化和零件标准化。此外，额定装载质量还必须与选用的二类货车底盘允许的最大总质量相适应。

(2)整车整备质量 m_o

自卸汽车整车整备质量是指装备齐全、加足燃料、液压油和冷却液的空车质量，它等于底盘的整备质量与汽车改装部分质量之和。是自卸汽车总体设计的重要设计参数之一。

改装部分质量主要包括：取力装置质量、车厢质量、副车架质量、液压系统质量、举升机构质量以及其他改装部件的质量。在总体设计时，常参考同类样车及总成，进行零部件称重或质量分析，初步估算出改装部分质量与整备质量。

(3)最大总质量 m_a

自卸汽车总质量 m_a 是指装备齐全，包括驾驶员，并按规定装满货物的全部质量。其值可按下式确定：

$$m_a = m_e + m_o + m_r \tag{4-1}$$

式中：m_r——驾驶员质量(kg)，按65kg/人计算。

(4)质量利用系数 η_G

自卸汽车质量利用系数 η_G 是指装载质量 m_e 与整车整备质量 m_o 之比。即：

$$\eta_G = \frac{m_e}{m_o} \tag{4-2}$$

质量利用系数 η_G 也可用装载质量 m_e 与整车干质量 m_{go} 来表示。即：

$$\eta_G = \frac{m_e}{m_{go}} \tag{4-3}$$

整车干质量是指汽车整备质量减去燃料、冷却液和附属设备的质量。

η_G 值是一项评价汽车设计、制造水平的综合性指标。η_G 越大，该车材料消耗少，材料利用率高。如承担公路运输15t以下的中、重型自卸车的 η_G 约为1.1～1.5；15t以上矿用自卸车的 η_G 约为1～1.15。改装自卸车的 η_G 一般均比基本车型低。提高 η_G 的主要措施在于保证车辆使用性能的前提下，设法减轻专用工作装置与货厢的质量。新车型设计时，应力求采用新工艺、新材料、新技术，尽量减轻汽车自重，提高汽车性能。

(5)容积利用系数 η_V

自卸汽车的容积利用系数 η_V 是指单位容积的装载质量。它取决于常运货物的种类，通常自卸汽车的货厢中堆装部分的体积约占货厢体积的1/3。确定 η_V 的原则是既要充分利用汽车额定载重能力；又要避免在运输高比重货物时出现严重超载。对普通自卸汽车常取 $\eta_V = 1\ 650 \sim 1\ 850 kg/m^3$，矿用重型自卸车 $\eta_V = 1\ 800 \sim 2\ 200 kg/m^3$。后者车厢容积尚应与电铲铲斗容积成一定比例，以利于电铲的协调工作。

(6)质心位置

质心位置也是自卸汽车总体设计的重要参数之一，它主要指满载或空载时整车质量中心位置。自卸汽车的质心位置对使用性能(例如汽车的制动性、操纵稳定性等)影响很大。因此，自卸汽车总体设计时应尽量使质心位置接近原货车的质心位置。

自卸汽车质心位置的确定可参照第二章第二节中相应内容。

二、自卸汽车举升机构的结构与设计

(一)直推式举升机构

下面以东风HZC3130型7.5t自卸汽车的举升机构为例进行介绍。

1. 总布置参数的确定

总布置参数包括：厂定最大总质量 m_a、举升总质量 m_w、最大举升角 θ_{max} 等。

用作图法进行机构的运动分析，如图 4-9 所示为东风 HZC3130 型 7.5t 自卸汽车采用的双缸三级直推式举升机构的运动分析图。图中 ΔOAB 为举升初始位置，其举升总质量质心为 C_0；$\Delta OAB'$为举升终了位置，其举升总质量质心为 C。

通过总布置可获得后铰链轴的位置尺寸：a、b、b_0、L_1 等，见图 4-9。其中 O 点为车厢翻转中心，即后翻转轴中心作坐标原点，A 点、B 点为油缸安装的初始位置。这三点的确定可以根据同类车型进行比较后，再根据副车架所选材料及尺寸初步确定，计算之后如不合适，再进行修正。

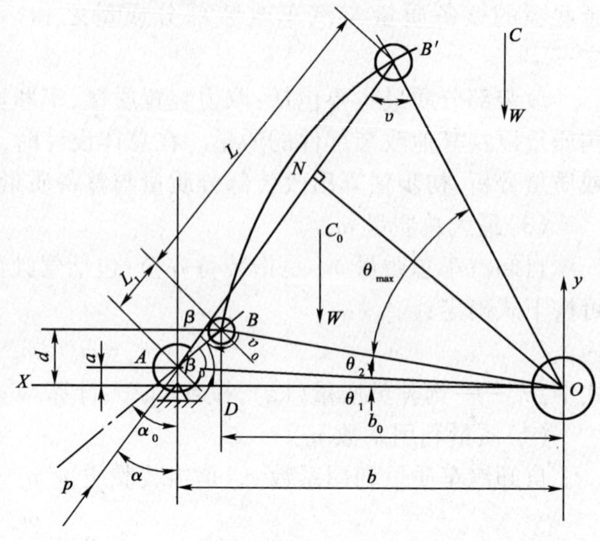

图 4-9　东风 HZC3130 型自卸汽车直推式举升机构运动分析图

2. 油缸总行程 L 的计算

总行程 L 应满足最大举升角 θ_{max} 的设计要求。总行程 L 可从图 4-9 的 $\Delta OAB'$中根据余弦定理解出。即：

$$L=\sqrt{OA^2+OB'^2-2\cdot OA\cdot OB'\cos(\theta_{max}+\theta_2)}-L_1 \tag{4-4}$$

式中：

$$OA=\sqrt{a^2+b^2}$$

$$\theta_1=\arctan\left(\frac{a}{b}\right)$$

$$\theta_2=\arctan\frac{\sqrt{L_1^2-(b-b_0)^2+a}}{b_0}-\theta_1$$

$$OB'=\frac{b_0}{\cos(\theta_1+\theta_2)}$$

根据油缸总行程 L 进而求得或选定伸缩油缸的单节伸缩工作行程 l 或伸缩油缸的节数 n，通常各单节伸缩工作行程是相等的。油缸总行程 L 或伸缩油缸的节数 n 可参照同类油缸的单节伸缩工作行程大小、同时考虑伸缩油缸产品的系列化、标准化以及总布置所允许油缸占用的空间等因素来确定或选取油缸型号。

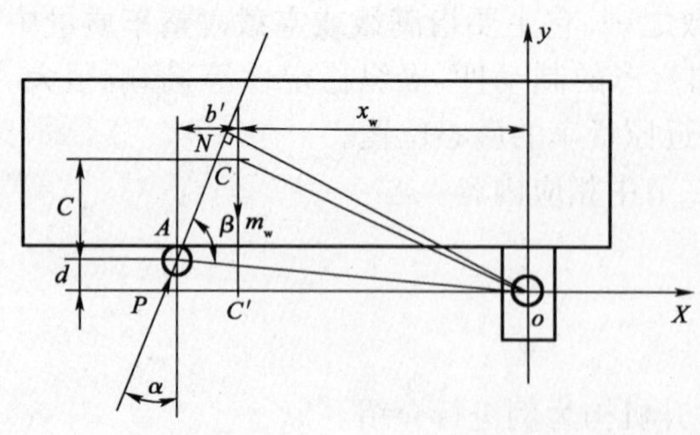

图 4-10　东风 HZC3130 型自卸车举升机构受力分析图

3. 油缸举升力 P

前已述及，自卸车的油缸举升力必须保证最大举升质量时所需的举升力矩。如图 4-10 为东风 HZC3130 型自卸车举升机构最大受力状况（即举升初始状态）时的受力分析图。

油缸推力 P 对货厢翻转中心 O 产生的举

升力矩 M_P 与举升总质量 m_w 对 O 的阻力矩 M_w 应取得平衡。即：

$$M_P = M_w$$

则油缸举升力矩：

$$M_P = P \cdot OA \cdot \sin\beta \tag{4-5}$$

而最大举升阻力矩：

$$M_w = m_w \cdot x_w^i \tag{4-6}$$

故油缸举升力：

$$P = \frac{x_w^i}{OA \cdot \sin\beta} m_w \tag{4-7}$$

式中：m_w——举升总质量，为最大装载质量 m_e 与货厢质量（自重）m_s 之和，即：$m_w = m_e + m_s$；

x_w^i——质心至翻转轴中心的水平坐标；

β——油缸轴心线与底座 O_A 之夹角，在举升过程中 β 为变量，因此油缸举升力也随之成为变量。

上述质心至翻转轴中心的水平坐标 x_w^i 是随车厢举升角 θ 变化而变化的函数，即：$x_w^i = OC \cdot \cos(\theta_0 + \theta)$。实际上，在举升开始阶段由于各铰支点静摩擦力矩较大，所以车厢的最大阻力矩发生在车厢即将被举起时刻，此时 $\theta = 0°$，x_w^i 为最大值，此时的举升力为 P_{max}。

对直推式举升机构进行受力分析和设计计算时，还应考虑力矩比 η，即当任意一节伸缩油缸套筒将要伸出时，举升机构提供的举升力矩与阻力矩之比。η_i 和 η_n 分别为第 i 节和最后一节伸缩油缸套筒将要伸出时，举升机构提供的举升力矩与阻力矩之比。

考虑到举升开始阶段各铰支点静摩擦力矩较大，为使液压系统工作平稳，避免发生过大冲击，在举升开始阶段通常取 $\eta_1 = 3 \sim 4$；η_n 通常取 $1 \sim 2$，油缸节数较多时，η_n 可取较小值。η_i 可按等比级数在 η_1 和 η_n 之间取值。

因此自卸汽车所需的最大油缸举升力为：

$$P_{max} = \frac{x_{wmax}}{OA \cdot \sin\beta} m_w \tag{4-8}$$

4. 油缸直径确定

油缸推力与第一节油缸直径的关系为：

$$P_{max} = \frac{\pi d_1^2}{4} p \tag{4-9}$$

式中：p——液压系统工作压力，MPa。

自卸汽车液压系统的工作压力推荐值：20.6MPa、15.7MPa、13.6MPa、10MPa。一般 5 ~ 8t 自卸汽车取 10MPa，8 ~ 10t 取 13.6MPa，10 ~ 15t 取 15.7MPa，15t 以上取 20.6MPa。

将式(4-9)代入式(4-8)即可求得第一节油缸的最小直径：

$$\frac{\pi d_1^2}{4} p = \frac{x_{wmax}}{OA \cdot \sin\beta} m_w$$

$$d_1 = \sqrt{\frac{4 x_{wmax} m_w}{\pi OA \sin\beta p}} \tag{4-10}$$

按上式可计算出各级油缸的最小直径和各节油缸的举升力，再经标准化选定油缸直径系列。设计中通常选用较成熟的标准液压伸缩油缸。然后由选用的元件反过来进行验算，

最终使得力矩比 η 等参数满足设计要求。

(二)连杆组合式举升机构

1. 油缸前推连杆组合式举升机构

油缸前推连杆组合式(T 式)举升机构具有省力,油压特性好,压力随举升角变化平缓,油缸最大推力较小等优点;但其油缸摆角大、活塞行程大。目前采用 T 式结构的车型逐渐增多。

油缸前推连杆组合式(T 式)举升机构在设计中一般将作图法与解析法并用。

(1)确定铰支点坐标参数和三角臂的几何尺寸

图 4-11 为 HT2310D 型自卸车 T 式举升机构运动与受力分析图。

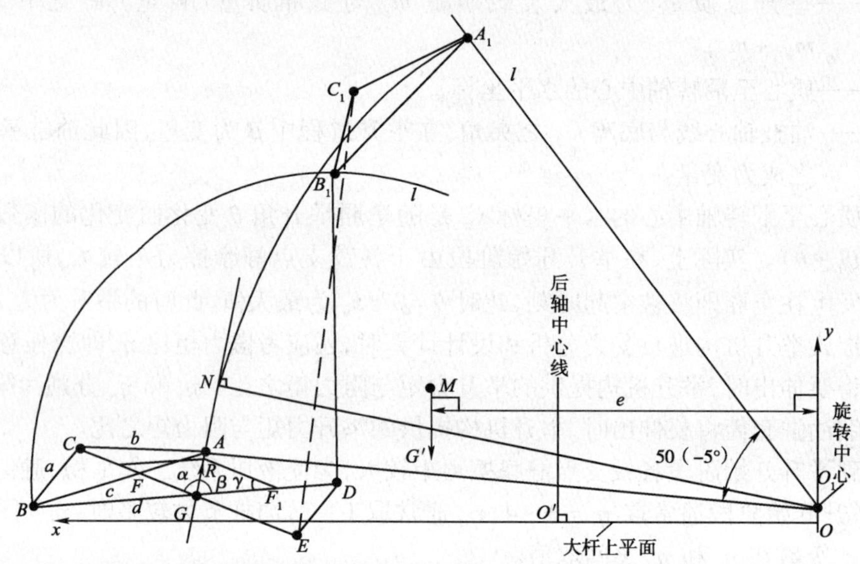

图 4-11 HT2310D 型自卸车 T 式举升机构运动与受力分析

首先用作图法初定各铰支点坐标及油缸行程 L,作为初步设计参数。然后再通过解析法精确计算各坐标随举升角变化的函数关系,从而求解出翻倾力 R、油缸推力 F、拉杆受力 F_1 等。

1)初定原始参数

原始参数包括:厂定最大总质量 m_a、装载质量 m_e、举升总质量 m_w、最大举升角 θ_{max} 等。

初定三角臂三边长度 a、b、c 及拉杆长度 d。确定时既要考虑三角臂对运动的放大作用,又要适当控制活塞行程,为此,一般推荐三角臂(T 式)三边之比例关系约为:

$$a:b:c = 1.5:3:4。$$

2)建立坐标系 XOY

通常将货厢翻转中心 O_1 选在靠近后悬架后支坐点上方附近。将中心 O_1 在副梁下平面内的投影 O 取作坐标系原点。X 轴沿副梁下平面并指向汽车前进方向。

3)确定三角臂与货厢的连接铰支点 A 之坐标(x_A, y_A)

选取 x_A 主要考虑三角臂合适的布置空间,避免三角臂最前端点 B 与变速器及取力器总成可能发生的干涉。在此前提下,尽可能选取较大的 x_A 值,以增大举升力臂 ON。选取 y_A 为结构允许的最大值,只要不与货厢底部产生干涉。

4)确定油缸固定铰支点 E 及拉杆固定铰支点 D 之坐标(x_E, y_E)、(x_D, y_D)

E、D 两点坐标决定油缸作用力 F 及拉杆作用力 F_1 的作用线位置。确定的原则是在铰支点安装结构允许的前提下应尽可能拉开该两点间距离。从而尽可能使$(\alpha+\beta)$角减小,以使 F 与 F_1 形成更大的合力 R。

5)确定油缸行程 L

油缸行程为举升最高位置与原始位置油缸实际伸出总长度之差。为此,需用作图法作出三角臂举升最高位置。步骤如下:

①将 O_1A 绕旋转中心 O_1 转 θ_{max}角至 OA_1。

②以 A_1 为圆心、C 为半径作弧;以 D 为圆心、BD 为半径作 BI 弧,两弧交 B_1 点。

③再分别以 A_1、B_1 为圆心,以 b、a 为半径作弧得交点 C_1。则 $\Delta A_1B_1C_1$ 即为三角臂的最高举升位置。

④连结 EC_1,则油缸活塞杆最大伸出长度为:$L=EC_1-EC$。

结合作图法,利用三角臂样板在图纸上满足运动条件的轨迹法,可以方便地初步确定举升机构各铰支点的坐标参数。从作图法中得到各铰支点的各向坐标值,进而获得拉杆和三角臂的几何尺寸,并以此作为第二阶段设计的已知条件,进行解析计算当举升角 θ 在 0°和最大值 θ_{max}之间变化时的最大油缸推力和最大拉杆力。

(2)T 式举升机构运动与受力的解析计算

图 4-12 为油缸前推连杆组合式(T 式)举升机构的运动与受力的解析分析图。其分析步骤如下:

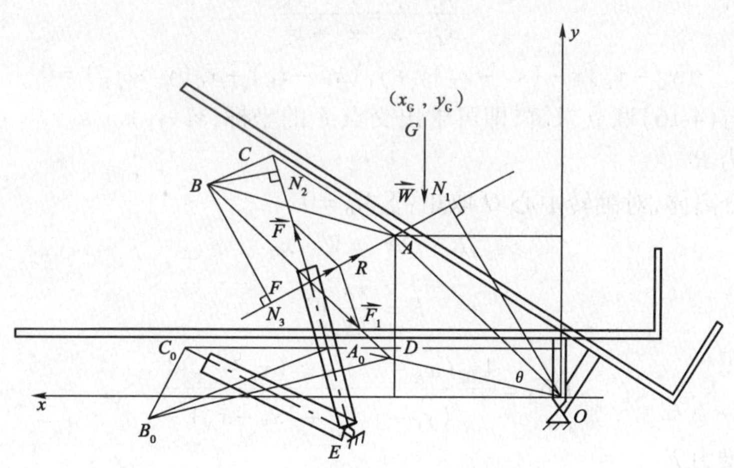

图 4-12　T 式举升机构解析分析图

1)求举升角 θ 时三角臂与车厢铰接点 A 点坐标及举升重量质心 G 点坐标

A 点坐标(x_A、y_A):

$$\left.\begin{aligned}x_A&=x_{A0}\cos\theta-y_{A0}\sin\theta\\y_A&=x_{A0}\sin\theta+y_{A0}\cos\theta\end{aligned}\right\}\tag{4-11}$$

式中:(x_{A0}、y_{A0})为当 $\theta=0°$时的 A_0 点坐标值。

举升重量质心 G 点坐标(x_G、y_G):

$$\left.\begin{aligned}x_G&=x_{G0}\cos\theta-y_{G0}\sin\theta\\y_G&=x_{G0}\sin\theta+y_{G0}\cos\theta\end{aligned}\right\}\tag{4-12}$$

式中：$(x_{G0}、y_{G0})$为当 $\theta=0°$时的 G_0 点坐标值。

2）求举升角为 θ 时的 B 点坐标$(x_B、y_B)$

已知：$AB=c$、$DB=d$、$(x_A、y_A)$及$(x_D、y_D)$，因此 B 点坐标$(x_B、y_B)$可以从以下联立方程组中求解。即：

$$\left.\begin{aligned}(x_B-x_D)^2+(y_B-y_D)^2=d^2\\(x_B-x_A)^2+(y_B-y_A)^2=c^2\end{aligned}\right\}\tag{4-13}$$

3）求举升角为 θ 时的 C 点坐标$(x_C、y_C)$

已知：$BC=a$、$AC=b$、$(x_A、y_A)$及$(x_B、y_B)$，因此 B 点坐标$(x_C、y_C)$也可从以下联立方程组中求解。即：

$$\left.\begin{aligned}(x_C-x_B)^2+(y_C-y_B)^2=a^2\\(x_C-x_A)^2+(y_C-y_A)^2=b^2\end{aligned}\right\}\tag{4-14}$$

4）求 BD 与 CE 之交点 F 的坐标公式$(x_F、y_F)$

已知$(x_B、y_B)$及$(x_D、y_D)$，则直线 BD 的方程：

$$\frac{y_B-y}{x_B-x}=\frac{y_B-y_D}{x_B-x_D}$$

$$(y_B-y_D)x-(x_B-x_D)y+y_B(x_B-x_D)-x_B(y_B-y_D)=0\tag{4-15}$$

已知$(x_C、y_C)$及$(x_E、y_E)$，则直线 CE 的方程：

$$\frac{y_C-y}{x_C-x}=\frac{y_C-y_E}{x_C-x_E}$$

$$(y_C-y_E)x-(x_C-x_E)y+y_C(x_C-x_E)-x_C(y_C-y_E)=0\tag{4-16}$$

将(4-15)与(4-16)联立求解，即可求出交点 F 的坐标$(x_F、y_F)$。

5）求翻倾力 R

取车厢为分离体，对翻转中心 O 取矩：$\sum M_0=0$

$$R\cdot ON_1=W\cdot x_G$$

$$R=\frac{x_G}{ON_1}W\tag{4-17}$$

$$ON_1=\frac{|y_F(x_A-x_F)-x_F(y_A-y_F)|}{\sqrt{(y_F-y_A)^2+(x_F-x_A)^2}}\tag{4-18}$$

6）求油缸推力 F

取三角臂 ABC 为分离体，对 B 点取矩：$\sum M_B=0$

$$F\cdot BN_2=R\cdot BN_3$$

$$F=\frac{BN_3}{BN_2}R\tag{4-19}$$

$$BN_3=\frac{|x_B(y_A-y_F)+y_B(x_F-x_A)+y_F(x_A-x_F)-x_F(y_A-y_F)|}{\sqrt{(y_F-y_A)^2+(x_F-x_A)^2}}\tag{4-20}$$

$$BN_2=\frac{|x_B(y_E-y_C)+y_B(x_C-x_E)+y_C(x_E-x_C)-x_C(y_E-y_C)|}{\sqrt{(y_C-y_E)^2+(x_C-x_E)^2}}\tag{4-21}$$

7）求拉杆拉力 F_1

由于拉杆拉力 F_1 与油缸推力 F、翻倾力 R 三汇交力系平衡，且油缸推力 F 与翻倾力 R

均为已知,故拉杆拉力 F_1 便可解出。

上述式(4-17)~式(4-21)为各已知条件代入求解任意举升角 θ 时,油缸和拉杆的受力计算公式。当举升角 θ 在0°和最大值 θ_{max} 之间变化时,求出最大油缸推力 F_{max} 和最大拉杆力 F_{1max}。并以此分别作为液压系统和拉杆强度校核的载荷依据。若计算结果不能满足设计要求,如油缸推力过大,则应对作图法给出的参数加以调整,重新计算,直到获得满意结果。

在实际应用中由于油缸最大举升力 F_{max} 与拉杆最大拉力 F_{1max} 均出现在 $\theta=0°$ 的初始位置,故在总体设计时,一般用作图法求解油缸最大行程 L_{max},而用解析法计算最大油缸推力 F_{max} 和最大拉杆力 F_{1max},将两种方法综合使用。

2. 油缸后推连杆组合式举升机构

油缸后推连杆组合式(D式)举升机构具有后铰支轴轴向反力小,举升力系数大、压力随举升角变化平缓,活塞行程短、举升臂放大系数大等优点。缺点是三角臂机构庞大、货厢受力点偏后使得受力欠佳。其工作原理见图4-13。该举升机构由举升油缸 OB、三角臂 ABC、拉杆 OA 构成。工作状态下油缸充油使活塞杆 OB 伸长,推动三角臂 ABC 与拉杆 OA 一边旋转一边升高。三角臂通过铰支点 O 使货厢绕后铰支点 K 翻转,实现货厢举升卸货。当货物卸完后,液压操纵手柄扳到“下降”位置,货厢在自重作用下使油缸回油并复位。

(1)D式举升机构运动与受力的解析计算

图4-14为油缸后推连杆组合式(D式)举升机构的受力分析图,下面对其进行受力分析。

如图4-14所示,D式机构的油缸推力 P 通过三角臂 DBK 间接作用到货厢上。油缸两端通过铰链 A、B 分别与车架、三角臂相连。拉杆两端通过铰链 A、K 分别与车架、三角臂相连。三角臂通过铰链 D 与货厢相连。

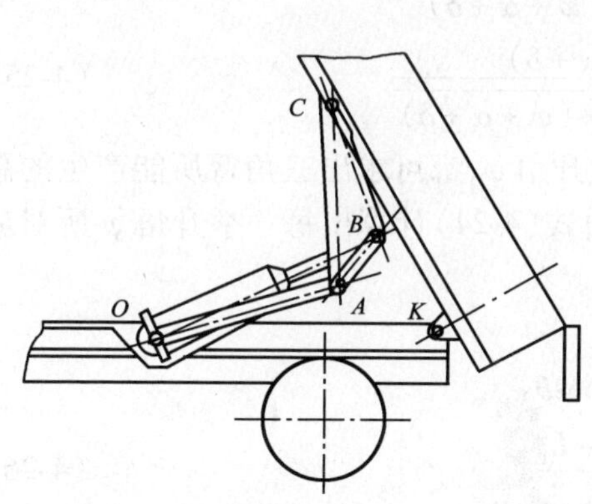

图4-13 油缸后推连杆组合式(D式)举升机构示意图

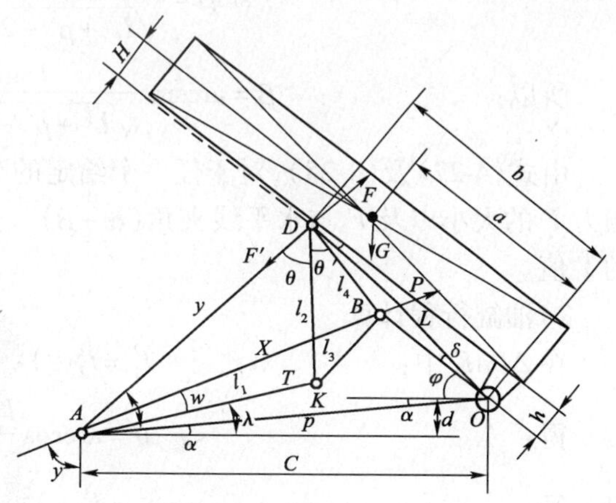

图4-14 油缸后推连杆组合式(D式)举升机构的受力分析图

图4-14中:F 为三角臂对货厢的举升力;F' 为三角臂对货厢的举升阻力;G 为举升质量,假设货物在货厢中均匀分布,且在举升过程中质心恒定;P 为油缸对三角臂的推力;T 为拉杆对三角臂的拉力;β 为推力 F 与 AO 夹角,即 $\angle DAO$;β',为推力 F 与拉杆夹角,即 $\angle DAK$;θ 为推力 F 与 DK 夹角,即 $\angle ADK$;θ' 为三角臂结构参数,即 $\angle BDK$;ω 为油缸推力 P 与拉杆夹角,即 $\angle BAK$;Y 为铰支点 A、D 间距离;X 为铰支点 A、B 间距离;p 为铰支点 A、O 间距离;l_1 为拉杆 AK 长度;l_2 为三角臂 DK 边长;ϕ 为车厢举升角;γ 为油缸与垂线夹角;δ 为 OD 与车厢底面夹角;α 为 OA 与副梁上平面夹角。

由图 4-14 油缸后推连杆组合式(D 式)举升机构的受力分析图,有:

$$OD = L = \sqrt{h^2 + b^2};$$

$$OA = \rho = \sqrt{d^2 + c^2}$$

$$\tan\delta = \frac{h}{b};\tan\alpha = \frac{d}{c}$$

1)三角臂对车厢翻倾力 F 的计算

以三角臂为分离体,作用于其上的 3 个力 F'、P 与 T 构成平面汇交力系,3 个力的作用线必通过 A 点,且 $F' = F$。

再以车厢为分离体,不计各铰链处摩擦阻力矩,对铰支点 O 取矩,即 $\sum M_o = 0$,则:

$$F\cos(\beta+\alpha)(b\sin\varphi + h\cos\varphi) + F\sin(\beta+\alpha)(b\cos\varphi - h\sin\varphi) = Ga\cos\varphi - G(H+h)\sin\varphi$$

$$F = \frac{Ga\cos\varphi - G(H+h)\sin\varphi}{(b\sin\varphi + h\cos\varphi)\cos(\beta+\alpha) + (b\cos\varphi - h\sin\varphi)\sin(\beta+\alpha)} \tag{4-22}$$

在 ΔAOD 中: $Y^2 = L^2 + \rho^2 - 2L\rho\cos(\varphi+\alpha+\delta)$

$\therefore$ $$Y = \sqrt{L^2 + \rho^2 - 2L\rho\cos(\varphi+\alpha+\delta)} \tag{4-23}$$

又有: $$\frac{L}{\sin\beta} = \frac{Y}{\sin(\varphi+\alpha+\beta)}$$

$$Y = \frac{L\sin(\varphi+\alpha+\delta)}{\sin\beta} \tag{4-24}$$

由式(4-23)及(4-24)

$$\sin\beta = \frac{L\sin(\varphi+\alpha+\delta)}{\sqrt{L^2 + \rho^2 - 2L\rho\cos(\varphi+\alpha+\delta)}}$$

所以: $$\beta = \arcsin\frac{L\sin(\varphi+\alpha+\delta)}{\sqrt{L^2 + \rho^2 - 2L\rho\cos(\varphi+\alpha+\delta)}} \tag{4-25}$$

由式(4-22)及(4-25),对于任一个给定的车厢举升角 φ,都可求出三角臂所能产生的翻倾力 F 的大小以及 F 与水平线夹角($\alpha+\beta$)。并可由式(4-24)计算出每一举升角 φ 所对应的 Y 值。

2)油缸行程计算

在 ΔDAK 中: $l_1^2 = l_2^2 + Y^2 - 2l_2Y\cos\theta$

得: $$\theta = \arccos\frac{l_2^2 + Y^2 - L_1^2}{2l_2Y} \tag{4-26}$$

又 $l_2^2 = l_1^2 + Y^2 - 2l_1Y\cos\beta'$

得: $$\beta' = \arccos\frac{l_1^2 + Y^2 - l_2^2}{2l_1Y} \tag{4-27}$$

在 ΔABD 中: $X^2 = Y^2 + l_4^2 - 2l_4Y\cos(\theta+\theta')$

$\therefore$ $$X = \sqrt{Y^2 + l_4^2 - 2l_4Y\cos(\theta+\theta')} \tag{4-28}$$

由式(4-26)及(4-28),可求出每一举升角对应的 X 值。若设最小举升角对应油缸长 X_1,最大举升角对应油缸长 X_2,则油缸行程 S 为:

$$S = X_2 - X_1 \tag{4-29}$$

3)油缸推力计算

在 ΔABK 中：

$$l_3^2 = X^2 + l_1^2 - 2Xl_1\cos\omega$$

$$\omega = \arccos\frac{X^2 + l_1^2 - l_3^2}{2Xl_1} \tag{4-30}$$

以三角臂为分离体，忽略各铰链处摩擦阻力矩，对 K 点取矩，即 $\sum M_K = 0$，

则：

$$F'l_1\sin\beta' = Pl_1\sin\omega$$

由于

$$F' = F$$

得：

$$Fl_1\sin\beta' = Pl_1\sin\omega$$

∴

$$P = F\frac{\sin\beta'}{\sin\omega} \tag{4-31}$$

$$\gamma = 90° - \alpha - \beta + \beta' - \omega \tag{4-32}$$

由式(4-31)和式(4-32)便可求出油缸推力 P 和油缸与垂线夹角 γ。

4)拉杆拉力计算

以三角臂为分离体，忽略各铰链处摩擦阻力矩，对 B 点取矩，即 $\sum M_B = 0$，

则：

$$F'X\sin(\beta' - \omega) = Tl_1\sin\omega$$

由于

$$F' = F$$

$$FX\sin(\beta' - \omega) = Tl_1\sin\omega$$

∴

$$T = F\frac{X\sin(\beta' - \omega)}{l_1\sin\omega} \tag{4-33}$$

T 与水平面夹角：

$$\lambda = \alpha + \beta - \beta' \tag{4-34}$$

由式(4-33)及式(4-34)便可求出拉杆拉力及相应夹角 λ。

这样，对应每一个给定的车厢举升角 φ 均可求出车厢翻倾力 F、油缸推力 P、拉杆拉力 T、油缸行程 S 以及油缸与垂线夹角 γ 等。有了这些重要数据，便可进行机构的设计、零件强度校核以及液压系统选型设计。

上述三角臂对车厢翻倾力 F 最大油缸推力和最大拉杆力及油缸行程的计算是均在已知举升机构各铰支点的坐标参数、拉杆和三角臂的几何尺寸的情况下进行，而这些参数的初步确定也可用作图法获得。

(2)各铰支点的坐标参数、拉杆和三角臂的几何尺寸的确定

现以东风 HQC3092 自卸车 D 式举升机构为例，说明 D 式机构用作图法确定其坐标参数、拉杆和三角臂几何尺寸的方法。

图 4-15 为东风 HQC3092 自卸车 D 式举升机构运动图。其步骤如下：

1)初定原始参数

原始参数包括：最大总质量 m_a、举升质量 m_w、最大举升角 θ_{max} 等。

2)确定举升质量质心

在总布置图(或坐标纸)上作出货厢底面线，该线与坐标系 X 轴平行。再找出货厢与载荷之初始位置质心，过质心画出载荷 G。

3)确定货厢后倾铰支点 D 的位置，确定货厢与三角臂翻倾机构铰支点 A 的位置

为减小油缸最大推力，应使 A 点大约在 G 点附近，并尽量靠前。

4)确定坐标原点 O 的位置，确立坐标系

在 AD 线的垂直线上选取油缸及拉杆支点位置，主要考虑便于在副车架上合理设置横梁作为油缸与拉杆的支撑铰支点，该点应在结构允许的前提下尽可能降低，并将该点作为坐

标系的原点。确立坐标系 xoy,如图 4-15。

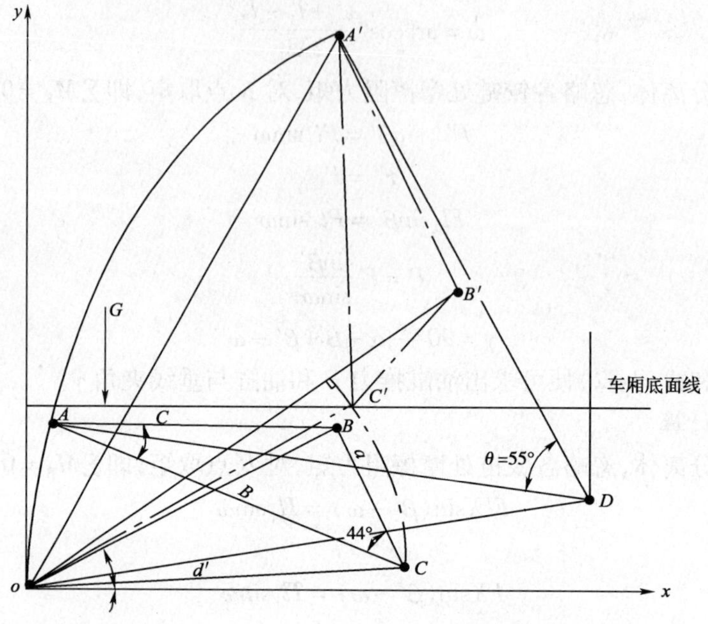

图 4-15　东风 HQC3092 自卸车 D 式举升机构运动图

5)确定举升机构的两极限位置

举升机构的两极限位置即初始位置与举升极限位置。连 AD 线,以 D 点为圆心将 AD 向上旋转最大举升角 $\theta(55°)$,得 A' 点。AD 与 $A'D$ 即为两举升极限位置。

6)选定三角臂参数

过 A' 作铅垂线,在垂线上选取 C',使 $A'C'$ 近似等于(或略大于)OC'。分别以 O、A 为圆心,OC'、$A'C'$ 为半径作两圆弧交于 C 点,连 OC 与 AC。

选取三角臂三边长度比:参考国内外同类产品经验,综合考虑减少油缸推杆行程与举升机构的放大系数两者矛盾选取三角臂三边长度比约为 4:3:1.7。

按三角臂三边长度比计算三角臂另两边 AB 与 BC 长度;再分别以 A、C 为圆心,以计算值 AB、BC 为半径作两弧交于 B,连 AB、BC 初定出三角臂参数。OC 即为拉杆长度。

7)检验三角臂位置的合理性

检查 AB 线,应与车厢底面大致平行或使 B 点略低于车厢底面线。检查 $B'C'$ 与 OC',不得成为一条直线,即:$\angle B'C'O < 180°$,否则应予调整。

作图完毕后,在总布置图(或坐标纸)上,按比例量取各参数的长度值,作为计算车厢翻倾力、油缸推力和拉杆拉力等参数的依据。

(三)其他连杆组合式举升机构

除上述两种常用的举升机构外,还有一种连杆放大组合式举升机构,如图 4-16 所示。它适用于装载质量 4 ~ 20t 的自卸汽车。该机构具有结构简单,占据的空间小,放大倍数增加、工作效率高等优点。近年来,浮动油缸连杆组合式

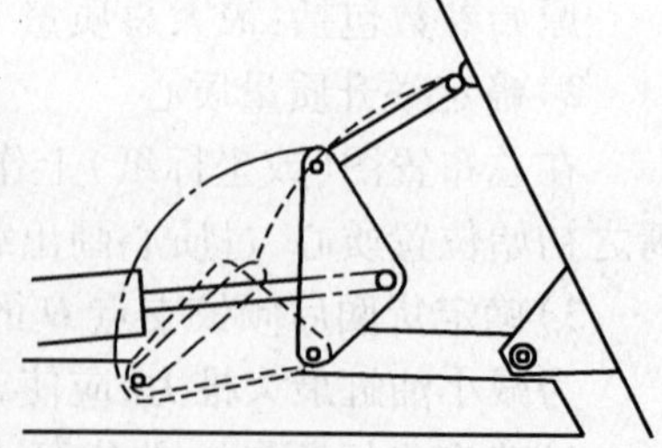

图 4-16　后推连杆放大组合式举升机构示意图

举升机构也获得了应用。

(四)自卸汽车举升机构性能的评价参数

随着自卸汽车装载质量的不断增加、举升机构的类型也不断增多,自卸汽车举升机构的优化设计越来越受到重视。评价自卸汽车举升机构性能的主要评价参数如下:

1. 举升力系数 K

举升力系数是指单位举升重力所需要的油缸推力,即:

$$K=\frac{N}{m_{w}g}$$

式中:F——油缸的有效推力,N;

m_w——举升质量,kg。

对于具体形式的举升机构,举升力系数 K 与汽车总布置参数和机构的性能特征有关,K 值只能比较同类型举升机构的工作效率,K 值较小为好。

2. 机构高度

机构高度是指在汽车底盘上布置举升机构所需的空间高度。设计时要求举升机构布置高度在满足性能前提下尽可能小,以利于降低车厢高度。

3. 最大举升角 θ_{max}

最大举升角是决定能否把车厢内货物倾卸干净的参数。最大举升角一般应在 50°~60°。重型汽车因其车厢多为簸箕式,故最大举升角应为 60°~70°。

4. 油缸最大行程

油缸最大行程是指车厢达到最大举升角时,油缸的最大伸长量。它既是油缸的结构参数,又是举升机构的性能参数。油缸最大行程较小,则举升机构的结构较紧凑、机构的布置较方便。

5. 起始油压

起始油压是指机构在开始举升时所要求的油缸工作压力。车厢在举升过程中,举升质量的阻力矩不断减小,而在启动时举升机构各铰支点的静摩擦阻力矩和惯性阻力矩最大。故应使举升机构举升开始时的油缸工作压力低于油缸最大工作压力,即:

$$p_{o}\leqslant 0.85p_{max}$$

式中:p_o——开始举升时的油缸工作压力,MPa;

p_{max}——举升过程中液压系统最大工作压力,MPa。

6. 油压特性曲线

举升过程中,油缸工作压力 p 是举升角 θ 的函数,即 $p=f(\theta)$。

p_{max}应出现在 $\theta<15°$的范围内,P_{min}应出现在 $30°\sim\theta_{max}$ 阶段。

上述 6 个性能参数构成了对举升机构进行综合评价的基本指标,为举升机构优化设计提供了目标函数。通常举升力系数、起始油压和油压特性曲线具有密切的内在联系,可作为优化目标函数提出。机构高度参数可作为优化的约束条件提出;最大举升角和油缸最大行程应在总布置设计中初选,并通过机构分析得到确定。

三、自卸汽车液压系统的设计

自卸汽车的液压系统由三部分组成,即动力部分、操纵部分和执行部分,如图 4-17 所示。

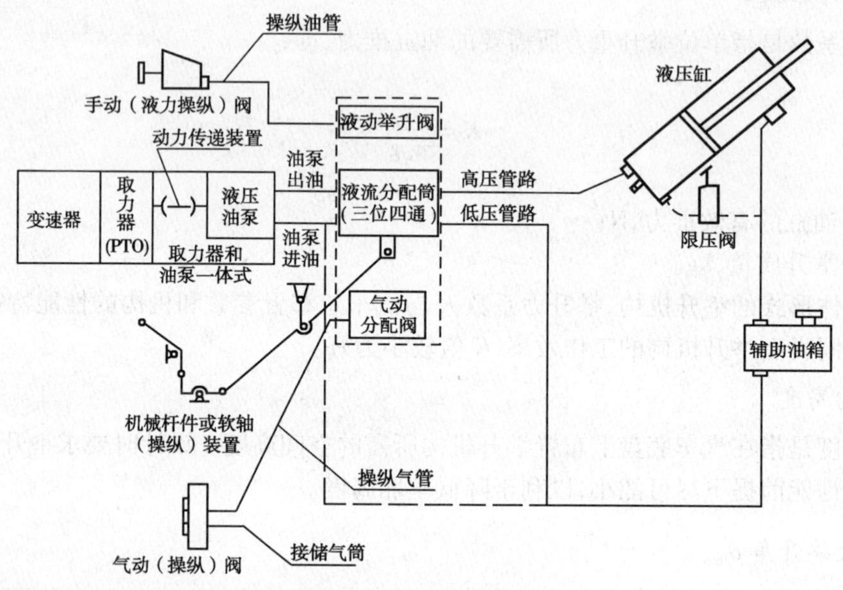

图 4-17　自卸汽车的液压系统

动力部分主要有:取力器、油泵以及连接两者的传动机构。

操纵部分用来控制举升油缸实现车厢倾翻,它应具有举升、举升中停、降落、降落中停 4 个动作。其控制阀多采用三位四通阀;操纵控制阀的方式有手动机械杠杆式、手动液压伺服式和气动操纵式 3 种。

执行部分包括举升油缸和货厢等。

(一)液压系统的结构特点与工作原理

1. 液压系统结构布置

图 4-18 所示为典型的中小型自卸车液压系统的结构布置图。该系统由液压能产生部件、工作部件与操纵控制部件三大部分组成。

液压能产生部件包括取力器 2、油泵及单向阀 3、油箱 7 及油泵传动机构。取力器通常与变速器直接安装成一体。油箱的安装位置则比较灵活,主要视副车架与货厢间的空间便于安装维护液压管路系统并尽量缩短油管长度。

工作部件主要指油缸与翻倾杠杆系统。油缸 10 通过油缸支座 11 安装在副车架中部或中后部的加强横梁上。由于工作部件受力极大,要求各连接铰支点处有足够的连接强度和刚度,所有摩擦副应有良好的配合精度与润滑。

控制部件包括液压分配阀、限位阀以及操纵系统。控制部件多安装在汽车前部的驾驶室内部或后部,既要方便操纵与维护;又要减少管路的迂回。

2. 液压举升机构操纵方式的选择

液压分配阀是控制系统的核心,分为滑阀和转阀两大类。转阀多用于低压、小流量的轻、中型自卸车上。分配阀又分为常开式和常压式两种,常开式分配阀在车厢不举升时,油泵的压力油经分配阀后又返回油箱，在系统中不产生高压，因此可减轻油泵磨损，并可防止自卸车在行驶中意外举升货厢造成事故，故常开式分配阀在自卸车上应用最广。分配阀选择的依据是液压系统的额定工作压力和流量，同时应与选定的操纵方式相适应。

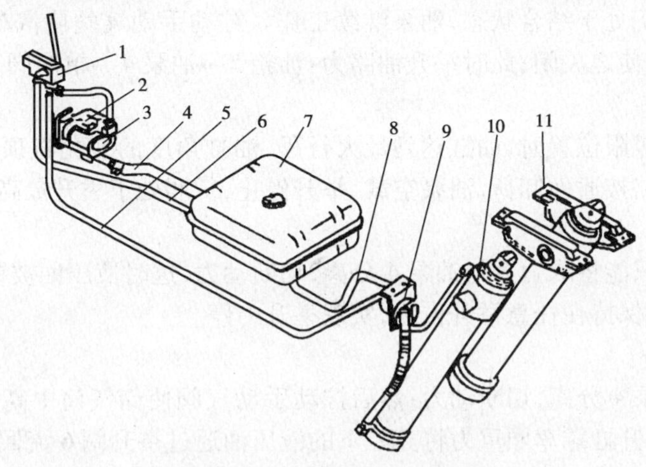

图 4-18　自卸车液压系统结构布置

1-转阀;2-取力器;3-油泵及单向阀;4-进油管;5-高压油管;6-低压油管;7-油箱,8-低压回油管;9-分流块;10-油缸;11-油缸支座

分配阀操纵机构的形式有机械操纵式、气压操纵式和液压操纵式，以气压操纵式应用最广。

机械操纵式：驾驶员通过机械杠杆或钢丝软轴直接拨动液压分配阀实现换向。这种操纵方式可靠性好、通用性强、维修方便，但是它杆件较多、布置复杂。对于可翻转式驾驶室不宜采用这种操纵方式。

液压操纵式：通过手动液压操纵阀建立油压来打开或关闭液动举升阀实现换向，实现车厢的举升和下降。此种阀没有中停位置，故必须切断油泵动力才能实现中停。液压操纵式方向控制阀的优点是可实现远距离控制，操纵可靠，在我国引进生产的斯太尔重型自卸车上大都采用了此种操纵系统。其不足处是反应较慢，没有中停位置。

气动操纵式;利用汽车储气筒的压缩空气，通过气动操纵阀控制操纵气管，驱动气动分配阀上的气缸工作，实现分配阀换向，使车厢实现举升、下降和中停。该系统操纵简便、功能齐全，反应灵敏、结构先进，因此广泛应用于中、重型具备气源的自卸汽车。它的缺点是气动转化成液动需要两套管路，维修麻烦。

操纵方式选择以后.就可选择合适的液压方向控制阀，该阀通常采用三位四通阀。

3. *液压举升机构的工作原理*

图 4-19 为某一黄河牌自卸汽车所采用的液压举升系统原理图。该系统由手动气阀液压油泵、气控举升阀、举升缸、限位阀及管路等组成。其工作原理如下：

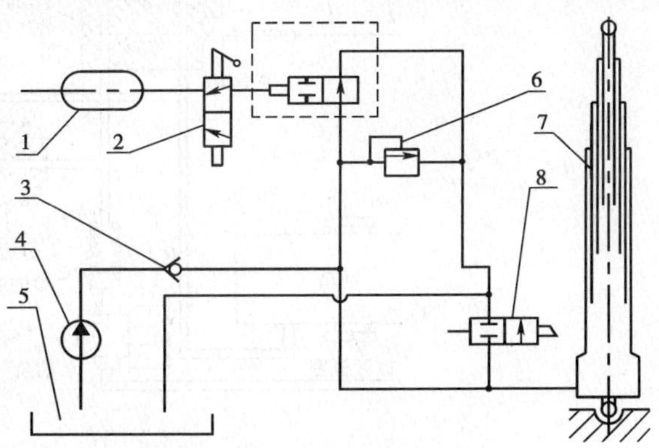

图 4-19　黄河牌自卸汽车液压举升系统原理图

1-汽车储气筒;2-手动气阀;3-单向阀;4-油泵;5-油箱;6-气控举升阀;7-举升缸;8-限位阀

(1)准备(空载)

先使自卸车处于驻车制动状态，并将变

速器置于空挡。起动发动机,踩离合器结合取力器使油泵进入工作状态。此时液压油经油泵、单向阀、气控举升阀流回油箱。

(2)举升

取力器与油泵仍处于结合状态,油泵继续工作。拧动手动气阀使汽车储气筒中高压气体操纵气控举升阀,使之关闭,此时举升油路为:油箱5→油泵4→单向阀3→三通→举升缸7,实现举升。

当车厢举升至极限位置时,油缸达到最大行程,油缸角度的变化将顶动限位阀,将高压油路与限位阀回油路接通而卸荷,油泵空载,举升停止,货厢处于举升最高位置。

(3)举升中停

在举升状态下只能将取力器与油泵4分离,切断动力,这时液压油被锁死在举升缸下腔的管路中,使车厢可保持在任意举升位置,实现举升中停。

(4)降落

将取力器与油泵4分离,切断动力;然后拧动手动气阀使储气筒中高压气体卸压,气控举升阀6常通,则举升缸靠车厢重力将其腔下的液压油通过举升阀6流回油箱5。

(5)降落中停

在降落状态下(此时取力器与油泵为分离状态),拧动手动气阀使储气筒中高压气体将气控举升阀6关闭,则液压油又被锁死在举升缸下腔的管路中,使车厢可保持在任意降落位置,实现降落中停。

图4-20所示为另外一种自卸汽车液压系统的工作原理图,这种结构多用于国产5t自卸汽车。该系统由取力器、油泵、液压控制阀、油缸、限位阀、油箱、操纵系统以及管路等组成。与上述黄河牌自卸汽车所用液压系统的不同之处在于其液压操纵方式的不同,该系统采用的是液压操纵方式,即通过手动转阀建立油压来打开或关闭液动举升阀实现换向。

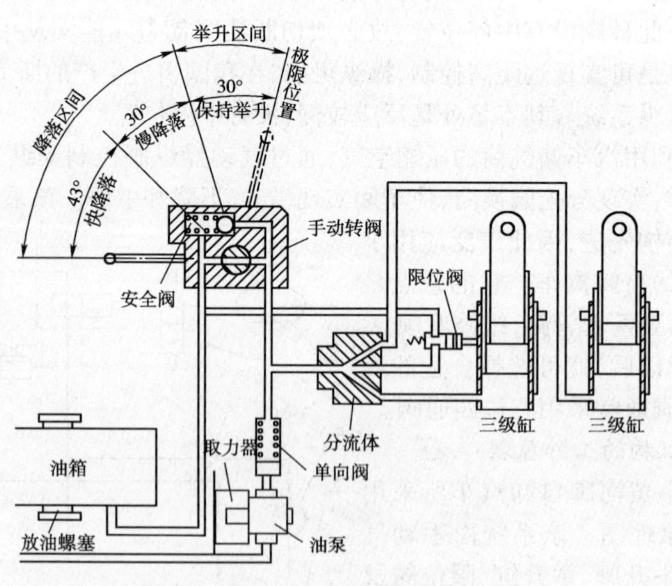

图4-20　5t自卸汽车液压举升系统原理图

工作原理如下:

(1)空载

将转阀手柄置于水平初始位置。起动发动机,结合取力器使油泵进入工作状态。此时液压油经油泵、单向阀、液压换向阀流回油箱。

(2)举升

将转阀手柄逐渐向上转动,关闭换向阀。此时从油泵经单向阀来的高压油,经分流体后分别进入左、右油缸实现举升。油缸举升到最大行程时拨动限位阀,将高压油路与回油路接通而卸荷,举升停止,货厢处于举升最高位置。

(3)保持

将转阀手柄置于“保持举升区间”,并切断取力器停止油泵工作。此时压力油被锁死在油缸内。可按需使货厢处于任意举升位置保持。

(4)降落

降落分缓慢降落与快速降落。将转阀手柄推至慢落位置,回油路仅部分打开,实现车厢缓慢降落。若将转阀手柄推到底,则回油路被全部打开,油缸下腔油液经分流体向油箱快速回油。

(二)液压系统主要元件的性能参数计算与选型

自卸车所采用的油缸、油泵、液压阀等液压系统元件均为高度标准化、系列化与通用化且由专业化液压件厂集中生产供应。因此在自卸车改装设计中只需进行液压元件选型计算。其主要内容包括油缸的直径与行程、油泵的工作压力、流量、功率以及油箱容积与管路内径等。

1. 油缸选型与计算

油缸是液压系统的执行元件,自卸车所采用的油缸一般为活塞式和浮柱式两类。活塞式均为单向作用,其特点是缸体长度大、伸缩长度小、使用油压低(一般不超过14MPa)。浮柱式为多级伸缩式油缸,一般有2~5个伸缩节,其结构紧凑,并具有短而粗、伸缩长度大、使用油压高(可达35MPa),易于安装布置等优点。浮柱式油缸又分为单向作用式与双向作用式。直推式举升机构多采用单作用多级油缸;而杆系组合式举升机构多采用单作用单级油缸。

图4-21和图4-22分别为单作用单级油缸和单作用多级浮柱式油缸的典型结构。

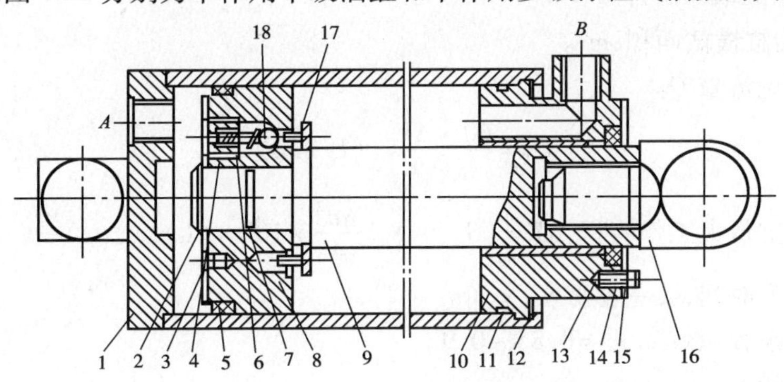

图4-21 单作用单级油缸结构

1-缸筒;2、12-挡圈;3-压板;4-弹簧座;5-Y形垫圈;6-弹簧;7、11-O形密封圈;8-活塞;9-活塞杆;10-油缸端盖;13-油封;14-紧固螺栓;15-油封端盖;16-连接头;17-限位盘;18-限位阀钢球

举升油缸选型主要依据是自卸车举升机构所需的最大举升力 F_{max} 和最大举升角 θ_{max}。根据最大举升力 F_{max} 可计算确定油缸缸径;根据最大举升角 θ_{max} 可以确定油缸的工作行程。

(1)举升油缸缸径

举升机构最大举升力：

$$F_{max} \leqslant p \cdot \frac{\pi d^2}{4}\eta \quad (\mathrm{N})$$

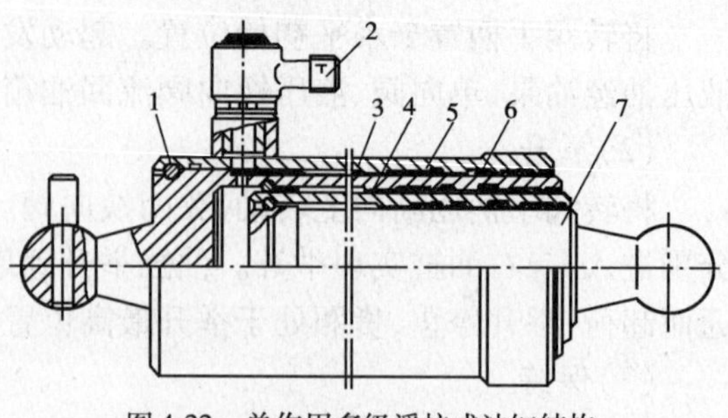

图4-22 单作用多级浮柱式油缸结构

1-钢丝锁止环；2-管接头；3-第一节油缸；4-第二节油缸；5-第三节油缸；6-密封圈；7-柱塞

式中：η——液压系统效率，通常按 $\eta = 0.8$；

p——液压系统额定工作压力，MPa，可按10MPa、13.6MPa、15.7MPa、20.6MPa、35MPa等档次选取。p 越高，对密封性要求越高，成本亦随之上升；

d——举升油缸活塞直径，m。

举升油缸缸径：

$$d \geqslant \sqrt{\frac{4F_{max}}{p\pi\eta}} \tag{4-35}$$

(2)举升油缸最大工作行程

油缸最大工作行程 L 可根据举升机构选型及设计的内容（前已述及）确定，即：

$$L = S_{max} - S_0 \tag{4-36}$$

式中：S_{max}——举升油缸在最大举升角 θ_{max} 时，油缸两铰支点间距离，m；

S_0——举升油缸在举升角 $\theta = 0°$ 时，油缸两铰支点间距离，m。

2. 油泵选型计算

自卸车常用油泵有齿轮式油泵与柱塞式油泵两类。齿轮泵多为外啮合式，在相同体积下齿轮泵比柱塞泵流量大但油压低。柱塞泵最大特点是油压高（油压范围16～35MPa），且在最低转速下仍能产生全油压，故可缩短举升时间。一般中、轻型自卸车上多采用齿轮泵，常用系列有CB、CBX、CG、CN等；重型自卸车常采用柱塞泵。

(1)油泵工作压力 p：

$$p = \frac{F_{max}}{10^6 \cdot A} \quad (\mathrm{MPa}) \tag{4-37}$$

式中：F_{max}——油缸最大举升力，N；

A——油缸横截面积，m^2。

(2)油泵理论流量 Q_T

$$Q_T = \frac{60 \cdot \Delta V}{\eta_v \cdot t} \quad (\mathrm{L/min}) \tag{4-38}$$

式中：ΔV——油缸最大工作容积，$\Delta V = (S_{max} - S_0)\frac{\pi d^2}{4} \times 10^6 \quad (\mathrm{L})$；

t——举升时间，s，一般要求 $t < 20\mathrm{s}$；

η_v——油泵容积效率 $\eta_v = 0.85 \sim 0.9$。

(3)油泵排量 q

$$q = \frac{Q_T}{n_e} \times 10^6 \quad (\mathrm{mL/r}) \tag{4-39}$$

式中：Q_T——油泵流量，L/min；

n_e——油泵额定转速，r/min。

(4)油泵功率 N

$$N=\frac{pQ_e}{\eta_t}\quad (\text{W}) \tag{4-40}$$

式中:p——油泵最大工作压力,Pa;

Q_e——油泵额定流量,m^3/s;

η_t——油泵总效率,$\eta_t=0.8$。

当液压油泵的排量 q 和流量 Q_T、额定转速 n_e 和液压系统最高工作压力 p 确定后,即可根据这些参数从标准油泵系列中进行油泵的选型。

3. 油箱容积与油管内径计算

(1)油箱容积 V 的计算

一般要求油箱容积 V 不得小于油缸全部工作容积 ΔV 的三倍,即:

$$V\geqslant 3\cdot\Delta V \tag{4-41}$$

(2)油管内径计算:

根据流量与流速的关系式:$\frac{Q_T\times 10^6}{60}=\frac{\pi d^2}{4}\times v\times 10^3$ 得:

高压管路内径:
$$d_1\geqslant 4.6\sqrt{\frac{Q_T}{v_1}}\quad (\text{mm}) \tag{4-42}$$

式中:Q_T——油泵理论流量,L/min;

v_1——高压管路中油的流速,m/s。

低压管路内径:
$$d_2\geqslant 4.6\sqrt{\frac{Q_T}{v_2}}\quad (\text{mm}) \tag{4-43}$$

式中:v_2——低压管路中油的流速,m/s

根据油液在管路中的流动阻力,一般推荐自卸车高压管路油流速:$v_1\geqslant 3.6$m/s;低压管路油流速:$v_2\geqslant 1$m/s。

当高、低油管的内径 d_1 和 d_2 确定后,应结合系统工作压力进行高、低油管的选型。

第二节　垃圾汽车

垃圾汽车是一种市政公用汽车,装有收集、压缩及自卸垃圾等专用装置,用于收集转运城市垃圾。按工作任务分类或作业方式分类一般分为三类:一类是垃圾集运车,按垃圾收集制度连续地或间接地收集和转运垃圾至转运站,一般设有垃圾装载和压缩垃圾的装置。一类是垃圾转运车,按规定时间将空的垃圾容器运送到指定地点,并将该点装满垃圾的容器运往垃圾转运站,一般设有装卸垃圾容器和倾倒垃圾的装备。另一类是一般垃圾运输车,将垃圾集运和垃圾容器转运到垃圾处理站或堆集处,一般设有压缩垃圾和装卸垃圾的装备。

垃圾汽车按其作业方式分类有多种形式,如自装卸垃圾汽车、摆臂式自卸垃圾汽车、压缩式垃圾汽车等。为了充分利用垃圾汽车的有效容积,必须将收集的垃圾进行压缩处理,压缩式垃圾汽车即因此而产生。根据填装垃圾的位置不同,压缩式垃圾汽车可分为前装式和后装式两大类。前装压缩式垃圾汽车垃圾的收集是采用前摆臂装置完成的,它适合于收集和转运大容量垃圾箱盛装的垃圾,工作效率较高。车厢内置的推板可将收集在车厢前部的垃圾推至车厢后部进行压缩,卸出垃圾时,推板将厢内垃圾推出厢外。与前装压缩式垃圾汽车相比,后装压缩式垃圾汽车结构简单,适用范围广,因而获得广泛的应用。

下面将主要介绍自装卸垃圾汽车和后装压缩式垃圾汽车。

一、自装卸垃圾汽车

自装卸垃圾汽车是符合城市现代化要求,既卫生、又高效地运输垃圾而出现的专用汽车,是一种用于收集分散在城市垃圾点上的桶装生活垃圾,并转运到垃圾处理场的专用汽车。其优点是集装速度快,二次污染小,结构简单,操纵方便。比较适合我国目前生活垃圾密度大、可压缩性差的特点。目前国产自装卸垃圾汽车同普通自卸汽车一样,也是在二类汽车底盘基础上改装而成,其常用的形式为侧装式自装卸垃圾汽车。

(一)自装卸垃圾汽车的总体结构与设计

1. 自装卸垃圾汽车的结构

自装卸垃圾汽车如图4-23所示。它由二类汽车底盘、车厢、车厢举升机构、垃圾桶吊升机构、耙渣机构以及气控进料口盖等组成。发动机动力经取力器、油泵、液压传动装置输送到各专用机构。

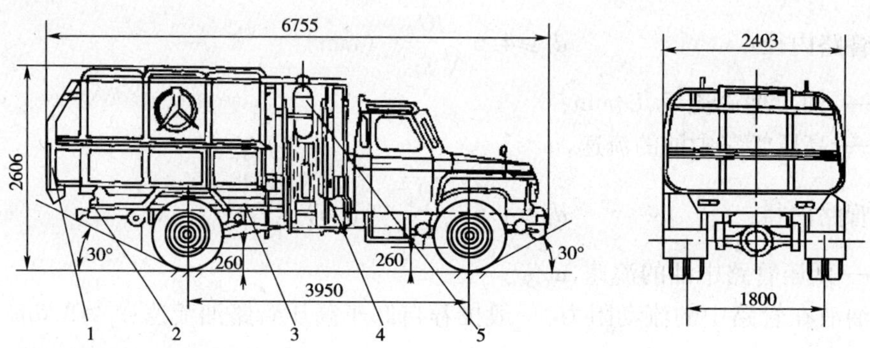

图4-23 自装卸垃圾汽车

1-车厢;2-二类汽车底盘;3-举升机构;4-吊升机构;5-耙渣机构

2. 自装卸垃圾汽车的总体设计

(1)总体结构方案的确定

1)底盘的选型

由于自装卸垃圾汽车要求机动性好,目前一般采用轻、中型货车的二类底盘。改装后的额定装载质量大多为4500kg。

2)装卸方式

自装卸垃圾汽车的卸载一般采用后倾自卸形式,装载采用右前侧吊装形式。自卸机构必须保证车厢能自动举升后倾,最大倾卸角一般设计为等于或大于48°。通常中、轻型自装卸垃圾汽车多采用后推连杆放大式举升机构。吊升机构必须保证装满的垃圾桶能够吊升、倾翻和复位。在倾翻过程中应有自锁机构,以防垃圾桶飞脱。

3)车厢形式及结构

自装卸垃圾汽车的车厢采用全封闭式结构,以防止运输途中的垃圾二次污染。车厢内应设置拉耙机构,以使有限车厢容积尽可能多装垃圾。自装、自卸、耙渣机构均采用液压驱动,其动力由在变速器侧盖安装的取力器提供。

(2)自装卸垃圾汽车的总体参数

1)外廓尺寸

自装卸垃圾汽车整车的外廓尺寸应符合 GB 1589—2004《道路车辆外廓尺寸、轴荷及质量限值》中规定,一般汽车的总长、总宽、总高应不大于原型汽车的相关尺寸。

目前城市生活垃圾的密度为 $400 \sim 600\text{kg/m}^3$。由于密度较小,应适当增加车厢的高度。车厢高度的增加,使整车质心高度也随之增加,从车辆行驶稳定性考虑,质心高度应满足满载时在7°的坡道上不得发生纵向倾翻的条件。

2)通过性参数

采用二类底盘进行改装时,改装前后的轴距应不变。自装卸垃圾汽车一般将排气管进行前置改装,改装后的接近角应略小于原型汽车底盘的接近角;接近角应不小于30°,离去角应不小于22°。

3)额定装载质量

自装卸垃圾汽车额定装载质量一般设计为原汽车额定装载质量的85%~90%。以保证改装前后的汽车总质量及轴荷分配基本不变。

(二)主要工作部件的结构与设计

1. 车厢

自装卸垃圾汽车的车厢结构如图4-24所示。其车厢为全金属、后开门、外框架、密封结构,车厢内腔横剖面为光滑圆弧过渡的矩形断面,外框骨架由槽钢和V形冲压件组焊而成,框架内采用薄钢板拼焊而成,因此车厢的整体强度和刚度较高,质量较小,车厢内壁光滑平整,垃圾在装车和运输中不易散落飞扬,垃圾倾卸较干净。车厢顶部设有过滤天窗,使厢内气体可以通过天窗向外溢出,防止和减缓厢内垃圾发酵,垃圾经进料口进入厢内时,厢内部分气体可以通过天窗外溢,从而减小经进料口外溢气体的流速,减小厢内垃圾的飞扬;车厢后门采用人工开启或关闭。

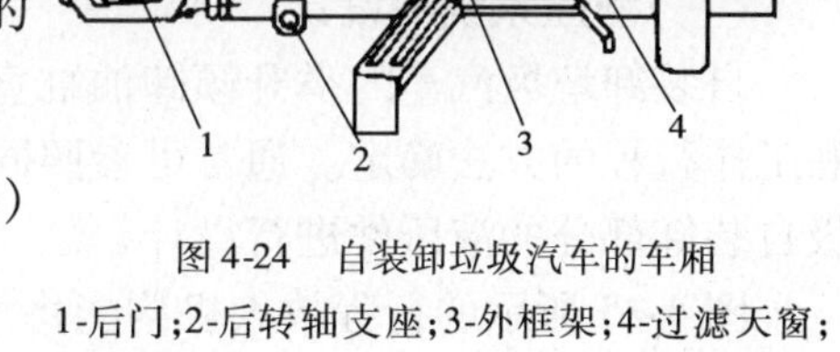

图4-24 自装卸垃圾汽车的车厢

1-后门;2-后转轴支座;3-外框架;4-过滤天窗;5-进料口

车厢容积 V_e: $$V_e = \frac{m_e}{\eta\rho} \tag{4-44}$$

式中:m_e——自装卸垃圾汽车的装载质量,kg;

η——车厢容积利用系数,$\eta = 0.85 \sim 0.90$;

ρ——垃圾密度,一般取其平均值 $\rho = 500\text{kg/m}^3$。

2. 垃圾桶的吊升机构

自装卸垃圾汽车车厢的最大举升角一般取48°~50°,车厢举升和回落时间小于15s。其举升机构通常采用后推连杆放大式机构,与普通自卸汽车的结构基本相同,在此不再叙述,下面仅对自装卸垃圾汽车的垃圾桶的吊升机构作重点介绍。

自装卸垃圾汽车的垃圾桶的吊升机构主要由外门架、吊升链条、中门架、翻转架、内门架、中门架上横梁轴、托架等组成。(图4-25)。

外门架是由两根纵置的槽钢和上、中、下门框焊接而成。它作为中门架上下往复运动的滚动支承架。外门架由4只角形支座固联在车厢上。此外,吊升油缸固装在外门架上的中门框与下门框上。中门架是由两根纵置的槽钢和上、下横梁组成的封闭框架,它是内门架上、下往复运动的滚动支承架。中门架上横梁上装有惰性链轮支承吊升链条,吊升链条中间固联在外门架上,链条的一端绕过中门架上方的惰性链轮,与内门框上端固联;链条另一端

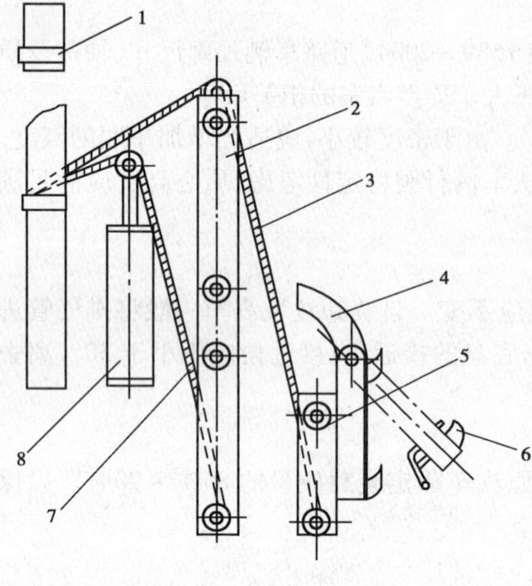

图 4-25　吊升机构工作原理图

1-外门架;2-中门架;3、7-链条;4-翻转架;5-内门架;6-锁轴;8-吊升油缸

绕过吊升油缸缸头的惰性链轮,与中门框下端固联。在中门架上横梁左右各装有一个供翻转架上升到达上止点时支承翻转架翻转用的防尘密封轴承,中门架下横梁上设有调整吊升链条长度的装置。内门架作为翻转架的支承架。在外、中门架的滚动支承导向面均镶有镶条,中、内门架槽钢外侧均装有滚动轴承,整个吊升机构运行灵活(图 4-25)。

吊升油缸是吊升机构的动力源,当油缸活塞向上伸出时(图 4-25),活塞杆头链轮驱动吊升链条作上升运动,由于中门架相对于外门架具有两倍油缸行程的上升高度,因此翻转架相对外门架具有 4 倍于油缸行程的上升高度。

翻转架带动垃圾桶上下运动,并将垃圾倾卸厢内。它由翻转轴、左右铰链座、翻转托架和垃圾桶的自动锁紧机构等组成。翻转架借左右铰链座与内门架铰接。当翻转架上升到翻转托架的羊角形曲臂与中门架上横轴两侧轴承接触时,随油缸头继续向上运动,羊角形曲臂沿轴承边滑动边滚动,于是带动垃圾桶向车厢内翻转倾卸垃圾。

垃圾桶横轴锁紧机构是通过设置在翻转托架内侧的自动锁紧机构实现的,保证垃圾桶在倾翻时不会脱离翻转架。

托架支承垃圾桶,并将垃圾桶按要求的角度倾斜。

(三)液压系统的设计

自装卸垃圾汽车的举升倾卸油缸直径和工作行程应按计算普通自卸汽车举升油缸直径和工作行程的方法确定。通常可参照同级普通自卸汽车举升油缸的参数选取。这里只对垃圾自装卸部分的液压件进行设计。

图 4-25 所示的行程放大机构能将活塞行程放大 4 倍。若设垃圾桶升高行程为 H,则油缸活塞行程 $S=H/4$;若忽略全部运动件之间摩擦力,则油缸推力应为吊链拉力的 4 倍。按 ZBT 59003—88《自装卸垃圾汽车垃圾桶尺寸》的规定,垃圾桶的最大总质量为 300kg,所以选取吊升机构传动链条时,吊链 7 受力应是吊链 3 的 2 倍。

1. 吊升油缸直径和工作行程的确定

如图 4-25 所示,外门架、吊升油缸、中门架、链条 3、7 安装在同一平面上,因此可以认为,吊升垃圾桶的过程中,油缸需要的推力 F_{DS} 由下式决定:

$$F_{DS}=4KW_1 \tag{4-45}$$

式中:K——过载系数,取 $K=1.3$;

W_1——满载时垃圾桶的重力,一般取 $W_1=3\ 000$N。

当垃圾桶提升到最高点,翻转倾卸时,吊升油缸所需推力 F_{DF} 可用下列方法确定(图 4-26)。

对支点 O 取矩:$\sum M_O=0$ 得:

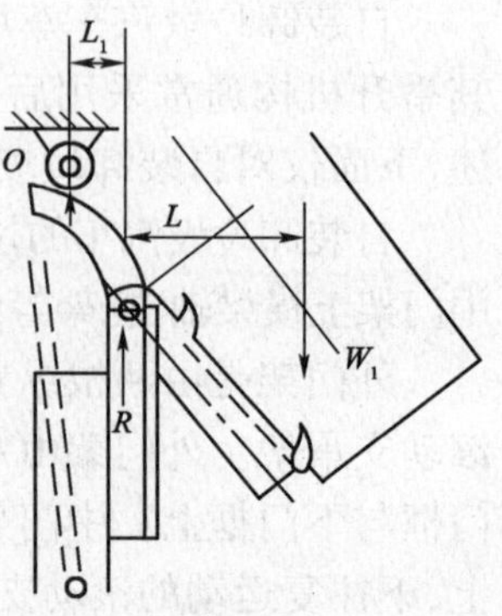

图 4-26　垃圾桶翻转时受力分析

$$RL_1 = W_1(L+L_1)K$$

$$R = \frac{W_1(L+L_1)K}{L_1} \tag{4-46}$$

式中：L_1——O 点到翻转铰支点的水平距离，m；

L——翻转过程中，垃圾桶质心到翻转铰支点的最大水平距离，m。

可以近似认为吊链 3 受到的拉力和上式求得的 R 等值。故在整个翻转过程中，油缸所需提供的最大推力 $F_{DF\max}$ 为：

$$F_{DF\max} = \frac{4W_1(L+L_1)K}{L_1} \tag{4-47}$$

显然，$F_{DF\max} > F_{DS}$，因此应取 $F_{DF\max}$ 作为选用油缸的计算载荷。

液压系统压 p_e 通常设定为 10～14MPa。

故油缸推力 F_{DF} 为：

$$F_{DF} = \frac{\pi D^2}{4} p_e \eta \times 10^6 \tag{4-48}$$

式中：p_e——液压系统压力，MPa；

η——液压系统效率，$\eta = 0.8$；

D——油缸直径，m。

根据上式，得出吊升油缸直径 D_{DS} 为：

$$D_{DS} = 4 \times 10^{-3} \sqrt{\frac{KW_1(L_1+L)}{\eta p_e L_1}} \tag{4-49}$$

油缸工作行程 S_{DS}：

$$S_{DS} = \frac{H_{TS}}{4} + \Delta H_{TF} \tag{4-50}$$

式中：H_{TS}——吊升理论高度，m；

ΔH_{TF}——翻转时油缸所需行程，m。

2. 耙渣油缸直径和工作行程的确定

耙渣时所需推力较小，故油缸直径也较小。若设耙渣垃圾时油缸所需推力为 F_{PZ}，则油缸直径 D_{PZ} 可按下式计算：

$$D_{PZ} = \sqrt{\frac{4F_{PZ}}{\pi p_e}} \tag{4-51}$$

耙渣油缸的工作行程 S_{PZ}，按所布置的位置和所需耙渣的最大行程确定。一般 S_{PZ}/D_{PZ} 应大于 15。

3. 吊升油缸所需流量 Q_{DS}

$$Q_{DS} = \frac{\pi D_{DS}^2}{4} \times \frac{S_{DS}}{t_{DS}} \times 6 \times 10^4 \quad (\text{L/min}) \tag{4-52}$$

式中：t_{DS}——吊升时间，一般 $t_{DS} = 10\text{s}$。

4. 举升倾卸油缸所需流量 Q_{JS}

$$Q_{JS} = \frac{\pi D_{JS}^2 S_{JS}}{4 \quad t_{JS}} \times 6 \times 10^4 \quad (\text{L/min}) \tag{4-53}$$

式中：t_{JS}——举升时间，一般 $t_{JS}=15s$；

S_{JS}——举升油缸的工作行程，m；

D_{JS}——举升油缸的直径，m。

5. 油泵主要参数的确定

液压系统中油泵的最大流量 Q_{Bmax} 由下式确定：

$$Q_{Bmax}=\eta Q_{max} \tag{4-54}$$

式中：η——效率系数，一般取 $\eta=1.2$；

Q_{max}——取 Q_{DS} 和 Q_{Js} 中的较大者。

油泵的排量 q 由下式确定：

$$q=\left(\frac{Q_{max}}{n_e}\right)\times 10^3 \quad (mL/r) \tag{4-55}$$

式中：n_e——油泵的额定工作转速，r/min。

根据额定工作压力 p_e、排量 q 和工作转速 n_e 便可选取液压泵的规格和型号，油泵的额定工作压力 p_e 可根据普通自卸汽车中液压系统设计的额定压力确定。

6. 操纵阀的选用

举升机构、吊升机构和拉耙机构的操纵可选用两个并联的三位四通换向阀。中位卸荷、吊升机构和耙渣机构动作顺序可通过一个顺序阀控制。图 4-27 为一典型的自装卸垃圾汽车液压系统原理图。

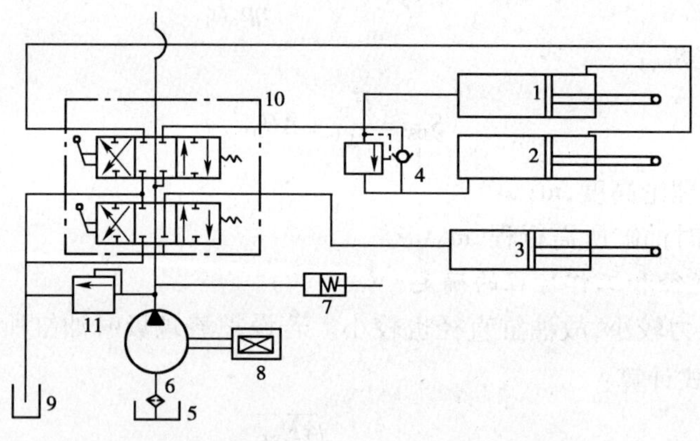

图 4-27 自装卸垃圾汽车液压系统原理图

1-吊升油缸；2-耙渣油缸；3-举升油缸；4-顺序阀；5、9-油箱；6-滤清器；7-油泵加速器；8-取力器；10-换向多路阀；11-安全溢流阀

二、后装压缩式垃圾汽车

后装压缩式垃圾汽车是能将垃圾自行装入压缩、推卸（或倾卸）的自装卸垃圾汽车。它主要用于收集、转运袋装生活垃圾。它与其他形式的垃圾运输汽车的区别是：能压缩、破碎垃圾，增大装载质量。经压缩，可将密度为 200～400kg/m³ 的生活垃圾压缩到密度为 400～600kg/m³。

（一）后装压缩式垃圾汽车的结构及总体布置

后装压缩式垃圾汽车的结构如图 4-28 所示。其专用工作装置主要由车厢和装载厢两大部分组成。车厢 2 固联于底盘车架上，装载厢 3 位于车厢后端，其上角与车厢铰接，并可由举升油缸驱动绕铰轴转动。垃圾从装载厢后部入口倒入其内，再由装载厢内的压缩机构对垃圾进行压缩处理,最后以强力将垃圾向前挤入车厢并压实。车厢前端设有油缸驱动的推板,卸出垃圾时,首先装载厢被举升油缸举起,车厢后部呈敞开状,然后推板将垃圾沿水平方向向后推出厢外。装载厢后部一般设有吊升机构或者称为翻桶机构,用于将筒装垃圾自动倾翻倒入装载厢后部入口内。该车既可采用手工方式收集垃圾,也可采用吊升机构或其他翻转机构直接将垃圾桶或垃圾斗、小车等容器内的垃圾倾卸倒入装载厢内。

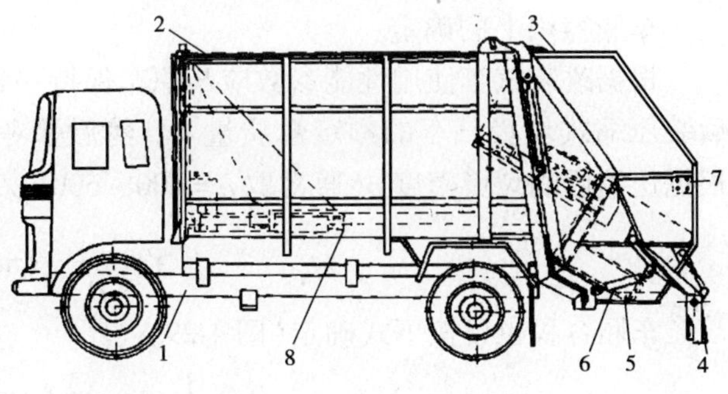

图4-28 后装压缩式垃圾车

1-汽车底盘;2-车厢;3-装载厢;4-吊升机构;5-压缩机构;6-液压装置;7-电器开关;8-推板

在进行汽车总体布置时,装载厢的垃圾入口下缘离地间隙应小于900mm;汽车后悬不应超过轴距的55%,以免离去角过小;车厢前端应与驾驶室后围板保持适当距离。安装时,车厢与纵梁连接螺栓固定点应在驾驶室后500mm左右,并在车厢与底盘主车架纵梁之间垫入硬橡胶垫,以避免安装刚度过大而引起主车架应力集中。

总体布置其他设计与自装卸垃圾汽车的相同。

车厢主要有两种类型:一种是在车厢内设有液压推板,它可在装垃圾时对垃圾进一步压缩压实,卸垃圾时直接进行水平推卸;另一种是在车厢底部设有倾翻机构,卸垃圾时倾翻机构工作,使车厢倾斜一定角度倒出垃圾。

(二)主要工作部件的结构与设计

1. 车厢

如图4-29所示,后装压缩式垃圾车的车厢大多采用骨架式结构,车厢的纵截面一般为直角梯形。车厢后端的斜角 α 有利于装载厢以一定角度把垃圾送入车厢,一般 $\alpha=80°$。车厢安装在车架上时,应与车架上平面保持1°左右向后的倾角,以便车厢内的污水能从后端排出。

车厢的横截面一般有矩形(图4-30a))和鼓形(见图4-30b))两种。从受力角度分析,鼓形截面不仅能承受较大的垃圾横向膨胀力,而且由于它形成了顶面、左右两侧面3个纵向柱面,使得车厢的纵向刚度和扭转刚度明显加强。因此在中、小型垃圾汽车上多采用这种截面形式。除车厢前后两端外,车厢中部几乎不再需要布置加强筋。但是由于鼓形横截面的厢壁成形工艺性差,因此大多后装压缩式垃圾汽车仍然采用矩形横截面的形式。矩形截面工艺简单,对小批量生产有利。后装压缩式垃圾车的系列化一般按车厢横截面积大小进行分档,即某一规格的横截面适应一定车厢装载容积范围,在同一容积范围内采用同一规格的推板和装载厢。

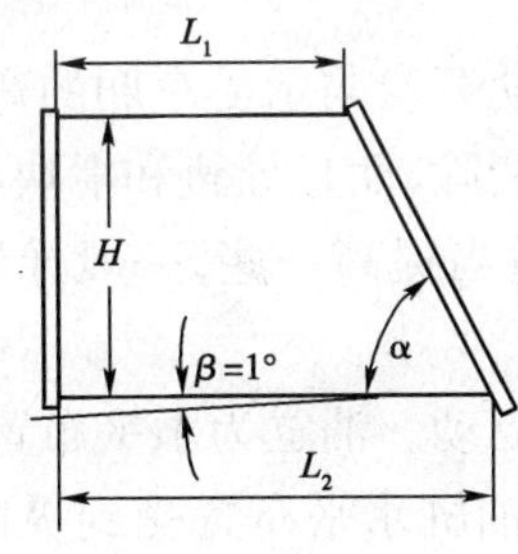

图4-29 车厢的纵截面

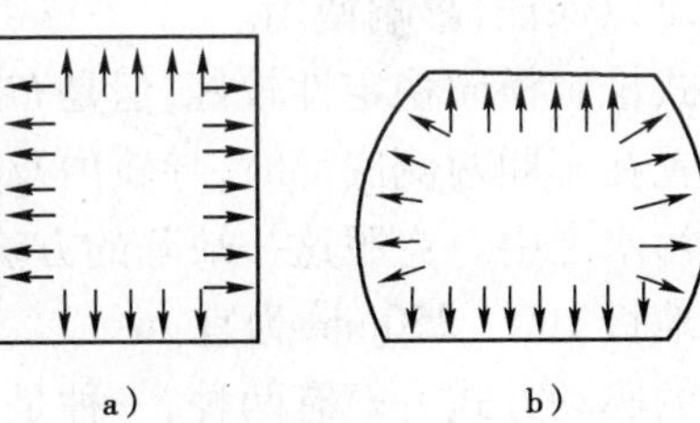

图4-30 车厢的横截面

a)矩形;b)鼓形

车厢容积 V 的确定：

根据改装汽车使用性能参数应与原车保持一致的原则，当选定二类汽车底盘后，可确定后装压缩式垃圾汽车的额定总质量 m_a，然后参考国内外同类车型确定额定装载质量 m_e。根据压缩后的垃圾密度 ρ（通常取 $\rho=400\sim600\text{kg/m}^3$），车厢容积按下式确定：

$$V=\frac{m_e}{\rho}\quad(\text{m}^3)\tag{4-56}$$

车厢容积也可按下式确定（图 4-29）：

$$V=\frac{1}{2}(L_1+L_2)HW\quad(\text{m}^3)\tag{4-57}$$

式中：L_1——厢内顶纵向长度，m；

L_2——厢内底纵向长度，m；

H——厢内高度，m；

W——厢内宽度，一般取 $W=2.25\sim2.30\text{m}$。

车厢的高度和宽度应使整车外廓尺寸符合规定要求。

2. 推铲

推铲的作用是将垃圾全部推出车厢。由于厢内垃圾受到强力挤压，挤压后的垃圾有膨胀力，而垃圾膨胀力作用于厢壁形成了阻碍厢内垃圾移动的摩擦力，因此垃圾不可能以车厢倾翻方式倒出，必须要用专门设计的推铲将垃圾推出厢外。推铲的结构型式主要有折面形和曲面形两种，如图 4-31 所示，折面形的工艺性好。采用图4-31所示的推铲，在推出垃圾的过程中，对垃圾有一个向上的分力，这样可减少厢底面与垃圾之间的摩擦力，从而可以采用较小的推铲推力。

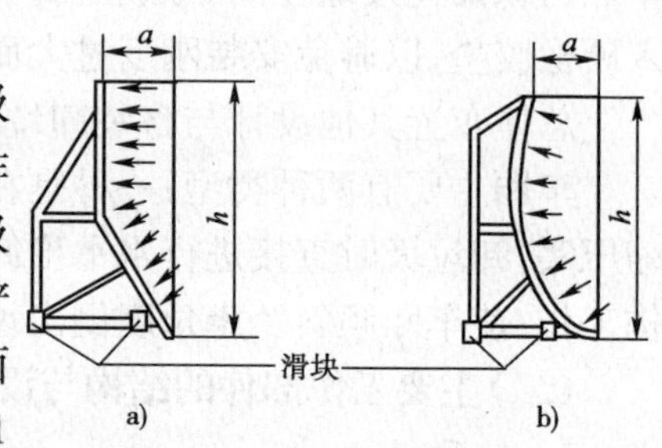

图 4-31　推铲的结构形式

a）折面形；b）曲面形

当推铲将垃圾完全推出车厢时，推铲下端应接近车厢后端下缘并停止运动，为使推铲不脱出车厢，应使推铲尺寸 a 和 h 有如下几何关系：

$$\arctan\frac{a}{h}\geqslant\alpha\tag{4-58}$$

式中：α——车厢后端面斜角，见图 4-29。

推铲周边与车厢内壁间隙一般取值为 15～25mm。推铲下端应装滑块，滑块与厢内专门设置的导轨配合并可在其上滑动。导轨既可减轻推铲运动阻力，又可以导向。导轨在厢内布置主要有中置式和边置式两种。中置式要求导轨与滑块配合精度较高，否则推铲的横向稳定性难以保证，影响使用。

边置式推铲横向稳定性较好，但是布置在厢内两侧的导轨要参与承受车厢的弯曲载荷；当导轨设置在车厢两侧底部时，导轨内及其附近的垃圾不易清除，而且导轨和滑块可能长时间浸泡于污水之中。克服这一缺陷的方法之一就是将导轨适当提高一些，一般导轨下平面距离车厢地板 100～250mm 为宜。

推铲的驱动方式一般有两种，一种是采用多级油缸直接驱动。油缸为水平布置，不仅可获得较高的驱动效率并可简化结构，如图 4-32a）所示。如果油缸水平布置受到纵向尺寸的限制，则可采用斜向布置，如图 4-32b）所示。但是这样布置不仅增加了构件的受力，而且驱

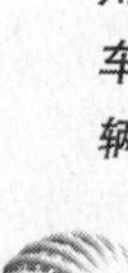

动力的垂直分力作用于导轨上而降低了驱动效率。另一种推铲驱动方式是通过连杆放大机构驱动推铲运动，如图 4-32c）所示。

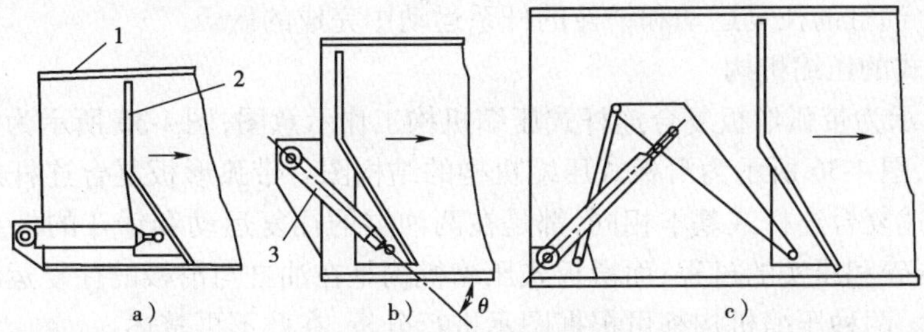

图 4-32 推铲的驱动方式

a）油缸水平布置；b）油缸斜向布置；c）油缸驱动连杆放大机构布置

1-车厢；2-推铲；3-推铲驱动油缸

设计要求车厢垃圾排空时，推铲停留在车厢后端，并且当填装力达到一定值时，推铲方可向前退缩，这样不仅可使车厢内垃圾受到均匀压缩，同时也避免了车厢没有装满。为此，推铲油缸须采用单作用油缸，靠压缩垃圾向前的压缩力，使其推铲回位。

3. 装载厢与压缩填装机构

装载厢总成是由装载厢体和安装在其内的压缩填装机构组成。其作用是将垃圾填装在装载厢内进行压碎压实处理，并将垃圾向车厢内挤压。

压缩填装机构（简称压缩机构）的主要形式有：复合连杆式压缩机构、带弧形板复合连杆式压缩机构、滑板式压缩机构和摆动式压缩机构。

（1）压缩填装机构

1）复合连杆式压缩机构

复合连杆式压缩机构见图 4-33。油缸 1 上端与装载厢体铰接于 A，下端与铲斗 3 铰接于 B。油缸 5 下端与装载厢体铰接于 E，上端与连杆 2、4 同铰接于 D，且 D 只能沿圆弧形导轨 6 运动。连杆 2 的另一端与装载厢体铰接于 C；连杆 4 的另一端与铲斗铰接于 F。其中 A、E、C 为固定铰支点。B、D、F 活动铰支点。

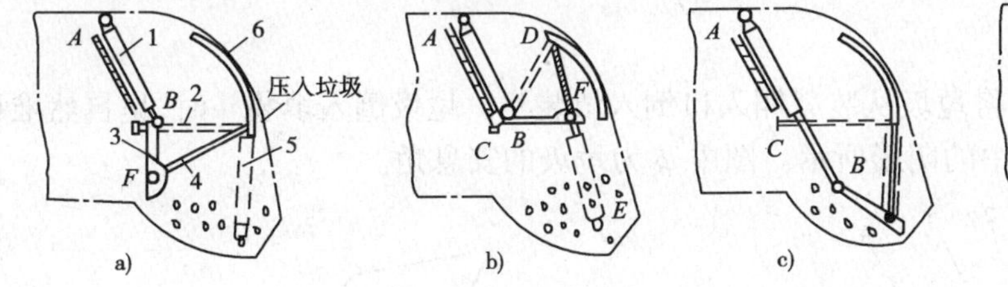

图 4-33 复合连杆式压缩机构工作示意图

a）倒入垃圾；b）铲斗准备压缩垃圾；c）铲斗压缩、运送垃圾；d）铲斗复位

1、5-油缸；2、4-连杆；3-铲斗；6-导轨

在图 4-33 中，状态 a）表示上一次铲斗工作循环结束和新一轮工作循环开始，垃圾已倒入装载厢下腔的填装斗中；状态 b）表示油缸 1 尚未工作，油缸 5 向上伸出，驱动铰支点 D 沿导轨 6 向上作圆弧运动，通过连杆 4 带动铲斗 3 围绕铰支点 B 逆时针旋转 90°，达到图示状态 b）的位置；接着油缸 1 迅速伸出，与此同时油缸 5 向下收回，铲斗迅速下移，压缩垃圾，如状态 c）所示；由状态 c）过渡到状态 d）时，油缸 5 停止运动，铰支点 D 位于下止点不动，油缸

1 向上收回。铲斗在此过程中，不断交换施力方向，促使垃圾进一步破碎、压实。在接近状态 d）时，铲斗施力方向逐渐趋于水平，便于垃圾挤满车厢。整个垃圾的填装、压碎、压实过程，都是在两个油缸的往复运动和铲斗的杆系运动中完成的。

2）其他形式的压缩机构

图 4-34 所示为带弧形板复合连杆式压缩机构工作示意图，图 4-35 所示为滑板式压缩机构工作示意图，图 4-36 所示为滑板式压缩机构的结构图。带弧形板复合连杆式压缩机构的工作原理与上述复合连杆式基本相同，都是在两油缸的往复运动和铲斗的杆系运动中完成垃圾的填装、压碎和压实的过程；而滑板式压缩机构是在油缸与滑板的往复运动和刮板的旋转运动中完成。两种压缩机构都可根据图示进行分析，在此不再赘述。

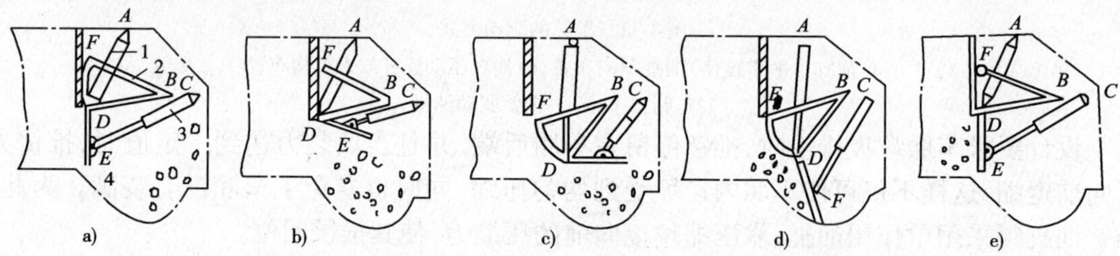

图 4-34　带弧形板复合连杆式压缩机构工作示意图

a）倒入垃圾；b）铲斗上收；c）铲斗弧形板向下压缩垃圾；d）铲斗、弧形板变向压送垃圾；e）铲斗、弧形板复位

1、3-油缸；2-弧形板；4-铲斗

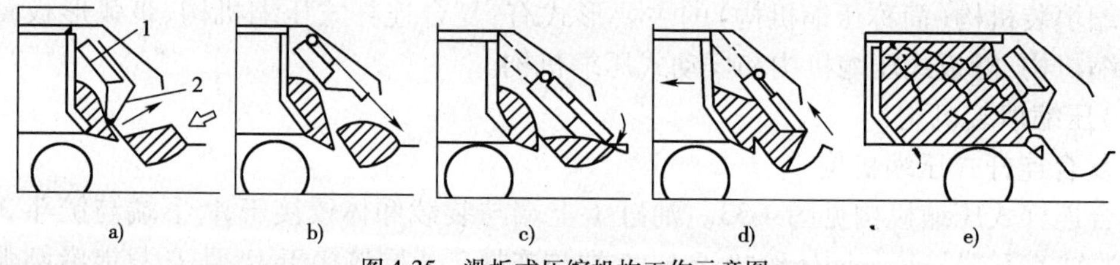

图 4-35　滑板式压缩机构工作示意图

a）倒入垃圾；b）刮板上收；c）滑板、刮板下行；d）滑板上行、刮板变向压送垃圾；e）滑板、刮板复位

1-滑板；2-刮板

（2）装载厢

1）填装斗

装载垃圾时，应先将垃圾从装载厢入口倒入填装斗。垃圾倒入填装斗时，呈自然堆积状态。其截面如图 4-37 中的阴影所示。图中 φ 为垃圾的安息角。

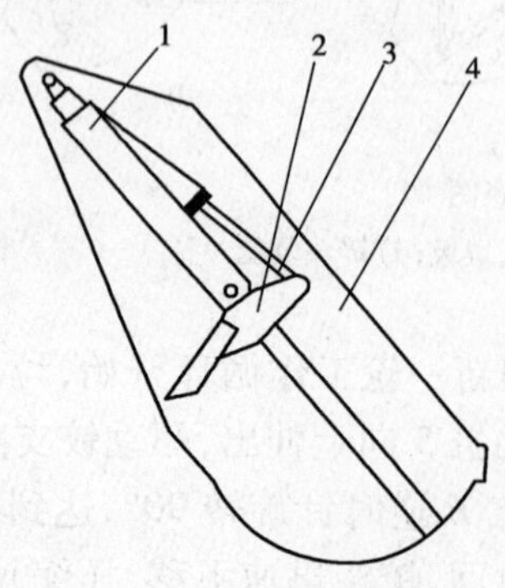

图 4-36　滑板式压缩机构

1-滑板；2-刮板；3-油缸；4-装载厢

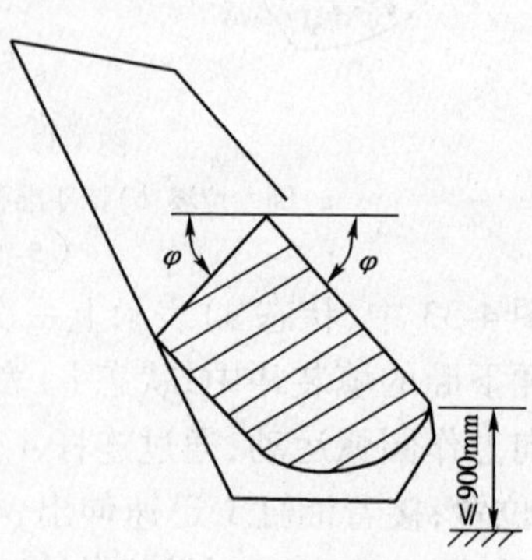

图 4-37　填装斗容积

确定填装斗容积时，应考虑以下因素：

如果垃圾汽车主要用来收集分散垃圾或袋装垃圾，则填装斗可以小些；若主要用来收集桶装垃圾、斗装垃圾或手推车装垃圾时容积应大一些。

此外，填装斗容积还应与车厢容积相适应。大厢小斗将会降低装载效率；小厢大斗则将造成材料和动力的浪费。填装斗容积还应能满足整车总布置和道路条件等要求。

2)装载厢的锁紧

垃圾装载完毕，垃圾对装载厢的反作用力有可能使装载厢向后顶起与车厢分离，导致汽车行驶时装载厢的跳动。所以当垃圾装卸完毕，装载厢落座后都必须将其下部锁紧在车厢上。

最简单的锁紧方法是采用螺栓锁紧，即在车厢后端面的下部安装一个活节螺栓螺母机构。装载厢落座后，把活节螺栓插入装载厢的相应的槽口内，拧紧螺母即可锁紧装载厢。在需要举升装载厢时，先松开螺母，把活节螺栓抽出槽口即可。该机构虽然简单，但操作不便，容易产生误操作。

第二种锁紧方法是采用销、楔或钩子等进行锁紧。活动锁紧件的动作可由单独油缸或气缸驱动。但必须与举升油缸联锁，即开锁—举升，以及落下—锁紧，避免出现误操作。如果利用举升油缸的超前行程来驱动锁紧机构开锁也可以获得同样的效果。

第三种锁紧方法如图4-38所示。它是把装载厢和车厢上端处的铰接设计成销子和长槽的配合。举升油缸的下支座 M 焊接在车厢上；上支座 N 焊接在装载厢侧壁上。

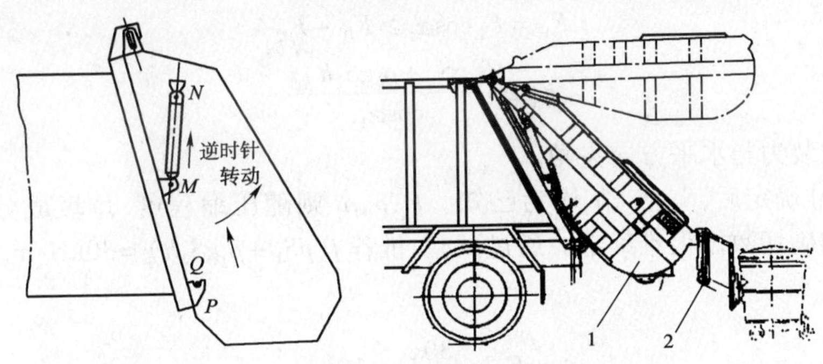

图4-38　装载厢锁紧机构

1-装载厢；2-翻筒机构

①当举升油缸刚伸出的一段时间，由于焊接在装载厢侧壁下端的销子 Q 卡在焊接在车厢上的槽口 P 内，因此装载厢不能离开车厢。结果举升油缸将整个装载厢沿其结合面向上移动。于是，装载厢上端铰接处的销子(固定在装载厢上)从长槽(固定在车厢上)下端逐渐移动到上端。

②一旦锁止的销子 Q 从槽口 P 内脱出，即表示装载厢下部与车厢的锁止解除，装载厢即可在举升油缸的继续作用下，使其上端的销子抵在长槽上，形成可转动的固定铰支点。随着举升油缸继续移动，装载厢绕该销子作逆时针转动，车厢后端即被掀开。当举升油缸回缩时，因装载厢的质心位于油缸支座的后侧(即图中右侧)，因此销子仍然抵在长槽上端，这样装载厢仍绕该销作顺时针回转，落下与车厢结合面贴合。当油缸继续回缩时，装载厢即沿结合面下移，一方面，上端销子下移，失去了转动支点的功能；另一方面，下部锁销 Q 又重新进入槽口 P 内，将装载厢锁住在车厢上，复位结束。

3）填装压缩过程的受力分析

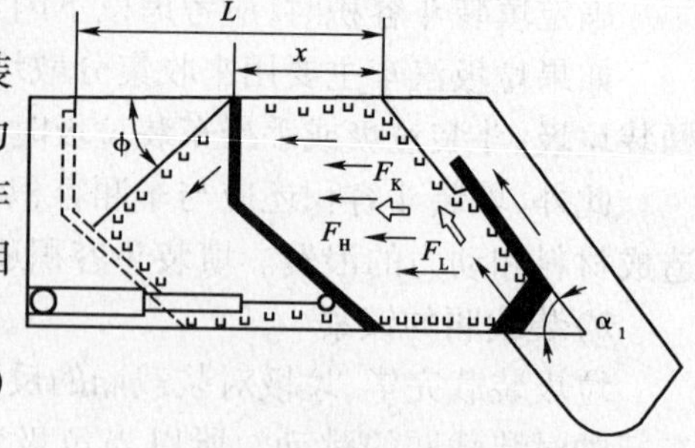

图 4-39　滑板式填装压缩机构的受力分析

现以滑板式填装压缩机构为例，分析垃圾在填装挤压过程的受力情况。如图 4-39 所示，在滑板挤压力 F_L 作用下，受压垃圾向左方移动。与此同时，厢壁作用在垃圾上的摩擦力 F_{f1} 的方向与垃圾移动方向相反，其大小为：

$$F_{f1} = fpS_1 x \tag{4-59}$$

式中：S_1——车厢横截面内壁周长，m；

f——垃圾与壁面的综合摩擦系数；

x——图示的推进长度，m；

p——垃圾的单位膨胀力，N/m²。

阻碍垃圾移动的另外一个阻力是由垃圾的重力引起的，用 F_{f2} 表示，则有：

$$F_{f2} = f\rho_j g S_2 x h \tag{4-60}$$

式中：S_2——近似取车厢的宽度，m；

ρ_j——垃圾密度，kg/m³；

h——车厢高度，m。

若要向前推进垃圾，必须满足下列条件：

$$F_H = F_L\cos\alpha_1 \geqslant F_{f1} + F_{f2}$$

即：

$$F_L \geqslant \frac{f(pS_1 + \rho_j g S_2 h)x}{\cos\alpha_1} \tag{4-61}$$

式中：α_1——填装力与水平方向夹角。

当结构尺寸确定后，S_1、S_2、h 均为已知。F、p、ρ_j 则随压缩程度、垃圾成分的不同而变化，因此它们的确切数据很难确定。通过试验，推荐 $f(pS_1 + \rho_j g S_2 h) = 30\text{kN/m}$。

因此：

$$F_L = \frac{30x}{\cos\alpha_1} \times 10^3 \tag{4-62}$$

如果假设：

$$x_{max} = L$$

式中：L——推铲行程，m。

则：

$$F_{Lmax} = \frac{30L}{\cos\alpha_1} \times 10^3 \tag{4-63}$$

上式仅适用于计算填装角不变时的压缩填装力 F_L。而有些压缩机构，在整个填装压缩过程中填装角 α_1 不断变化，计算最大压缩填装力 F_{max} 时，只需将上式中填装角 α_1 代入最大值 α_{1max} 即可。

对折面形推铲在推卸过程中的最大推力 F_e 可用下式进行计算：

$$F_{emax} = 2F_{Lmax}\cos\alpha_{1max} = 60L \times 10^3 \tag{4-64}$$

计算出最大压缩填装力 F_{max} 和推铲最大推力 F_e 后，可作为液压系统设计时的计算

载荷。

4. 翻桶机构

翻桶机构如图4-40所示，它由油缸1、连杆机构2和挂钩3组成。整个机构直接固定在装载厢入口的横梁上。它在油缸的作用下首先作垂直运动，然后作圆弧运动，来完成挂钩和倾卸垃圾等工作。翻转机构中挂钩在油缸的驱动下作垂直运动—圆弧运动（提桶）—圆弧运动—垂直运动（卸桶）来完成卸垃圾的全过程，运动程序主要是由力矩差形成的。整个连接机构在油缸的驱动下有两种运动可能，一是杆1绕铰支点B旋转，二是整个连杆机构绕铰支点A旋转。图4-39中杆1绕铰支点B旋转的油缸驱动力$F' = GL/L'$，整个连杆机构绕铰支点A旋转的油缸驱动力$F' = GL/a$，由于$a < L'$，所以$F < F'$，这样杆1首先绕铰支点B旋转，其次整个连杆机构再绕铰支点A旋转，即挂钩先作垂直运动实现挂垃圾捅，然后挂钩再绕A点作圆弧运动，实现垃圾倾卸。

返回时原理相同。

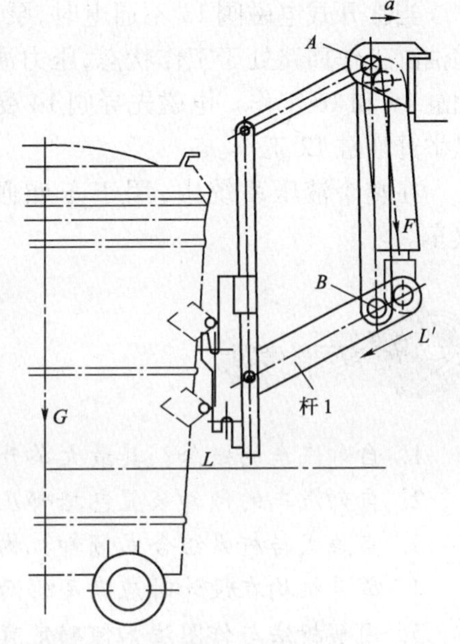

图4-40 翻桶机构

（三）液压系统的设计

后装压缩式垃圾汽车各主要机构的运动均为液压驱动。各油缸运动应按顺序动作，不得出现干涉。图4-41给出了一种后装压缩式垃圾汽车的液压系统图。

图4-41所示的液压系统中，采用了双联高压齿轮泵。其中，1个齿轮泵向压缩填装机构提供动力；另1个齿轮泵向推铲、举升装载厢机构提供动力。通常前者齿轮泵的排量大于后者排量，这样设计能加快填装速度、满足各部分的工况要求。

图4-41 后装压缩式垃圾汽车液压系统图

1-滤油器；2-双联齿轮泵；3、4-单向阀；5-回油滤油器；6-举升机构换向阀；7-调速阀；8-举升油缸；9-多路阀；10-推铲油缸；11-液控单向阀；12-装载厢举升油缸；13-电磁溢流阀；14-电磁先导液控换向阀；15、16-压缩填装油缸

泵 2 输出的压力油，经过单向阀 3 由多路阀 9 控制，分别供推铲油缸 10 和装载厢举升油缸 12 应用。推铲油缸 10 进油口装有液控单向阀 11，以保证推铲油缸只能在当装载厢被举升到最大转角后才能开始工作。

当常开式电磁阀 13 不通电时，泵 1 处于卸载状态。当常开式电磁溢流阀 13 通电时，压缩油缸工作回路处于工作状态，压力油由泵 1 经单向阀，通过双联电磁先导阀 14 驱动压缩油缸 15 和 16 工作。电磁先导阀 14 受电控系统控制。换向阀 6 在多路阀 9 处于中位时，操纵举升油缸 12 工作。

在整个液压系统中，用于车厢倾翻的油缸为举升油缸 8，其工作原理同普通自卸汽车。

1. 自卸汽车的概念？其最大举升角如何确定？
2. 自卸汽车的倾卸装置包括哪几部分？
3. 直推式与杆系组合式倾卸机构各有哪些优缺点？
4. 举升机构在设计时应满足哪两项最基本的要求？
5. 用解析法与作图法如何确定直推式、D 式与 T 式的油缸工作行程？
6. 用解析法与作图法确定直推式、D 式与 T 式的油缸举升力？
7. 简述自卸汽车液压系统有几种？掌握其工作原理。
8. 自卸汽车液压系统选型计算的主要内容有哪些？如何计算？
9. 常见的垃圾汽车有几种？其主要区别是什么？
10. 自装卸垃圾汽车主要由哪几部分组成？其中垃圾桶吊升机构和耙渣机构的作用是什么？
11. 自装卸垃圾汽车液压系统选型计算有哪些？如何计算？
12. 后装压缩式垃圾汽车的专用工作装置有哪些？其与自装卸垃圾汽车的主要区别在哪里？
13. 后装压缩式垃圾汽车推铲的作用？其工作原理如何？
14. 后装压缩式垃圾汽车装载厢的作用及组成？工作原理如何？

第五章 厢式汽车

厢式汽车是指具有独立、封闭结构的车厢或与驾驶室一起构成整体式封闭结构的车厢，装备有专用设施，用于运载乘员或货物或承担专门作业的专用汽车。

厢式汽车与普通汽车相比，具有卫生条件好、运送货物安全、完好等优点，因此在国内外得到广泛应用。

厢式汽车的类型很多，具体分类如下：

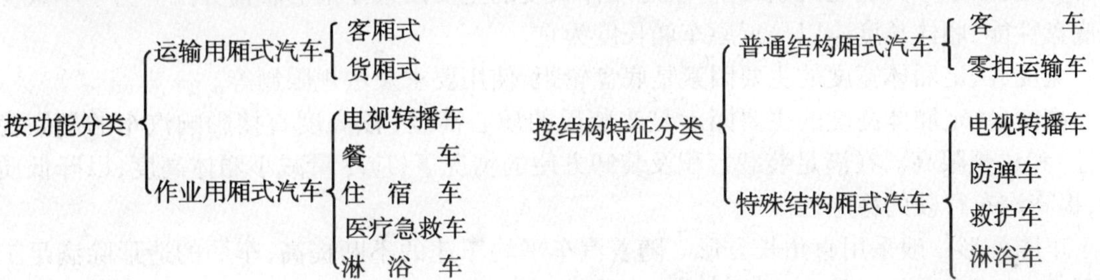

第一节　厢式零担运输汽车

一、总体结构与设计

根据结构不同，目前的厢式零担运输汽车可分为两大类，一种是在二类货车底盘基础上，安装一个独立封闭的车厢而成，如图 5-1a) 所示；另一种则是专门设计制造的厢式零担

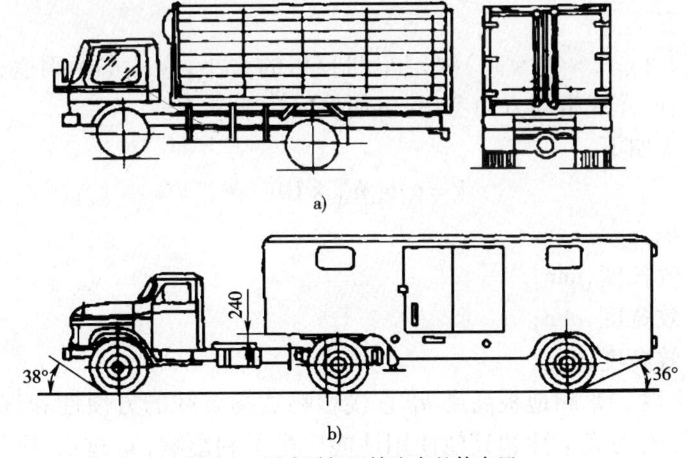

图 5-1　厢式零担运输汽车整体布置

a) 平头厢式零担运输汽车；b) 长头厢式零担运输半挂车

运输半挂车,如图 5-1b)所示。

厢式零担运输车主要用于轻泡货物以及零担货物的中长距离运输,车厢为典型的全封闭式结构。根据需要,车厢一般设置有后门或侧门,厢内装有通风、采光和信号联系等设施,车厢具有良好的防雨、防晒、防尘、防盗等功能。

车厢厢体由顶盖、底架(包括副车架纵梁、横梁)、前围、后围(后门框)、左右侧围六大块组焊而成。

1. 厢体布置应遵循的原则

(1)质心高度应满足 GB 7258—2004 的规定,车辆在静态空载条件下,侧倾稳定角不小于 35°。

(2)改装后最大总质量不应超过原车型的允许最大总质量,轴载质量不应超过原车型最大轴载质量的 3%。

(3)厢体应有足够的内部高度和宽度,以便于装卸作业及集装容器的运输。

2. 厢体尺寸

长度:在原二类底盘的基础上,决定厢体长度的主要因素是前后轴荷分配。为了不改变原底盘性能,厢体长度应以接近原车厢长度为宜。

宽度:决定厢体宽度的主要因素是底盘轮距、使用要求及法规限制等。

高度:决定厢体高度的主要因素是改装后的质心高度(该高度直接影响汽车的翻倾稳定性)和法规限高。在满足装载容积及装卸方便的情况下,应尽量减小厢体高度,以降低质心,提高汽车行驶的稳定性。

车厢外形一般采用直角长方形。随着汽车平均车速的不断提高,车厢的造形除满足工艺要求、美观大方等以外,应尽量减小车厢的外廓尺寸,以减小空气阻力。

车厢与底盘的连接通过副车架进行过渡,一般采用连接支架与 U 形螺栓相结合的连接方式。为了连接牢固与改善受力情况,一般应在连接部位的底盘纵梁和车厢纵梁槽钢开口内加衬垫木,在靠近消声器处因温度较高,为安全起见,可加衬钢板。

二、车厢结构与设计

(一)车厢尺寸参数的确定

(1)影响车厢外廓尺寸(长×宽×高)的因素如前所述,该尺寸应在厢式零担运输车总体设计阶段予以确定。

(2)车厢内框尺寸(长×宽×高)决定车厢容积的大小,应从车辆用途、装载质量、货物密度以及包装方式、尺寸规格等方面考虑,以便提高运输效率。

车厢容积计算式如下:

$$V = l_{x1} b_{x1} h_{x1} \times 10^{-9} \tag{5-1}$$

式中:V——车厢容积,m^3;

l_{x1}——厢内有效长度,mm;

b_{x1}——厢内有效宽度,mm;

h_{x1}——厢内有效高度,mm。

(3)车厢地板高度。车厢地板高度 h_b 直接影响货物装卸的方便性和汽车质心的高度。h_b 过高,则对车辆行驶的稳定性和其他使用性能产生不利影响;h_b 过低,则将使轮胎与地板下平面发生运动干涉的机会增加,这也是不允许的。影响车厢地板高度的主要因素有:轮胎直径、道路条件、悬架动挠度以及车辆空载时轮胎与地板下平面之间预留的空间等。设计时该预留空间一般取 230mm 左右。

(二)车厢结构与设计

1. 车厢的骨架

骨架是支撑车厢、连接内外蒙皮的支撑构件。骨架的结构形式、材料种类、截面几何形状等都对车厢强度、刚度以及车厢自重影响很大,在材料截面积相等和壁厚不变的条件下,管形截面的抗扭刚度最佳,箱形截面次之,开口截面最差。

骨架结构设计除了满足车厢要求以外,还要考虑内外蒙皮装配的工艺性和车厢骨架的系列化设计,以提高内外蒙皮、底架、门框(扇)等零部件通用化系数,缩短设计和制造周期,降低生产成本。

车厢骨架一般都设计成“井”字形的矩形框架结构;为了节约材料、减小自重,对于受力较小的顶盖可以设计成“米”字形框架结构。在制造工序上,首先组成车厢的六大块,分别加工为骨架分总成,然后将这六大块骨架分总成焊接成一个完整的车厢骨架。

底架是整个车厢的安装基础,一般底架的纵梁和横梁均采用槽形截面,并且两者采用纵横搭接的结构,以提高底架的强度和刚度,图 5-2 为车厢底架结构。

设计时,底架纵梁间距 B 应与所选底盘车架的纵梁间距相等,以便安装。

底架各横梁的纵向位置应根据汽车后轴轴线位置确定。与后轴轴线相邻的两横梁要满足轮胎跳动,避免运动干涉的要求,因此间距要比其他横梁间距大,一般取 1 000mm 左右,其他横梁间距取 500 ~ 700mm。为了减轻自重,一般将横梁两端的截面做成变截面,即由两端小过渡到中间大。在与纵梁连接处,有的结构采用局部加强措施,使槽形截面成为箱形截面。

目前出现的无骨架式车厢采用高强度的“铁塑夹层板”作为车厢的壁板,同时兼有骨架和蒙皮的作用,从而大大减轻车厢的自重,简化了制造工艺。

2. 蒙皮

蒙皮本身是薄壁板件,通过一定形式的连接(如铆接、焊接、粘接等),将其固定在骨架的框架面上,成为车厢的内外表面。每块蒙皮的大小、形状是根据骨架的结构与板料尺寸规格确定的,蒙皮之间应留有 15mm 左右的搭接量,这一方面是结构上的需要,另一方面可借此补偿骨架和蒙皮本身的尺寸误差。

外蒙皮通常采用 0.8 ~ 1.5mm 厚的薄钢板,但也有采用铝合金板或玻璃钢板,非金属蒙皮厚度为 2 ~ 3mm。为了提高蒙皮的刚度,往往事先在薄板上压制成截面形状各异的加强筋(图 5-3)。从提高刚度考虑,弧形最佳,其次是三角形和矩形。

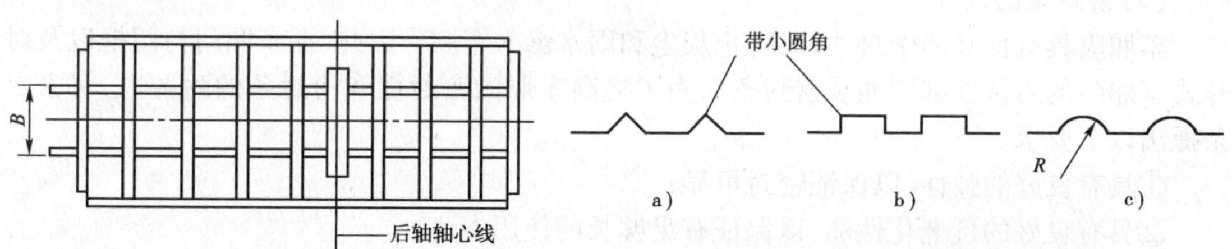

图 5-2 车厢底架结构

图 5-3 外蒙皮的截面形状

a)三角形断面;b)矩形断面;c)弧形断面

车厢内饰一般采用人造夹层板制作,以减轻车厢自重。由于人造夹层板较厚,故不能采用像外蒙皮那样的搭接方式，而应采用对接方式，并采用装饰压条进行封口。由于压条较宽，故可放松对接缝的要求，一般允许有小于3mm的间隙存在。另外，也可在人造夹层板的表面粘贴铝塑板，这样可以不使用压条。采用人造夹层板的车厢内饰，必须要考虑其防护问题，一般在其外表面敷盖一层压制有加强筋的内蒙皮。为减轻质量，可将内蒙皮制成条状，从上至下间断布置。

3. 门、窗、密封条及门梯的设计

(1)车厢门的设计

车厢一般设置后门，这样有利于货物的装卸和交通安全。对于较长车厢还应考虑增设侧门。在不便或不能打开后门的场合，可利用侧门进行装卸作业。

车厢门的形状一般采用矩形平面结构。车厢后门及门框通常占据整个车厢后围，并且门可以转过270°，与车厢外侧壁相叠，这样开门不占空间，方便装卸，有利于在狭窄作业地点工作。

后门开启方式有单开式和对开式两种。单开式后门开启时扫过的空间大、操作不安全，门框受力集中，结构不合理。但厢门开启、关闭机构简单、可靠；左右对开式后门设计较合理，它克服了单开式的缺点，是广为采用的后门开启方式。

侧门宽度一般在1 200～2 000mm内选取。根据我国交通法规，侧门一律在车厢右侧。侧门中心线与车厢前端的距离应为车厢总长的1/2左右。车厢门的开启角度见表5-1。

车厢门开启角度 表5-1

门的名称	门的形式	开启角
后门	对开式	270°
	单开式	
	上掀式	90°
侧门	对开式	180°
	单开式	
	上掀式	

(2)车厢窗的设计

为了便于驾驶员能直接观察到车厢内的情况，一般在车厢前围适当的地方开设固定式的玻璃窗，设计时应注意使窗口的位置正好与驾驶室后窗相对应。窗内应设置防护装置，以免货物撞坏玻璃。

车厢还应设置供厢内空气循环的通气孔，该孔一般设置在车厢的顶部，设计时应使该孔具有良好的防雨、防淋、防尘等功能。

(3)密封条的设计

车厢应具有良好的密封性，以防止灰尘和雨水渗入车厢。因此，在车厢门与门框以及对开式车厢门的对接处都应加装密封条。为了提高车厢的密封性和密封条的耐久性，对密封条提出以下要求：

①具有良好的弹性，以保证密封可靠；

②具有良好的抗老化性能，以保证有足够长的使用寿命；

③具有良好的耐候性，即在－40～50℃的温度范围内，均能保持良好的使用性能：

④具有良好的机械强度和耐磨性；

⑤便于成形和装配。

根据以上要求，目前常选用如 VAG4-543-67 黑色橡胶作为密封条，该黑色橡胶的硬度 $H_0=60$，工作时的环境温度为 $-40\sim60$℃，耐老化，基本上能满足以上要求。另外，目前有多种不同断面结构的成形密封条，可供设计时选用。

(4)门梯的设计

由于车厢底板距离地面约有 1000mm 左右，为便于装卸货物，通常在车厢门的下部装有门梯。门梯的形式有两种，一种为活动式，即由普通钢管焊接而成的门梯，平时放置在车厢下部的滑槽内，使用时将其拉出，下端支承在地面上；另一种为固定式，即将门梯直接固联在车厢门的下部。固定式门梯因其结构简单、使用方便，不受地面情况的影响，故使用比较普遍。

第二节　冷藏保温汽车

冷藏运输，是应用制冷技术和专用设备，使易腐食品在整个运输过程中均处于食品适宜的环境条件（温度、湿度和通风状况）下，从而避免食品在运输过程中变质受损。冷藏运输可分为陆上、水上和空中运输。陆上冷藏运输主要是铁路运输和公路运输，公路冷藏运输的重要工具即是冷藏保温汽车，用来运输易腐的和对温度有特定要求的货物，主要为食品。

一、冷藏与冷藏运输的概念及制冷方式

（一）冷藏保温汽车的定义与分类

保温汽车是指装有隔热车厢而未装有任何制冷或加热装置，用于短途保温运输的专用汽车。冷藏汽车是指既装有隔热车厢，又装备有制冷装置，用于冷藏运输的专用汽车。保温汽车的专用装置仅为隔热车厢，冷藏汽车的专用装置除隔热车厢外，还有制冷装置或加热装置。冷藏汽车适于长距离、环境温度变化范围大以及适温范围较窄的易腐货物的冷藏运输。

冷藏保温汽车可按以下方式分类：

(1)按制冷装置的制冷方式分为机械冷藏汽车、液化气冷藏汽车、冷板冷藏汽车、干冰冷藏汽车、水（盐）冰冷藏汽车。

(2)按隔热车厢总传热系数 K 分为：普通隔热型车厢的冷藏汽车 $0.4<K\leq0.7$ (W/m^{2}K)强化隔热型车厢的冷藏汽车 $K<0.4$ (W/m^{2}K)。

（二）易腐食品的冷藏与冷藏运输

1. 易腐食品的定义及冷藏

在一般的贮藏或运输条件下，易发生腐烂变质的食品称为易腐食品。易腐食品分为动物性和植物性两种。例如：肉类、鱼类、蛋类和乳类等均属动物性易腐食品，而各种蔬菜水果则属植物性易腐食品。

食品变质主要有三种途径：由物理原因引起的脱水、干硬；由化学作用引起的氧化变色、变味、变质；由微生物（如细菌、霉菌和酵母菌等）活动引起的霉变腐烂以及综合作用所致。实践证明：微生物的侵袭是造成食品变质的主要原因，而微生物的活动能力与温度有很大关系。通常，当温度在 $25\sim35$℃时，食品腐烂得最快，随着温度降低，微生物活动能力受到抑制，腐烂进程随之减弱。

在一定时间内，防止食品变质的方法有：脱水法（如食品的干制、盐渍和糖渍等）、罐装法（食品高温消毒后密封在罐装容器内）和冷藏法（降低食品温度抑制微生物活动）。

冷藏法又可分为冷却和冷冻两种。冷却是将易腐食品的温度降低到4～0℃(对于某些蔬菜、水果还应略高于此温度),使食品保鲜。冷冻则是将食品温度降低到0℃以下,使食品内部水分结冰,由此微生物活动受到严重抑制或基本处于停顿状态,从而达到保鲜目的。一般将食品在-25℃以下速冻,然后在-18℃以下的温度贮藏,这样能保持相当长时间而不变质。

2. 食品的冷藏条件

用冷藏(冷冻)法储运易腐食品时,温度是主要条件,应该保证。但湿度的高低、通风和卫生条件的优劣对食品的质量都有直接的影响,而且温度、湿度、通风、卫生4个条件具有对立与统一的关系。

温度是易腐食品保鲜最重要的条件,而湿度、通风、卫生条件也是保鲜食品的重要影响因素。实践证明,在整个储藏、运输过程中不间断地使用冷藏法是迄今为止防止易腐食品变质的最佳方法,因此得到了广泛的应用。

为防止易腐食品变质,通常将易腐食品从生产加工、储藏运输,一直到销售分配等各个流通环节均处于合适的冷藏温度之中,称为食品的冷藏链。

冷藏运输是冷藏链的重要一环。它是应用制冷装置及其他设备,使易腐食品在整个运输过程中处于适宜环境之中,以免食品在运输途中变质受损。所谓适宜环境是指具体被运输货物对车厢内的温度、湿度的具体要求并保持厢内良好的通风。

主要易腐食品储运适温见表5-2。

主要易腐食品储运适温 表5-2

品名		适温(℃)	品名		适温(℃)
冷冻食品	冷冻鱼类	-18～-15	新鲜水果类	葡萄	1～4
	冷冻鸡肉	-18～-12		苹果	3～6
	冷冻牛肉	-18～-12		樱桃、西洋梨	4
	冷冻猪肉	-18～12		甜瓜、梨、李子	4～7
肉类	鲜羊肉	1～6		柑桔、桃、菠萝	10
	鲜猪肉	2～5		柠檬	12～14
	鲜牛肉	3～6		香蕉	13～16
	鲜火腿	3～6	新鲜蔬菜类	西洋蘑	0～2
	蛋	3～7		龙须菜	4
	腊肉、腊肠	4～8		萝卜、豌豆、菜花	4～7
	咸火腿、熏腊肉	15～18		白菜、莴苣、芹菜	4～10
乳制品	人造奶油	1～2		菠菜、土豆	7～16
	炼乳、干酪	4～7		洋葱	10～16
	黄油	7～10		甘薯、南瓜	12～16
鱼贝类	鲜油、牡蛎	0～2		西红柿	12～21
	熏鱼类	4～7	糖果类	巧克力、糖果	20～21
				蜂蜜	7～10

(三)冷藏汽车的制冷方式

对冷藏汽车来说,制冷装置所采用的制冷方式以及对厢内温度调控是其关键的环节。

固体和液体冷却装置用得较早,冷却剂由水冰、含盐水冰发展到干冰和液氮以及能在低温下汽化的其他固体、液体。当制冷机运用于运输工具时,出现了机械制冷式冷藏汽车。随着制冷技术的发展,又出现了蓄冷板冷藏汽车。与此同时,对厢内湿度的调节控制技术也有了很大的发展。

1. 固体制冷

固体制冷的工作原理是利用固体在液化或汽化(升华)时的吸热作为制冷方式。常用的制冷固体有水冰、盐冰和干冰。

(1)水冰及盐冰制冷

在大气压力下,冰的融点为0℃。冰融化时的吸收潜热约为80kcal/kg,即335kJ/kg。在水冰中添加盐类可降低其融点。在一定范围内,水冰中盐的成分越多,则融点越低。实验证明,当加入食盐的质量为水冰质量的29%时,其混合物的融点可达到最低值-21.2℃。若再增加盐分,则融点不再下降。通常是根据冷藏货物的运输适温来选择不同成分的盐冰。例如采用含盐量为22%的盐冰,车厢内温度可保持在-13~-11℃。

水冰(包括盐冰)的需要量可按下式计算:

$$G = \alpha \frac{KFt\Delta T}{\gamma} \tag{5-2}$$

式中:G——冰的理论需要量,kg;

K——车厢总传热系数,W/(m^2. K);

F——车厢传热面积,m^2;

ΔT——车厢内外温度差,K;

t——运输时间,包括装卸时间,s;

γ——冰的融化潜热,J/kg;

α——热损失系数,一般取1.1~1.5。

系数α是考虑到运输途中开门换热,太阳辐射等引起的损失。

水冰制冷装置投资少,运行费用低,但吸热量较小,车厢内降温有限。此外盐冰融化后会污染环境、食品,腐蚀车厢并使货物受潮。

(2)干冰制冷

在一个大气压力下,干冰(固态CO_2)的升华温度低(-78.9℃),升华吸热量大(汽化潜热为137kcal/kg,即573.5kJ/kg),CO_2气体的比热为0.2kcal/(kg·℃),从-78.9℃至0℃,每千克的干冰可吸热为153kcal,约为水冰的2倍。干冰的比重比水冰大,其单位体积的冷却能力约为水冰的3倍;故将它作为车厢冷源,不仅可以获得较低温度(一般低于-20℃),而且可获得较大的制冷量。

冷藏运输的干冰需要量也可按式(5-2)计算,式中γ可近似取为628kJ/kg。

干冰制冷装置简单、投资和运行费用较低、使用方便、货物不会受潮。干冰升华产生的CO_2气体能抑制微生物繁殖、减缓脂肪氧化以及削弱水果蔬菜的呼吸。但是,干冰升华易引起结霜;CO_2气体过多则将导致水果、蔬菜等冷藏物呼吸困难而坏死;厢内温度调节困难;干冰成本较高,且消耗量较大,故实际应用较少。

2. 冷板制冷

冷板制冷原理就是利用蓄冷剂冷冻后所蓄存的冷量进行制冷。运输前先将厢内冷板中的蓄冷剂进行“充冷”,使其冷却冻结,然后在运输途中利用冷板中的蓄冷剂融化吸热,使厢内温度保持在运输货物的适温范围内。故将冷板又称“蓄冷板”或“热电池”。

冷板制冷装置的结构形式分为整体式和分体式。整体式的动力装置、制冷机组和蓄冷板等，均置于车上；分体式在车上仅装有制冷机组和蓄冷板。停车时，利用固定动力装置驱动制冷机组对蓄冷板“充冷”。实际应用中多采用后者。常用蓄冷剂均为低融点共晶溶液，其融点通常比厢内适温低10℃左右。当运输货物的适温改变时，则所选用的共晶溶液成分也要随之改变。

冷板制冷装置较机械制冷装置结构简单，易于操作维修，投资和运行费用也较低，并且分体式装置在运输时没有噪声和污染，厢内货物干耗也较少。其缺点是冷板易被腐蚀，使用寿命一般约为5年。冷板装置本身较重、体积较大，占据了车厢的一定容积，而且冷板“充冷”一次仅可持续工作8～15h。因此冷板制冷适用于中、轻型冷藏汽车的中、短途运输，近几年来，随着能源和环境污染问题日益突出，冷板制冷的应用发展较快，已成为仅次于机械制冷的制冷方式。

3．液化气体制冷

液化气体制冷是利用液化气体汽化时吸取的汽化潜热来制冷的一种方式。常用的液化气体有液氮、液氨、液态二氯化碳（CN_2）等。

在标准大气压力下，液氮的沸点为－196℃，汽化潜热为47.6kcal/kg，即200kJ/kg。氮气的比热为1.05kJ/（kg·℃），因此每千克液氮汽化并升温至－20℃时，所吸收的热量约为385kJ；液氮沸点低，而且是制氧的副产品，因而得到了较广泛的应用。

液氮制冷装置结构简单、工作可靠，无噪声和污染；液氮制冷量大、制冷迅速，适于速冻。液氮汽化不会使厢内受潮，并且氮气对食品保鲜、防止干耗均有好处。此外，液氮制冷控温精确（±2℃）。但是液氮成本较高，需经常充注，氮气太多也不利于水果蔬菜的正常呼吸，因而推广受到一定限制。

4．机械制冷

机械制冷方式有：蒸气压缩式、吸收式、蒸气喷射等。目前以蒸气压缩式应用最为广泛。下面介绍其制冷的工作原理。

在一定的压力下，液体达到某一温度（沸点）就会沸腾。液体沸腾时，吸收汽化潜热而产生相变，转变为饱和蒸气。在同一压力下，不同液体的沸点和汽化潜热是不相同的，如在一个大气压力下，水的沸点为100℃，汽化潜热为2 256.7kJ/kg，而氟利昂12（R12）的沸点为－29.8℃，汽化潜热为167.27kJ/kg。凡用于沸腾制冷的液体称为制冷剂或制冷工质。在制冷技术中，制冷剂的沸腾称为蒸发，其沸点称为蒸发温度，沸腾制冷则称之为蒸发制冷。蒸汽压缩式制冷属于蒸发制冷。将制冷剂置于一个封闭系统中，液态制冷剂在蒸发器中汽化吸热制冷，在冷凝器中放热并重新冷凝成液态，在压缩机的驱动下，制冷剂不断地循环工作。

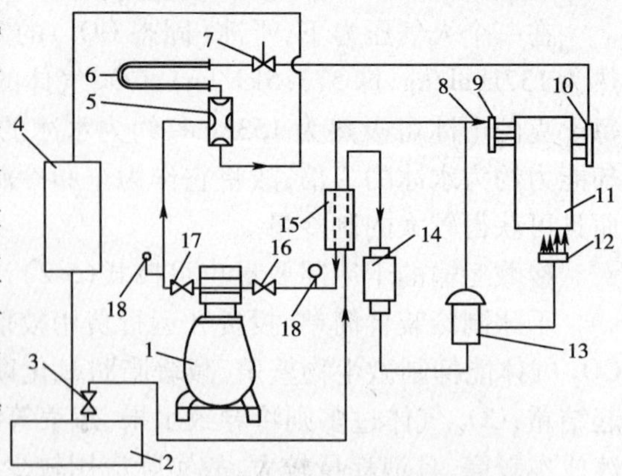

图5-4　典型的可逆制冷装置工作示意图

1-压缩机；2-储液罐；3-O形开关阀；4-冷凝器；5-四通开关；6-绝热器；7-电磁开关；8-灵敏插头；9-集温器，10-保温器；11-蒸发器；12-分配器，13-温度调节阀；14-滤清器；15-热交换器；16-进气阀；17-增压阀，18-气压计

图5-4为一典型的可逆的制冷装置工作示意图，该装置可使车厢降温，亦可使之升温。

制冷时，压缩机1通过热交换器15吸入从蒸发器11来的制冷剂气体，并将气体压缩后通过四通开关5送入冷凝器4。冷凝器表面用冷空气冷却，使高压的制冷剂气体放热后，变为液体。液态的氟里昂从冷凝器4进入储液罐2，又进入热交换器15，在此制冷剂液体再次冷却，使剩余气体放热变为液体。完全冷却的液态制冷剂再经过滤清器等，进入蒸发器。通过蒸发器的制冷剂液体，因空间增大，压力下降而迅速膨胀、蒸发，吸收大量的热量，变成低压低温的制冷剂气体，向周围散发冷气，保持车厢内低温。

加热时，改变四通开关5的位置，从而改变气路，使热的气态制冷剂不进入冷凝器，而经绝热器6、电磁开关7直接进入蒸发器，然后经集温器9、热交换器15和进气阀16，再回到压缩机1即可实现加热循环。

机械制冷装置其厢内温度可实现自控调节，调温精确、可靠，调温范围宽，能适应各种不同冷藏货物的运输。尽管机械制冷装置存在结构复杂、购置及运行费用较高，运转噪声大等问题，但迄今为止，机械制冷仍为一种可靠、有效的制冷方式。

二、冷藏保温汽车的总体结构与设计

冷藏汽车主要由汽车二类底盘、隔热车厢、制冷机组等组成。汽车底盘的吨级一般根据装载货物的质量以及隔热车厢的有效容积确定。根据采用制冷装置的不同，冷藏汽车主要可分为机械冷藏汽车、冷板冷藏汽车、液氮冷藏汽车。根据采用的制冷方式不同，冷藏汽车的总体结构与布置形式也有所不同。

1. 机械制冷冷藏汽车的总体结构与布置

机械制冷冷藏汽车的整车布置主要取决于选用的制冷机组结构形式及制冷机组主要部件（动力装置、压缩机、冷凝器和蒸发器等）的安装位置。按是否自带动力装置，制冷机组可分为独立式（自带动力装置）和非独立式（不带动力装置）两种。独立式制冷机组的动力装置多采用内燃机或电动机。其中，有的独立式制冷机组仅有一种动力装置；有的则既装有内燃机又装有电动机，以其中的一种为主，另一种作为备用，以提高制冷机组的工作可靠性。

非独立式制冷机组本身虽无动力装置，但是可以方便地利用汽车发动机作为动力装置。其取力方式一般有两种途径：一种是利用皮带传动，直接从发动机前端取力；另一种是利用变速器的取力口，从中间轴或倒挡轴上通过齿轮传动取力。

按动力装置、压缩机、冷凝器和蒸发器四大部件的安装位置不同，制冷机组又可分为整体式和分体式两种。四大部件组装成一体，称整体式；四大部件按其需要分别安装在冷藏汽车的不同部位，彼此用管道相连，则称分体式。无论是整体式还是分体式，动力装置总是与压缩机安装在一起，并用皮带传动机构驱动压缩机工作。

整体式机械冷藏汽车的外形如图5-5所示。

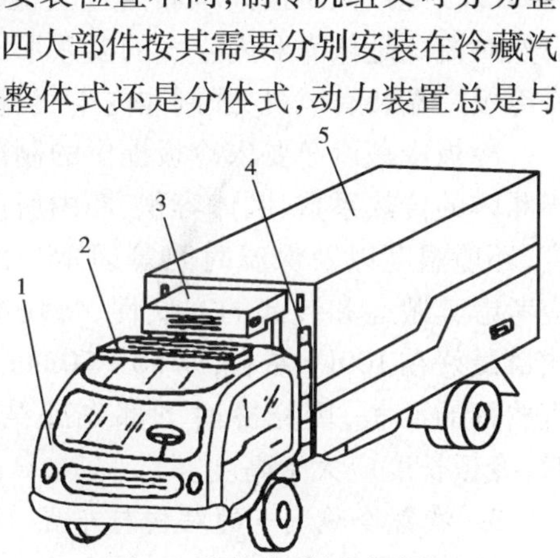

分体式机械冷藏汽车按冷凝器的位置可分为顶置式、前置式和下置式3种。顶置式和前置式的冷凝器处于汽车的迎风位置，冷凝效果好，但与下置式比较其整车质心位置变高。下置式的冷凝器散热片间易进入飞尘，影响冷凝效果。此外冷凝器布置在汽车车架纵梁的外侧也比较困难。分体式制冷机组比整体式的制冷量要小，一般主要用于轻型或微型冷藏汽车。

图5-5　整体式机械冷藏汽车

1-底盘；2-工作平台；3-制冷机组；4-工作梯；5-隔热车厢

分体式机械冷藏汽车的蒸发器一般布置在隔热车厢内前壁中上方，但也有根据需要布置左(右)上方的。

2. 冷板冷藏汽车的结构与布置

冷板冷藏汽车是利用冷板制冷。冷板结构如图5-6所示。图中冷板为板状金属密封容器1，其内装有供蒸发用的金属盘管3，盘管和板内壁之间充满了蓄冷剂2(蓄冷剂为低融点共晶溶液)。充冷时，制冷机压缩盘管内的氟利昂循环制冷，使蓄冷剂冻结而蓄存一定冷量，然后在运输途中依靠冷板中的蓄冷剂不断融化，释放冷量，以保持厢内温度一定。

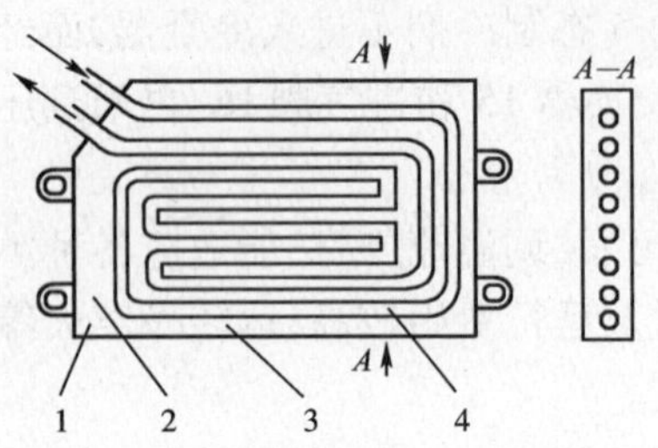

图5-6 冷板结构示意图

1-金属容器；2-蓄冷剂；3-蒸发盘管；4-制冷剂

冷板的数量和布置主要取决于车厢容积的大小。微型冷藏汽车一般仅在厢内前壁安装一块冷板；轻型冷藏汽车需装2~3块；中型冷藏汽车需装3~5块；重型冷藏汽车则不少于6块。当厢内采用2块以上冷板时，厢内两侧壁安装的冷板应该对称布置。冷板冷藏汽车按其是否自带制冷装置，可分为独立式和非独立式两类。

(1)独立式冷板冷藏汽车

独立式冷板冷藏汽车在车厢内除装有冷板外，还装有对冷板进行"充冷"的制冷机组。需要时，仅需接通地面上的电源，即可自行对冷板进行充冷。制冷机组一般布置在车架纵梁左外侧，如图5-7所示。若此处不便布置，亦可将制冷机组布置在车厢前壁外上方。

(2)非独立式冷板冷藏汽车

非独立式冷板冷藏汽车本身不带制冷机组，需依赖地面制冷机组对冷板进行充冷。因此冷板内的蒸发器盘管必须将其接口布置在车厢右侧，以便与制冷机组的接口相接进行制冷。

一般来说，对于运距较长、地面配套服务设施不全者，宜采用独立式；反之，采用非独立式。

冷板冷藏汽车按其车厢内空气流动方式不同，可分为自然对流式和强制通风式两种。自然对流式是依靠厢内空气的温差形成自然对流，促使厢内温度逐渐趋于均匀；强制通风式是冷板一端装有风机，强制厢内空气流动，加速厢内温度趋于均匀，见图5-7。

冷板冷藏汽车要求冷板提供的制冷量取决于厢体的传热系数、厢体容积、厢内所需冷藏温度、环境温度以及保温时间等因素。冷板设计应考虑其搬运和装卸的方便性，每块冷板最大质量最好在100kg左右，厚50~70mm。对于竖直放置的冷板，因充冷时下部先冻结，故设计时，冷板长度应大于高度。

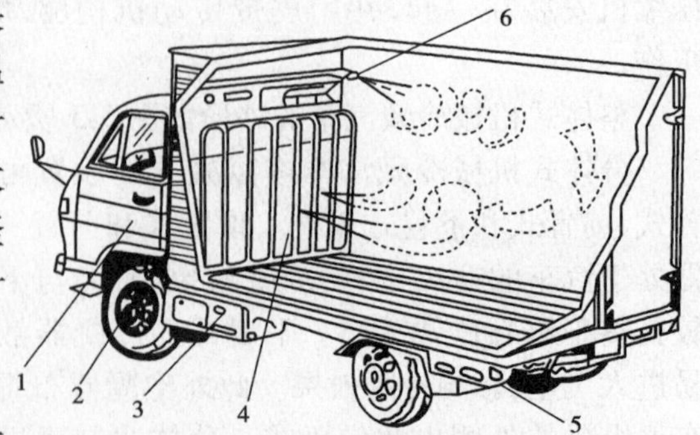

图5-7 独立式冷板冷藏汽车

1-底盘；2-隔热车厢与连接装置；3-制冷机组；4-冷板；5-电源接线箱；6-通风装置

3. 液氮冷藏汽车的结构与布置

液氮冷藏汽车主要是由汽车底盘、隔热车厢、连接装置和液氮制冷装置等组成。

液氮冷藏汽车的总体布置方式主要取决于

液氮罐的大小和安装位置。轻型液氮冷藏汽车的液罐较小,因此,液罐往往安装在厢内,竖装液罐多装在厢内前侧;横装液罐多装在厢内前壁上方。液罐布置在厢内,其优点是结构紧凑、安装方便。但是,罐体占用了一部分厢体装载容积。中、重型液氮冷藏汽车的液氮罐尺寸较大,通常安装在车厢下面的汽车纵梁上,液氮罐在纵梁上的布置又可分为纵置式和横置式两种。

图5-8是一液氮制冷系统原理图,车厢内装有钢制液氮容器8,容器上有真空—粉末材料形成的隔热层。液氮经电磁阀3进入位于车厢上部的喷雾集管1,氮雾喷出时便吸收大量的热。电磁阀由调温器6控制,调温器接受温度传感器2的信号,因此调节调温器可使厢内温度保持在所需的温度范围内。充填口用来添加液氮。调温器6和充填口7均设在车厢外的控制箱上。控制箱还装有仪表盘及各种阀类,上面装有各种控制和显示仪表。氮雾从喷雾集管喷出时体积迅速膨胀,会使厢内空气得到强烈搅拌,因而厢内温差较小。

当液氮喷淋汽化后,其体积迅速膨胀到原来的约650倍,倘若厢内汽化的氮气不能及时排出厢外,则厢内气压将迅速上升,导致厢体变形、厢门被推开等故障发生。因此在控制器内设有安全通气阀,其作用就是当厢内的气压上升到规定值时,通气阀可自动打开排气、减压,避免发生以上故障。控制器内还设有液氮紧急关闭阀,与车门联动,车门开启,阀门关闭,切断液氮喷淋管,并使传感器不能发出信号,以保证工作人员安全。

图5-9为一液氮冷藏汽车的总体布置图。液氮容器1卧装在底盘左侧,气体控制箱2安装在液氮容器正前方,温度控制箱4装于车厢前壁的左上侧,温度传感器5装于厢内顶部,温度调节器3装在驾驶室内,操作者可在驾驶室内直接控制液氮系统的工作。液氮喷淋部件由喷淋管8、电控调节阀9与紧急停止阀7组成。紧急停止开关装于厢门侧旁,与厢门联动。当厢门打开时,通过紧急停止开关使电控调节阀9关闭,整个系统的制冷暂时停止。安全通气阀6装于车厢后门,以保证厢内气压不超过规定值。

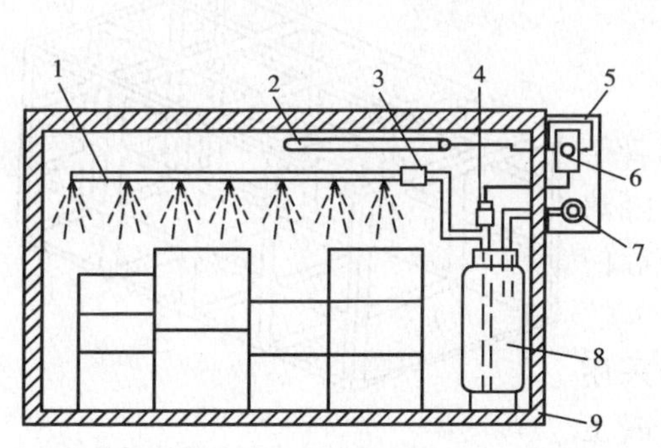

图5-8　液氮制冷系统原理图

1-液氮喷雾集管;2-温度传感器;3-电磁阀;4-自动阀;5-控制器;6-调温器;7-充填口;8-液氮容器;9-车厢

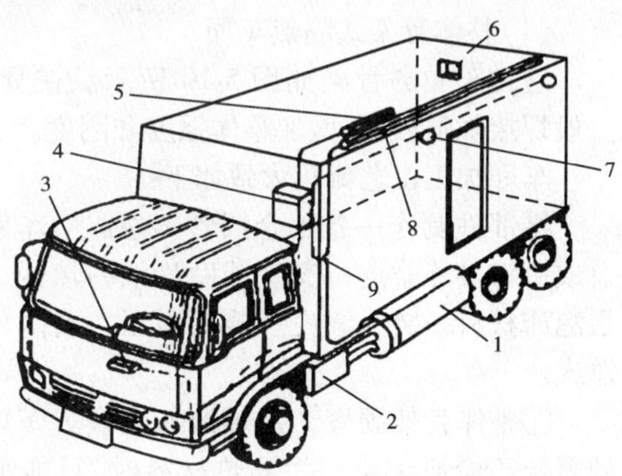

图5-9　液氮冷藏汽车的总体布置示意图

1-液氮容器;2-气体控制箱;3-温度调节器;4-温度控制箱;5-温度传感器;6-安全通气阀;7-紧急停止阀;8-液氮喷淋管;9-电控调节阀

三、冷藏保温汽车隔热车厢的结构与设计

(一)隔热车厢的结构组成

冷藏保温汽车隔热车厢(以下简称隔热车厢)是所有冷藏保温汽车的重要装置。作为

车厢，它具备厢式汽车车厢的共性，但又要求它具有良好的隔热保温性能。因此，在结构上就是围绕如何提高车厢的隔热保温性能进行设计。

隔热车厢是由顶板、底板（地板）、左右侧壁、前壁、后壁（后门框）和车厢门组成。

由于要求车厢具有隔热保温性，因此它的骨架具有承载与断热的双重功能。其中以承载为目的的骨架称为主骨架（与一般车厢的骨架作用相同）。这种骨架一般选用强度和刚度较高的金属（钢、铝型材）结构。常见的截面有“└”、“Π”、“［”、“I”和“口”等形状。而以断热为目的的骨架，称为辅助骨架，一般选用非金属材料，常见的有硬木、胶合板、玻璃钢、工程塑料等，它可装于主骨架的外侧或内侧。

车厢的内外蒙皮分别与主骨架和辅助骨架相连，其间形成了填装隔热材料的空间。因此，主、辅骨架共同完成了隔热车厢骨架的全部功能。

外蒙皮多为平板形，但左、右侧壁外蒙皮常压成瓦楞形或半圆形，这种具有加强筋的外蒙皮既可增加厢壁强度和刚度，又可增加美观感。内蒙皮一般均为平板形，为了防止冷冻体（整块冻猪、牛、羊肉等）等货物撞坏内蒙皮，有的车厢还在金属内蒙皮内表面再装上木夹板内蒙皮。内外蒙皮常用材料有：钢板、铝合金板、不锈钢板、玻璃钢板等。一般金属蒙皮厚度为0.8～1.5mm，非金属蒙皮厚度为2～3mm。

蒙皮与骨架的连接方式通常采用拉铆连接（即单向膨胀的抽芯铆钉连接）。内外蒙皮之间的无骨架空间为隔热层，其间应填充隔热材料。

（二）隔热车厢的结构形式

隔热车厢按其结构形式可分为整体式与拼装式两种。整体式隔热车厢又可分为整体骨架式和整体隔热层式，其中整体骨架式隔热车厢包括填嵌式和喷涂式；拼装式隔热车厢又可分为分片注入发泡式和板粘接式。

1. 整体结构隔热车厢

(1)整体骨架式隔热车厢

这种车厢的骨架如图5-10所示。在骨架交汇处，一般焊接加强板，以增加整体强度和刚度。

车厢加工工艺流程大致如下：

零部件制作→各片金属骨架总成→车厢金属骨架总成→铆接外蒙皮→安装辅助骨架→填嵌或喷涂隔热层泡沫材料→装内蒙皮→装厢内压条及附件→装后门总成。

①整体骨架硬聚苯乙烯泡沫填嵌式车厢。当采用硬聚苯乙烯泡沫块作为隔热材料时，只能采取填嵌工艺。厢体结构如图5-11所示。

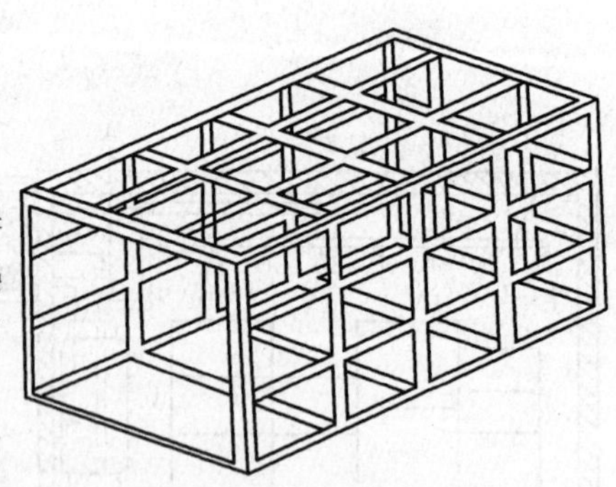

图5-10　整体式车厢骨架示意图

该车厢结构特点是：车厢的强度和刚度大；结构简单，不需要特殊的型材，但工艺繁琐。由于硬聚苯乙烯泡沫材料的导热系数较大，为了提高车厢隔热性能，势必加厚隔壁、增加车厢的整备质量、减小了有效容积。因此该形式车厢多用于保温性能要求较低的保温汽车上。

②整体骨架硬聚氨脂喷涂式车厢。车厢局部结构如图5-12所示。它与上述的填嵌式结构主要不同之处是隔热层采用现场喷涂发泡硬聚氨酯泡沫成形工艺，该工艺易于使隔热材料充满整个车厢的隔热空间，故隔热性能较好；硬聚氨酯导热系数比聚苯乙烯的要低，因此在保证车厢总传热系数 K 一定的前提下，可减小车厢壁厚。但喷涂发泡的隔热层厚度不

易控制均匀,因此安装内蒙皮之前,隔热层内表面须经加工取平。现场喷涂发泡空气污染比较严重,工人劳动强度大。

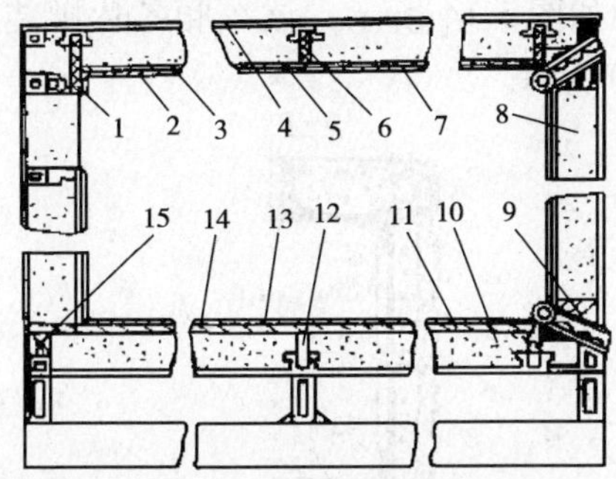

图 5-11　整体骨架填嵌式车厢结构

1-骨架;2-防锈铝板;3-耐水胶合板;4-铝外蒙皮;5-聚苯乙烯板;6-工程塑料支撑板;7-钢质骨架;8-后门;9-塑料板门杠;10-地板隔热层;11-底架横梁;12-木骨架;13-铝蒙皮;14-木地板;15-木纵梁

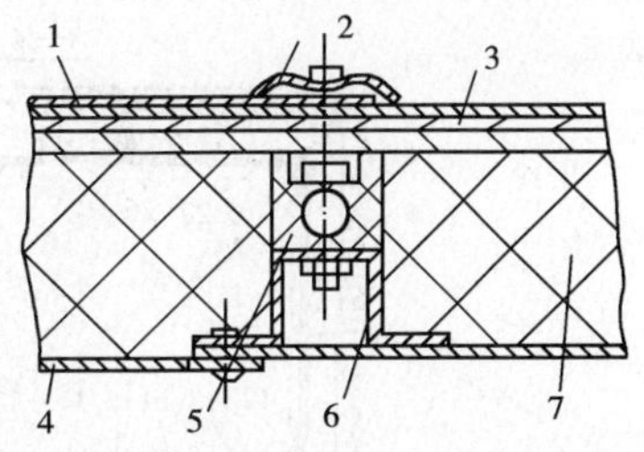

图 5-12　整体骨架喷涂式车厢局部结构

1-内蒙皮;2-压条;3-胶合板;4-外蒙皮;5-辅助骨架;6-主骨架;7-隔热层

因此现场喷涂发泡工艺不如后叙的现场注入发泡工艺先进。

(2)整体隔热层式车厢

这种结构形式是先以整体骨架形式或以分片拼装形式制成车厢,预留隔热层空间,然后整体注入硬聚氨脂泡沫。这种车厢的最大特点是它具有完整的隔热层,车厢的隔热、密封性能好。

若是采用现场喷涂发泡工艺,则需先喷涂发泡材料,形成隔热层,取平后装车厢内蒙皮。

整体隔热层式车厢的工艺流程大致如下:

车厢外部整体成形→车厢淋雨试验→安装车厢内蒙皮→注入发泡材料→安装厢内附件→安装车厢后门。

注入发泡有两种方法:一为液态发泡,又称"一次发泡法"。即将液态聚氨酯各组分机械搅拌,高压喷雾成形;另一种为泡状发泡,又称"二次发泡法",即将聚氨酯各组分在注入前先进行一定程度的发泡,然后再注入隔热层空腔内发泡定形。由于发泡工艺分两步进行,因此,第二次发泡时,聚氨酯的膨胀力已降到厢壁蒙皮可以承受的程度,因而不需大型的夹具。当然,二次发泡工艺较复杂且难掌握,发泡品质也稍逊色。图 5-13 为采用整体骨架式的整体隔热层车厢结构图。

2. 分片拼装隔热车厢

分片拼装隔热车厢结构特点是:将组成车厢的六大片(顶板、底板、左右侧壁、前壁、后壁)和车厢门事先采用聚氨酯或聚苯乙烯泡沫材料分别形成各自的厢壁隔热层,然后利用合适的连接方式(如铆接、粘接、螺纹连接或嵌合连接加铆接等),将各片拼装成完整的车厢。

分片拼装隔热车厢根据加工工艺不同,可分为分片拼装硬聚氨酯注入发泡式和"三明治"板预制粘接式两种。

(1)分片拼装硬聚氨酯注入发泡式

在结构上,该形式车厢的关键是处理好各片之间的拼接、拼缝的密封和"断热桥"的布置。要求拼接方式合理、连接可靠、装配方便、嵌合型材的品种要少；在工艺上，则要首先保证硬聚氨酯与内外蒙皮、骨架等粘接可靠；其次，要求聚氨酯密度均匀，其均匀性和拼接方式比整体式好，工艺也简单。分片拼装式隔热车厢结构如图 5-14 所示。该车厢各片拼装的嵌合连接铝型材断面形状如图 5-15a)、b)、f)、g)、h)、j)所示。

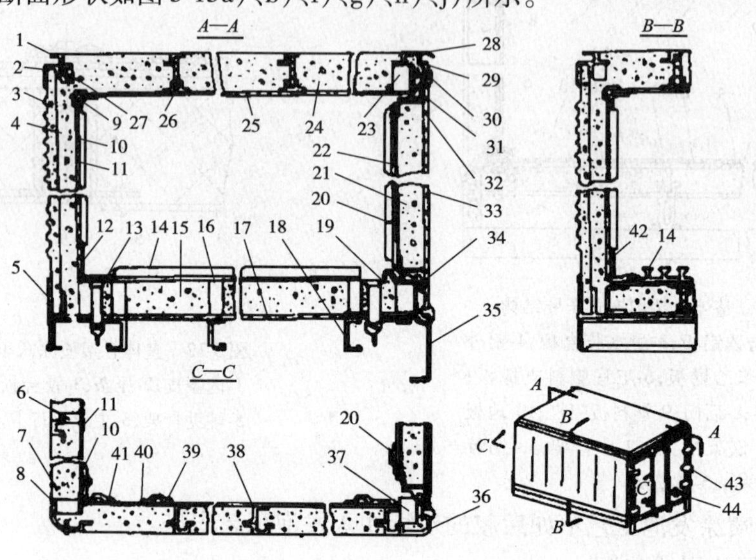

图 5-13　整体隔热层车厢结构

1-顶板外蒙皮；2-上檐铝型材；3-前壁外蒙皮；4-前壁隔热层；5-下裙铝型材；6-前壁中骨架；7-前、侧壁骨架；8-前、侧壁铝型材；9-顶、前壁铝型材；10-前壁导风条；11-前壁内蒙皮；12-前、底铝型材；13-漏水管；14-铝型材地板；15-底板隔热层；16-底板骨架；17-底板外蒙皮；18-底板横梁；19-底板后部铝型材；20-后门导风条；21-后门隔热层；22-后门内蒙皮；23-顶板后骨架；24-顶板隔热层；25-顶板内蒙皮；26-顶板中骨架；27-顶、前壁骨架；28-后门铝檐板；29-门上檐铝型材；30-“I”形密封条；31-“Δ”形密封条；32-顶、后铝板材；33-后门外蒙皮；34-底板后骨架；35-后门下尾灯板；36-后门框；37-侧、后壁骨架；38-侧壁骨架；39-侧壁隔热层；40-侧壁外蒙皮；41-侧壁导风条，42-侧、底壁铝板材；43-门铰链；44-门杠、门锁机构

装配时，车厢底板装在车厢底架(副车架)上，前壁、左右侧壁立在底板上并用铝型材通过螺栓与车厢底架横梁连接，底板后端与后门框采用嵌合紧固。顶板搁在前壁和左右侧壁上，并采用铆接紧固，顶板后端也采用嵌合方式与后门框紧固。车厢内各厢壁之间连接处均采用角形铝材铆接，并涂以密封胶带等密封材料。车厢内装有“T”字形铝材地板或花纹铝材地板，以及挂钩、接轨、导风条、排水管、照明和报警装置等。车厢装配后，还须在其拼缝处注入聚氨酯泡沫材料，以增加密封性，减少热传导。

分片拼装式聚氨酯注入发泡隔热车厢的工艺流程大致是：

零部件制作→各片骨架焊接成形→铆接内外蒙皮→各片单独注入聚氨酯发泡材料形成隔热层→各片拼装成车厢(包括后门框)→拼缝注入发泡材料→安装厢内连接件和附件。

(2)“三明治”板预制粘接式

“三明治”板拼装结构是近年来发展起来的一种新型隔热车厢结构。它不但在冷藏保温汽车上得到迅速发展，而且在冷藏集装箱上也被广泛采用。

“三明治”板又称复合板或夹层板，它是由上、下蒙皮和夹在中间的隔热材料板组成。蒙皮材料多为铝板、不锈钢板等金属板以及玻璃纤维类的工程塑料板；隔热材料一般选用性能优良的硬聚氨酯泡沫，也可选用硬聚苯乙烯泡沫，还可选用硬聚苯乙烯泡沫与硬聚氨酯泡沫组合而成的隔热层。

“三明治”板制造工艺流程大致如下：

①蒙皮下料、清洗，将蒙皮其中一个表面打磨粗糙，清除表面尘物，喷涂底漆；

②将一块经上述处理后的蒙皮放入形状类似无盖矩形盒式模具内，喷漆表而朝上；

③蒙皮上表面满喷粘胶液；

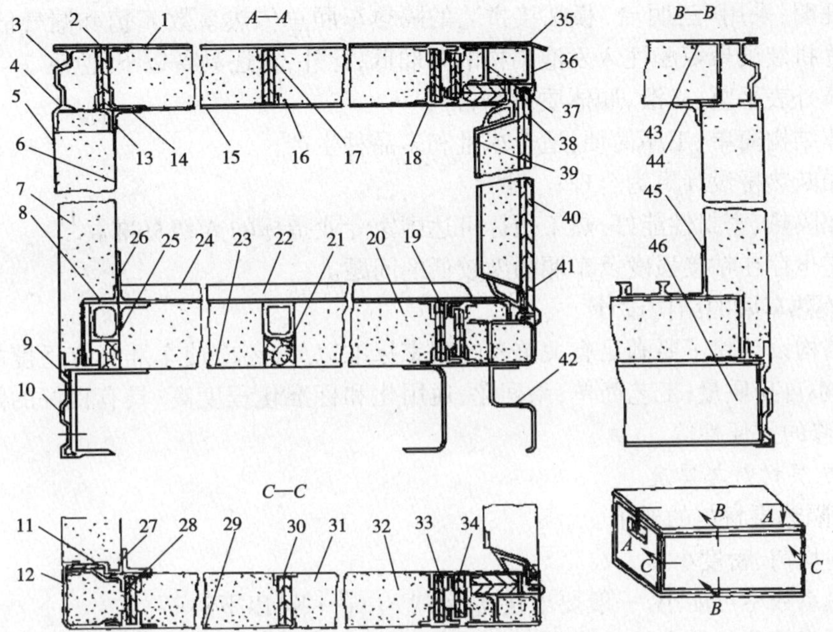

图 5-14　分片拼装硬聚氨酯注入发泡式车厢结构

1-顶板外蒙皮 2-顶板前骨架；3-前、顶壁铝型材；4-安装制冷机木框；5-前壁外蒙皮；6-前壁内蒙皮；7-前壁隔热层；8、13-“L”形玻璃钢；9-底架前横梁；10-前壁下铝型材；11-凸缘铝型材；12-前、侧壁外连铝型材；14-前、顶壁内铝角板；15-顶板内蒙皮；16-顶板隔热层；17-顶板中骨架；18-顶板后骨架；19-底板后骨架；20-底板隔热层；21-底板中骨架；22-地板铝型材；23-底板外蒙皮；24-底板内蒙皮；25-底板前骨架；26-前壁、底板连接铝型材；27-前、侧壁内铝角板；28-前、侧壁骨架；29-前壁外蒙皮；30-侧壁中骨架；31-侧壁内蒙皮；32-侧壁隔热层；33-侧壁后骨架；34-后门框嵌合型材；35-后檐条；36-后门框；37-加强角铁；38-后门外蒙皮；39-后门内蒙皮；40-后门胶合板；41-后门密封条；42-后尾架；43-槽玻璃钢；44-顶、侧壁内铝角板；45-底板、侧壁内铝角板；46-底架横梁

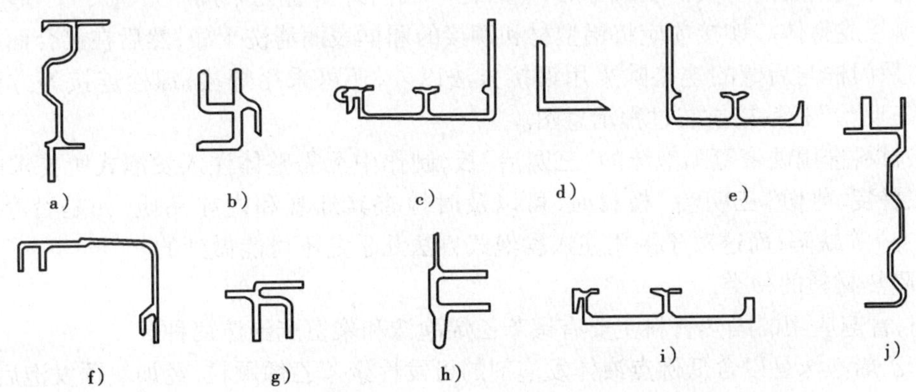

图 5-15　分片拼装式车厢型材断面

a）、b）、f）、g）、h）、j）嵌合型材；c）、e）、i）异形地板型材；d）直角型材

④放置隔热材料；

⑤在隔热材料的上表面满喷粘胶液；

⑥放置上蒙皮，注意将处理过的蒙皮表面朝向粘胶液；

⑦真空加压"三明治"框。

试验证明：采用"三明治"板粘接拼装的隔热车厢总传热系数 K 值和漏气倍数 L 值，均比采用分片拼装硬聚氨酯注入发泡结构的车厢低，此外，它还具备以下优点：

①厢体外表平整、光滑，厢体质量小；

②厢体结构简单、工序简便，适合成批和多品种生产；

③车厢断热桥设计更为合理；

④车厢隔热、密封性能好，热工指标可达国家专业指标的 A 级标准。

但是它也存在粘接强度及车厢强度较低的问题。

（三）隔热车厢的结构设计

车厢结构设计除了要满足有关整车的国家标准以外，还应使车厢具有适度的强度和刚度；力求减小自身质量；工艺简单；系列化、通用化和标准化程度高；具有良好的隔热性能以及使用、维修的方便性等。

1. 隔热层材料与厚度

(1)对隔热层材料的要求

①发泡均匀、密度小；

②导热系数尽可能小，一般要求在 0.045W/(m^2·K)以下；

③对温度变化的稳定性要好，在 -40 ~ 70℃的使用温度范围内，使用性能要满足规定的要求；

④具有一定的机械强度，能承受汽车在恶劣道路条件下的振动、冲击而不受损或变形。

⑤吸水性和吸湿性低，耐腐蚀，抗冻性能好；

⑥无毒无味，透气性小，隔热材料使用和燃烧时，不得分解出有毒和有害气体；

⑦价格低、易成形，可采用充填、浇注、喷涂等工艺形成车厢隔热层。

⑧消除压力、固化。

由于"三明治"板中没有骨架，因此要求隔热材料具有一定的强度。各片"三明治"板预制成形后，先用粘胶剂将其拼装成车厢，然后在车厢内外拼缝处采用"∟"形、"T"形等铝型材，将其铆接成整体。铆接前应将铝型材和铆接的厢框表面清洗干净，然后在接合面处涂刷密封胶。后门框与后壁的连接除采用铆接方法以外，还可采用焊接、螺栓连接等方法。图 5-16 为"三明治"板粘接拼装过程示意图。

隔热材料选用硬聚氨酯泡沫的"三明治"板，制作中无需整体注入发泡式所要求的大型夹具。在拼装、剪切"三明治"板材时，可以及时检查其外观和内在品质，如是否存在"空穴"、"烧心"等缺陷；而这对于采用注入发泡式方法几乎是不可能做到的。

(2)隔热材料的种类

目前，普遍应用的隔热材料主要有聚苯乙烯泡沫和聚氨酯泡沫两种。

聚苯乙烯泡沫是以含低佛点液体发泡剂的可发性聚苯乙烯颗粒，经加热预发泡后，在模具中加热成形而得微孔形蜂窝结构的泡沫材料。

聚氨酯泡沫隔热材料是目前应用十分广泛的隔热材料，其主要物理机械性能有导热系数、抗拉强度、抗压强度与钢板粘接力等，性能优良。影响聚氨酯隔热材料导热系数的主要因素有:泡沫密度、气泡直径、气泡独立率、湿度和温度等,如图5-17所示。

隔热材料在使用过程中会发生老化。因此隔热车厢在使用6年左右时间就应该按有关规定重新测定总传热系数,不符合规定的则应降级使用。

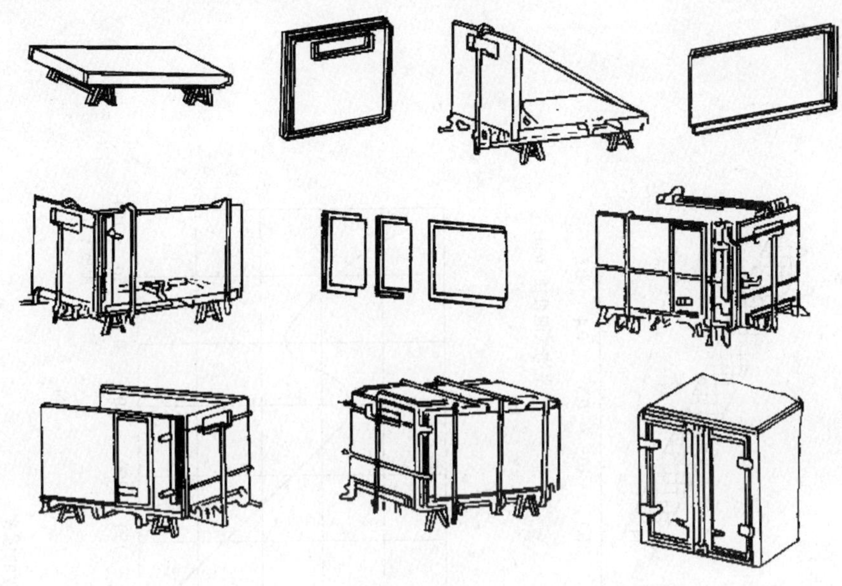

图5-16 “三明治”板粘接拼装车厢过程示意图

2. 断热桥的设计

由低热阻材料相连的车厢内外壁所构成的热流区称为“热桥”。尽管热桥面积只占车厢面积约2% ~5%,但对车厢总传热系数的影响却很大。设计断热桥的目的就是阻断热桥,排除车厢内外蒙皮直接与金属零件相连。为此,将骨架分为两类:即以承载为目的的主骨架和以隔热为目的的辅助骨架。

图5-18示出了几种断热桥的结构。分片拼装式车厢断热桥如图5-18a)所示,它采用金属主骨架与内外蒙皮连接,利用辅助骨架将内外主骨架连接成一整体。图5-18b)为整体骨架式车厢断热桥结构,它采用主骨架与外蒙皮连接,辅助骨架与内蒙皮连接,而主、辅骨架彼此相连。图5-18c)为预制复合板式(即“三明治”式)车厢断热桥结构,其结构特点是内蒙皮与主骨架连接,外蒙皮与辅助骨架相连,而主骨架与辅骨架采用双组低泡聚氨酯胶粘接。

3. 车厢门及附件

这里所述的车厢门与本章第二节厢式零担接运输汽车的车厢门相比要复杂很多,这是由于两者的用途和使用条件相差较大。

隔热车厢门在装卸作业时,成为装卸冷藏货物的进出通道,而在运输途中它却成为厢壁的一部分。因此,对车厢门的主要要求是开启自如、装卸方便;关闭可靠、密封良好,具有适度的强度、刚度和预期的使用寿命。此外,车厢门开启度还应符合交通规则。

车厢门结构形式很多,可以从不同角度进行分类,按车厢安装位置有后门、侧门等,按门的开启方式有铰链式、折叠式、卷帘式、拉移式等,按车厢开启角度有小开门、中开门、大开门,按车厢门数又有单门式和双门式等。另外,还有由几种不同形式的车门组合而成的复合式车厢门。

厢门的宽度和高度尺寸主要取决于门框的结构尺寸、门与门框的配合间隙、门的数量和门的结构形式等;门的厚度应与厢壁厚度一致。门与门框配合间隙应根据门的结构和密封

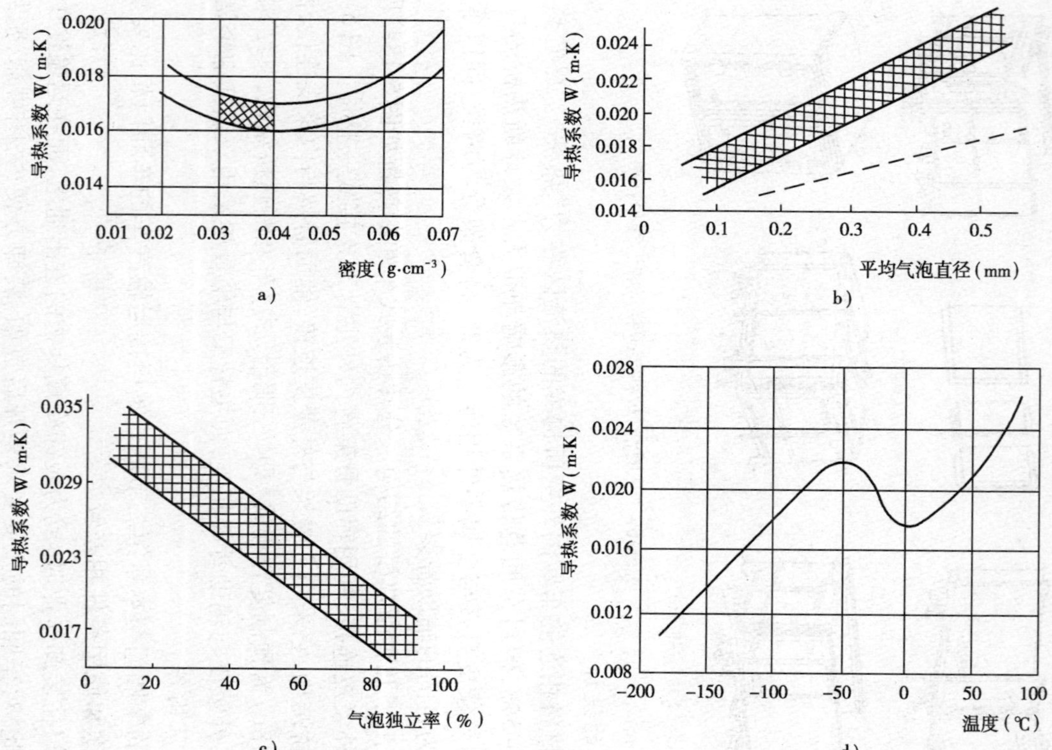

图 5-17　影响聚氨酯隔热材料导热系数的因素

a)导热系数随密度的变化关系；b)导热系数随平场气泡直径的变化关系；c)导热系数随气泡独立率的变化关系；d)导热系数随温度的变化关系

条的断面形状进行选择。对于铰链式结构车厢门,其配合间隙一般为 10 ~ 20mm。

厢门附件主要有门铰链和门锁机构,具体布置形式如图 5-19 所示。

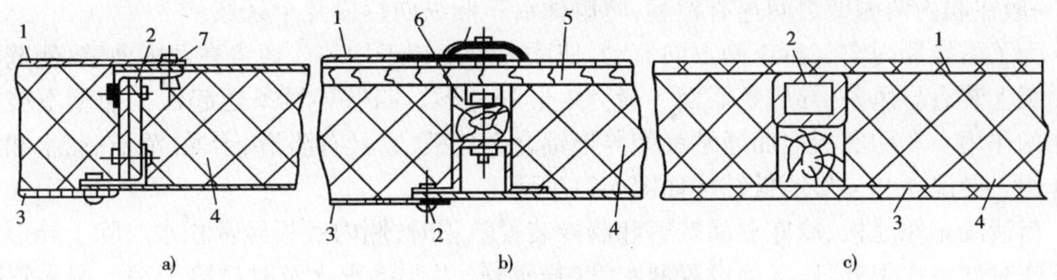

图 5-18 几种断热桥的结构

a)分片拼装式;b)整体骨架式;c)预制复合板式

1-内蒙皮;2-主、辅骨架;3-外蒙皮;4-隔热材料;5-胶合板;6-压条;7-抽芯铆钉

门铰链形式较多,铰链座和铰链板常用 3 ~ 5mm 厚的钢板冲压成形。也有采用锻(铸)钢件、铝合金铸件或压铸件等。设计时可根据车厢门质量、密封锁紧力、所用材料及工厂的工装设备等情况选取。

门锁机构的形式也比较多,常用的两种门锁机构如图 5-20 所示。门锁杆一般采用直径为 20 ~ 30mm 的镀锌钢管或不锈钢管,两端焊接锁扣。锁扣一般为凸轮形、偏心圆柱形或小块干板形。锁扣座固定在上下门框上,其形状、大小要根据所选用的锁扣确定。门把手一般采用金属压制成形件,长度多为 300 ~ 500mm,厚为 8 ~ 12mm。

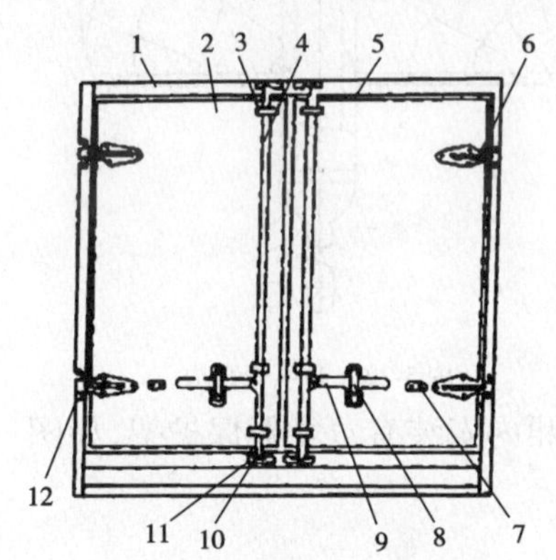

图 5-19 车厢门及其附件

1-后门框;2-后门蒙皮;3-门锁杆支座;4-门锁杆;5-密封条;6-铰链板;7-缓冲块;8-门锁;9-门把手;10-门锁凸轮;11-锁杆凸轮座;12-门铰链座

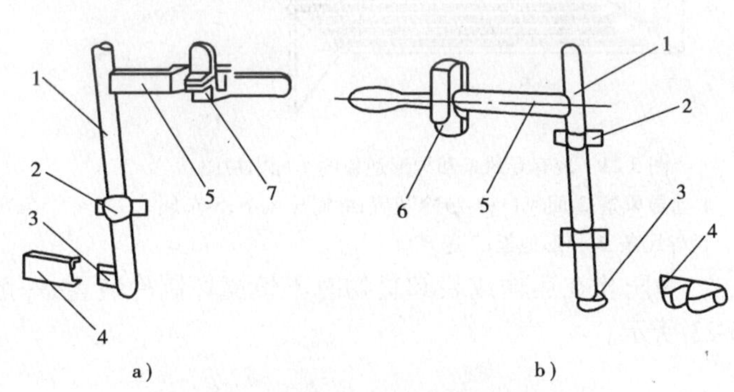

图 5-20 常用的两种门锁机构

a)平板形锁扣;b)凸轮形锁扣

1-门锁杆;2-锁杆支承;3-锁扣;4-锁扣座;5-门把手;6-把手锁紧上板;7-把手锁紧下板

车厢外附件主要包括:门梯(或称脚踏板)和工作梯。由于车厢地板距离地面的高度为 1 000mm 左右,因此,在厢门下面设置门梯可以方便人员上下和货物装卸。对于机械冷藏汽车,还需在车厢前壁与侧壁结合部位附近安装工作梯并在驾驶室上方空间处安装踏板,以方便对制冷机组进行检修。

门梯和工作梯分为固定式和活动式两种。活动式灵活方便,但结构比较复杂;固定式简单、可靠,但占据的空间较大。

车厢内附件主要有挂钩和挂轨等。装运肉类胴体时,为保证运输食品不变质,需使厢内空气保持良好的流通，将胴体挂置在厢内。为此，在厢内顶板上装置了挂轨，挂轨上安装了挂钩。挂钩可在挂轨上固定或沿挂轨移动。为防止胴体因其惯性力作用而发生摆动和滑动，一般在厢内两侧壁之间连有栏索，将胴体沿车厢纵向拦成几个区域。

为了引导厢内空气沿正确方向流动，使厢内温度趋于均匀。通常在厢内前壁、侧壁和后门内板上装有导风条，导风条截面一般为矩形和梯形。四壁导风条还起保护厢壁不被货物撞伤的作用。车厢底板上面通常铺装异形铝合金地板，它具有防滑、干燥、清洁、储水和排水等作用。导风条和异形地板结构如图5-21所示。

当清洗车厢地板、冷冻食品融解和制冷装置除霜时，厢内底板经常积水。除了异形地板可起临时储水作用外，还必须设置漏水管（排水管）以便将积水及时排除干净。漏水管除具有排水功能外，还应具有良好的密封功能，在不排水时、漏水管能自动密封，以保证隔热车厢的隔热性能。图5-22为常见的一种漏水管结构。这种漏水管在其出口处装有一截橡胶管。平时橡胶管是收缩封闭的，当积聚的积水多到一定程度时，依靠积水的重力将橡胶管张开排水。另一种漏水管为一截塑料管，上端与车厢底板齐平或略低，下端通到厢外，并用塞子将其出口封死，需放水时，将塞子打开即可。漏水管的布置与数量应根据车厢总布置确定。

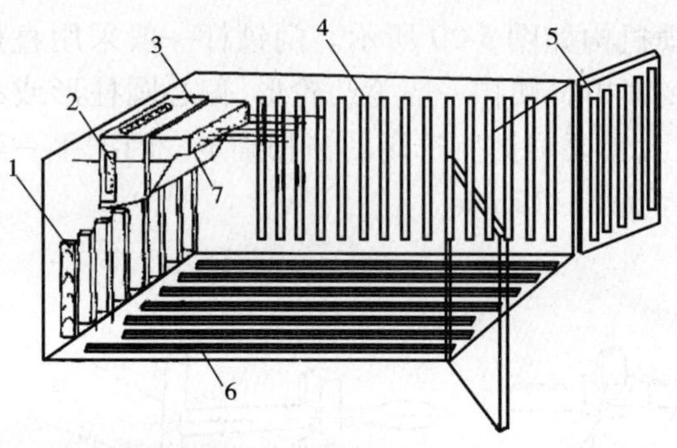

图5-21 装有导风条和异形地板的车厢内视图

1-前导风条；2-回风口；3-制冷装置；4-侧导风条；5-车厢门导风条；6-异形地板；7-送风口

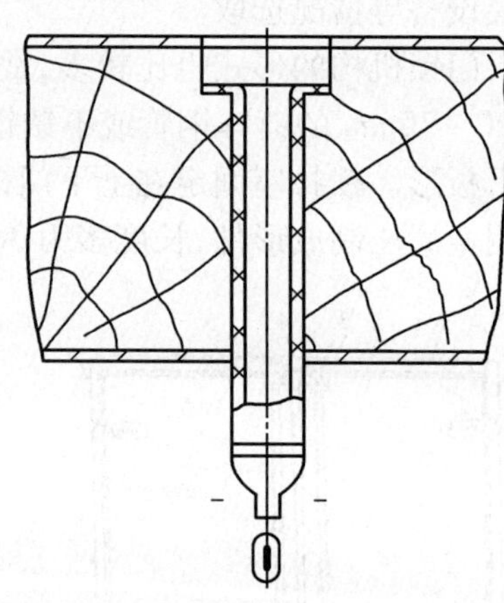

图5-22 漏水管结构

为防止在运输或装卸货物时不慎撞坏制冷装置，一般在厢内安装有蒸发器保护架，如图5-23所示。

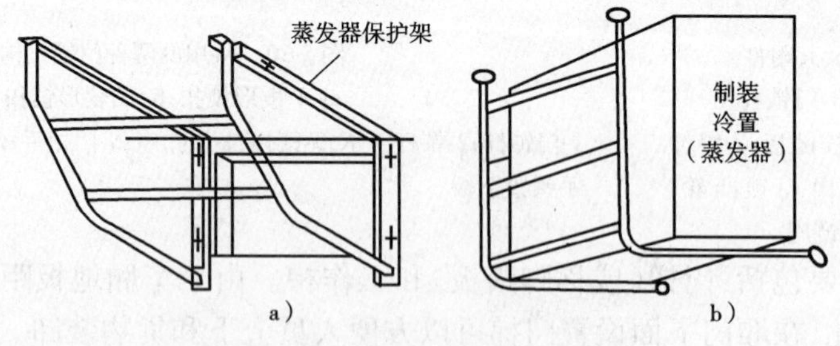

图5-23 蒸发器保护架

a）蒸发器保护架结构；b）保护架安装位置

（四）冷藏保温汽车车厢隔热壁传热系数的计算

车厢隔热壁传热系数 K 是冷藏保温汽车热工计算的一个重要参数。它可按稳定传热和非稳定传热两种方法求解。鉴于冷藏保温汽车实际运行的车厢温度场是随时间不断变化的,因此,按非稳定传热工况计算更切合实际。然而实际运行的环境温度、空气的相对流速、厢内温度的不均匀性等多种因素的变化极为复杂,加之非稳定传热计算异常繁琐,故厢壁传热系数一般仍采用稳定传热的方法计算。

稳定传热是指隔热厢壁的温度分布和热流大小不随时间而改变,即具有稳定的温度场。但是,理论上的稳定传热在实际使用条件下是不存在的。如果把某一时间内的环境温度视为定值,并借助制冷或加热设备使车厢内的温度保持稳定;这样按稳定传热计算是可行的,并可大大简化计算。

1. 车厢隔热壁的传热过程

车厢各壁板(包括顶板、底板、左右侧壁、前壁以及后门等)均视为隔热平壁(平板)。由于车厢壁板内外存在温度差,因此就必然产生热传导现象。当热量从隔热平壁一侧传至另一侧时,一般经历 3 个过程,即高温空气中的热量传至高温一侧平壁表面;隔热平壁内的热传导,即热量从隔热平壁高温一侧表面传到低温一侧表面;热量从隔热平壁低温一侧表面传至低温一侧的空气中。上述传热过程可以看成是以热传导为主要形式的隔热平壁内的传热和以对流换热、热辐射为主要形式的隔热壁面的边界传热。

对于材质均匀的隔热平壁,单位时间内通过平壁的热量 Q 为:

$$Q = K'/F\Delta T \tag{5-3}$$

式中:K'——隔热平壁的传热系数($K' = 1/R$),$\mathrm{W/(m^2 \cdot K)}$;R 为传热热阻,$\mathrm{m^2 \cdot K/W}$;

F——隔热平壁的传热面积,$\mathrm{m^2}$;

ΔT——隔热平壁两侧的温度差,K。

K'值反映了车厢平壁的传热程度,K'值越大,传热过程越强烈;也就是说,在同样的传热面积和车厢内外温差的情况下,传递的热量就越多,车厢隔热性能越差;反之,车厢隔热性能就越好。

2. 车厢隔热平壁内的传热

车厢隔热平壁内部的传热形式主要是热传导。如果把单位时间和单位面积所通过的热量称为热流密度 q($\mathrm{W/m^2}$),则由傅立叶定律表述为:

$$q = -\lambda \frac{\partial T}{\partial x} \tag{5-4}$$

式中:$\frac{\partial T}{\partial x}$——温度梯度,K/m;

λ——材料导热系数,$\mathrm{W/(m \cdot K)}$。

式中负号表示热量传递方向与温度梯度方向相反,即指向温度降低的方向。导热系数 λ 表示材料导热能力的大小,其值与材料的种类有关。一般金属材料的导热系数较高,非金属材料的导热系数较低,空气的导热系数最小。车厢骨架常用材料在常温常压下的导热系数值见表 5-3。

(1)单层均匀平壁导热计算

当隔热平壁的长度和宽度比其厚度大得多,而且平壁两侧面分别保持温度 T_1 和 T_2 时,可认为热量仅沿壁面法线方向传导,即温度只沿垂直于壁面的 x 方向变化(图 5-24)。设距离左侧壁 x 处,厚度为 dx 的薄层温度差为 ΔT,根据博立叶定律,经过该薄层的热流密度 q'为:

$$q' = \lambda \frac{T_1 - T_2}{\delta} = \frac{\Delta T}{R} \tag{5-5}$$

式中：R——隔热平壁的热阻，$m^2 \cdot K/W$。

常用材料的导热系数值 表 5-3

材料名称	密度 ρ ($kg \cdot cm^{-3}$)	导热系数 λ $W/(m \cdot K)$	材料名称	密度 ρ ($kg \cdot cm^{-3}$)	导热系数 λ $W/(m \cdot K)$
纯铝	2 710	236	纤维板	245	0.048
铝合金	2 660	162	木屑板	179	0.083
碳钢（C≈0.5%）	7 840	49.8	松木（垂直木纹）	496	0.15
碳钢（C≈1.0%）	7 790	43.2	松木（平行木纹）	527	0.35
碳钢（C≈1.5%）	7 750	36.7	聚苯乙烯泡沫	25～30	0.044
不锈钢	7 820	15.2	聚氨酯泡沫	40～60	0.029
软木板	105～437	0.044～0.079	空气		0.025 9

（2）多层均匀平壁导热计算

实际车厢壁板除了隔热层以外，还有内外蒙皮，因此可视其为多层均匀的平壁，其导热模型如图 5-25 所示。

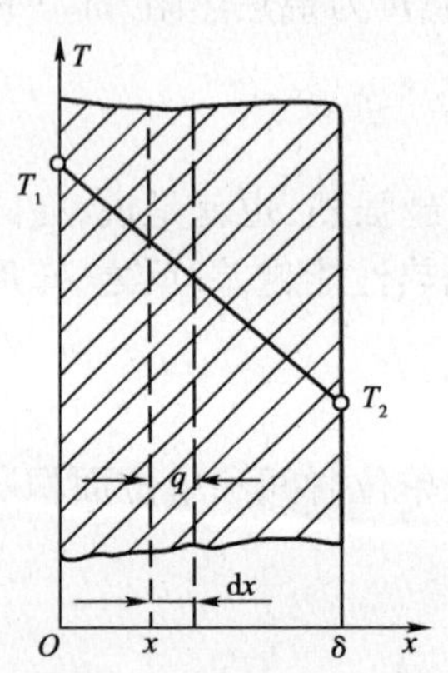

图 5-24 单层均匀平壁导热示意图

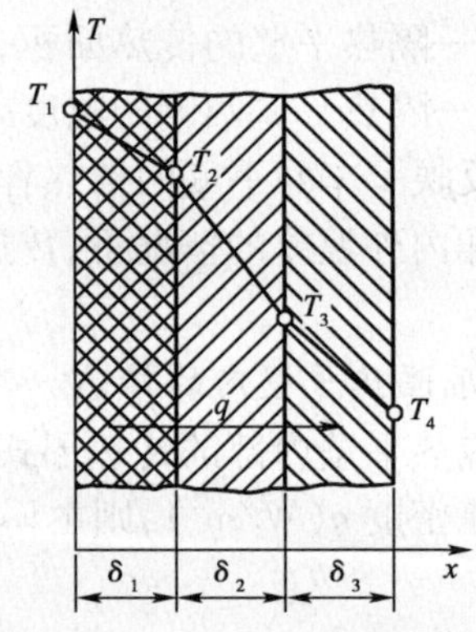

图 5-25 多层均匀平壁导热示意图

假设平壁面积很大，各层厚度为 δ_1、δ_2 和 δ_3，各层材料的导热系数分别为 λ_1、λ_2 和 λ_3，并均视为常数。已知平壁内外侧表面的温度分别为 T_1 和 T_4，且 $T_1 > T_4$。设多层平壁各层之间接触良好，无接触热阻产生，故分界面接触处无温度骤降。在稳定导热的情况下，平壁释放的热量应和它吸收的热量相等，因此通过各层的热量也必然相等，根据式（5-5），每层的热流密度 q' 为：

$$\left.\begin{aligned} q' &= \lambda_1 \frac{T_1 - T_2}{\delta_1} \\ q' &= \lambda_2 \frac{T_2 - T_3}{\delta_2} \\ q' &= \lambda_3 \frac{T_3 - T_4}{\delta_3} \end{aligned}\right\} \tag{5-6}$$

将上式各层温差相加并简化：

$$q' = \frac{T_1 - T_4}{\sum_{i=1}^{3} \delta_i / \lambda_i} \tag{5-7}$$

根据式(5-7),即可得出具有 n 层均匀平壁的热流密度 q'的计算公式:

$$q' = \frac{T_1 - T_{n+1}}{\sum_{i=1}^{n} \delta_i / \lambda_i} \tag{5-8}$$

(3)多层非均匀平壁导热计算

当因热桥而形成的热流短路时,平壁的温度分布就不能按一维稳定温度场来研究。具有热桥短路的多层非均匀平壁导热可按圆弧热流法进行计算。圆弧热流法基于下列假设:

①凡与外壁金属板相连接的金属骨架,其温度与外壁金属板的温度相同,细小金属连接体的导热不予考虑。

②热流在金属骨架两侧按圆弧状流线从高温向低温流动。在转过 90°角度后,热流垂直平壁板流动(图 5-26)。

③不同材料相互密接,接触热阻不计,嵌在金属骨架内的隔热材料的热阻不计。

具有金属骨架的隔热平壁结构如图 5-26 所示;图中可将两根金属骨架之间的区域划分成一个单元,其中包含 4 个热流区,即 I、II、II 和 IV 区,各区传热过程如下:

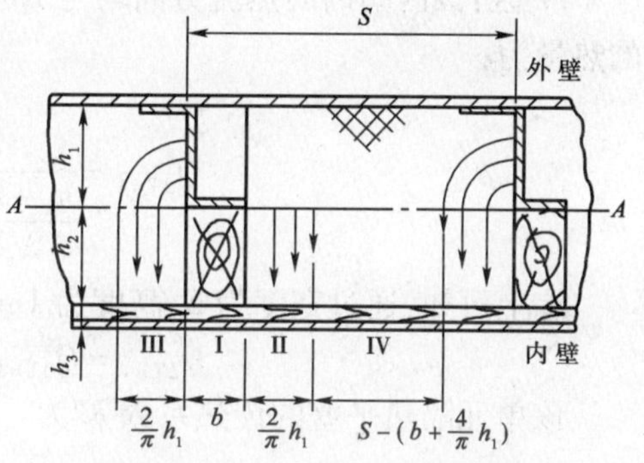

图 5-26　具有金属骨架的隔热平壁

I 区:此区的宽度就是图示的金属骨架的宽度(木楞宽度)b,根据假设沿宽度 b 向的温度和外壁表面温度相同。当内外壁面的温度差为 1K 时,则通过该区传热面积为 F 的热量为:

$$Q^1_{\Delta T=1} = \frac{F}{\sum \delta_i / \lambda_i} \tag{5-9}$$

如取隔热壁的高度(其方向垂直于宽度 b 向)为 1m,则 I 区面积 $F = b \times 1\text{m}^2$,因此通过该传热面积 F 的热量为:

$$Q^1_{\Delta T=1} = \frac{b}{\frac{h_1}{\lambda_D} + \frac{h_2 + h_3}{\lambda_m}} \tag{5-10}$$

式中:h_1——金属骨架筋板厚度,m;

h_2——断热桥(木楞)厚度,m;

h_3——断热桥(木夹板)厚度,m;

λ_D——金属材料的导热系数,W/(m·K);

λ_m——断热桥材料的导热系数,W/(m·K)。

II 区:热流从金属骨架之筋板右缘向右,沿圆弧方向通过隔热材料到达图示 A—A 线,然后沿着垂直于 A—A 线方向流向内壁。由金属骨架筋板传出的热流路程是逐渐变化的,也就是说,热流的最小圆弧半径 $r_{min}=0$,热流最大圆弧半径 r_{max} 可根据从外壁面传入的热流与金属骨架筋板右缘传出的热流抵达 A—A 线时,热阻值应相等的条件求出,即:

$$h_1 = \frac{2\pi r_{max}}{4}; r_{max} = \frac{2h_1}{\pi}$$

故 II 区传热面积通过的热量为：

$$Q^3_{\Delta T=1} = \int_0^{\frac{2h_1}{\pi}} \frac{1}{\frac{h_3}{\lambda_m} + \frac{h_2}{\lambda_g} + \frac{\pi}{2\lambda_g} r} dr = \frac{2}{\pi}\lambda_g \ln \frac{\frac{h_1+h_2}{\lambda_g} + \frac{h_3}{\lambda_m}}{\frac{h_2}{\lambda_g} + \frac{h_3}{\lambda_m}} \tag{5-11}$$

式中：h_2——隔热材料厚度，m；

h_3——断热桥厚度，m；

λ_g——隔热材料的导热系数，W/(m·K)；

λ_m——断热桥材料的导热系数，W/(m. K)。

III 区：该区情况与 II 区相同。

IV 区：该区间内的热流方向均与 A—A 线垂直，由外壁面传入内壁面，故通过传热面积的热量为：

$$Q^4_{\Delta T=1} = \frac{F}{\frac{h_1+h_2}{\lambda_g} + \frac{h_3}{\lambda_m}} = \frac{S - \left(b + \frac{4}{\pi}h_1\right)}{\frac{h_1+h_2}{\lambda_g} + \frac{h_3}{\lambda_m}} \tag{5-12}$$

综上可知：通过宽度为 S，高度为 1m 的单元隔热平壁的热量为：

$$Q_{\Delta T=1} = Q^1_{\Delta T=1} + Q^2_{\Delta T=1} + Q^3_{\Delta T=1} + Q^4_{\Delta T=1}$$

该单元隔热平壁的传热系数 K'' 为：

$$K'' = \frac{Q_{\Delta T=1}}{F} \tag{5-13}$$

3. 车厢隔热壁边界的传热

(1)空气与隔热壁表面的对流换热

对流换热是流体与某一固体表面相接触所产生的换热过程，它是由于流体的对流和流体分子间的导热联合作用的结果。对流换热可分为自然对流和强制对流。自然对流是由于流体各部冷热不均而引起的流动；强制对流则是由于外部的作用，例如风机或其他压差作用而产生的流体流动。无论是哪种形式的对流换热，单位时间、单位面积上所交换的热量均可用牛顿公式计算：

$$q = \alpha_K \Delta T \quad 或 \quad Q = \alpha_K \Delta T F \tag{5-14}$$

式中：α_K——对流换热系数，W/(m²·K)。

对流换热系数 α_K 是表征对流换热过程强烈程度的物理量，它表示单位表面积、单位时间内在 1K 温差作用下，通过对流换热所传递的热量，α_K 常用下式计算：

$$\alpha_K = 6.31v^{0.656} + 3.25e^{-1.914v} \tag{5-15}$$

式中：v——靠近隔热壁外表面处的空气流速，取决于汽车行驶时与空气的相对速度，m/s。

车厢隔热壁内表面与厢内空气发生对流换热时，换热系数 α_K 可用下面公式计算：

当 $\Delta T < 5K$ 时，$\qquad \alpha_K = 3 + 0.08\Delta T \qquad$ (5-16)

当 $\Delta T \geq 5K$ 时，$\qquad \alpha_K = \beta \Delta T^{0.25} \qquad$ (5-17)

式中：ΔT——隔热壁内表面与厢内空气的温度差，K；

β——与厢内空气流动和温度差有关的系数；若空气为自然循环，则 $\beta = 2.3 \sim 2.8$。

(2)空气与隔热壁表面间的热辐射

物体的热辐射主要与温度有关，若车厢隔热壁表面温度为 T_1，则单位时间内从单位面积上辐射的热能可由斯蒂芬—波尔兹曼定律得到：

$$E_1 = \varepsilon_1 \sigma T_1^4 \tag{5-18}$$

式中：ε_1——隔热壁外表面的黑度，其值 $\varepsilon_1 < 1$，它与物体表面状态有关；

σ——斯蒂芬—波尔兹曼常数，其值 $\sigma = 5.67 \times 10^{-8} \mathrm{W/(m^2 \cdot K^4)}$；

T_1——隔热壁外表面的热力学温度，K。

当车厢隔热壁周围的空气温度为 T_2 时，辐射热能为 $E_2 = \varepsilon_2 \sigma T_2^4$，则车厢隔热表面所得到的辐射热 q_v 为：

$$q_v = E_1 A_2 - E_2 A_1 = \varepsilon_1 \varepsilon_2 \sigma (T_1^4 - \mathrm{T}_2^4) = \varepsilon \sigma (T_1^4 - T_2^4) \tag{5-19}$$

式中：A_1——隔热壁表面的吸收率，$A_1 = \varepsilon_1$；

A_2——隔热壁周围空气的吸收率，$A_2 = \varepsilon_2$；

ε——当量黑度，$\varepsilon = \varepsilon_1 \varepsilon_2$。

为了方便计算，可采用类似于对流换热公式表示辐射换热 q_v：

$$q_v = \alpha_\tau \Delta T \tag{5-20}$$

式中：α_τ——辐射换热系数，$\mathrm{W/(m^2 \cdot K)}$；

ΔT——辐射换热物体间的温度差，K。

辐射换热系数 α_τ 值可用下式计算：

$$\alpha_\tau = 0.2 \varepsilon \left(\frac{T_m}{100} \right)^3 \tag{5-21}$$

式中：T_m——隔热壁表面温度和周围空气温度的平均值，K。

若将边界的对流换热和辐射换热综合考虑，其总换热量为：

$$q = (\alpha_K + \alpha_\tau) \Delta T = \alpha \Delta T \quad 或 \quad Q = \alpha \Delta T F \tag{5-22}$$

式中：α——总换热系数，$\mathrm{W/(m^2 \cdot K)}$；

ΔT——隔热壁表面温度和与之接触的空气的温度差，K；

F——隔热壁表面面积，$\mathrm{m^2}$。

设隔热壁外侧表面的总换热系数为 α_w，内侧表面的总换热系数为 α_n，则车厢隔热壁两侧的总换热量分别为：

$$Q_w = \alpha_w \Delta T F \text{ 和 } Q_n = \alpha_n \Delta T F \tag{5-23}$$

注意：使用公式(5-21)时，未考虑太阳辐射热。

4. 车厢隔热壁传热系数的计算

根据以上分析，可将冷藏保温汽车隔热车厢各壁板均作为隔热平壁进行热力计算。

设 T_w、T_n 分别为隔热壁外、内侧的空气温度，且 $T_w > T_n$；T_1、T_2 分别为隔热壁外、内侧壁面温度；α_w、α_n 分别为隔热壁外、内侧壁面的换热系数。由于在稳定传热条件下，每小时通过面积为 F 的隔热壁所传递的热量相等，根据式(5-9)和(5-23)，可得下列关系式：

$$\left.\begin{aligned} Q &= \alpha_w F (T_w - T_1) \\ Q &= \frac{1}{\sum \delta_i / \lambda_i} F (T_1 - T_2) \\ Q &= \alpha_n F (T_2 - T_n) \end{aligned}\right\} \tag{5-24}$$

整个传热过程的热流量为：

$$Q = \frac{1}{\frac{1}{\alpha_w} + \sum_{i=1}^{n} \frac{\delta_i}{\lambda_i} + \frac{1}{\alpha_n}} F(T_w - T_n) \tag{5-25}$$

车厢隔热壁的传热系数 K 为:

$$K = \frac{1}{\frac{1}{\alpha_w} + \sum_{i=1}^{n} \frac{\delta_i}{\lambda_i} + \frac{1}{\alpha_n}} = \frac{1}{R_w + R_g + R_n} = \frac{1}{R} \tag{5-26}$$

式中:R_w——隔热壁外表面的换热热阻,$(m^2 \cdot K)/W$;

R_g——隔热壁的导热热阻,$(m^2 \cdot K)/W$;

R_n——隔热壁内表面的换热热阻,$(m^2 \cdot K)/W$;

R——隔热壁的传热热阻,$(m^2 \cdot K)/W$。

(五)隔热车厢的传热系数和热负荷计算

1. 隔热车厢传热系数的计算

隔热车厢传热系数 K_Σ 是在先求出车厢隔热壁(前壁、后壁、后门、左右侧壁、顶板,底板等)的传热系数以后,再根据传热面积求出。

$$K_\Sigma = \sum_{i=1}^{n} K_i F_i / F \tag{5-27}$$

式中:K_i——车厢各隔热壁的传热系数,$W/(m^2 \cdot K)$;

F_i——与 K_i 相对应的隔热壁的传热面积,m^2;

F——隔热壁的总传热面积,m^2,$F = \sqrt{F_w F_n}$。

2. 隔热车厢的热负荷计算

冷藏保温汽车隔热车厢热负荷的计算是设计、选用制冷装置和加温设备的依据。隔热车厢热负荷计算分别如下:

(1)从车厢外经隔热壁传入车厢内的热量 Q_1

$$Q_1 = K_\Sigma F(T_w - T_n) \tag{5-28}$$

式中:K_Σ——隔热车厢的总传热系数,$W/(m^2 \cdot K)$;

F—隔热车厢的传热面积,m^2;

T_w——隔热车厢外的空气温度,K;

T_n——隔热车厢内的空气温度,K。

(2)车厢的漏热量 Q_2

$$Q_2 = \frac{1}{3\,600} L \rho V [C_p(T_w - T_n) + \gamma(\varphi_w x_w + \varphi_n x_n)] \tag{5-29}$$

式中:L——车厢的漏气倍数,h^{-1};

ρ——车厢内的空气密度,kg/m^3;

V——车厢内容积,m^3;

C_p——空气比热,$J/(kg \cdot K)$;

γ——水蒸气的凝固热,J/kg;

φ_w、φ_n——车厢外、内空气的相对湿度,%;

x_w、x_n——车厢外、内的饱和空气相对湿度,$kg/kg_{干空气}$。

(3)太阳辐射的热流量 Q_3

$$Q_3 = KF_y(T_y - T_w)t/24 \tag{5-30}$$

式中：F_y——车厢受太阳辐射的面积，一般取车厢传热面积 D 的 35 ~ 50%，m^2；

T_y——车厢受太阳辐射表面的平均温度，K，一般取 $T_y = T_w + 20K$；

t——车厢每天受太阳辐射的时间，一般取 $t = 12 \sim 14h$。

（4）装卸货物时开门传入的热量 Q_4

$$Q_4 = f(Q_1 + Q_3) \tag{5-31}$$

式中：f——开门频度系数。运输途中不开门，取 $f = 0.25$；开门 1 ~ 5 次，取 $f = 0.50$；开门 6 ~ 10 次，取 $f = 0.75$；开门 11 ~ 15 次，取 $f = 1.0$。

（5）车厢内装载货物的发热量 Q_5

$$Q_5 = \sum m_i q_i \tag{5-32}$$

式中：m_i——车厢内某种货物的质量，kg；

q_i——车厢内某种货物的发热量，W/kg，主要水果、蔬菜的发热量见表 5-4。

主要水果、蔬菜的发热量（单位：W/t）　　表 5-4

食　品	温　度（℃）			食　品	温　度（℃）		
	0	5	10		0	5	10
桔子	10.5	18.6	35	黄瓜	19.7	33.5	60
葡萄	9.6	24.5	36	桃	18.6	40.5	92
梨	19.2	46.6	62.5	莴苣	38	51	102
青豌豆	104	138	265	李子	28	65	126
草莓	53.6	92	171	西红柿	17.5	26.7	40.5
花菜	62.5	78	138	菜豆角	80	92	183
白菜	32.5	50.5	77	樱桃	22	53	107
土豆	19.7	24.5	25.5	菠菜	82	198	300
柠檬	9.2	19.7	32.5	苹果	18.6	31	60
树莓	92	166	290	干酪	73	95	133

（6）车厢内风机和照明灯的热流量 Q_6

$$Q_6 = \frac{1}{24}(P_d t_d + P_j t_j) \tag{5-33}$$

式中：P_d——照明灯的功率，W；

P_j——风机的功率，W；

t_d——平均每天照明的时间，h；

t_j——风机每天使用的时间，h。

（7）车厢厢体预冷时消耗的热量 Q_7

$$Q_7 = m_x C_x \Delta T/(2t) \tag{5-34}$$

式中：m_x——车厢需要冷却部分的质量，kg；

C_x——车厢需要冷却部分的平均比热，J/(kg·K)；

ΔT——厢外气温和厢内气温之差，K；

t——预冷时间，h。

（8）车厢内货物预冷时摄取的热流量 Q_8

$$Q_8 = (m_h C_h + m_b C_b)\Delta T/t \tag{5-35}$$

式中：m_h——厢内货物的质量，kg；

m_b——厢内包装容器的质量，kg；

C_h——货物的比热，J/(kg·K)；

C_b——包装容器的比热，J/(kg·K)；计算时，取 $C_b = 2\,500$J/(kg·K)。

对于保温汽车，通常装运冷冻货物，其热负荷按下式计算：

$$Q = Q_1 + Q_2 + Q_3 + Q_4 + Q_7 \tag{5-36}$$

四、冷藏保温汽车制冷（加热）装置制冷量（加热量）的计算

（一）制冷装置的制冷量计算

冷藏保温汽车欲维持车厢内外的一定温差，必须利用制冷装置的制冷才能使厢内温度保持在一定范围内。

1. 运送冷冻货物

冷藏汽车运送冷冻货物时，只需保持厢内温度在所要求的范围内，而不需要对货物进行预冷，货物呼吸热为零，故制冷量为：

$$Q = Q_1 + Q_2 + Q_4 + Q_6 + Q_7 \tag{5-37}$$

若车厢已冷却到要求的温度时，Q_7 也可以不计。

2. 运送水果、蔬菜和鲜蛋

当冷藏汽车运送水果、蔬菜和鲜蛋时，要求制冷装置同时预冷厢体和货物，此时制冷量为：

$$Q = Q_1 + Q_2 + Q_3 + Q_4 + Q_5 + Q_6 + Q_7 + Q_8 \tag{5-38}$$

考虑到制冷装置不能连续工作，故在设计和选择制冷量时应考虑安全系数 n，即制冷量为 nQ，一般冷藏汽车取 $n = 1.3 \sim 1.5$。

（二）加热装置的加热量的计算

在寒冷地区运送保鲜货物时，要求厢内温度高于外界环境温度，因此需要加热装置对车厢进行加热。由于太阳的辐射热、货物的呼吸热以及风机工作时的发热等均已构成热源，故加热装置的加热量为：

$$Q = Q_1 + Q_2 + Q_4 + Q_7 + Q_8 - Q_3 - Q_5 - Q_6 \tag{5-39}$$

若太阳辐射热和货物呼吸热忽略不计，则上式可简化为：

$$Q = Q_1 + Q_2 + Q_4 - Q_6 \tag{5-40}$$

第三节　集装箱运输车

一、集装箱运输车总体结构和类型

集装箱运输车由集装箱、运输车和锁固装置组成。

集装箱是装运货物的容器，已经标准化。1970 年国际标准化组织（ISO）技术委员会对集装箱的定义是：凡具备以下 5 个条件的运输容器，都可以称作集装箱。

（1）能长期重复使用，具有足够的强度；

（2）途中转运，不动容器内的货物，可以直接换装；

（3）可以进行快速装卸，亦可以从一种运输工具直接方便地换装到另一种运输工具；

(4)便于货物的装满及卸空；

(5)具有 $1m^3$ 以上的内部容积。

集装箱运输车按车型可分为4种类型：普通载货汽车、半挂汽车列车、全挂汽车列车和双挂汽车列车。由于半挂汽车列车具有良好的机动性，且适于甩挂运输，目前得到广泛应用。运输车的结构尺寸和承载能力等参数应与集装箱的有关标准参数相吻合。图5-27为能装1个12m(40ft)集装箱或2个6m(20ft)集装箱的半挂汽车列车。半挂运输车的结构与设计参阅第六章半挂车的总体结构与设计。

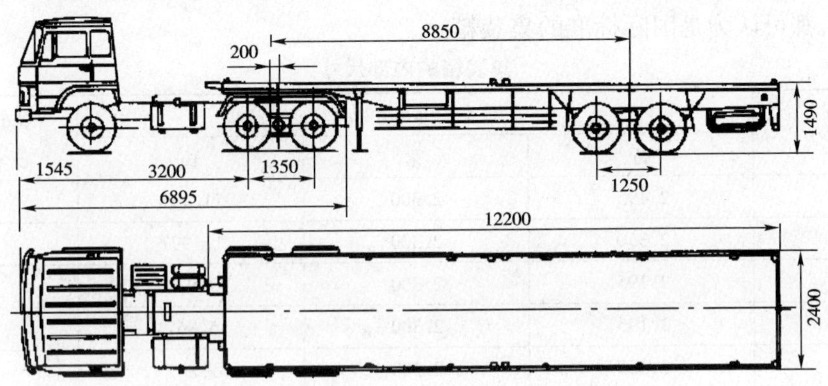

图5-27　12m(40ft)集装箱半挂汽车列车(单位:mm)

锁固装置是用来将集装箱锁固在运输车货台上，以保证运输安全。

二、集装箱结构与设计

(一)集装箱的规格标准

1978年国际标准化组织(ISO)重新修订了集装箱标准，制定了两个系列共11种标准规格的集装箱。ISO是一个非政府机构，所制定的标准规格是以推荐建议的方式提出的，并没有强制性。但是，随着集装箱运输的发展，各国在制定有关集装箱的安全、海关、检疫等规划方面，都以ISO所规定的标准作为参考。为了顺利地开展国际间的集装箱运输，各国在签订各种集装箱运输公约时，也希望以ISO建议的方案为依据，要求对集装箱的规格、尺寸等方面相互承认。于是，各国均按此标准制造集装箱，使集装箱规格在全世界逐渐趋于统一。

我国对集装箱尺寸也作了规定，国家标准GB 1413—78《集装箱外部尺寸和重量的系列》中规定的集装箱外部尺寸和额定质量标准见表5-5。

GB 1413—78 集装箱外部尺寸和额定质量　　表5-5

型号	外部尺寸(mm)						额定质量(kg)
	高		宽		长		
	尺寸	公差	尺寸	公差	尺寸	公差	
1AA	2591	-5	2438	-5	12192	-10	30480
1CC	2591	-5	2438	-5	6058	-6	20320
10D	2438	-5	2438	-5	4012	-5	10000
5D	2438	-5	2438	-5	1968	-5	5000

为了解决空箱回运问题，ISO还制定了两种折叠式集装箱(A、B)箱型。其中B型箱折叠后的体积为原来体积的1/5，能装在1CC型箱内，每箱可装16个。折叠式集装箱的技术

参数列于表 5-6。

折叠式集装箱的技术参数　　表 5-6

箱型	外形尺寸(m×m×m)	最小内容积(m^3)	最大总重量(kN)	最大装载重量(kN)
A	1.214×1.016×1.723	1.787	11.14	10.16
B	1.067×1.446×1.067	1.323	6.09	5.075

ISO 所规定的集装箱内部尺寸列于表 5-7。这个内部尺寸是指内部最小尺寸,由于各国采用的制造材料和结构不同,其内部尺寸不尽相同。但各国制造的集装箱外部尺寸若符合 ISO 的规定,都可认为是国际标准的集装箱。

集装箱的内部尺寸　　表 5-7

箱　型	最小内部尺寸(m)			最小内部容积(m^3)
	高	宽	长	
1A	2.195	2.300	11.997	60.5
1AA	2.350	2.300	11.997	64.8
1B	2.195	2.300	8.930	45
1C	2.195	2.300	5.867	29
1CC	2.350	2.300	5.867	31.7
1D	2.195	2.300	2.802	14.1
1E	2.195	2.300	1.780	9
1EE	2.195	2.300	1.273	6.4

ISO 规定 1A～1D 型标准集装箱至少要在一端部开设箱门,门的尺寸(高、宽)尽可能接近集装箱的内部尺寸。门的尺寸规定标准列于表 5-8。

集装箱门的尺寸规定标准　　表 5-8

箱　型	高(m)	宽(m)
1AA	2.282 以上	2.290 以上
1A、1B、1C、1D	2.130 以上	2.290 以上

为了充分利用各种运输工具的装载面积,ISO 规定了系列 I 各集装箱之间的长度关系,如图 5-28 所示。当某一运输车是装运一个 1A 集装箱的,要改装其他形式的集装箱时,各箱长度之和不得大于 1A 集装箱的长度,即不得大于 12.192m。

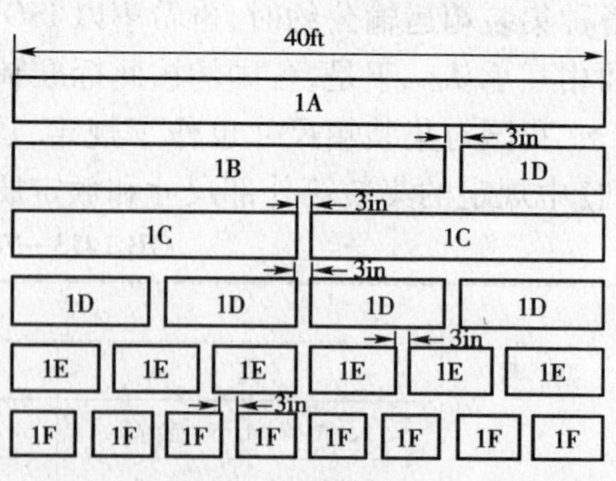

图 5-28　国际标准第 I 系列集装箱长度关系图

注:1ft = 12in = 0.304 8m

(二)集装箱的分类

为了适应各种货物的运输要求,集装箱的种类繁多,分类方法也较多;国际货运集装箱按箱内所装货物的不同,通常分为三类:杂货类集装箱、保温类集装箱和专用类集装箱。

1. 杂货类集装箱

该类集装箱通常是装运百货物品,也称干货类集装箱,在全部集装箱中所占比例最大。这类集装箱为六面体封闭式,各面都有水密性的壁板,并且至少有一端或侧面设有箱门,以方便装卸货物。

2. 保温类集装箱

保温类集装箱是为运输时要求冷藏或保持一定温度的货物而设计的。这类集装箱通常采用诸如聚苯乙烯泡沫材料等作为隔热层的箱壁。按保温方法又可分为3种：一是机械冷藏集装箱，装运水果、蔬菜、肉、鱼等冷藏或冷冻食品，由制冷装置控制箱内温度；二是绝热集装箱，装运水果、蔬菜等食品，其隔热箱壁可防止外界热量传入箱内，通常用干冰作制冷剂；三是通风集装箱，装运水果、蔬菜等有呼吸作用的货物，侧壁或端壁的上部设有通风口，使箱内外换气，防止箱内温度过高。

3. 专用类集装箱

这类集装箱是专为满足某些货物在运输时的特殊要求而设计的。由于货物种类很多，所以专用集装箱的品种也很多。通常有装运谷物、固体化肥、固体化学制品等散装货物的散货集装箱。箱顶设有2~3个装货孔，箱门有卸货孔；货物从装货孔装入箱内，卸货时打开卸货孔，靠货物重力作用从箱内自行流出。装运液体食品、酒类、液态化学制品的罐式集装箱，货物从罐顶的装货孔装入，卸货从下部的排液孔流出，或从装液孔吸出。装运木材、钢材、建材等长件散货物品的台架式集装箱，有的没有箱顶和箱壁，仅有货台；有的有端壁，视货物形状而定。装运大件机械设备的敞顶式集装箱，没有箱顶，或用帆布做成活动箱顶，货物从上部直接装卸。装运家禽家畜的牲畜家禽集装箱或动物集装箱，侧壁和端壁有通风窗，侧壁下部有清扫口和排水口。此外，还有汽车集装箱（装运轿车、轻型客车和轻型货车等）、侧开式集装箱（侧壁是活动的）、生革集装箱（装运皮革）和大容积集装箱等。

（三）杂货类集装箱结构特点和设计要点

杂货类集装箱由箱体和箱内货物紧固件组成。箱体的组成部件如图5-29所示。箱底部件包括下侧梁、底横梁、底板、垫板等。前端壁部件包括由上下端梁和左右角柱焊成的前端框架和中间的端壁柱及端壁板。后端框架部件由上下端梁和左右角柱焊成框架，框架上焊有锁杆凸轮座和铰链销耳座。侧壁部件由侧壁板、侧立柱等组成。箱顶部件包括由上侧梁和顶横梁焊成的箱顶架、顶板等。箱门部件由箱门框架、门板、门铰链、铰杆、门把手及锁杆凸轮等组成。除箱底垫板外，若上述构件均为钢材，可采用焊接组装。壁板的材质可用钢材、铝材或玻璃钢。箱体的8个角上均焊有角件。箱内货物紧固件是用来防止货物在运输途中发生翻滚。

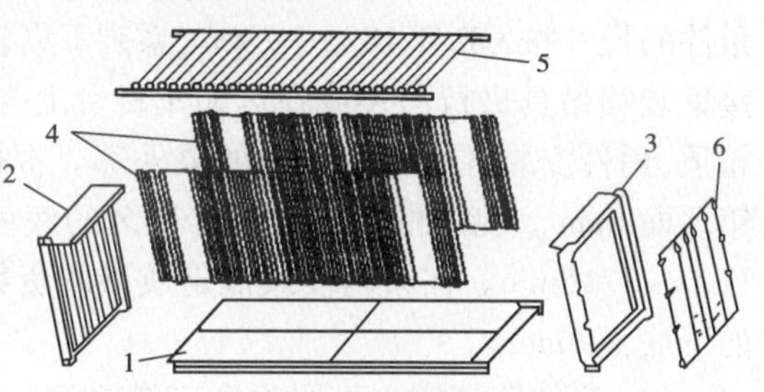

图5-29 钢制集装箱箱体组成部件图

1-箱底部件；2-前端壁部件；3-后端框架部件；4-侧壁部件；5-箱顶部件；6-箱门部件

1. 箱体结构特点和设计要求。

（1）集装箱的外形是箱形六面体，其外廓尺寸必须符合我国集装箱的国家标准（GB）或国际标准（ISO）。

（2）六面体形状的集装箱可分为固定式和折叠式两种。折叠式集装箱的箱顶、侧壁和端壁能方便地折叠或拆卸，使用时可以重新组合。其优点是在空回和保管时能缩小体积，提高运输效率。但是由于各主要部件是用铰链联接的，其强度将会受到影响。

（3）按集装箱的侧柱或端壁柱是否外露，可分为内柱式和外柱式两种。内柱式集装箱的特点是：集装箱的侧柱和端壁柱位于侧壁和端壁之内，外表平整，空气动力阻力减小，印刷标志也较方便，外壁板与内壁板之间的空隙还有隔热、隔潮的作用。外柱式集装箱的侧柱和端壁柱在侧壁和端壁之外，外柱有保护外壁板的作用，有时还可省去内壁板。

(4)集装箱的框架是承受外力的主要构件，集装箱在车站、码头以及运输船舱内堆放时，最下层的集装箱要承受上面集装箱的重力，船舶航行时的摇摆、风力等又会增加动载荷。所以，要求集装箱的框架结构在承受这些负荷时不产生永久变形，前后端框架应采用高强度钢（抗拉强度≥500MPa）制造。

(5)为了便于起吊集装箱以及在运输时便于箱体与箱体之间、箱体与运输车船之间的联接固定，在集装箱的每个箱角上都焊有一个三面有孔的金属角件。角件在集装箱上的定位尺寸如图 5-30，图中 S 表示沿箱体长度方向的角件开孔中心距，P 表示沿箱体宽度方向的角件开孔中心距，D 表示沿箱体对角方向的角件开孔中心距，分别以 D_1、D_2、D_3、D_4、D_5 和 D_6 表示；表中 K_{1MAX} 表示 D_1 与 D_2 或 D_3 与 D_4 之差的绝对值，K_{2MAX} 表示 D_5 与 D_6 之差的绝对值。角件的尺寸按 GB/T 1835—2006《系列 I 集装箱角件》确定。角件上较大的椭圆形孔用于联接集装箱吊具进行吊装或在运输车货台上与转锁联接固定集装箱。为了保护箱壁、箱门和箱顶，角件安装在箱体八个角的最外部。根据 ISO 的要求，箱体的上部角件顶面至少要高出箱顶面 6mm。箱底的所有载荷传递区的底面（包括两端横向构件）应高于箱底角件的底面 11.0～17.5mm。在箱内装载额定质量的货物时，箱底外表面的弯曲变形不能超过下部角件的下底面 6mm。

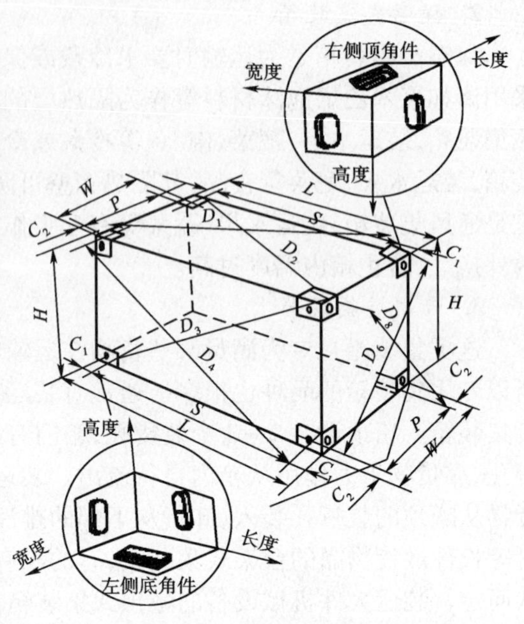

图 5-30　集装箱角件定位图

(6)集装箱箱底由下纵梁和底横梁焊成箱底架，上面铺设箱底板，组装时要用填料粘缝密封，确保水密。箱底与前端框架及后端框架相连接，并且直接承受载荷。箱底下面可以设置叉槽，以便用叉车进行装卸。叉槽的标准尺寸如图 5-31 所示。对 1AA、1CC（高度为 2591mm）集装箱箱底可以设置供鹅颈式半挂车装运的鹅颈槽，以便装运时整车高度不超过公路运输的极限值。鹅颈槽的标准尺寸如图 5-32 所示。设置槽后的箱底结构要保证强度和刚度，使其仍能承受规定的载荷。

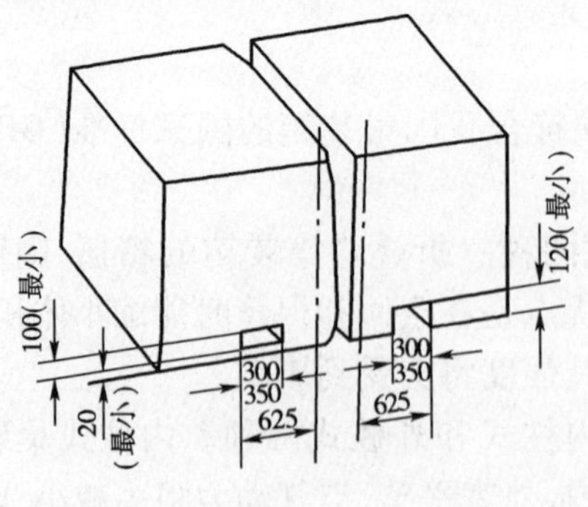

图 5-31　叉槽的标准尺寸（单位：mm）

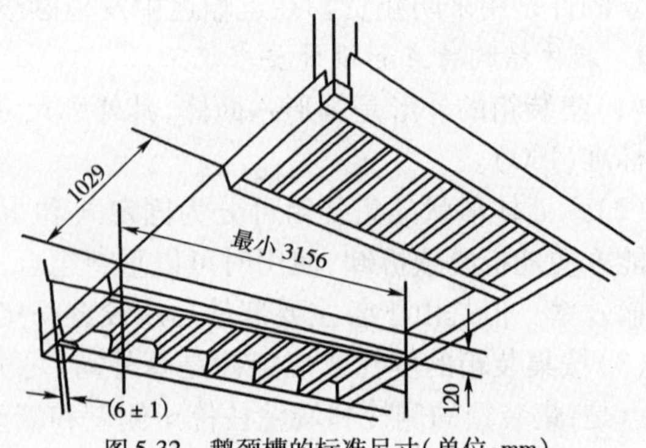

图 5-32　鹅颈槽的标准尺寸（单位：mm）

2. 箱内货物紧固件

由于货物在集装箱内往往不能充满空间,在运输途中车船的摇摆、振动和冲击,会使货物产生移动,造成损坏。因此,货物装入集装箱后应能可靠地紧固。

集装箱内紧固货物要方便、可靠,应遵循如下原则:

(1)当采用木料紧固时,要使紧固力传到强度大的构件(如侧柱、端壁柱)上,集装箱内壁板不能单独承受负荷。

(2)紧固集装箱端门内侧的货物时,要使紧固力由角柱和端门上部的框架横梁承受。

(3)要注意货物紧固处的包装情况,在强度不足时要用木板或硬纸板等加以保护。

(4)在集装箱内要有从事紧固作业的空间,便于边装货边紧固。

常用的紧固件有如下几种:

(1)固货栓。为带孔的钢条,用于固定货物时系绳子或带子。要求沿集装箱长度方向在侧壁板或内蒙皮上近于均匀布置,上下对应,左右对称。设置数量根据集装箱内部尺寸和固货要求而定。每组间隔不大于1.5m。对于不能堆码、怕压的货物,也可在固货栓上铺设塑料板,把货物分层堆装,加以保护。

(2)有棘轮的尼龙带。尼龙带两端设有勾头,可勾住索环,借助棘轮绑紧货物。索环置于集装箱内的箱底上。

(3)软垫。实际上是一种空气囊。当箱内货物未装满而留有空间时,把软垫放入空位,软垫充气而膨胀,即可挤紧货物;软垫放气后即可卸货。

(4)带棘轮的钢丝绳。钢丝绳两端有挂钩,使用时将绳一端挂在需要紧固的货物上,另一端挂在集装箱底的索环上,然后操作棘轮把钢丝绳张紧。

(四)冷藏集装箱结构特点

冷藏集装箱实际上是一个便于装卸的活动冷库。近年来,冷藏集装箱运输发展很快,世界上主要航线冷藏货物的运输几乎都已集装箱化。这是因为在货物的转运过程中采用搬移集装箱,避免了直接搬动货物,不影响货物的温度变化,食品的保鲜度要优于公路运输的冷藏车、铁路运输的冷藏专用列车及水上运输的冷藏专用船。虽然冷藏集装箱技术要求较高,造价贵,但在冷藏运输中仍得到迅速发展。

1. 主要技术参数和结构特点

冷藏集装箱应基本达到:当环境温度在311K(38℃)时,集装箱内的温度应保持在255K(-18℃)。

冷藏集装箱的结构可分为整体框架式和分片组装式两种。图5-33和图5-34是分片组装式冷藏集装箱结构局部剖面图。

分片组装式冷藏集装箱的顶板、侧板和底板均采用“三明治”夹心板,用铆钉与框架相连。后门也是“三明治”夹心板结构,每侧用4个铰链与后门框相连。每扇门都用两套门栓机构锁住,门与门框用多层橡胶密封条密封。制冷装置安装在集装箱前端,用螺栓与框架相连接。若制冷装置设在集装箱内,为内置式机械冷藏集装箱;若在冷藏集装箱前端壁上开设冷气入口和排气口,利用箱外制冷装置和管道供应冷气,则为外置式机械冷藏集装箱。

有关冷藏集装箱的箱体设计及制冷装置的计算,可参阅冷藏汽车设计的内容。

2. 冷藏集装箱有关标准

(1)ISO—6346《集装箱代号、识别和标记》;GB/T 1836—1997《集装箱代码、识别和标记》。

(2)ISO—668《系列Ⅰ集装箱分类、外部尺寸和质量等级》;GB/T 1413—1998《系列Ⅰ集装箱分类、尺寸和额定质量》。

(3)ISO—1161《系列Ⅰ集装箱角件技术规范》;GB/T 1835—2006《系列Ⅰ集装箱角件》

(4)IS—1496/Ⅱ《保温集装箱的技术条件和试验方法》。

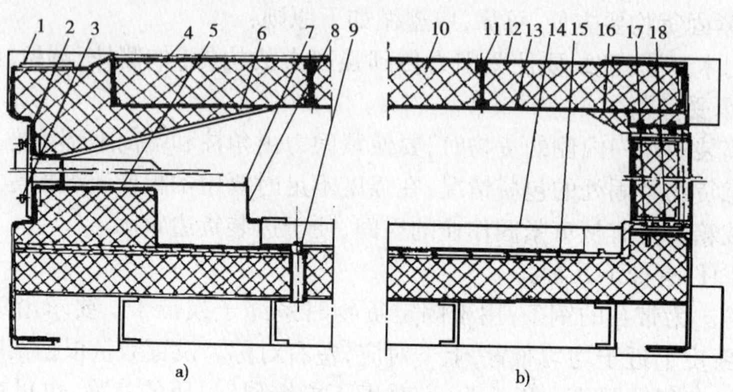

图5-33 冷藏集装箱纵向剖面图

a)前部;b)后部

1-框架;2-制冷装置;3-制冷装置固定螺栓;4-不锈钢抽芯铆钉;5-前底连接板;6-前顶连接板;7-不锈钢自攻螺钉;8-下隔风板;9-排水管;10-顶板隔热层;11-顶板骨架;12-顶板外蒙皮;13-顶板内蒙皮;14-地板铝型材;15-地板横型材;16-门框压条;17-门框压条螺钉;18-门框下压条

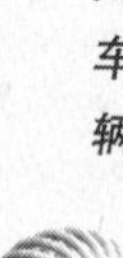

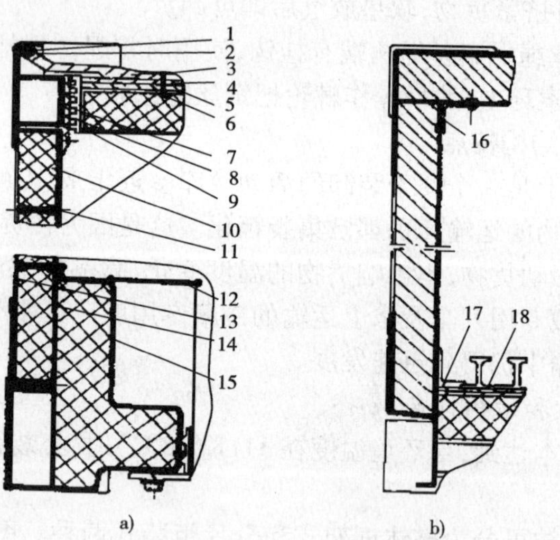

图5-34 冷藏集装箱水平和横向剖面图

a)水平剖面图;b)横向剖面图

1-铰链轴;2-轴套;3-门铰链;4-门外蒙皮;5-门骨架;6-六角螺母;7-门框侧压条;8-门框封条;9-门压条;10-侧板隔热板;11-侧板骨架;12-侧板风板;13-侧板外蒙皮;14-侧板内蒙皮;15-前侧连接板;16-顶侧连接板;17-底侧连接型材;18-底板内蒙皮

三、集装箱锁固装置

集装箱在运输车上的固定是通过运输车货台上的锁固装置(图5-35)和集装箱上的角件来完成的。当集装箱放置于半挂车上时,锁固装置上的椭圆形转锁头插入到角件的椭圆形孔中,然后,转动转锁手柄,使转锁头旋转90°,就可把集装箱紧固在运输车的货台上。锁固装置是焊接在半挂车货台上的，其位置必须与集装箱上的角件位置相配合，如图5-36所示。转锁装置已标准化。转锁中心在货台上的具体位置尺寸应符合标准规定，其公差值也要控制在允许的范围内。

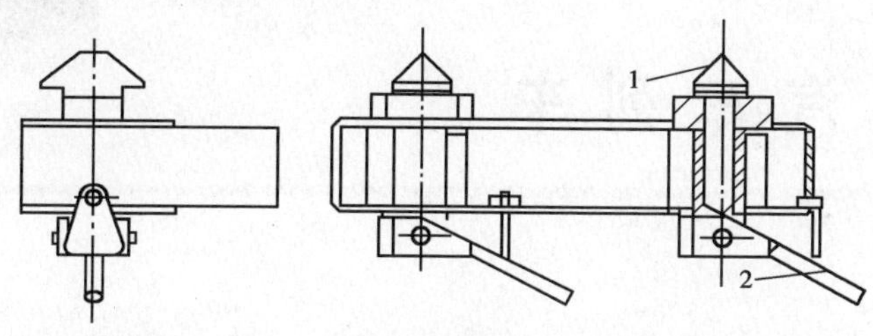

图5-35　锁固装置

1-转锁头；2-手柄

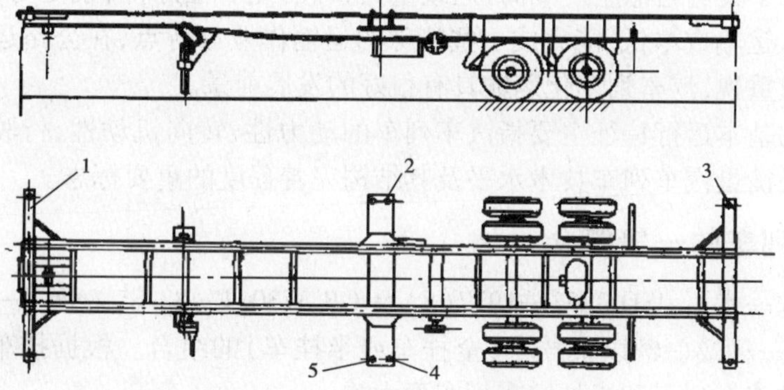

图5-36　锁固装置在半挂车上的位置

1、3、4、5-锁固装置；2-中间锁固梁

复习思考题

1. 厢式零担运输车的概念。厢式零担运输车车厢的结构组成？
2. 冷藏汽车与保温汽车的主要区别是什么？
3. 制冷方式有哪些？其中应用最为广泛的为哪两种，为什么？
4. 简述制冷机组利用可逆循环实现加热方式的工作原理。
5. 简述隔热货厢的结构特点。
6. 目前应用广泛的隔热材料有几种？它们各有什么特点？
7. 冷藏汽车货厢设置断热桥的目的？一般采取什么措施进行断热？
8. 隔热壁的传热系数与货厢总传热系数的区别与联系是什么？
9. 如何进行冷藏汽车的热负荷计算？
10. 集装箱运输车与普通载货汽车有何区别？

第六章 汽车列车

第一节 概 述

汽车列车由于具有运输生产率高、运载量大、燃油经济性好(特别是每吨公里装载质量燃油消耗降低)、运输成本低、能完成一些特殊的运输作业等待点,在公路运输上发展很快。受到各国的普遍重视,汽车列车化运输具有很好的发展前景。

汽车列车的基本运行特征主要指汽车列车的动力性、转向机动性、行驶稳定性、技术经济性等。它们是衡量汽车列车技术水平及其结构完善程度的重要标志。

一、汽车列车的一般概念

汽车列车这一术语,ISO 3833—1977(E)及 GB 3730.1—83 定义为:"一辆汽车(载货汽车或牵引车)与一辆或一辆以上挂车(全挂车或半挂车)的组合。根据挂车的结构形式,汽车列车分为全挂汽车列车和半挂汽车列车两大类。

根据汽车与挂车的不同组合形式,汽车列车可分为以下五大类:

(1)全挂汽车列车:牵引货车和一辆或一辆以上全挂车的组合,如图 6-1a)所示。

(2)半挂汽车列车:半挂牵引车和一辆或一辆以上半挂车的组合,如图 6-1b)所示。

(3)双挂汽车列车:半挂牵引车和一辆半挂车、一辆全挂车的组合,如图 6-1c)所示。

(4)全挂式半挂汽车列车:牵引货车通过牵引拖台和一辆半挂车的组合,如图 6-1d)所示。

(5)特种汽车列车:牵引车和特种挂车的组合,如图 6-1e)、f)所示。特种汽车列车的载荷分别加在牵引车和特种挂车的桥式平台上,其载荷多为长件大宗货物,并通过载荷本身将牵引车与特种挂车连接起来,挂车可以不设牵引杆或设可伸缩式牵引杆。

二、汽车列车的发展过程

1869 年在法国军队中第一次使用由蒸汽机车驱动的汽车列车。1914 年第一次世界大战,汽车列车得到在内燃机汽车的应用。战后汽车列车的产量有了显著地增长,但由于其牵引装置的不完善,造成在公路上行驶安全性较差,使汽车列车的发展受到一定限制。直到 1920 年以后,牵引装置的改进和完善,才在公路运输上得到广泛应用。

1. 全挂汽车列车运输的优点

全挂汽车列车与货车单车运输相比有以下优点

(1)全挂汽车列车运输生产率高,一般全挂汽车列车装载质量为货车单车的 2 倍左右。

(2)全挂车制造成本低,一般一辆全挂车要比相配挂的货车的制造成本低 50% ~86%。

(3)全挂汽车列车燃料消耗低,百吨公里燃料消耗比货车单车低40%左右。

(4)全挂车维修方便,修配费用低。

(5)全挂汽车列车车库投资少,全挂车本身可不备用车库。

(6)全挂汽车列车比货车单车更适宜运输那些很少从车上装卸的设备。如:车用发电机、电焊机、临时保存的物资器材(野战加油站、仓库)。全挂车可摘挂后较长时期使用。

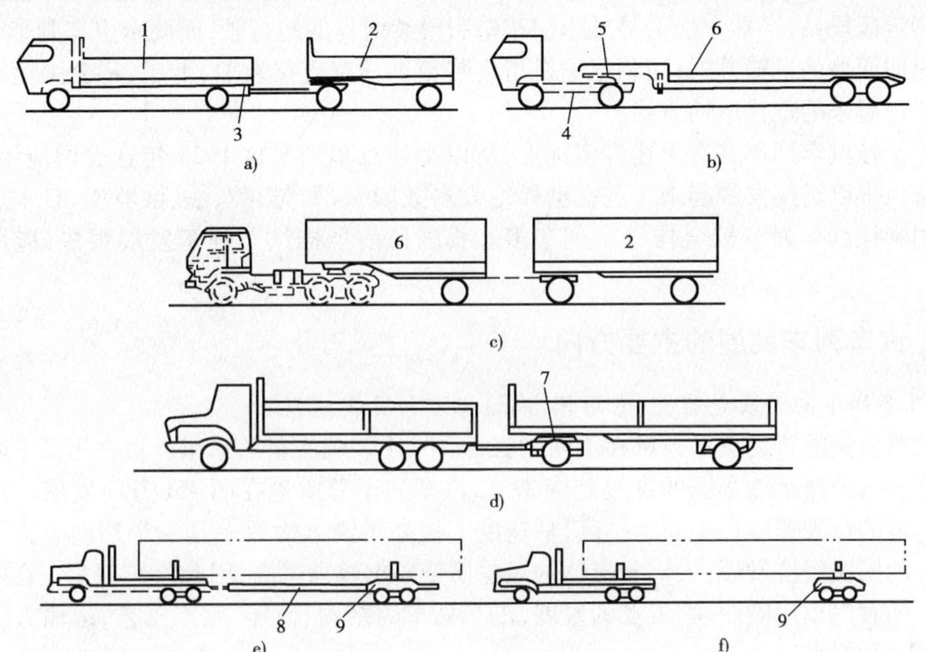

图6-1 汽车列车的不同组合形式

a)全挂汽车列车;b)半挂汽车列车;c)双挂汽车列车;d)全挂式半挂汽车列车;e)、f)特种汽车列车

1-货车;2-全挂车;3-牵引钩;4-牵引车;5-牵引座牵引销;6-半挂车;7-牵引拖台;8-可伸缩牵引杆;9-特种挂车

由于全挂汽车列车具有上述优点,且货车与全挂车之间用牵引钩与挂环连接,其结构简单;货车本身基本上不需做改进即可与全挂车连接使用。所以全挂汽车列车首先很快发展起来。美国从1920~1925年之间,全挂车从一车一挂发展到一车多挂;随后英国、瑞士、德国、法国、前苏联等国家也迅速发展起来;我国从1956年开始生产全挂车。

2. 半挂汽车列车的发展

1920年,美国在发展全挂汽车列车的同时,开始生产半挂汽车列车,但数量一直很少,直至1925年以后,随着英国公路及行车安全各项法令的颁布,开始对汽车列车所有限制,一般为一车一挂,最多一车两挂;而总长也开始有所限制,使得全挂汽车列车的发展受到一定限制。但使半挂汽车列车得到迅速的发展,并得到广泛的应用。

半挂汽车列车与全挂汽车列车相比,具有如下优点:

(1)半挂汽车列车部分装载质量由牵引车驱动桥承担,这样可以提高驱动桥的附着质量,使牵引车的牵引力能得到充分利用。

(2)半挂汽车列车的牵引连接装置,不用牵引杆,而是用牵引座与牵引主销相连接,这样可以缩短汽车列车的总长,使得半挂汽车列车更具整体性,改善了汽车列车的机动性并可减少风阻损失。

(3)半挂汽车列车行驶稳定性好。由于无全挂汽车列车的连接装置——牵引杆,行驶时的摆振现象大为减少。

(4)由于半挂汽车列车采用牵引座与牵引主销连接,避免了全挂汽车列车牵引钩与挂环之间的冲击、振荡现象,降低了行驶时的噪声。

(5)半挂汽车列车是"区段运输"、"甩挂运输"、"滚装运输"的最好车型。甩挂运输是指用一辆牵引车轮流牵引多辆半挂车,以达到高效率的运输方式;区段运输是指半挂汽车列车到达指定区段站,半挂车换上另外牵引车牵引继续向目的地行驶,而此牵引车则牵引其他半挂车返回原地的运输方式;滚装运输是指集装箱半挂车直接装船、上岸,将公路运输和水运直接联运起来的现代运输方式。

由于半挂汽车列车具有上述许多优点,所以半挂汽车列车自1925年在美国应用以来,其他国家也得以迅速发展起来。现在世界绝大多数国家,如美、英、法、俄罗斯、日本等发达国家采用半挂汽车列车较全挂汽车列车多。我国目前半挂汽车列车发展很快,应用非常普遍。

三、汽车列车发展的主要方向

1. 汽车列车向大装载质量、专用化、高速化方向发展

大装载质量的货运汽车数量在不断增长,而中、小装载质量的汽车产量在不断下降。从目前世界各国公路运输车辆的发展趋向来看,汽车列车总质量在向45t方向发展。世界各国汽车列车的行驶速度在不断地提高,从速度上提高车辆运输效率是一个趋向。为了适应日新月异的国民经济发展,人们对货物的运输质量要求越来越高,因此汽车列车正在向专用化发展。随着汽车运输业、物流业的发展,汽车列车的结构、性能、生产工艺、运输方式都在不断地发展和提高。

2. 汽车列车进一步向标准化、系列化方向发展

现在世界各国汽车列车的标准、法规越来越多,从基础标准到试验方法、规程及管理规范,直到零、部件都制订了标准,不但多而且细。以标准来组织汽车列车现代化生产和专业的协作;用标准缩短设计周期、简化工艺、提高零、部件的互换性等都具有十分重要的意义。

3. 汽车列车向生产专业化方向发展

汽车列车的设计、制造是向构件化、组合方式方向发展。所谓构件化、组合方式即是制作成符合一定装载质量范围要求的挂车,各总成标准系列零、部件,如牵引座、牵引主销、牵引架、悬挂装置、支承装置、车架、车厢、制动系统等。根据用户要求组合成不同装载质量级别、不同尺寸、不同用途的汽车列车或专用汽车列车。这种方式,可提高零、部件质量及整车性能,实现现代化计算机管理,可根据使用部门要求进行组合汽车列车;对实现发展多品种、小批量的专业化生产将起到重要作用。

4. 新结构、新材料、新技术逐渐在汽车列车上得到应用

近年来新的结构、新的材料及新的技术不断地应用到汽车列车上。

(1)新材料的应用

新材料的应用可以减轻挂车自身的质量,采用铝合金及高强度塑料等轻质材料代替传统的钢结构件,如铝合金已用于车厢、车架,高强度塑料已用于悬挂钢板弹簧等。

(2)新结构、新技术的应用

为降低质心高度,提高汽车列车的稳定性,采用高强度小尺寸轮胎;为使悬挂系统结构更合理,并减轻悬挂本身质量,目前正在采用等强度变截面钢板弹簧;还有随负荷变化的空

气悬挂等。目前应用到汽车列车制动系统的控制阀、继动阀、感载阀、调节装置也越来越多，如为了确保汽车列车制动时具有良好的稳定性，在汽车列车制动系统装有防抱死装置。各种故障报警装置的应用也对汽车列车的行驶安全性起到重大作用。

5. 更加重视对汽车列车操纵稳定性、行驶平顺性的研究

随着汽车列车向大装载质量、高速度方向发展，汽车列车各种性能直接影响汽车列车行驶的安全性及货物的完好程度，其中操纵稳定性及行驶平顺性是两个最重要的性能。

汽车列车的操纵稳定性，是指汽车列车各车节保持驾驶员给定的、相对于道路支承表面的位置、以及在外界干扰作用下保持行驶方向的能力。也可以分别理解为汽车列车的稳定性和操纵性。汽车列车的稳定性包括：在没有驾驶员参与下，保持汽车列车各车节给定的行驶方向的能力及抵抗导致方向改变的外界作用力的能力（行驶方向稳定性）；在垂直于纵向对称轴线的平面中，汽车列车抗倾翻的能力（抗倾翻稳定性）。汽车列车的操纵性是指汽车列车按驾驶员的愿望改变行驶方向及车辙的一项综合性能。

汽车列车的行驶平顺性，主要由其汽车列车行驶的平均车速和运输货物的完好性来评价。目前对汽车列车的平顺性的评价方法，是通过汽车列车行驶一定距离时，对其簧上质量的几个具有代表性的点上垂直加速度的分配值进行统计的方法而做出的。为更充分地评价行驶平顺性，要选择几个不同类型的道路进行试验，来确定垂直加速度的均方值和最大值。

目前各国生产的汽车列车都在列车的操纵稳定性、行驶平顺性方面作了较大改善。如选择最佳同步附着系数、装置横向稳定器（增大悬挂的角刚度和减小倾斜），降低质心、增大轴距，增大牵引杆长度，增大轮胎侧偏阻力系数、滚动阻力系数等，来改善汽车列车的操纵稳定性。在不断地探索当中，汽车列车平顺性也在逐步完善。

第二节　半挂汽车列车

如前所述，半挂汽车列车主要由半挂牵引车和半挂车组成。下面将从半挂牵引车的选型及半挂车的结构设计两方面分别介绍。

一、半挂牵引车

半挂牵引车是用来牵引半挂车的汽车，在结构上与普通载货汽车的区别是车架上无货厢，而装有鞍式牵引座（又称第五轮联结器），通过鞍式牵引座承受半挂车的部分载质量，并且锁住牵引销，带动半挂车行驶。

1. 牵引车分类

（1）按驱动形式分类

目前广泛使用的半挂牵引车多为 4×2 与 6×4 两种类型，也有少量 4×4 与 6×6 形式的。

各种类型的牵引车其鞍座允许的载质量有较大区别，如同样是后轴允许载质量为 10t 级的牵引车：如果是 4×2 牵引车，鞍座允许载质量为 12～12.5t；如果是 6×4 牵引车，鞍座最大载质量为 18t 左右。对于后轴载质量为 13t 级的 6×4 牵引车，鞍座最大载质量为 24～26t。

（2）按用途分类

①高速牵引车。用来牵引厢式半挂车、平板式半挂车和集装箱半挂车。主要适合于高

速长距离行驶，一般配置功率大的发动机。

②运输重型货物用牵引车。用来牵引阶梯式半挂车、凹梁式半挂车的牵引车，具有牵引座载质量和被牵引的总质量都很大的特点。此种牵引车为了增大牵引力，驱动轴多为二轴，其最高车速比高速牵引车稍低，一般为60km/h左右。

2. 对牵引车的改装要求

半挂牵引车一般是在载货汽车底盘的基础上，选取合适的后桥主传动比，缩短轴距，并在车架上配置鞍式牵引座改装而成的。但大部分半挂牵引车由汽车制造厂直接生产，无需改装。如果是在载货汽车底盘的基础上进行改制，则在改装时必须充分考虑车节的适应性问题，使组成半挂汽车列车各部分——驱动车节（牵引车）和从动车节（半挂车）之间达到最大可能的相互适应。

牵引车不是独立的运输工具，因为它没有载货部分，因此在设计时应满足对汽车列车驱动车节所提出的全部要求。牵引车的发动机功率、传动系参数和速比、车轴上的载荷以及其他主要尺寸参数等，都应选择得完全适应于半挂车的总重、支承连接上的压力以及影响汽车列车运行性能的其他指标，半挂车的设计也完全适应于所用的牵引车。换句话说，应用系统的观点来考虑牵引车与半挂车之间的关系，使其整体表现出良好的运行性能。

3. 牵引车的结构特点

半挂牵引车的总体结构与载货汽车基本相同，由发动机、底盘、车身（驾驶室）和电气设备组成。但由于牵引车必须进行拖挂作业，对某些总成和部件提出了不同的要求，如半挂牵引车同普通货车相比，轴距短、牵引座处的载荷较大。

(1)动力装置及传动系统

半挂牵引车与普通载货汽车的主要区别是车架上无货厢，因此半挂牵引车的动力传动系统与载货汽车完全相同。

在半挂牵引车中，也有在离合器与变速器之间安装液力偶合器和液力变矩器的，其目的是为了用标准的发动机获得最大的牵引力，同时也有起步平稳的作用。有的变速器本身还带有副变速器。

为了使主减速器的减速比加大，从而增大牵引力，差速器前的主减速器不是用一级减速，而是采用两级减速。另外，在两级减速装置中有常啮合固定式和高低速两挡转换式结构。后者的转换操作是在驾驶室内用气控操纵阀进行的。在轻载高速行驶时只采用一级减速传动。对于牵引高速行驶的重型半挂车，为了增加其驱动力，常采用轮边减速器。

(2)悬架

牵引车的悬架基本上与载货汽车相同，但有的牵引车为了改善使用性能和适应重载要求，采用了独立悬架或采用了比普通载货汽车更宽更厚的钢板弹簧。对于双后轴的牵引车，其后悬架目前几乎都采用半椭圆钢板弹簧平衡式悬架。

(3)制动系统

半挂牵引车一般采用气制动系统或气液制动系统。

牵引车的制动系统与载货汽车的制动系统基本相同，不同点是牵引车设置了向挂车输送压缩空气的气压制动管路、紧急制动管路、气动控制管路及气管接头等。另外，在驾驶室内设置了手制动阀，可直接操纵挂车制动。为了提高制动性能，半挂牵引车普遍在后桥处装有感载阀或装ABS系统，以改善轴间制动力的合理分配。

(4)电气系统

半挂牵引车车架后部备有电气连接器以及配置的电线，以便与半挂车的电气信号相通。即在牵引车后横梁上装有七孔电气连接器用来与半挂车的七芯插头连接，以向半挂车输送电气信号。

(5)车架

半挂牵引车的车架很短，主车架纵梁后部因承受牵引座集中载荷而需加强，其中横梁的布置也应作相应考虑。

几种主要的国产重型半挂牵引汽车的主要技术性能参数见表6-1。

二、半挂车

半挂车与牵引车连接后具有很好的整体性，广泛应用在各种货物运输中，除通用半挂车外，还有平板式半挂车、厢式半挂车、自卸式半挂车、冷藏保温式半挂车、集装箱式专用半挂车、液罐式半挂车、粉状物散装罐式半挂车、牲畜家禽车、预制件车等。

(一)半挂车分类

1. 按车轴的配置分类

半挂车的装载质量主要取决于轮胎、车轴、车架的允许负荷。所以车轴部分的变化决定于挂车的装载质量。根据车轴的配置及数量变化，由轻到重，由1轴到4轴进行排列分类如图6-2所示，有一轴式、二轴式、三轴式等常用的半挂车型。

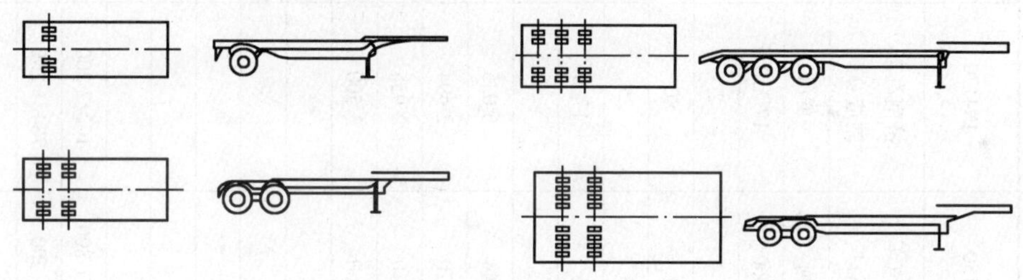

图6-2　按车轴分类的半挂车形式

2. 按结构形式分类

(1)平板式

平板式半挂车如图6-3a)所示，整个货台是平直的，且在车轮之上，适于运输钢材、木材

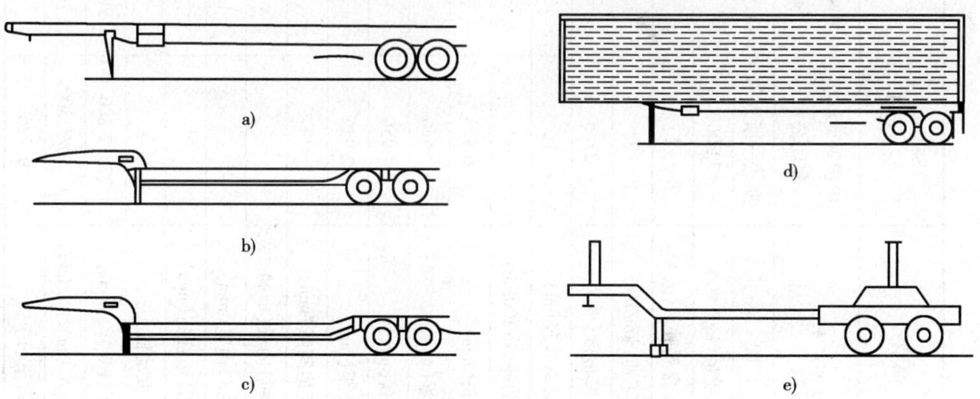

图6-3　按结构分类的半挂车形式

a)平板式;b)阶梯式;c)凹梁式;d)箱式;e)伸缩杆式

国产重型半挂牵引汽车主要技术性能

表 6-1

产品型号	S4320 6×4	S4190 4×2	JN4150	JN4170	CQ4300	CQ4190	SX4230	T4270
生产厂名	中国重型汽车集团公司	中国重型汽车集团公司	济南汽车制造总厂	济南汽车制造总厂	四川汽车制造总厂	四川汽车制造总厂	陕西汽车制造厂	长征汽车制造厂
厂牌	斯达—斯太尔	斯达—斯太尔	黄河	黄河	红岩	红岩	延安	太脱拉
总质量(kg)	32 000	19 000	15 060	17 510	30 000	19 150	23 710	27 000
乘员数(含驾驶员,人)	2	2	4	2	2	2	4	2
最高车速(km/h)	92	85	71	80	58		53	92
最大爬坡度(%)	27.5	31.7	13	25	42.8		25	24.5
最小转弯直径(m)	16	15	16	17.6	17	14	18	16.5
百公里油耗(L/100km)	40	38						49.5
长(mm)	6 576	6 396	6 064	6 035	6 800	6 081	6 600	6 500
宽(mm)	2 480	2 480	2 470	2 494	2 500	2 480	2 500	2 500
高(mm)	2 956	2 934	2 840	2 955	3 064	3 051	2 831	3185
轴距(mm)	2 925	3 800	3 650	3 500	3 200	3 500	3 800	2 900
最小离地间隙(mm)	314	314						320
车箱(厢)内长(mm)								
车箱(厢)内宽(mm)								
车箱(厢)边板高(mm)								
发动机								
最大功率(kW)/(r/min)	225/2 200	206/2 400	117.6/1 800	162/2 200	213/2 100	162/2 200	143/2 000	208/2 200
最大转矩(N·m)/(r/min)	1 250/1 300	1 070/1 400	686/1 200	784/1 200	255/1 300	784/1 200	765/1 200	1 010/1 400
排量(L)	9.726	9.726	—					

及大型设备。

(2)阶梯式

阶梯式半挂车如图6-3b)所示,半挂车车架呈阶梯形,货台平面在鹅颈之后。最早的阶梯式平板半挂车,其鹅颈均为弧形结构,在鹅颈上端形成第二货台平面。由于阶梯式结构货台主平面降低,从而适合运输各种大型设备、钢材等。

(3)凹梁式

凹梁式半挂车如图6-3c)所示,其货台平面呈凹形,具有最低的承载平面。凹形货台平面离地高度一般根据用户要求确定,适合超高货物的运输。

以上述半挂车底盘为基础,还可以改制成各种专用半挂车,例如图6-3d)所示的厢式半挂车。对专门运输长货物用的半挂车,其货台分前、后两部分,中间可用一根牵引杆(伸缩杆式)贯穿,也可用货物自身连接(分离式)。前、后两货台之间的距离可根据需要作适当调整,变化范围一般为2~4m,调整间距为0.7~1m。

(二)半挂车的结构设计

1. 半挂车总体结构

半挂车由车架、轮轴、悬架、支撑装置、制动系统和电路系统等部件组成。车架前端下部装有牵引销,与牵引车的牵引座配合后由牵引车牵引半挂车行驶,并在转向时完成牵引车和半挂车之间的相对转动。车架上的载荷通过牵引销座和悬架系统分配到牵引车和半挂车车轮上;当脱挂时,半挂车前部载荷由脱挂支承装置承受。半挂车制动系统与牵引车连通,达到二者同步制动;半挂车也装有驻车制动器。

2. 半挂车车架

半挂车、挂车与前面介绍的专用车辆不同,它的底盘是单独设计并制造的,不进行副车架的设计,而是进行能够被牵引车驱动的整个底盘的设计。

半挂车车架通常采用两根纵梁、横梁贯穿梁腹板的焊接结构。此外,两侧边还有边横梁、边梁等。纵梁截面有工字形截面和槽形截面,对于大吨位半挂车采用工字形截面梁较为合适。

按半挂车车架纵梁形式,可分为直通式纵梁车架和鹅颈式纵梁车架。

图6-4为某种平板半挂车用的直通式纵梁车架,其纵梁断面为工字形焊接结构,上翼板平直,下翼板是折线,腹板用钢板剪切加工成阶梯形,焊接后应有足够的强度。车架横梁采用整根工字钢型材或轻型槽钢,通过纵梁腹板上的孔贯穿于两根纵梁之间,二者相交处不全焊接,与上、下翼板之间留有间隙。这种贯穿式车架既有一定的强度,又允许车架有一定的弯曲扭转变形,已逐渐取代断开式横梁。在车架上还焊有牵引销总成、支撑装置固定架、备胎架固定件和边梁等,底板采用了铁木结构。

图6-5为鹅颈式半挂车架,因其前部昂起像鹅颈状而得名。该车架又称阶梯式车架,其两根主纵梁1、2呈阶梯形,断面为工字形,断面高度随长度而变化。这种车架既照顾了牵引销的高度要求(由牵引车高度决定),又可降低货台平面的高度。两根纵梁与若干横梁及两根边梁组成车架的框架。鹅颈形状有平鹅颈和弧形(上翘)鹅颈两种,平鹅颈结构适宜普通公路运输的半挂车;而非公路运输,因道路条件差,半挂车相对牵引车有较大的纵向俯仰,采用弧形鹅颈较好,特别是越野半挂车更是如此。在鹅颈下方设置了牵引销板和牵引销,鹅颈拐弯处对称地设置了支撑装置的安装支架5。在车架货台前部用铁木结构的底板铺设。货台的两边开有若干个插桩孔6、7,边梁上布置有若干吊环11,用于运货时插桩或系绳。货台

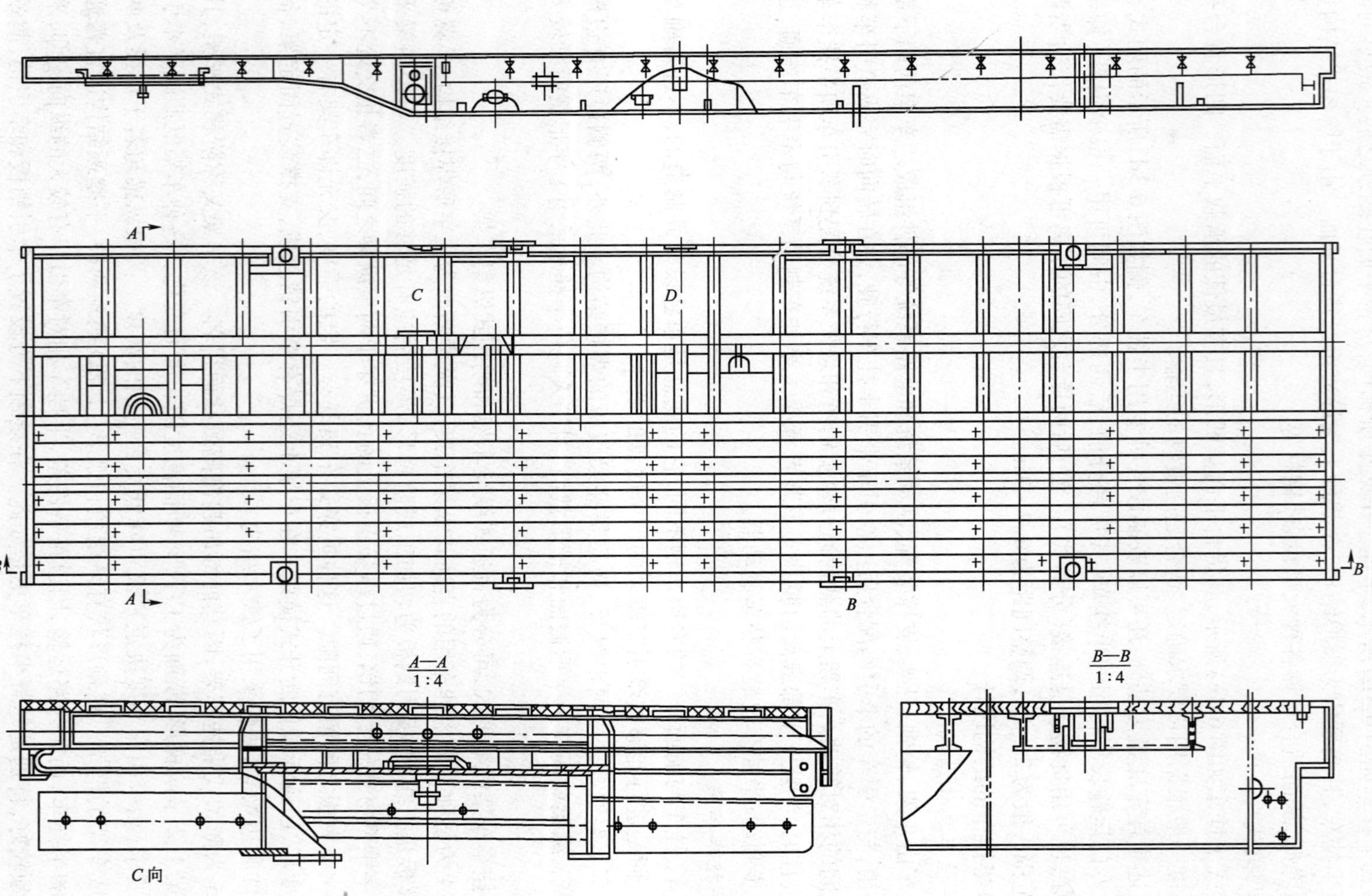

图6-4　某平板半挂车用直通式纵梁车架

后部用花纹钢板铺设，尾端形成一定坡度，以便与跳板或搭桥配合装卸货物。

上述两种车架的结构还有多种，在设计时应根据加工条件进行选择。如纵梁与横梁的连接、鹅颈拐弯处的形状及加工方法、底板的结构等。

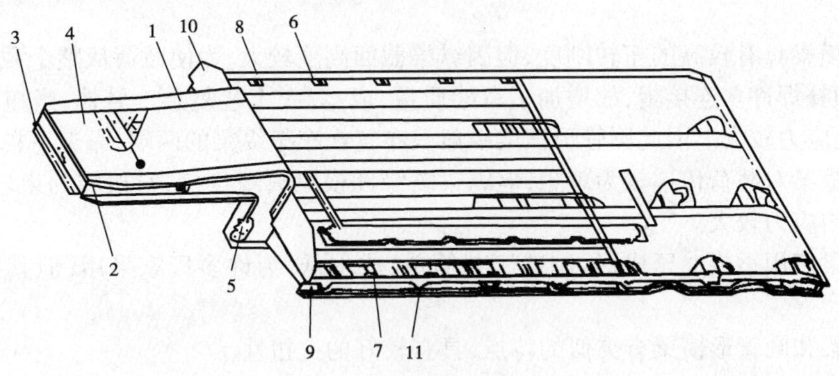

图 6-5　鹅颈式半挂车车架

1、2-主纵梁；3-牵引销板；4-牵引销；5-支撑装置安装支架；6、7-插桩孔；8、9-边梁；10-挡板；11-吊环

（1）纵梁

车架的纵梁结构根据货台形式要求，相应有平板式（图 6-3a））、阶梯式（图6-3b）），凹梁式（也称为桥式，图 6-3c））等多种。

纵梁截面有工字形和槽形，为防止上下翼缘受拉伸和压缩作用而破裂，其弯曲应力不应超过临界弯曲应力。翼缘最大宽度一般不超过 16δ（δ 为钢板的厚度），对于大吨位半挂车多采用工字形截面梁。

纵梁截面高度根据吨位不同有较大的差异。对于鹅颈处的纵梁截面高度：

①平板结构因受货台高度限制，在保证强度的前提下，应尽可能采用小尺寸。如：

载质量 15t，鹅颈处纵梁高 160mm 左右；

载质量 20t，鹅颈处纵梁高 160 ~ 210mm；

载质量 20t 以上，鹅颈处纵梁梁高 210 ~ 230mm。

②阶梯式、凹梁式半挂车的鹅颈尺寸不受货台高度限制，为保证强度，鹅颈纵梁高度尺寸可适当放宽。

对于纵梁主截面的最大高度，可参考以下尺寸：

载质量 15t：主截面高 300mm 左右；

载质量 20 ~ 30t：主截面高 350 ~ 450mm；

载质量 40 ~ 50t：主截面高 450 ~ 550mm。

半挂车车架纵梁沿其长度方向截面尺寸的变化，主要根据弯曲强度计算和总体布置确定。

对于平板式结构，鹅颈处的截面高度将影响货台上平面高度。对于阶梯式结构，也是为了降低货台上平面，将轮的上方纵梁部位收缩，保证转盘或悬架系统的活动空间。在纵梁受力较大的区段内可局部增设加强板或采用箱形截面。

（2）横梁

车架横梁是连接左右纵梁从而构成车架的主要构件。横梁本身的抗扭性能好坏及其横梁在车架的分布，直接影响着车架的内应力及车架的刚度，而合理设计横梁可以保证车架具有足够的扭转刚度。

半挂车车架中的横梁有冲压成形或直接采用轻型型材，前者比后者轻15% ~20%。常采用的横梁结构有：圆管形横梁、工字形横梁、槽形横梁和箱形横梁。横梁的截面尺寸通常是用类比法来确定；从产品系列化、标准化、通用化考虑，应尽量采用以一到两种规格的横梁。

圆管形横梁具有较高的扭转刚度，但因纵梁截面高度较大，为使载荷从整个截面传递到横梁上、必须补焊许多连接板，故增加了车架质量，成本高、工艺复杂。另外，当扭转较严重时，连接板处应力较大。因此圆管形横梁一般只布置在车架纵梁的两端，靠近下翼面。

工字形横梁对载荷传递较为理想，但纵梁翼缘和横梁翼缘连接，对扭转约束较大，因而翼缘产生的内应力较大。

槽形横梁多用钢板冲压成形，制造工艺简单、成本低，为许多厂家采用，但其扭转刚度较差。

箱形横梁和圆管形横梁有类似的特点，具有较好的抗扭性。

横梁在布置上应采用疏密结合的方式来满足不同吨位级别的半挂车要求。布置时其间距可取700 ~1 200mm，一般以800mm 为宜。

边横梁在布置时应注意错开轮胎最高点，以避免在行驶中轮胎的跳动和横梁发生干涉。

(3)纵梁和横梁的连接

车架的整体刚度，除和纵梁、横梁自身的刚度有关外，还直接受节点连接刚度的影响，节点的刚度越大，车架的整体刚度也越大。因此，正确选择和合理设计横梁和纵梁的节点结构，是车架设计的重要问题，常见结构形式有：

①横梁和纵梁上下翼缘相连接(图6-6a))，其焊缝为对接焊缝。这种结构有利于提高车架的扭转刚度，但在受扭严重的情况下，易产生约束扭转、因而在纵梁翼缘处会出现较大内应力。该结构形式一般用在半挂车鹅颈区、支承装置处和后悬架支承处。

②横梁和纵梁的腹板相连接(图6-6b))，其焊缝为搭接焊缝。这种结构刚度较差，允许纵梁截面产生自由翘曲，不形成约束扭转。这种结构形式多用在扭转变形较小的车架中部横梁。

③横梁同时和纵梁上翼缘及腹板相连接(图6-6c))，其上面焊缝为对接，下面焊缝为搭接焊缝。这种结构兼有以上两种结构特点，故应用较多。

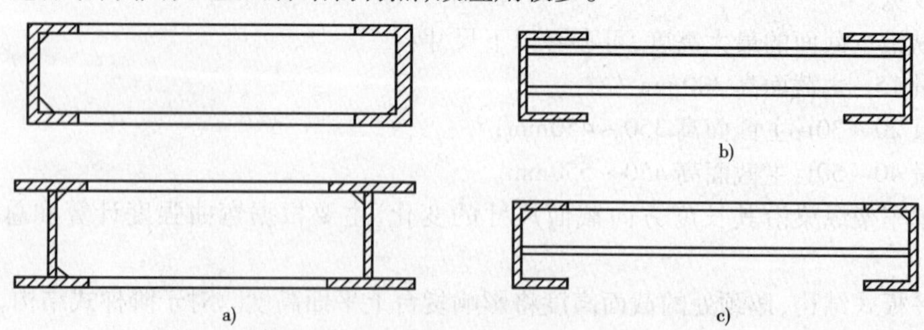

图6-6　半挂车的纵、横梁连接形式

a)横梁和纵梁上下翼缘相连接；b)横梁和纵梁的腹板相连接；c)横梁同时和纵梁上翼缘及腹板连接

④横梁贯穿纵梁腹板相连接。这种连接方式在贯穿处只焊接横梁腹板，且焊缝均为角焊缝，其上下翼板不焊接，并在穿孔之间留有间隙，如图6-7 所示。这种结构当纵梁产生弯曲变形时，允许纵梁相对横梁产生微量位移，从而消除应力集中现象。但车架整体扭转刚度

较差,需要在靠近纵梁两端处加横梁来提高扭转刚度。这种结构是目前国内外广泛采用的半挂车车架结构。

(4)车架底板结构

半挂车车架底板常见结构有钢木混合底板、全木底板和全钢板式底板。现代半挂车的底板越来越多地采用全钢板式底板结构。

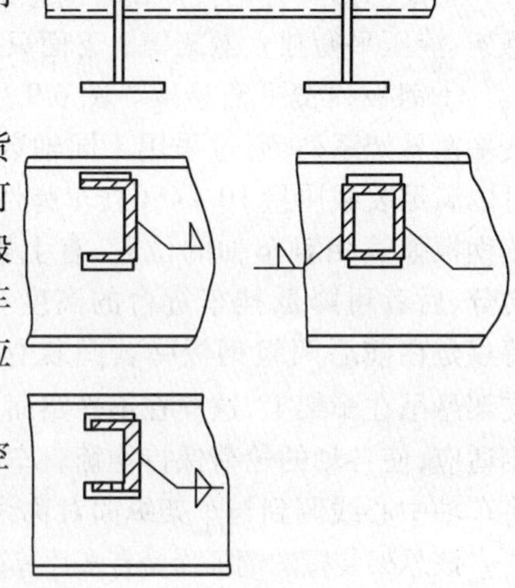

图 6-7 横梁贯穿纵梁的连接

3. 半挂车车轴

半挂车车轴属于从动轴。其基本结构可以采用从货运汽车的后轴中去掉差速器齿轮和传动轴的形式,也可根据具体条件进行设计。如果采用自行设计,则其一般由两部分组成,即轴体和轴头。轴头作用是将轴体与车轮轮毂及制动系统进行连接,因此轴头的设计及加工应与所配轮毂的尺寸相适应。

半挂车车轴轴体的断面形状有:工字形断面,矩形空心断面,圆形空心断面,圆形实心断面等。

轴体与轴头的连接形式有:

焊接式:即直接把安装轮毂的轴头(或称轮毂轴)部分焊接在轴体上;

压入式:即轴头直接压入轴体;

螺栓连接式:在轴体与轴头部分加工出凸缘,用螺栓把凸缘连接在一起;如果凸缘用铆接代替螺栓连接即为铆接式。

图 6-8 所示为两种典型的车轴结构,一种是圆管轴体,另一种是方管轴体。

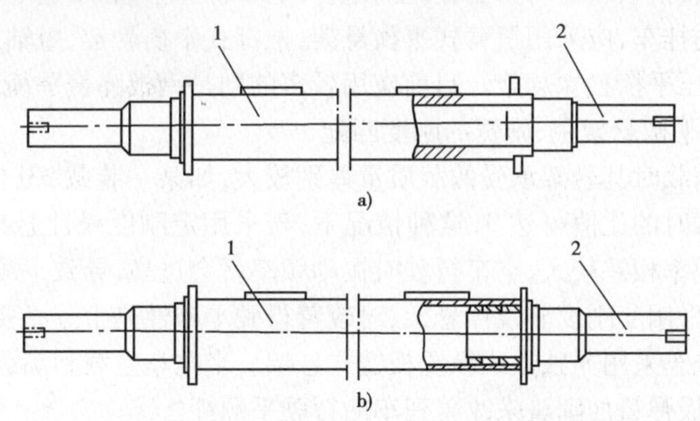

图 6-8 两种典型的半挂车车轴结构

a)无缝钢管式半挂车车轴;b)方管轴体式半挂车车轴

1-轴体;2-轴头

半挂车车轴总成系列按轴载质量分类,一般可分为 8、10、12 和 14t 4 个等级,半挂车车轴的基本结构应相同,即尽量用最少的变化来满足不同轴载质量的要求。

4. 悬架

悬架是将挂车车架与车轴相连接的全套装置的总称。其主要功用是传递作用在车轮和车架之间的各种载荷,并减少或消除由不平路面通过车轴传给车架的冲击和振动,以改善挂车行驶的平顺性。

挂车悬架和牵引车悬架在结构上相同,一般采用钢板弹簧作为弹性元件,也有采用油气悬架结构等。但在一些较大装载质量的挂车上,因其具有多轴承载,为保证各轴车轮与地面均有良好的接触及使悬架系统的载荷均匀,采用了平衡悬架;在液压全挂车上采用了液压悬架等。

(1)悬架的形式

悬架的形式有钢板弹簧平衡悬架、摆臂式平衡悬架、推杆式平衡悬架、短轴式刚性平衡悬架、液压平衡独立悬架等。下面只介绍两种。

①钢板弹簧平衡悬架。图6-9所示为钢板弹簧平衡悬架系列,通过采用不同轴数的悬架匹配,可以满足装载质量10~45t挂车弹性悬架的要求。按钢板弹簧相对车轴的位置,有上置式和下置式之分,后者可降低挂车货台的高度。平衡悬架的特点是在前后两组钢板弹簧间装有平衡臂,并用支架悬吊在车架上,这样在不平路面上,靠平衡臂的杠杆作用使前后车轴的位置与路面高低相适应,使各轴的轮荷保持均衡。车轴的牵引由拉力杆承受,并可利用拉力杆长度的调整,将车轴中心线调到与车架纵向对称线垂直的理想位置,从而减少车轮侧滑所引起的磨损。

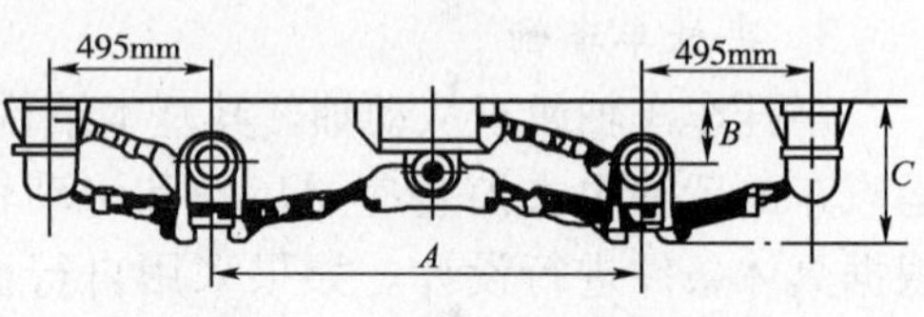

图6-9 下置式钢板弹簧平衡悬架

该悬架装置的钢板弹簧有多片等截面的,也有单片或三片变截面的。变截面抛物线形钢板弹簧与等截面多片钢板弹簧相比,在承载能力相同的情况下,自身质量小,但制造工艺较复杂。

②摆臂式平衡悬架。图6-10所示为一种摆臂式平衡悬架,其两轴用一副钢板弹簧,由吊耳和摆臂连接起来。钢板弹簧的前吊耳、摆臂中部的转轴与支架相连,前轮轴安装在钢板弹簧中部,后轮轴安装在摆臂后端。采用这种结构时,若弹簧刚度不变,悬架刚度可改变;另外,当摆臂前后段杠杆比改变时,还可调整两轴负荷的比例。若在摆臂式平衡悬架上安装举升机构,则可在挂车载荷较小时将后轮提起离地。减少转向阻力和车轮的磨损。

对于多轴布置的挂车,应采用摆臂式平衡悬架、推杆式平衡悬架、短轴式刚性平衡悬架;重型挂车,可采用液压平衡独立悬架。目前应用较多的则是钢板弹簧平衡悬架。

(2)钢板弹簧式平衡悬架主、副簧的刚度匹配

半挂车空载和满载时其悬架承受的载质量差别较大,如某一装载23t的半挂车,满载时悬架上的载荷与空载时的比值可达9,这种情况下,若采用定刚度线性悬架,则挂车在上述两种工况下的振动频率相差较大,空车行驶时振动频率就会过高,导致平顺性差。所以对半挂车或全挂车而言,采用变刚度非线性悬架,对改善行驶平顺性是十分必要的。

现在大部分半挂车采用非独立式纵置板簧式悬架。半挂车空载和满载时悬架承受的载质量的差别,可由钢板弹簧加副簧来改善列车的行驶平顺性。

图6-11所示为非独立式纵置板簧式悬架主、副簧结构。载荷较小时,只有主簧工作,载荷增至一定值,托架1和副簧接触,副簧开始工作。

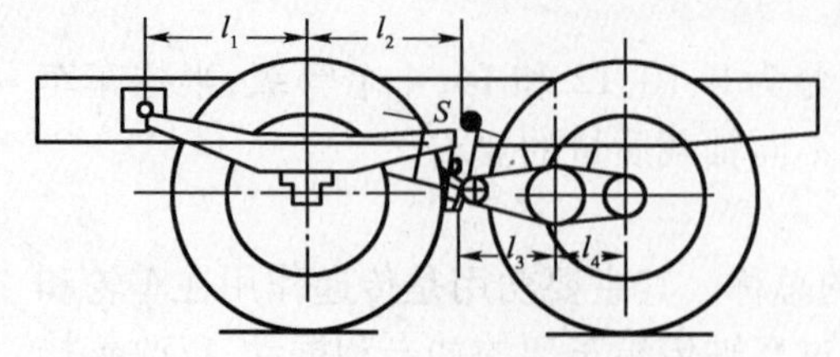

图6-10 摆臂式平衡悬架

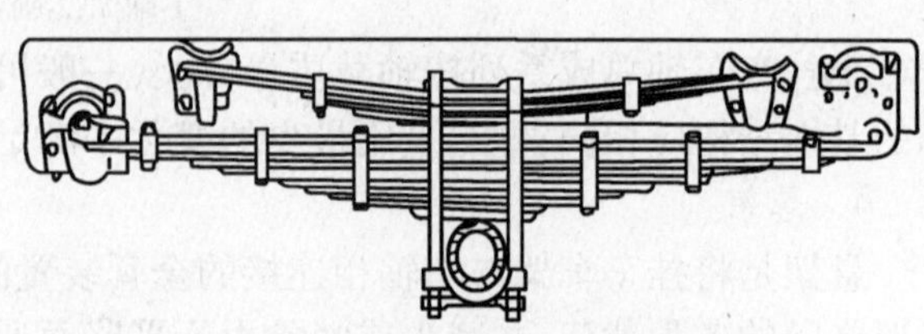
图6-11 非独立式主、副簧悬架结构

确定主、副簧的刚度匹配及副簧开始工作的载荷，主要考虑两个因素：一是从空载到满载范围内频率的变化要尽量的小，二是在副簧接触托架前、后的频率变化不要太大。

确定主、副簧刚度匹配的两种方法：

第一种方法是使副簧开始起作用时的悬架挠度 f_a 等于空载时悬架的挠度 f_0；而使副簧开始作用前一瞬间的挠度 f_k 等于满载时的悬架挠度 f_c，可求得副簧开始起作用时的载荷 F_k 等于空载与满载时悬架载荷 F_0 和 F_c 的比例中项，即：

$$F_k = \sqrt{F_0 F_c} \tag{6-1}$$

由此可求得主、副簧的刚度比为：

$$\frac{C_m}{C_n} = \frac{\sqrt{\lambda} + 1}{\lambda + 1} \tag{6-2}$$

式中：C_m、C_n——主副簧的刚度，$\lambda = F_c / F_0$。

第二种方法是使副簧开始起作用的载荷，等于空载与满载时悬架载荷的算术平均值。即：

$$F_k = \frac{1}{2}(F_0 + F_c) \tag{6-3}$$

同时使在载荷为$\frac{1}{2}(F_0 + F_k)$与$\frac{1}{2}(F_k + F_c)$时悬架的挠度相等，即悬架系统的振动频率相等。有：

$$\frac{F_0 + F_k}{2C_m} = \frac{F_c + F_k}{2(C_m + C_n)} \tag{6-4}$$

由此得主、副簧的刚度比为：

$$\frac{C_m}{C_n} = \frac{\lambda + 3}{2(\lambda - 1)} \tag{6-5}$$

用第一种方法确定的主、副簧刚度比，可使空、满载范围内悬架系统振动频率变化不大，但副簧接触托架前、后的频率突变较大，适用于半载运输状态少的挂车。用第二种方法确定的主、副簧刚度比，可使副簧接触托架前、后的频率突变小些，却使全部载荷范围内的频率变化大。因此，适于经常处于半载状态或 λ 值较小的挂车采用。

5. 半挂车支撑装置

支撑装置是半挂车独有的装置，安装在半挂车的前部，其作用是在半挂车与牵引车分离时，由支撑装置支撑半挂车车身的前半部分，支撑装置还可以升降半挂车前部高度，以利于牵引车与半挂车的分离与结合。

支撑装置对半挂车前部高度的调整，是通过手摇驱动机构进行的。半挂车在运行状态时支撑装置需收起。因此支撑装置应在脱挂时能可靠地保持半挂车处在水平位置；在脱挂和接挂时能迅速升降，轻便地调整其高度；此外设计时应考虑结构简单，有足够的强度和支撑刚度。

(1) 支撑装置分类

按操作方式分：有联动支撑和单动支撑，前者只需在一边操纵就可使两边支撑装置同时升降；而后者则需要分别在两边操纵。

按支撑管截面分：有圆管、方管、八角管等。

按齿轮传动机构分：有单级、双级及三级齿轮传动装置。

按支撑管的结构分：有基本式和折叠式支撑，前者支撑管不能折叠。

按支撑脚的形式分：有铰接式、橡胶垫式、球铰式和滚轮式支撑。

(2) 支撑装置结构

对于手动升降的支撑装置，按其升降特性，有支柱斜升式和支柱垂直伸缩式两种主要形式。支柱垂直伸缩式支撑装置，由于润滑、密封良好，支柱着地高度可以调节，故使用较为广泛，如图 6-12 所示。其工作过程如下：

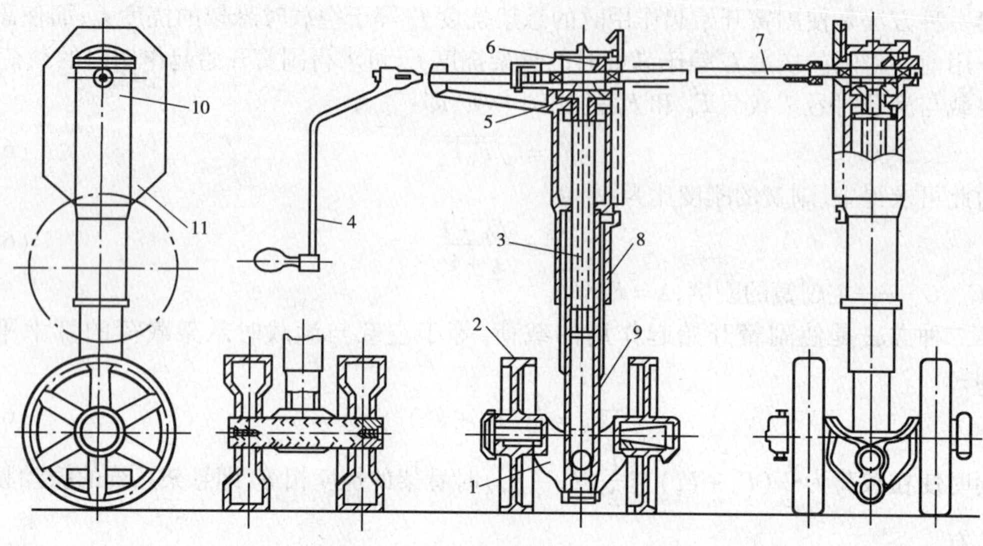

图 6-12　滚轮支柱垂直伸缩式支撑装置

1-滚轮轴；2-滚轮；3-螺杆；4-升降手柄；5、6-传动锥齿轮；7-传动轴；8-螺母；9-支柱；10-支柱套筒；11-支柱套筒凸缘

回转升降手柄 4，可通过传动轴 7 传动两个主动锥齿轮 6，经从动锥齿轮 5 使螺杆 3 转动。螺母 8 固装在支柱 9 的上端；当螺杆 3 转动时，通过螺母带动使支柱在套管 10 中沿螺杆上升或下降。

滚轮轴 1 与支柱下端作铰链连接。当挂车在不平场地上移动时，同一轴上的两只滚轮 2，可适应地面起伏而自由倾斜，以利于与地面的贴附。

为操纵方便，支撑装置的支柱升降，可采用液力自动升降方式。支柱是升降油缸，在牵引车上还配有油泵、油箱、控制阀等设备，以完成对升降机构的操纵。

目前国内 10t 半挂车普遍采用图 6-13 所示的单级齿轮传动的支撑装置。操作时将摇把套入小锥齿轮 2 后端的套筒内，通过齿轮及丝杆传动，使支撑装置实现升降运动。单级齿轮传动的支撑装置结构简单，但速比不大，故手操纵力较大，只适用于中小型半挂车。

有的支撑管下部可以折叠：支撑管在支撑位置和折叠位置时，靠插销分别插入不同的孔来定位。采用折叠形式可以使升降行程减少，且在较小的行程下使支撑脚升离地面较高。

(3) 支撑装置的位置参数

在确定支撑装置的前后位置时，应保证半挂车在满载时，支撑装置上的载质量不超过半挂车总质量的一半。

支撑装置的高度和行程是按总布置确定的半挂车承载面的高度，并根据支撑装置收起时要求的最小离地间隙确定。

(4) 支撑质量

支撑质量应根据半挂车的总质量及支撑装置的位置等参数，求出作用在每一支撑装置的承载质量。考虑到支撑时两侧的支撑装置不同步、装载不均匀、地面倾斜以及装载时的冲击载荷等，在计算作用在每一支撑装置的承载质量时，需乘以一个附加载质量系数 K（$K = 1.1 \sim 1.3$）。

从目前我国半挂车吨位范围，只需选择2、3种支撑质量的支撑装置，就基本可以满足使用要求。在ZBT 73001—87《半挂车支撑装置》专业标准中推荐了支撑装置的形式和支撑质量系列，可供设计时选用。

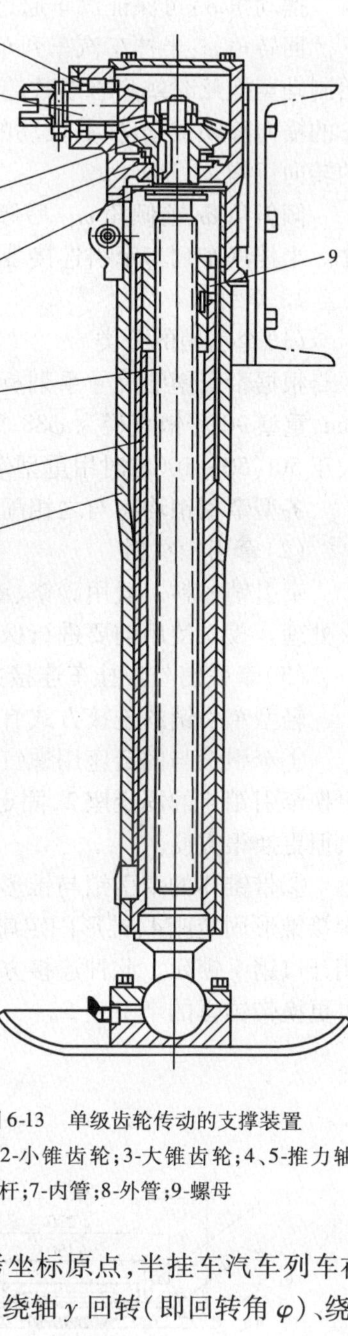

图6-13　单级齿轮传动的支撑装置

1-轴承；2-小锥齿轮；3-大锥齿轮；4、5-推力轴承；6-丝杆；7-内管；8-外管；9-螺母

三、半挂车和牵引车的连接

（一）半挂车牵引连接装置

1. 牵引连接装置的作用及连接方式

牵引连接装置是把牵引车与挂车连接起来，组合成汽车列车的一种连接机构，半挂汽车列车所采用的牵引连接机构的类型为支撑牵引连接装置。它具有以下几个方面的作用：

①使牵引车与半挂车连接及摘脱；

②由牵引连接装置把牵引车的牵引力传递给半挂车；

③是牵引车与挂车相对运动及动力相互作用及传递的装置。

半挂汽车列车牵引连接装置的基本形式是牵引销—牵引座的组合。牵引销安装在半挂车车架前部的牵引板上，牵引座安装在牵引车车架上，并有分离—连接机构和锁紧机构，以保证牵引座与牵引销的可靠连接或分离。对牵引连接装置的结构及性能的要求主要体现在以下几个方面：

①机构连接的可靠性，当牵引连接装置受动载冲击时，应具有足够的强度和刚度。车辆运行时牵引车与挂车不能自动脱开，必须有可靠的锁紧机构。

②牵引车同挂车摘挂应方便、迅速、安全可靠。

③在连接装置上应具有冲击负荷减振装置，防止紧急制动或起步时造成过大的负荷冲击。

④牵引连接装置在工作过程中应能有一定的角度变化，如图6-14所示。以牵引车与挂车相连接中心作参考坐标原点，半挂车汽车列车在行驶过程中，牵引连接装置应具有绕x轴摆动（即摆动角α）、绕轴y回转（即回转角φ）、绕z轴的倾斜（即倾斜角ω、前倾角ω_1、后倾角ω_2）的能力。

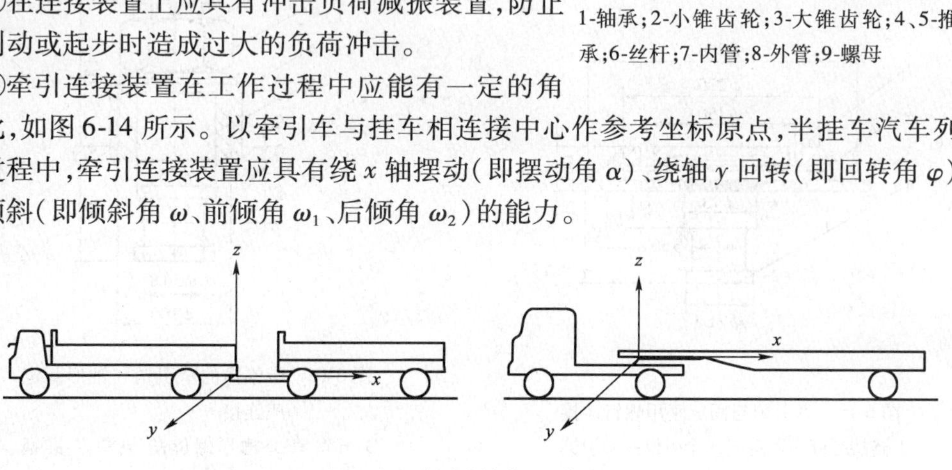

图6-14　牵引连接装置坐标图

摆动角 α:可保证汽车通过横向不平路面。

回转角 φ:半挂车汽车列车在行驶过程中受轮胎和路面之间侧向反作用力的制约,当轮胎制动至抱死时或附着系数趋近于零时,即轮胎和路面侧向反作用力等于零,这时会发生挂车的横向移动或摆动,其摆动的角度即为 φ。对半挂车而言,牵引连接装置本身即为绕 y 轴的转向机构。

倾斜角 ω、前倾角 ω_1、后倾角 ω_2:可以保证汽车列车通过纵向不平路面和实施摘挂动作。半挂汽车列车牵引连接装置各角度的极限值,可以在相关标准中查得。

2. 牵引销

(1)牵引销的分类

根据牵引销的尺寸系列标准,牵引销分轻型和重型两类,轻型 50 号销直径为 ϕ50.8 mm,重型 90 号销直径为 ϕ88.9mm。一般牵引质量小于 50t 时,采用轻型牵引销,牵引质量大于 50t(50 ~ 100t)时用重型牵引销。

各型牵引销均有与之相配套的牵引座系列。

(2)牵引销材料

牵引销材料一般用碳铬、镍铬、镍铝钼等中碳合金钢,进行调质处理和接触表面高频淬火处理。投入使用前要进行探伤检查,以确保销在使用过程中的安全性。

(3)牵引销与半挂车连接方式

轻型牵引销的连接方式有下列 3 种形式。

①牵引销与固定座用螺钉连接。如图 6-15 所示,在牵引板 3 上焊接固定一块可在下部更换牵引销 4 的固定座 2,固定座 2 与牵引销 4 用螺钉连接。此种连接方式需增加固定座 2,但更换很方便。

②带锥体的牵引销与锥形固定座连接。此种连接方式如图 6-16 所示。在牵引板 6 上焊接锥形固定座 4,锥形固定座 4 与牵引销的锥体相匹配,通过垫圈 3 用槽形螺母 2 紧固,并用开口销 1 锁死。此种连接方式需增加锥形固定座 4,但结构简单,只需拆卸一个螺母 2 即可更换带锥体的牵引销 5。

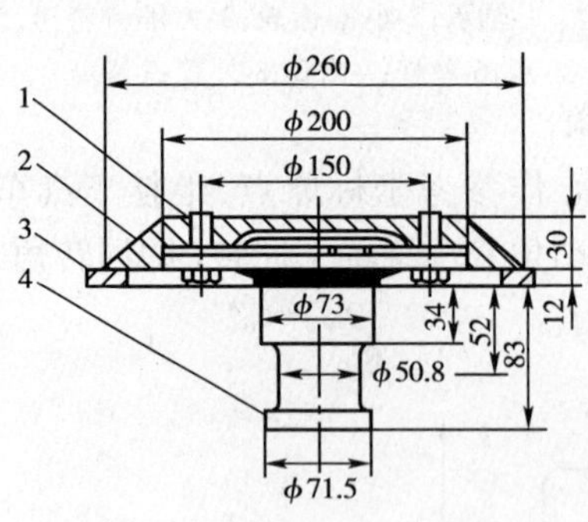

图 6-15　牵引销与固定座用螺钉连接

1-连接螺钉;2-固定座;3-牵引板;4-牵引销

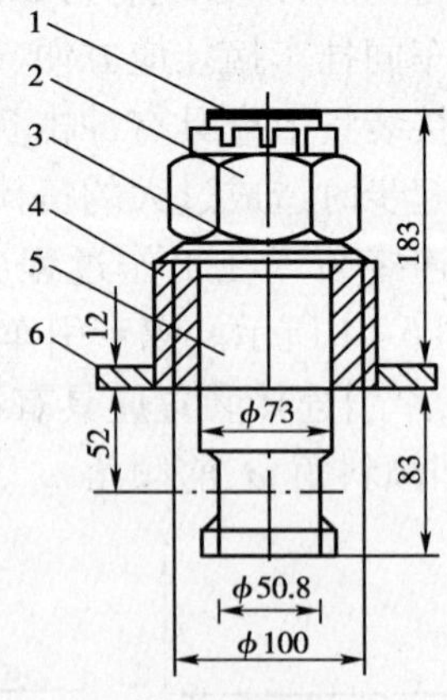

图 6-16　带锥体的牵引销与锥形固定座连接

1-开口销;2-槽形螺母;3-垫圈;4-锥型固定座;5-带锥体的牵引销;6-牵引板

③牵引销用螺钉直接与牵引板连接。此种连接结构如图6-17所示。牵引销1用螺钉2直接固定到牵引板上。此种连接方式结构简单,质量轻,更换牵引销只需从牵引板上拆除即可,但在牵引板上会出现凸起的螺钉,因此设计时,应将牵引板凹陷,尽量保持车架底板上平面的平整。

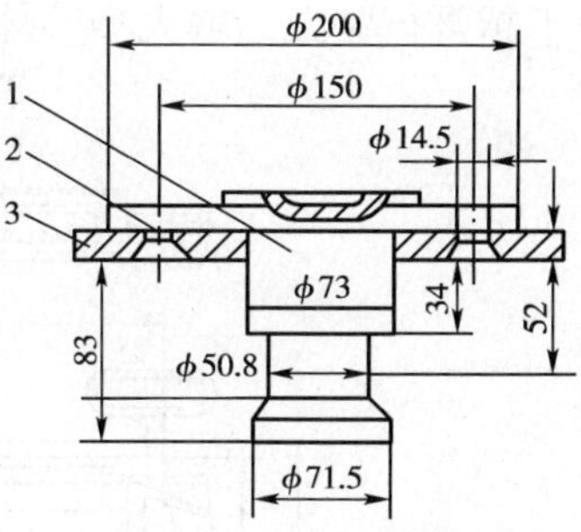

图6-17　牵引销用螺钉直接与牵引板连接

1-牵引销;2-螺钉;3-牵引板

重型牵引销一般采用后两种连接方式。

3. 牵引座

(1)牵引座的结构形式

半挂汽车列车牵引连接装置的结构形式很多,可分为牵引销式半自动连接装置与无牵引销式自动连接装置两大类。牵引销式半自动连接装置应用广泛,下面主要介绍此类牵引连接装置。

牵引销式半自动连接装置是用固定在牵引车上的牵引座与固定在半挂车前部车架牵引板上的牵引销,通过牵引座的夹紧锁止装置把牵引车与半挂车连接在一起,组成半挂汽车列车。牵引座既承受半挂车一部分垂直质量,又起连接半挂车的作用,同时又是半挂车的转向装置。

牵引座由座板、分离—连接机构、支座三大部分组成。

牵引座按支座能否移动而分为固定式、举升式和移动式;按允许的自由度不同,有单自由度和二自由度两种,其分离—连接机构又分为夹板式和单钩式。

固定式牵引座是指牵引座固定在车架上(参见图6-18)。而举升形和移动形,是指牵引座相对于车架可以上下举升和前后移动(图6-19、图6-20)。

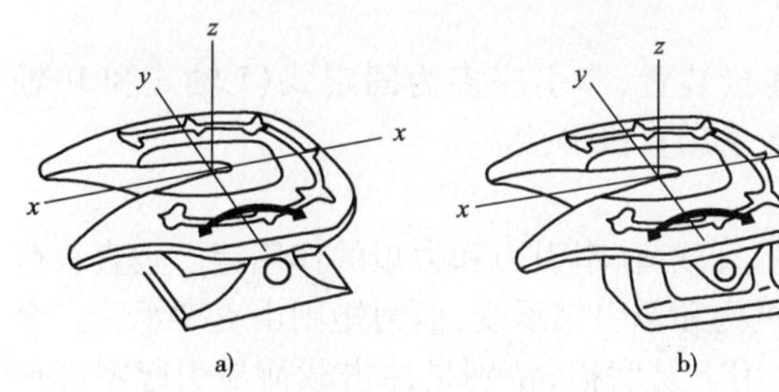

图6-18　固定式牵引座

a)单自由度(I轴式);b)双自由度(II轴式)

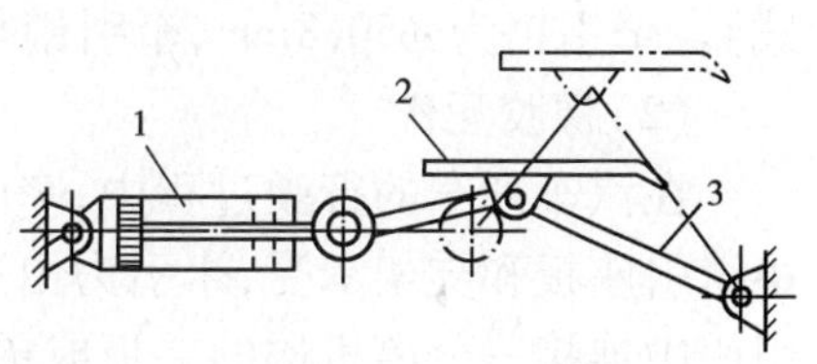

图6-19　低举升式举升机构

1-举升缸;2-牵引座;3-杠杆

举升式牵引座又分为高举升式和低举升式两种。高举升式牵引座适用于拉运比重小的粉、粒、散装货物,即可在车下或车后靠自身质量从排出口排出的货物。低举升式牵引座(图6-19)适用于集装箱半挂车场内来回牵引专用,用牵引座的升降代替半挂车支撑装置的收起,可提高装卸速度。

单自由度牵引座又称I轴式,如图6-18a)所示,即牵引座可绕y轴作不小于15°的纵向摆角。这种结构的特点是汽车列车行驶时的横向稳定性较好,适用于高速、轻负荷、危险品及高质心载荷等,实际应用最多的是大型集装箱半挂车;高货台、散装货运半挂车也有较广泛的应用。总之,此形式适用于在较好公路上行驶的半挂汽车列车。

二自由度牵引座,又称II轴式,如图6-18b)所示,即牵引座除具有纵向倾摆的自由度外,还可绕x轴作3°~7°的横向摆动,以适应道路不平,并减小车架的扭曲。该牵引座多用于越野行驶或运输大型整体长货物的重型汽车列车上。

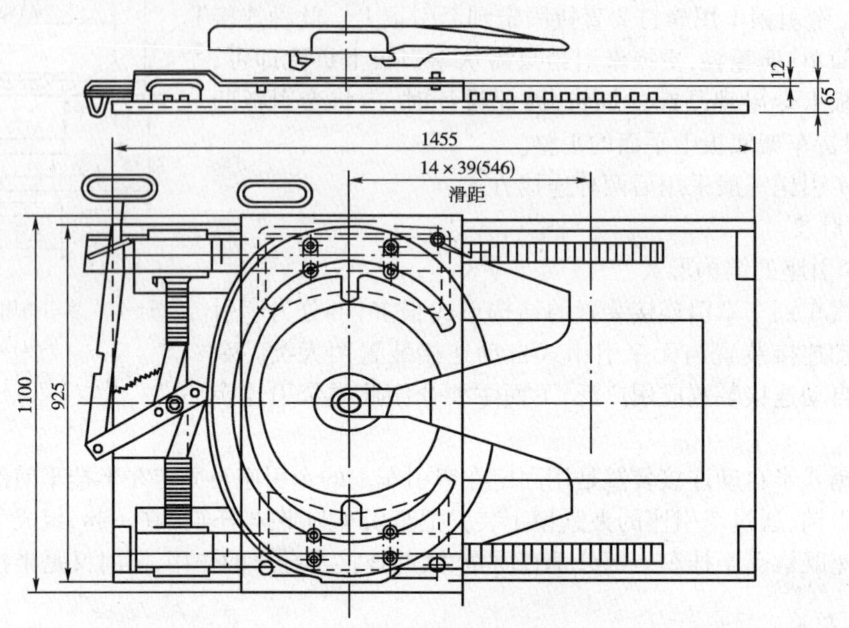

图 6-20　移动式牵引座

夹板式分离—连接机构，是利用两块夹板锁住牵引销（见图 6-21）。这种结构一般在双夹板前端有一个锁块，用来限制夹板绕其销轴转动，从而保证车辆在行驶时，即使发生冲击，夹板也不会自己松开与牵引销分离。

单钩式牵引座是通过楔轴保证单钩锁住牵引销（见图 6-22），同时借助弹簧自动消除因牵引销磨损而形成的间隙。

我国现在生产的牵引车与半挂车的牵引连接装置，牵引座多为固定式（I 轴式和 II 轴式）。牵引销为 ϕ50. 8mm，牵引销与牵引板多数采用直接铆接。

(2)橡胶元件

在汽车列车的行驶过程中，牵引座将受到垂直载荷、牵引力和力矩的作用等。垂直载荷由牵引座板和支架承受，牵引力由连接—分离机构和牵引销承受，而力矩则由支架承受。牵引座中连接—分离机构的夹板或单钩在载荷作用下易磨损，特别是冲击载荷易引起零部件的早期磨损与损坏。为了减少动载荷，可在牵引座结构中增加一些橡胶制作的弹性元件，直接装在支架和牵引车车架之间，也可以放在牵引座板和支架之间。

(二)牵引销和牵引座的连接过程

1. 夹板式牵引座

夹板式牵引座的连接和分离机构为夹板，如图 6-21 所示。它主要由支座 10、座板 2 及夹板机构组成。座板为钢板冲压件焊接而成，或为铸件（重型车用），表面有润滑油槽并填充油脂保证摩擦表面的润滑。座板可绕横轴 11 纵向倾斜 ±8°。牵引座总成用支座 10 通过底板 9 安装到牵引车上，底板 9 有几种不同的高度供用户选用，以保证牵引车鞍座高度与半挂车的正确配合。

牵引车与半挂车的接挂、牵引、脱挂是由牵引座夹板锁紧机构完成的。

(1)牵引状态

如图 6-21 所示，牵引销处于左右夹板组成的圆孔中，牵引销上向后的牵引力有迫使夹板张开的趋势。锁块4在弹簧12的作用下楔在夹板凹槽中克服上述张力,保证左右夹板在行驶中始终紧闭。在锁块导杆15前端装有保险块13,防止在正常行驶中因意外碰撞操纵杆使锁块脱出夹板凹槽,造成夹板张开脱挂的事故。

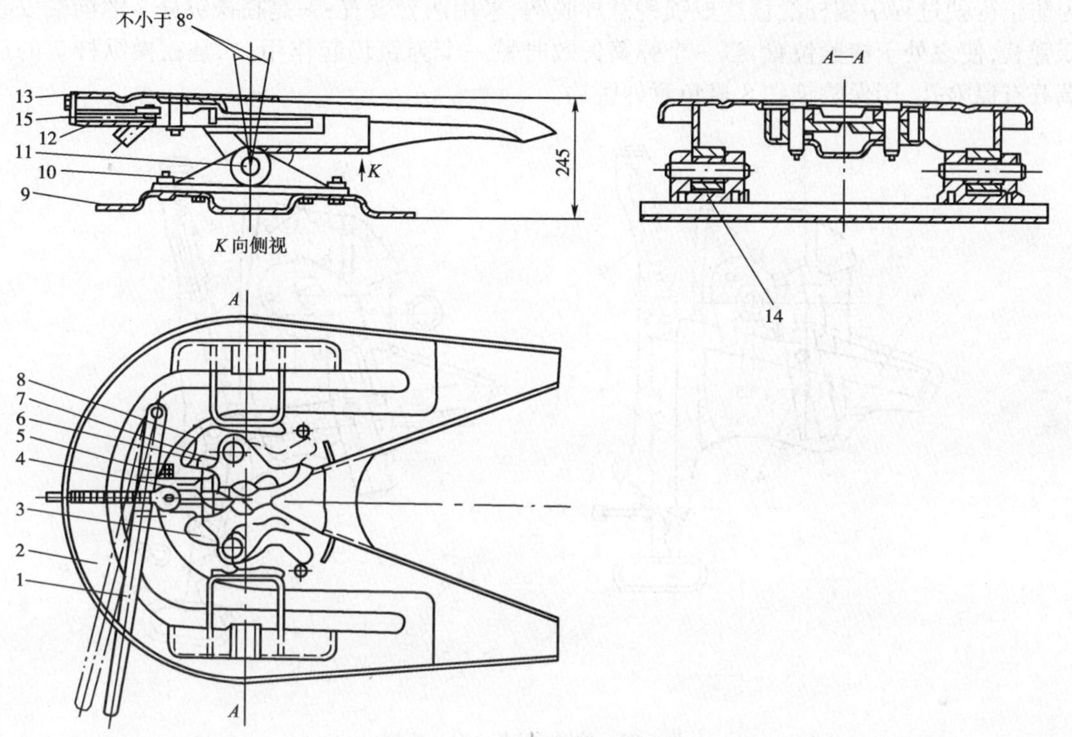

图6-21 单自由度夹板式牵引座

1-操纵杆;2-座板;3-右夹板;4-锁块;5-锁片;6-插销;7-左夹板,8-拉簧;9-底板;10 支座;11-横轴;12-弹簧;13-保险块;14-橡胶减振套;15-锁块导杆

(2)脱挂状态

如图6-21,需脱挂时,列车停驶驾驶员拔出保险块13,并向前拉动操纵杆1,克服弹簧12的张力,使锁块4脱出左右夹板前端的凹槽。在拉簧8的作用下,锁片5反时针转动,并用一端的凹槽卡住锁块4前端的凸楔,使之不能回程。此时牵引车向前行驶,牵引锁即撞击夹板圆孔后端使其开启,完成脱挂过程。

(3)接挂过程

接挂过程与脱挂过程正好相反。脱挂后,左右夹板被牵引销撞开,右夹板7上的插销6推动锁片5顺时针旋转使其离开锁块4的凸楔。锁块4在弹簧12的作用下向后运动,直到抵住夹板顶部为止,如图6-21所示状态。若接挂前夹板处于闭合状态,则首先需由驾驶员向前拉动操纵杆1,使锁块4脱出左右夹板前端的凹槽,然后牵引车向后倒车,牵引销撞击左右夹板的开口处使之张开如脱挂状态。牵引车继续倒车,牵引销则将撞击左右夹板圆孔的前端,迫使两夹板闭合,在弹簧12的作用下,锁块4回落到左右夹板前端的凹槽中,牵引座完成接挂过程,插上保险块13,即可牵引行驶。

2. 单钩式牵引座

单钩式牵引座的分离机构装有锁钩1(见图6-22),在锁钩上方,牵引座板的中心装有耐磨环5,它可在磨损后更换,从而提高整个牵引座的使用寿命。

(1)牵引状态

如图6-22a)所示,由锁钩1与耐磨环5组成封闭圆,锁住牵引销。楔杆4楔住锁钩,使之不能绕销轴3转动。楔杆4由操纵杆7通过杠杆6操纵,可在牵引座板的导向孔中滑动。为防止行驶过程中楔杆滑移造成锁钩意外脱钩,采用两套装置:一是在操纵杆7的前端安装双弹簧,使之处于楔紧位置,当一个弹簧失效时另一个弹簧仍起作用,二是在操纵杆7的后端开有保险孔,用保险锁扣8避免意外脱钩。

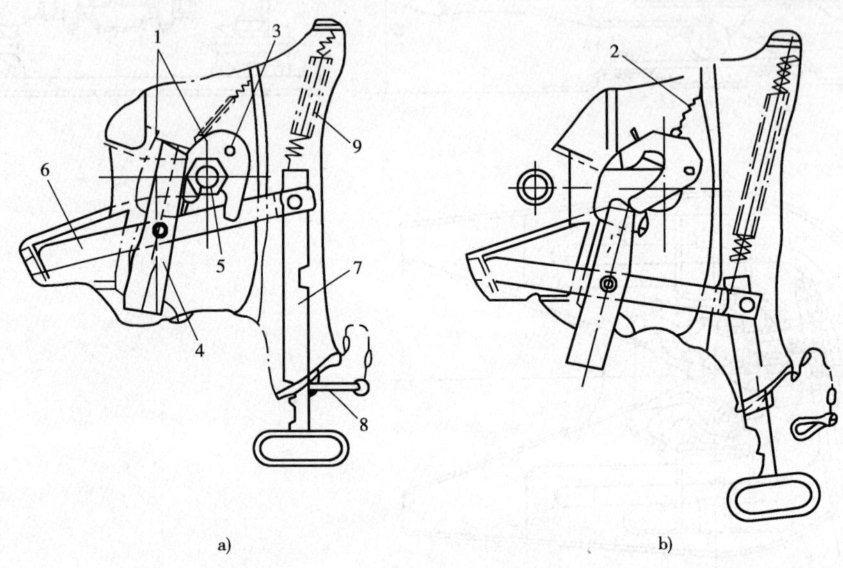

图6-22 单钩式连接—分离机构

a)牵引状态;b)脱挂状态

1-锁钩;2-锁钩弹簧;3-锁钩销轴;4-楔杆;5-耐磨环;6-杠杆;7-操纵杆;8-保险锁扣;9-弹簧

(2)脱挂状态

如图6-22b)所示,汽车停驶后,驾驶员拔出保险锁扣8,将操纵杆7向外拉,通过杠杆6带动楔杆4离开锁钩1。锁钩1在弹簧2作用下顺时针旋转,由楔杆顶住锁钩转动,从而打开锁钩口,此时可将牵引车向前行驶,使牵引座离开牵引销,达到脱挂状态。

(3)接挂过程

接挂前锁钩口已打开,牵引销及锁钩的位置如图6-22b)所示。牵引车倒车,牵引销即撞击锁钩1,使锁钩克服弹簧2的作用,并顶开楔杆4作逆时针旋转,从而将牵引销锁住。同时,弹簧9拉动操纵杆7,通过杠杆推动楔杆,使其楔住锁钩,然后插入保险扣8,固定操纵杆,完成接挂过程。

(三)半挂车和牵引车的连接尺寸

半挂车和牵引车的连接尺寸如图6-23所示,图中为牵引车车架上平面离地面高度,L_1为牵引座的前置距。

1. 半挂车的前回转半径和牵引车的间隙半径

半挂车的前回转半径R_f是指牵引销中心至半挂车前端最远点垂线的距离。

牵引车的间隙半径R_w是指牵引座中心至驾驶室后围或备胎架(或其他附件,如空滤器等)的最近点垂线的距离。

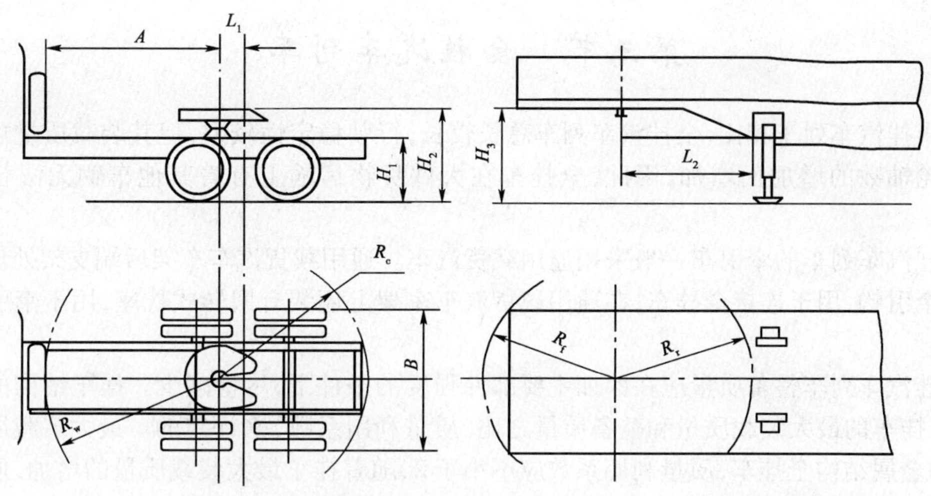

图 6-23 半挂车与牵引车的连接尺寸

为了保证半挂车和牵引车在运行中不产生干涉，一般要求 $R_w - R_f \geq 150\text{mm}$。

2. 半挂车的间隙半径和牵引车的后回转半径

半挂车的间隙半径 R_r 是指牵引销中心至鹅颈或支承装置上最近点垂线的距离。

牵引车的后回转半径 R_c 是指牵引座中心至牵引车车架后端最远点垂线的距离。

一般要求 $R_r - R_c > 70\text{mm}$。

3. 半挂车牵引板离地高度

半挂车牵引板的离地高度 H_1 是半挂车处于满载状态下的高度，其值必须等于牵引车牵引座板平面在满载状态时的离地高度 H_2。

4. 半挂车相对于牵引车的前俯角和后仰角

前俯角和后仰角如图 6-24 所示。前俯角 α 是指半挂车前端最外点和牵引车车架相碰时，半挂车和牵引车在纵向平面内的相对夹角；后仰角 β 是指半挂车鹅颈处纵梁下翼板和牵引车尾端点相碰时在纵向平面内的相对夹角。

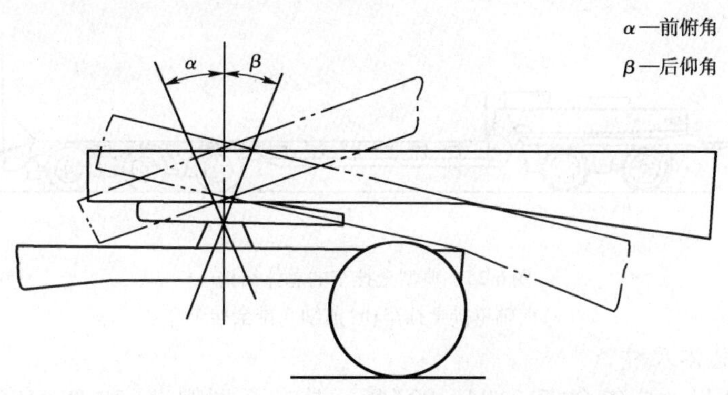

图 6-24 半挂车的前俯角和后仰角

通常前俯角 $\alpha = 7° \sim 14°$，道路条件好时，取小值，道路条件差时，取大值。后仰角 β 由半挂车鹅颈处的尺寸来保证，对于普通公路运输，$\beta = 8° \sim 10°$，对于越野车运输，$\beta = 16°$左右。

第三节 全挂汽车列车

与半挂汽车列车相比，全挂汽车列车总长较长，行驶稳定性较差，但其装载质量可以随全挂车轮轴数的增加而增加，因此，全挂车在大件货物运输上有着其他车辆无法替代的作用。

全挂汽车列车的牵引车一般采用通用载货汽车。通用载货汽车车架后端支架处设有连接装置牵引钩，用于连接全挂车；在通用载货汽车车架上还装有回转式枕座，用于牵引特种挂车。

全挂汽车列车整备质量应在保证主要部件强度的条件下，尽量减少。挂车结构的合理性，是以挂车的最大装载质量和整备质量之比（质量利用系数）来评定的。最大装载质量为3～6t的金属结构全挂车，质量利用系数应不小于2，随着挂车最大装载质量的增加，质量利用系数增大。

载货汽车拖带挂车后要求应具有较好的动力性、平顺性和行驶稳定性。我国《货运挂车系列型谱》规定，通用载货汽车拖带全挂车或特种挂车后，其比功率在4.5～6kW/t，目前一般在4.78kW/t以上。

下面只对全挂汽车列车中的挂车进行介绍。

一、全挂车的总体结构

典型全挂车的总体结构如图6-25所示，由图中可见，全挂车和半挂车的最大不同是汽车列车在运输作业时，挂车的全部载荷由挂车承受，牵引车只起牵引的作用。因此，全挂车的前支撑为轮轴结构，且通常前轴设有转向装置，以减少轮胎的侧滑、磨损和汽车列车的转向阻力。

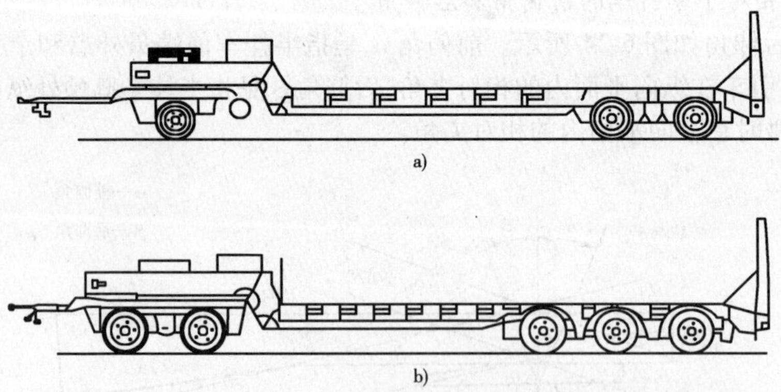

图6-25 典型全挂车的总体结构

a）前轴单排全挂车；b）前轴双排全挂车

1. 全挂车的总体尺寸

全挂车的总体尺寸应符合JT 3104—82《货运挂车系列型谱》和JT 3105—82《货运全挂车通用技术条件》中所提出的要求。此外在进行总布置时，还应考虑以下参数的确定。

普通全挂车总体尺寸如图6-26所示。对于装载质量为8t或8t以下的全挂车，推荐：

车架两纵梁宽度$B=1100$mm；前、后轮距系列尺寸$B_1=B_2=1740$或1800mm；钢板弹簧

中心距 $B_f=1046$ 或 1106mm。

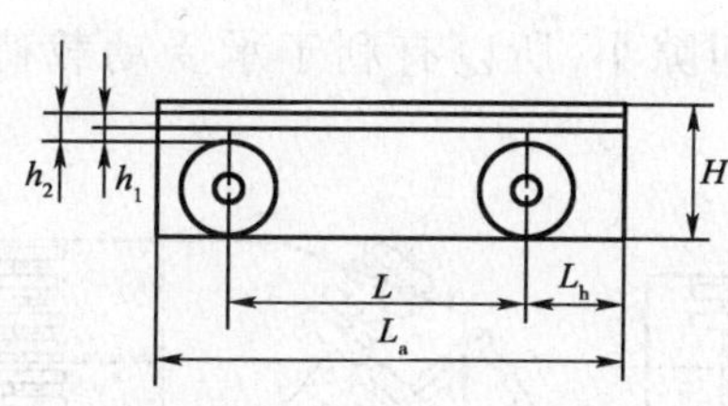

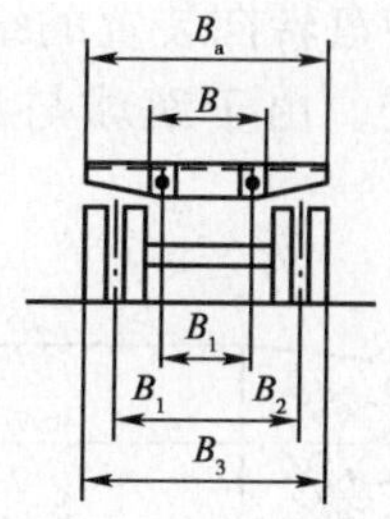

图 6-26　全挂车总体尺寸图

当车厢总长 L_a 大于 4000mm 时，应设置栏板中心立柱。

2. 全挂车轴载质量分配

双轴挂车的质心应稍后于挂车轴距的中点，这样布置可减轻前轮载荷，以利转向。汽车列车制动时，载荷前移，也需要减小前轮承载，一般挂车质心后移值取 50～100mm 较为适宜。对于单轴挂车质心，应稍前于轮轴中心线，一般质心前移不超过 35mm，在均匀满载后，挂车挂环处的垂直静载荷应不大于 500N。

全挂车轴距 L 可根据全挂车车架长度与轴距比 γ 进行计算，即：

$$L=\frac{L_a}{\gamma}$$

前轴质量 m_1 可依据前轴质量分配系数来确定，即：

$$m_1=\mu m_b$$

式中：m_b——全挂车总质量，kg；

μ——前轴质量分配系数：$\mu=\frac{L_a-2L_k}{2L}$，一般可取 $\mu=0.45\sim0.47$；

L_k——挂车后悬长度。

二、全挂车的转向

全挂车的转向是通过同时与挂车车架和牵引拖台（或方架）进行连接的转向装置来实现的。

1. 全挂车的转向装置

全挂车的转向装置有轮转向装置和轴转向装置两种形式，由于轮转向装置转向角度小，工艺复杂而应用较少。而轴转向装置则应用非常广泛。

轴转向装置又分为单转盘转向和双转盘转向两种形式，如图 6-27 所示。

单转盘转向的全挂车转向轴一般为长轴式，可以是一排一根（图 6-27a)），也可以是二排二根（图 6-27b)）。而双转盘转向的全挂车，其转向轴为短轴式，通常为一排两根。

转盘转向装置是为实现轴转向而设计的，它又分为有主销式和无主销式两种。

(1)有主销式转盘转向装置

有主销式转盘转向装置的结构如图 6-28 所示。其特点是：水平方向的作用力由主销承受，垂直方向的力由转盘承受。

由于主销和主销座孔之间存在间隙，挂车行驶时会产生振动和冲击，所以该装置目前应用也较少。

(2)无主销式转盘转向装置

无主销式转盘转向装置的结构如图 6-29 所示。其特点是:水平和垂直方向的力都由转盘或座圈承受。由于滚球与滚道之间间隙小,所以有利于承受动载荷和提高行驶稳定性。

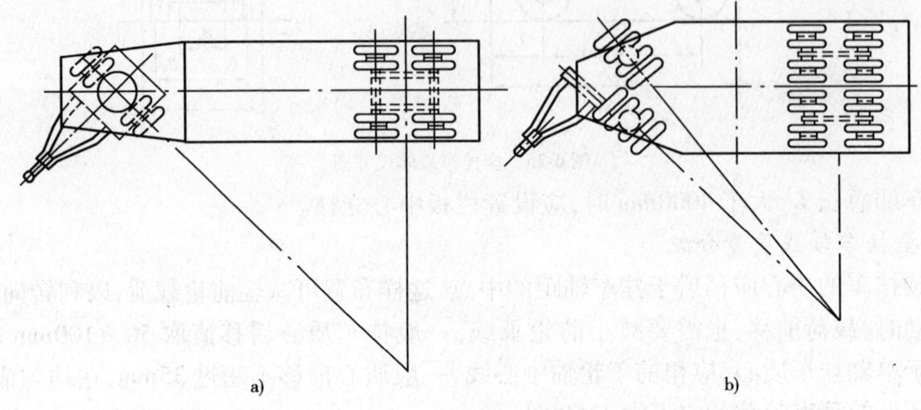

图 6-27　全挂车的转向装置

a)单转盘全挂车;b)双转盘全挂车

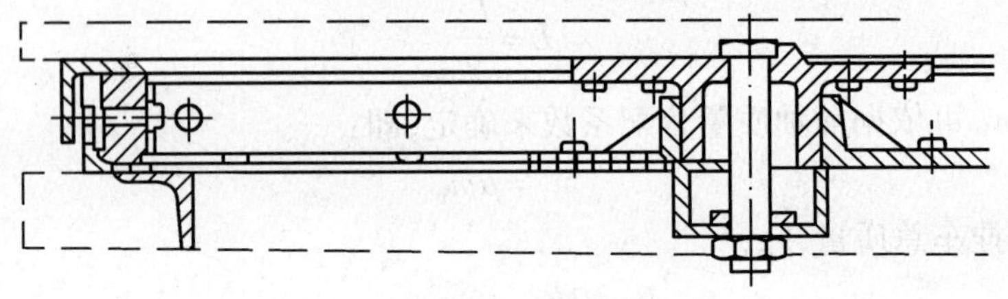

图 6-28　有主销式转盘转向装置

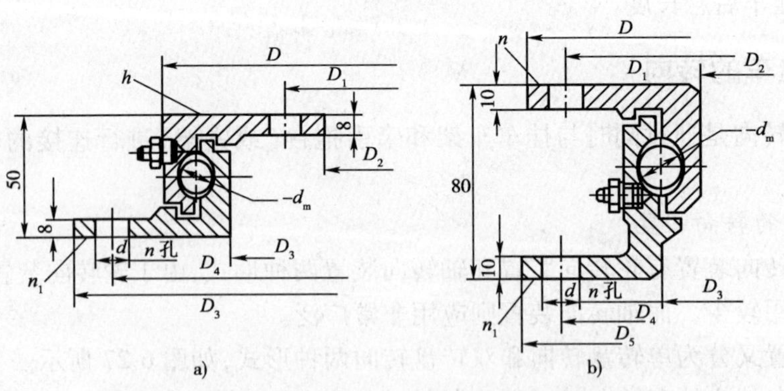

图 6-29　两种无主销式转盘转向装置的结构尺寸(尺寸单位:mm)

a)外连接式无主销转盘;b)内连接式无主销转盘

转盘装置的型号可根据所设计挂车的最大总质量及转向装置的承载质量进行选择,型号选定后,再根据所选型号由图 6-29 及表 6-2 确定其主要尺寸,最后根据所设计挂车车架等相关尺寸及结构进行修正。

转盘转向装置上的载质量及全挂车的最大总质量应符合表 6-3 的规定。

转盘装置的主要尺寸确定后,即可进行牵引拖台的设计。

转盘转向装置的主要尺寸(单位:mm)　　表 6-2

型号	D	D_1	D_2	D_3	D_4	D_5	d	n	d_m
1A	785	690	660	730	825	855	16.5	6	14.288
2A	985	895	860	930	1020	1055	16.5	8	14.288
3B	1010	975	870	910	980	1015	16.5	8	16.669
4B	11110	1075	970	1010	1080	1115	18.5	10	18.256
5B	1210	1175	1070	1110	1180	1215	18.5	10	18.256

转盘转向装置的承载质量　　表 6-3

转向装置型号	转向装置的承载质量/kg	全挂车的总质量/t
1A	≤2744	≤6
2A	≤3430	≤8
3B	≤5292	≤12
4B	≤8820	≤20
5B	≤12740	≤28

2. *牵引拖台*

牵引拖台是半挂车和全挂车的转换装置,它由全挂车用的牵引架、前轴总成、半挂车用的牵引座一起构成,如图 6-30。这种装置可用普通载货汽车牵引半挂车。

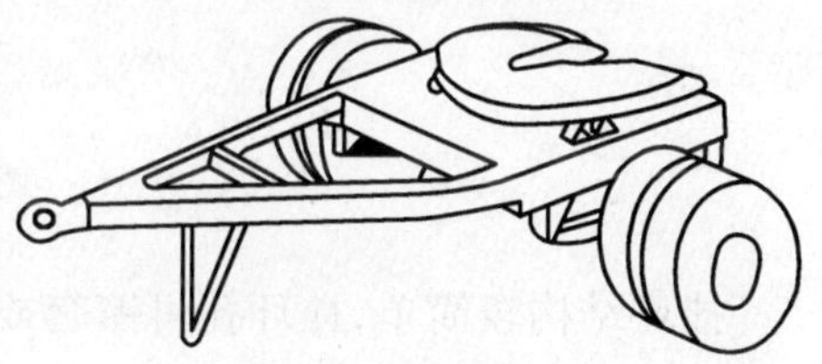

图 6-30　牵引拖台

半挂车通过牵引拖台与普通载货汽车连接,可组成全挂式半挂汽车列车;全挂车通过牵引拖台与普通载货汽车连接,可组成全挂汽车列车,而这种全挂车的转向是通过鞍座来实现的,如图 6-31 所示。全挂汽车列车的转向如果采用转盘转向装置,则不需要牵引拖台,而是采用方架进行过渡。

3. *方架*

方架是全挂汽车列车上常用的一种转向过渡连接装置,它的上翼面固定转盘转向装置的下圈,两外侧翼面固定全挂车前悬架,前端与三角状的牵引架铰接,如图 6-32 所示。

方架的结构是由两根横梁与两根纵梁焊接而成,其结构同车架。由于其大体形状呈方形,故往往称其为方架。

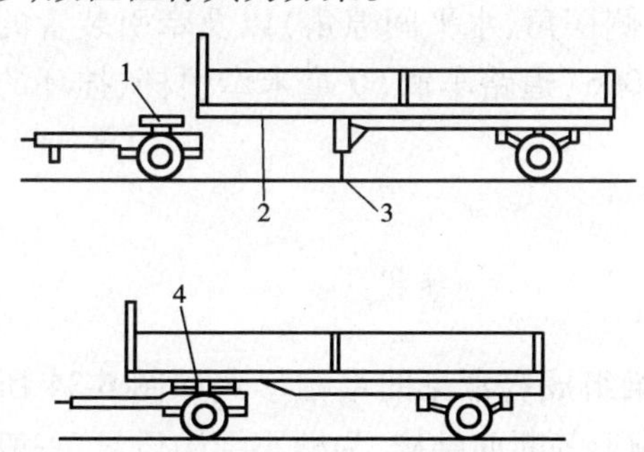

图 6-31　牵引拖台的连接方式

1-牵引座;2-牵引销;3-支撑装置;4-牵引拖台

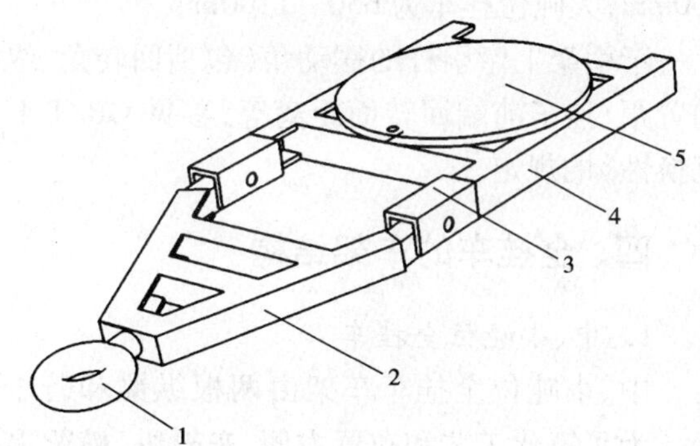

图 6-32　全挂车转向过渡连接装置

1-挂环;2-牵引架;3-连接座;4-方架;5-转盘

三、牵引连接装置

1. 牵引钩及挂环

全挂汽车列车的拖挂—牵引连接装置一般为牵引钩—挂环结构。牵引钩安装在牵引车车架后横梁及附加支撑(以下简称车架)上,挂环安装在全挂车的牵引架上;通过牵引钩与挂环使牵引车和全挂车连接。

牵引钩分为固定式和可拆卸式,如图6-33所示。前者直接固定在车架上,其特点是结构简单、可靠,但缓冲性差。后者采用螺栓连接到车架上,通过缓冲弹簧或缓冲橡胶件吸收一定的冲击负荷,故应用较多。

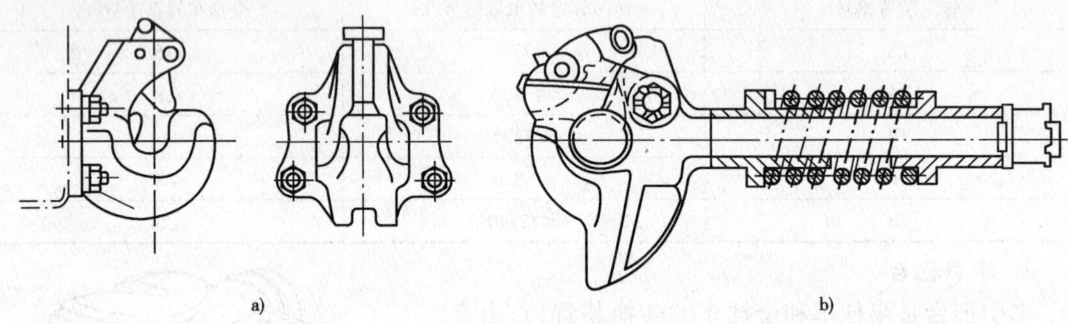

图6-33 牵引钩的形式
a)固定式;b)可拆卸式

挂环结构较简单,挂环孔可镶套或不镶套。挂环的形式与尺寸以及牵引钩和挂环之间机械连接装置的尺寸参见GB /T 4781—2006《道路车辆50mm牵引杆、挂环的互换性》。

2. 牵引架

牵引架也是牵引车与全挂车之间的连接构件之一(图6-32中2),其大体形状呈三角形,故往往也称其为三角架。

全挂车牵引架向上或向下倾斜时,均产生垂直分力,因此,牵引架必须保证牵引力能以最小角度传到挂车上,从而获得最好的牵引效果。另外,挂钩和牵引架的结构参数也涉及到汽车列车的纵向越障能力,要求牵引架在垂直平面内的允许摆角不小于160°~180°。

一般牵引架的长度为1500~1800mm;重型全挂车为1800~2300mm。

牵引架在挂车满载时应平行于路面,对于中小吨位挂车,牵引装置的离地高度为600~900mm,大吨位挂车为650~1100mm。

牵引架上牵引杆的摆动角(包括回转角、纵摆角、侧摆角、水平间隙角)以及牵引装置的前置距、挂车前端回转面距离等,参见GB/T 4781—2006《道路车辆50毫米牵引杆、挂环的互换性》的规定。

四、全挂车的车架结构

1. 中、小吨位全挂车

中、小吨位全挂车车架由两根纵梁和若干根横梁组成。常见的结构形式如图6-34所示。为了简化工艺和布置方便,车架纵、横梁多采用槽形等断面结构,为减小结构质量,一般冲压成形,也可直接采用形材。两根纵梁前后等宽布置,使车架具有较强的抗弯性能。如果纵、横梁采用箱形截面,其特点是在满足车架抗弯强度的前提下,能大幅度提高车架的抗扭强度，减少车架高度，降低挂车承载面，但其成本较高。

车架纵梁和横梁的连接形式，可参照前面半挂车纵梁和横梁的连接方式及结构。要指出的是车架在连接处大都设有辅助加强板，如图 6-35 所示。在设计中，车架上平面一般用分块补角式，下平面则用整体承托式。对转盘底座后部和车架交接处（如图6-34 中的 $m—m$ 截面），连接钢板除必须用整体承托式，必要时还应向跨中延伸、以降低危险截面的应力。

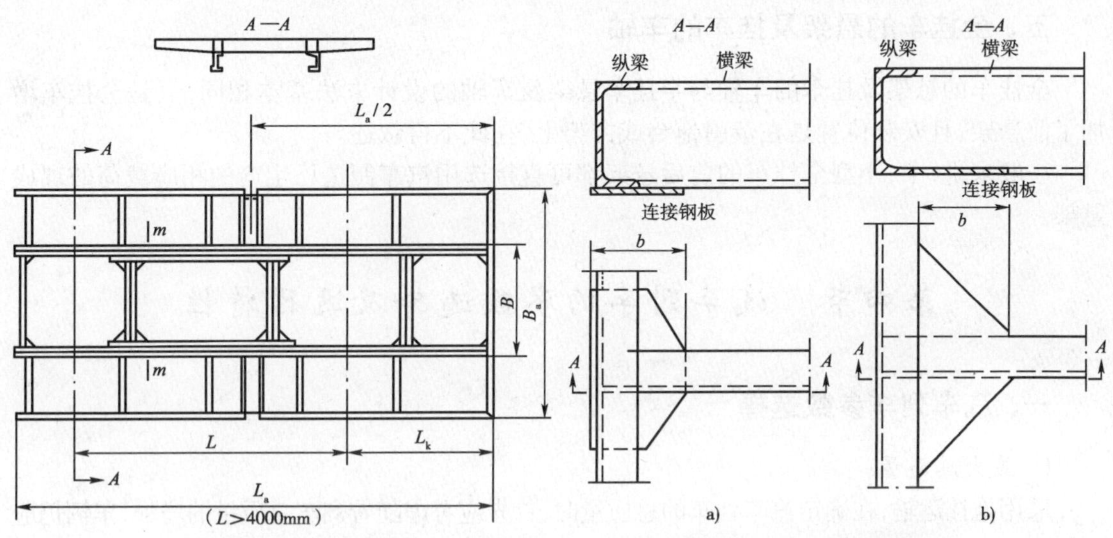

图 6-34 全挂车车架结构

图 6-35 纵梁和横梁的连接方式
a）整体承托式；b）分块补角式

2. 重型全挂车

重型全挂车的车架和半挂车一样，按结构也可分为平板式、阶梯式和凹梁式 3 种。

平板式车架纵梁的上翼面是平直的。其优点是货台底板平整，制造工艺简单。车架一般由纵梁、横梁、支撑梁和边梁组成。整车通过横梁间的支撑梁、悬架、轮轴和车轮传到地面。车架纵梁、支撑梁和边梁为箱形断面的焊接件，具有较大的抗扭刚度。连接纵梁的横梁向两侧伸出，为变截面的工字形焊接结构，具有较高的抗弯强度。各支撑梁的下面连接转盘的悬架机构，以实现挂车的全轮转向。经焊接组合的纵梁、横梁、支撑梁和边梁构成了大型平板车的骨架。为装卸货物而设置的起重绞盘安装在牵引车上，并兼起牵引车的配重作用。

阶梯式车架纵梁的上翼面是弯曲的，前段较高，这是为了安装转向机构的需要。其后部的货台较低，便于装卸货物，增加挂车的稳定性。阶梯式车架的前部一般设有起重绞盘，车架后端搭接可拆卸的跳板，供装卸货物使用，机动车辆亦可借助跳板直接驶上货台。

凹梁式车架纵梁的前后两段均高于中段，形成中间低沉的货台，便于以挂车两侧装卸货物。另外，由于前后两段抬高，使挂车前后车轮有足够的转向空间，利于全轮转向挂车的总布置设计。

车架纵横梁的材料通常采用优质低碳钢板或低碳合金钢板，这是由于上述材料的强度极限和屈服极限比普通碳素结构钢高，且冲压工艺性能较好，有利于构件成形。挂车车架的常用材料有 16Mn、25 号钢和低碳钢 A3。

3. 车架的载荷及强度计算

在车架结构及选用材料确定后，应对车架强度进行校核计算。

在进行车架强度校核计算时，首先应确定车架危险截面所承受的载荷，当求出车架所受的全部外载后，可根据结构尺寸根据材料力学的知识，计算出车架的内力和弯矩图，分析车架内力变化的规律，找出危险截面，从而最后确定纵梁的合理结构尺寸。

应当指出，挂车在汽车列车起步、转向、制动等工况下，所引起的纵向和侧向水平力对车架产生的各种附加应力，对焊接车架影响很小，可不另作验算。但这些工况却是挂车栏板，特别是前栏板、栏板中心立柱等构件进行强度计算的主要依据。

五、全挂车的悬架及挂车的车轴

全挂车的悬架及挂车的车轴与半挂车悬架及车轴的设计方法基本相同，只是全挂车增加了前悬架，且安装位置是在牵引拖台或方架上，在此不再叙述。

一般来讲，中、小型全挂车的前后悬架都可直接选用汽车制造厂生产的相应载荷的现成悬架。

第四节　汽车列车的参数选择及运行特性

一、汽车列车参数选择

1. 最大总质量

采用拖挂运输，在确定汽车列车的总质量时，首先应考虑随着列车总质量的增加，车辆仍应具有一定的动力性。除此之外，保证汽车列车的通过性也非常重要。因此在选择汽车列车的最大总质量参数时，除了保证汽车列车具有一定的动力性，还应满足以下四方面的要求。

(1)在运行线路的最大坡道上能用Ⅰ挡起步

汽车列车在坡道上起步时，由于道路有较大的变形，会引起额外的附加阻力，使道路阻力系数加大。故在起步时引入一个系数 α，相当于滚动阻力系数放大 α 倍。

起步时不计空气阻力的影响，根据驱动力——行驶阻力平衡方程式，可求得汽车列车的最大总质量 m_{t1} 为：

$$m_{t1}=\frac{F_{t1\max}}{\left(\alpha f+i_{\max}+\frac{\delta}{g}\cdot j\right)g} \tag{6-6}$$

式中：$F_{t1\max}$——稳定行驶时汽车列车Ⅰ挡的最大驱动力，N；

α——起步附加阻力系数，其数值取决于运行条件，如大气温度和路面状况，根据试验，夏天取1.5～2.5，冬天取2.5～5.0；

f——滚动阻力系数，在混凝土或沥青路面上取0.012～0.015；

δ——汽车列车的旋转质量转换系数，在起步时通常取1；

j——汽车列车起步时的加速度、其数值可取为0.3～0.5m/s^2；

$i_{\max}$——汽车列车运行路段上的最大坡度，可按表6-4进行选取。

各级公路纵向坡度标准　　表6-4

公路等级	一	二		三		四
		平原微丘	山岭纵丘	平原微丘	山岭纵丘	
最大纵向坡度(%)	4	5	7	6	8	8

注：在四级公路难行的山岭区，最大纵坡度可增加1%。

上式可简化成如下形式：

$$m_{t1}=\frac{F_{t1\max}}{(i_{\max}+K)g} \tag{6-7}$$

式中：K——汽车列车起步加速系数。汽车列车起步加速系数的平均值：强烈起步时，$K=0.067$；正常起步时，$K=0.050$。K值的最小值不低于0.024。

(2)在运行线路的最大坡道上能用Ⅱ挡通过

此种工况转速较低，亦可不考虑空气阻力的影响，且以等速上坡，即$j=0$，根据驱动力——行驶阻力平衡方程，可求得所允许的汽车列车的最大总质量m_{t2}为：

$$m_{t2}=\frac{F_{t2\max}}{(f+i_{\max})g} \tag{6-8}$$

式中：$F_{t2\max}$——汽车列车Ⅱ挡的最大驱动力，N。

(3)在运行线路上经常能用直接挡行驶

在经常行驶的道路条件下，以直接挡等速稳定行驶的汽车列车最大总质量m_{t3}为：

$$m_{t3}=\frac{F_{to\max}-F_{w}}{g\cdot D_{o\max}} \tag{6-9}$$

式中：$F_{to\max}$——直接挡的最大驱动力，N；

F_{w}——汽车列车的空气阻力，N；

$D_{o\max}$——汽车列车直接挡的最大动力因数。汽车列车直接挡的最大动力因数$D_{\max}$应比沥青路面的滚动阻力系数大一些，可取$D_{\max}=0.025\sim0.03$。

(4)汽车列车运行时必须符合路面附着条件

汽车列车运行时的路面附着条件是：

保证汽车列车驱动力小于或等于牵引车驱动轮与路面之间的附着力。这就要求汽车列车的驱动力F_{t}必须小于或等于牵引车驱动轮和路面之间的附着力F_{φ}，当汽车列车作等速直线行驶时，有：

$$m_{t4}\cdot\psi\leqslant m_{\varphi}\cdot\varphi\cdot\rho \tag{6-10}$$

式中：ψ——道路阻力系数，$\psi=f+i$；

i——路面坡度，%；

φ——路面附着系数；

m_{φ}——驱动轮上的附着质量，kg；

ρ——轴载质量转移系数，对于后轮驱动的牵引车，ρ可取为1。

因此，在满足路面附着条件是汽车列车的最大总质量m_{t4}为：

$$m_{t4}\leqslant\frac{m_{\varphi}\cdot\varphi\cdot\rho}{\psi} \tag{6-11}$$

最后所确定的汽车列车最大总质量应为m_{t1}、m_{t2}、m_{t3}、m_{t4}中最小值。

为了满足汽车列车必要的牵引性能，世界各国对汽车列车的附着质量都有明确规定。一般来说，挂车的总质量不应超过载重——牵引汽车总质量的40%；汽车列车的总质量不应超过驱动轴轴载质量的3.5倍。

2. 比功率

比功率是反映汽车列车动力性的一个综合指标，是发动机总功率与汽车列车总质量之比值。比功率是决定汽车列车最高车速的主要参数，因此在设计半挂汽车列车时，应依据预定的最高车速来确定发动机功率。比功率 P_d 与最高车速具有下列关系：

$$P_d=\frac{P_e}{m_t}=\frac{2.7\psi V_{max}}{\eta_t}+\frac{C_D A V_{max}^2}{7614\eta_T m_t} \tag{6-12}$$

式中：C_D——汽车列车空气阻力系数；

A——汽车列车的迎风面积，m^2；

η_t——传动系的传动效率。

从上式可以看出：汽车列车的最高车速愈高，要求汽车列车的比功率愈大，其后备功率也大，加速与爬坡能力必然好。若汽车行驶的其他参数一定，比功率 P_d 随最大总质量的增加而减少。

我国《货运挂车系列型谱》规定：总质量42t以下的中型货运汽车组成的汽车列车比功率在4.78kW/t以上，大型货运汽车列车，总质量在42t以上的比功率在4.78～1.10kW/t范围内。在设计时，应遵守国家对汽车列车比功率相关标准或规范，也可参照其他国家汽车列车比功率的选择范围，见表6-5。

各国汽车列车比功率数值范围

表6-5

国别	公路运输汽车列车比功率范围（kW/t）	国别	公路运输汽车列车比功率范围（kW/t）
中国	4.23～5.51 （5.75～75Ps/t）	日本	6.25～6.62 （8.50～9.00Ps/t）
前苏联	4.41～8.60 （6.00～11.7Ps/t）	德国	4.41～5.88 （6.00～8.00Ps/t）
法国	3.38～6.03 （4.60～8.20Ps/t）	瑞典	4.41～5.88 （6.00～8.00Ps/t）
美国	6.62～8.09 （9.00～11.0Ps/t）	英国	4.41～5.15 （6.00～7.00Ps/t）

3. 轴载质量及轴载质量系列

半挂车的轴载质量（即轴荷）是指牵引销支撑处和半挂车车轴上的承载质量。在已知半挂车的装载质量和初估半挂车各部件的整备质量后，可对半挂车的轴荷分配进行计算。

当轴荷计算出来后，首先要校核牵引销处载荷是否符合牵引车鞍座允许载荷，然后校核轮轴载荷是否超载。若不能满足要求，则应调整轴距，即牵引销至半挂车轮轴中心的距离，直到满足要求为止。汽车列车轴载质量也是汽车列车在公路上行驶的一个使用技术参数，是公路与桥梁设计载荷标准的依据。所以在确定公路上行驶的汽车或汽车列车的轴荷时应十分慎重，不仅要从提高运输生产率、降低运输成本方面来考虑，而且要考虑对路而的破坏程度。

（1）汽车列车轴载质量确定原则

根据我国汽车公路现状及其发展，轴载质量确定原则是：

①轴载质量必须符合我国公路现状及发展情况；

②轴载质量的确定应考虑提高汽车列车运输效率，降低运输成本、公路投资，延长公路寿命。

③尽量与世界主要国家标准规定相近。

（2）汽车列车轴载质量与公路寿命的关系

汽车列车轴载质量大小与公路寿命有直接关系，它对公路路基强度的影响不显著，而对路面的影响却十分严重。不同车轴轴载质量 P 对路面的破坏程度 D，可用如下经验公式表示：

$$D=K\cdot P^n \tag{6-13}$$

式中：K——破坏系数；

n——破坏指数。

若取 P_0 作为标准质量,其破坏因数 D_o 作为单位。可将轴载质量 P 的作用换算成标准轴载质量 P_0 的重复作用次数,并假设标准轴载质量换算系数为 EF,得 $D = EF \cdot D_o$,由此可推出:

$$EF = \left(\frac{P}{P_0}\right)^n \tag{6-14}$$

各国取的标准轴载质量及指数 n 各不相同,例如我国一般选用 10t 为标准轴载质量,其 n 值取 4.55。则其标准轴载质量换算系数为:

$$EF = \left(\frac{P}{P_0}\right)^{4.55} \tag{6-15}$$

由上式可见,路面破坏因数和轴载质量的 4.55 次方成正比,故轴载质量增加引起路面的破坏作用十分严重。例如黄河 JN1180 型汽车后轴轴载质量为 11.4t,东风 EQ1090 型汽车后轴轴载质量为 6.93t;黄河 JN1180 汽车的破坏因数为 1.82 标准轴,EQ1090 型汽车为 0.189标准轴;则 JN1180 型汽车对路面的破坏作用接近于 10 辆 EQ1090 型汽车。

根据采用的换算系数 EF,可求得不同轴载质量相应的路面破坏因数和相应的曲线。

(3)汽车列车总质量及轴载质量系列

世界主要国家对轴载质量的规定见表 6-6。

各国汽车列车总质量及轴质量规范 表 6-6

国 别	总质量(t)		轴载质量(t)		国 别	总质量(t)		轴载质量(t)	
	半挂汽车列车	全挂汽车列车	单轴	双联轴		半挂汽车列车	全挂汽车列车	单轴	双联轴
前苏联	40.0	30.0	6~10	18.0	意大利	32.0	44.0	10.0	14.5
德 国	38.0	40.0	10.0	16.0	加拿大	33.6	61.2	8.15	14.15
法 国	38.0	38.0	13.0	21.0	美 国	32.0	62.0	8.15	14.15
英 国	32.5	32.5	11.0	20.0					

从世界各国标准看,轴载质量多在 10t 左右,少数国家达 13t。我国在《货运挂车系列型谱》中规定,在公路上行驶的汽车列车,其轴载质量:单轴不超过 10t,双联轴不超过 18t,汽车列车总质量不超过 42t,42t 是可以满足公路运输用的汽车列车。

为使汽车列车的设计达到系列化和标准化,简化生产工艺,便于互换。我国的轴载质量系列规范见表 6-7。

汽车列车轴载质量系列 表 6-7

单轴	1t; 1.5t; 2t; 2.5t; 3t; 4t; 5t; 6t; 7t; 8t; 9t; 10t
双后轴	10t(7+3); 14t(10+4); 16t; 18t

其中 7+3 是 7t 的单后轴加 3t 的单后轴组成;14t(10+4),即表示 10t 的单后轴加 4t 的单后轴组成。

4. 汽车列车的总体尺寸

汽车列车的总体尺寸包括外廓尺寸(总长、总宽、总高)、轴距、轮距、前悬、后悬等。

(1)外廓尺寸

国家标准 GB 1589—2004《道路车辆外廓尺寸、轴荷及质量限值》规定:除重型、超重型及特种挂车外,半挂汽车列车的总长不超过 16.5m,全挂汽车列车的总长不超过 20m;汽车列车总宽度不超过 2.5m,汽车列车总高度不超过 4m(空载)。最终确定汽车列车的外廓尺寸应符合有关规定。

(2)轴距和轮距

①轴距。汽车列车的轴距是指牵引销中心线至挂车轮轴中心线间的距离。其大小直接

影响挂车的长度、装载质量、通过性、纵向稳定性和其他性能。在确定轴距时,应考虑前后轴载质量的分配和车架受力均匀及整车的性能,还要考虑汽车列车以最小转弯直径转向时的稳定性。

轴距在初始设计时一般由轴载质量分配确定,全挂车车架长度与轴距的比例一般在1.5~1.7之间,半挂车车架长度与轴距的比例一般在1.3~1.6之内。

②轮距。半挂车的轮距对挂车的总宽、总质量、横向稳定性和机动性影响很大。一般挂车轮距多取与牵引车轮距相一致,以使车辙一致,多轴挂车各轴轮距应一致,以减少汽车列车在松软路面上的滚动阻力。

单胎挂车轮距一般不小于1500mm;双胎挂车轮距一般不小于1700mm。

(3)挂车承载面高度和车厢容积

①承载面高度。挂车承载面高度是一个重要使用参数,承载面的高低直接影响装卸货物时的劳动强度及汽车列车行驶的稳定性。设计时应尽量降低挂车承载面高度,但其将受到轮胎尺寸和最小离地间隙的限制。可以尽量采用小型高强度、宽胎面轮胎,以降低挂车的承载面高度。一般公路运输用挂车承载面高度在1000~1350mm之间。设计时必须注意在挂车满载时,要使车厢与车轮之间留有100~150mm的间隙,以保证轮胎必要的跳动。

②车厢容积。车厢的容积可根据挂车的用途而确定,即由挂车经常运输货物品种的平均密度值来确定。一般通用挂车多以运输建筑材料、农副产品、日用商品、煤、砂石为主,所以多选用以0.7~1.2来确定车厢容积。

车厢的宽度和高度一般选用所配牵引车的尺寸,长度尺寸则依据货物密度确定即可。轻泡货物可以采用加副栏板来提高装载容积,这样从使用上、设计上都是合理的。

(4)前悬和后悬

前悬和后悬的确定,必须保证在均匀载荷时挂车各轴载质量的合理分配。考虑到制动时,前轴不至于因质量转移而超载,并使前轴转向轻便,一般在选取前后悬时,希望在均载情况下后轴负荷略大于前轴,双轴全挂车的质心应稍后于轴距中点50~100mm。

一般全挂车的前悬为600~800mm;后悬为700~900mm。

半挂车前、后悬的确定,还直接受牵引销至牵引车后轴中心距离的影响,要根据牵引座处的负荷及后轴负荷合理分配来确定。在确定前悬时,应注意车辆转向时半挂车前部不与备胎架或驾驶室后壁相碰。并与后壁之间保持150~250mm的间距;还要考虑汽车列车在坡道上行驶时,前悬确保让半挂车的前俯角大于码头引道坡度角(一般为5.1°~5.7°)。半挂车的后悬值一般为1500~2500mm。

二、汽车列车的运行特性

汽车列车的运行特性主要是指汽车列车的动力性、转向机动性、行驶稳定性与技术经济性。应该指出的是半挂汽车列车在选择适当的牵引车作驱动车节后,仍然会有较好的动力性,与此同时由于装载质量的增大,使百吨公里的燃油消耗量有较大的下降,然而半挂汽车列车的机动性与行驶稳定性与普通货车相比有很大程度的不同,有十分突出的特点。

1. 汽车列车的动力性

(1)拖挂质量对汽车列车动力性的影响

利用汽车的剩余牵引力拖带挂车,形成了汽车列车的运输方式。衡量汽车列车动力性的指标也是速度性能、加速性能和爬坡性能。

汽车列车合理的拖挂质量直接影响到汽车列车的动力性。汽车列车随拖挂质量的增大,行驶阻力增大,与单车相比,汽车列车的剩余牵引力和剩余功率减小,动力性能降低,除最高车速外,其加速性能和爬坡能力亦变差,汽车的平均车速下降,其原因在于汽车列车的最高车速降低,加速时间长和低挡使用次数增加。

(2)比功率对汽车列车动力性的影响

在发动机功率为一定值时,其比功率减小,使汽车列车的平均车速也降低。比功率减小的程度应使汽车列车的行驶速度能跟上公路车辆的行驶速度,则认为其比功率是可行的。一般地讲,比功率大则动力性好,但燃油消耗量增加。随着比功率的增加,燃油消耗量和平均车速都增加。

(3)汽车列车的动力因数对汽车列车动力性的影响

汽车列车满载时直接挡的最大动力因数也是评价拖挂量是否合理的一种指标。一般直接挡最大动力因数 D_{max} 选在 0.03 左右,最低不得小于 0.02。

对汽车列车动力性的计算,可根据《汽车理论》中相关知识进行计算,且在第一章也作过介绍,汽车列车的最大总质量和汽车列车的比功率也在前边进行介绍,在此不再赘述。

2. 汽车列车的转向机动性

汽车列车的转向机动性,是指在狭窄的路段上改变行驶方向或绕过障碍物的能力。汽车列车的最小转弯直径和最大通道宽度是评价汽车列车机动性的主要指标(见图 6-36)。

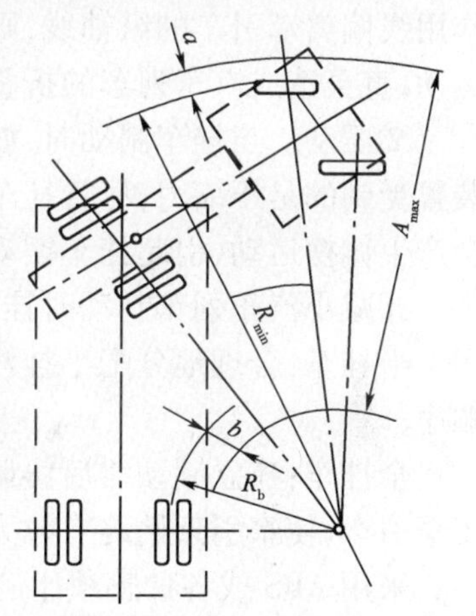

图 6-36　半挂汽车列车的转向参数

最小转弯直径 $2R_{min}$ 是指汽车列车转向时,当转向盘转至极限位置时,牵引车外轮前轮所滚过的轮迹圆的直径。而最大通道宽度 A_{max} 是汽车列车上离转向中心最远点与最近点所形成轨迹圆的半径之差。汽车列车在转向时,机动性降低。原因是汽车列车的挂车离回转中心近,使汽车列车的通道宽度大于单车的通道宽度。

汽车列车的最小转弯直径取决于牵引车的结构参数,即取决于牵引车前外轮最大偏转角和牵引车轴距,而与挂车无直接关系。因此,汽车列车的最小转弯直径与单辆汽车相同。但转弯时,所需要的通道宽度却明显地增大了,在最小转弯直径(16 ~ 30m)时要求最宽,随着转弯直径的增大,对通道的要求将降低。当转弯直径大到 80 ~ 100m 或更大时、汽车列车的转弯通道宽度基本上与单车相同。

3. 汽车列车的行驶稳定性

汽车列车的行驶稳定性是指汽车列车在行驶和制动过程中,不发生侧滑、摆动和翻倾的能力。在汽车列车的行驶和制动过程中,挂车常产生摆动和冲击现象,造成各联结处作用着交变的纵向和横向扰动力,使汽车列车的行驶稳定性下降,影响汽车列车的安全行驶。

(1)直线行驶时的稳定性

汽车是一个具有多质量的振动系统,而挂车行驶系统的结构,基本上与汽车相类似,也是一个多质量的振动系统。由牵引车带挂车组成的汽车列车,则是两个振动系统的组合。车节之间的相互作用,使汽车列车的振动更加复杂。

由不平路面所引起的冲击力,牵引车行驶中的挠动力以及挂车对牵引车的撞击等,都可能成为该系统的振动外界激力,因此会随时产生由外界激力引起的振动。当行驶于不平路面时,牵引车受到路面冲击,而使牵引车车架处于振动状态,这些振动,通过连接装置传到挂车上。因此引起挂车摆动的主要原因是:不平路面对车轮的冲击,悬架和轮胎弹性系统的振动,装载不均等。

汽车列车上坡行驶,由于连接装置上的牵引力增大,挂车摆动大为减小;汽车列车下坡行驶或挂车制动迟于牵引车时,由于挂车对牵引车的排挤和冲撞,使挂车的摆动加重,汽车列车的行驶稳定性将明显下降。挂车悬架和轮胎的弹性过大,会使挂车的摆动加剧。挂车的质心过高、轴距不足、以及载荷分布不均等都将增加挂车的摆动。

因此,设计时尽量采用刚度较大的悬架,选择较大的车轮转向驱动装置的传动比,减小挂车质量、增大牵引车和挂车质量之比等,都可以提高汽车列车的稳定性。此外,使用时使挂车轮胎经常处于标准气压状态,尽量减轻上述因素对行驶稳定性的影响。

(2)制动时的稳定性

汽车列车制动时,若挂车产生折叠和摆动,将使汽车列车丧失制动方向稳定性。

①折叠。汽车列车在制动过程中出现折叠现象,一般说来是由于牵引车后轮首先抱死所引起的。在牵引车后轮抱死的情况下,挂车的惯性推力将作用于牵引车,一旦惯性推力的作用线偏离牵引车的纵轴线,则对牵引车会有一转向力矩产生,并使牵引车和挂车形成相向运动,直至造成汽车列车的折叠。

②摆动。当挂车制动时,如果牵引装置受到拉伸力作用,挂车摆动将不会发生,若牵引装置受到的是压缩力,尽管挂车纵轴线相对于汽车列车的行驶方向只有不大的偏转,挂车也会产生偏摆运动,引起挂车摆动。

③减小汽车列车制动时挂车折叠和摆动的措施:

半挂车:合理地分配半挂汽车列车的轴间制动力,尽可能地实现合理的制动轮轴抱死顺序;

全挂车:建立制动滞后协调,希望全挂车的制动超前于牵引车,而全挂车解除制动滞后于牵引车,使牵引架始终有拉力作用。

采用 ABS 或各种感载比例阀,或在连接装置中安装机械或液力防摆机构。

第五节　汽车列车的挂车制动系统

汽车列车的制动系统由牵引车制动系统和挂车制动系统两大部分组成,而每一种制动系统又由制动器、制动传动和控制装置组成。挂车制动器通常和牵引车制动器相同,制动传动部分和控制装置则取决于牵引车的制动形式和拖挂的载荷。

良好的制动系统对于保证汽车列车行驶的安全性与方向稳定性具有十分重要的意义。和普通载货汽车相比,由于半挂汽车列车由两个车节组成,一般具有三轴以上结构,制动系统则必须适应这一结构,以保证汽车列车具有良好的制动性能(包括制动效能,制动时的方向稳定性等)。

一、对挂车制动系统的要求

挂车的制动系统除必须具备对一般汽车制动系要求的制动力大、制动平稳、散热性好等性能外,还必须满足下列要求:

(1)挂车与牵引车的制动系统应相互关联,工作可靠。

（2）牵引车与挂车行驶时，如遇挂车意外自行脱挂，制动管路切断时，牵引车制动应仍然有效，挂车应能自行制动。

（3）应保证牵引车和挂车制动的协调性，当汽车列车制动时，牵引车和挂车制动力的出现和消除时间应尽可能趋于一致。半挂汽车列车各轮轴应具有合理的抱死顺序。例如半挂汽车列车的制动顺序是牵引车前轮、半挂车车轮及牵引车后轮；全挂汽车列车，希望挂车制动略早于牵引车，以免因挂车迟后制动造成列车折叠或甩尾等现象。

（4）汽车列车满载拖挂时能在16%的坡道上停驻；此外，挂车应另设驻车制动系统，以保证脱挂停放时的可靠制动。

汽车列车制动系统应正确选定有效载荷状态下的最佳制动力，合理分配牵引车与半挂车之间的制动力，以改善制动时的方向稳定性，避免发生汽车列车折叠、甩尾与丧失转向能力。

二、制动系统的工作原理

为了提高汽车列车的制动安全性，应采用双回路制动系统，即用一个双回路保护阀，将空气压缩机产生的压缩空气分别充入两个独立的储气筒（压力源），然后，一个回路到前制动气室，另一回路到后制动气室，实施制动。若某一个回路发生故障失效时，另一回路仍能继续工作，使制动系统维持一定的制动能力。

汽车列车的双管路双回路气压制动系统的工作原理如图6-37所示。在双管路制动系统中，挂车的一条主制动管路由牵引车储气筒引出，对挂车的储气筒充气，称为供气管路，管接头往往漆成红色。另一条管路由牵引车的制动控制阀引出，操纵挂车制动阀（又称继动阀或分配阀），通过挂车储气筒供给挂车制动气室实现制动。这一管路称为操纵管路，管接头一般漆成蓝色。

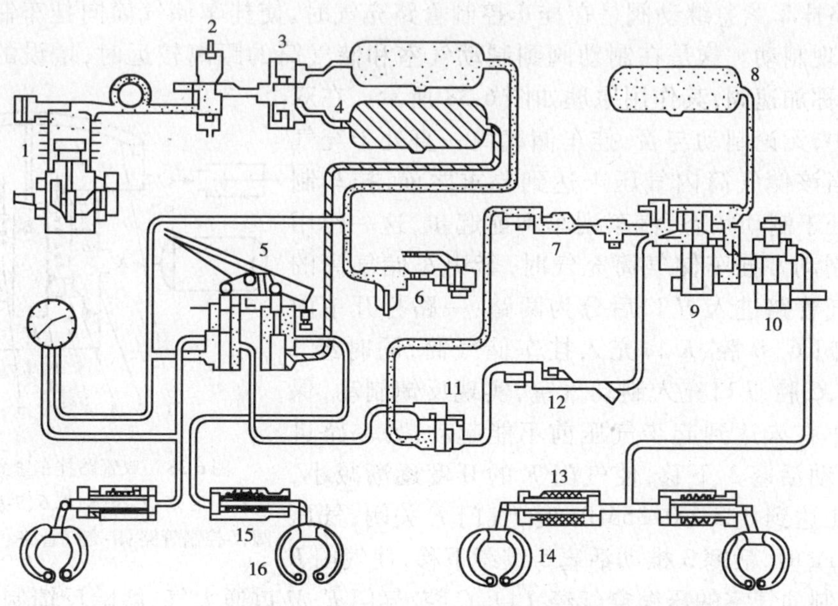

图6-37 双管路双回路气压制动系统

1-空气压缩机；2-调节阀；3-双回路保护阀；4-牵引车储气筒；5-牵引车制动控制阀（前、后）；6-压力保护阀；7-充气管路；8-挂车储气筒；9-紧急继动阀；10-调载阀；11-挂车制动阀；12-操纵管路；13-挂车制动气室；14-挂车制动器；15-牵引车制动气室；16-牵引车制动器正常行驶时,空气压缩机产生的压缩空气经调节阀2、双回路保护阀3充入牵引车两个储气筒4I和4II。前者的压缩空气一路进入牵引车前制动阀5;另一路经双管路分别进入挂车制动阀11和充气管路7、紧急继动阀9、挂车储气筒8。牵引车储气筒4II的压缩空气则进入牵引车后制动阀5。若有一条回路漏气,双回路保护阀3可使另一条回路保持一定的气压(约5.3×10^5Pa)。

进行制动时,踩下牵引车制动阀5的踏板,压缩空气经阀5进入牵引车前后制动气室15,同时进入挂车制动阀11的上腔,经操纵管路12,打开紧急继动阀9的进气门,使挂车储气筒8的压缩空气经阀9和调载阀10进入挂车制动气室13,实施制动。

双管路双回路制动系统在驾驶室内设有手制动阀,实施挂车的驻车制动。若需要单独解除挂车制动,则要将调载阀放在"松开"位置。挂车意外脱挂时,该系统能将挂车自行制动。压力保护阀6可防止牵引车储气筒压缩空气外泄。

双管路制动系统的挂车储气筒无论列车在行驶或制动时一直处于充气状态,在列车下长坡连续制动时压缩空气也能得到及时的供应,使制动连续、可靠,保证了车辆的安全行驶,这是双管路系统的主要优点。

三、制动系统的阀

在挂车制动传动和控制装置中采用了许多阀,如牵引车制动控制阀、挂车制动阀、手制动阀、紧急继动阀、调载阀、调节阀、压力保护阀、双回路保护阀等。下面介绍几种主要阀门的工作原理。

1. 双管路挂车紧急继动阀

双管路挂车紧急继动阀是在挂车控制管路充气时,使挂车储气筒向挂车制动气室充气,从而实现制动。这是在制动阀到制动气室和储气筒的距离较远时,增设的第二级控制元件,亦称加速阀,其作用原理如图6-38所示。在双管路系统中,无论制动与否,挂车储气筒一直处于充气状态。且当该储气筒内气压未达到要求之前,挂车制动器一直处于制动状态,汽车列车不能起步,这一作用称为反馈制动。挂车储气筒充气时,牵引车储气筒的空气由充气管路进入H口后分为两路:一路打开单向阀8,经气门G、B腔、K口充入挂车储气筒,同时经L口、气门F、C腔、J口充入制动气室,实现反馈制动,保证汽车列车在未达到起步气压前不能起动;另一路进入A腔,推动活塞3下移,使气门F的开度逐渐减小,当A腔气压达到0.3~0.35MPa时,气门F关闭;气压达到0.4MPa时,活塞3推动活塞5继续下移,使气门E开启,此时制动气室的压缩空气经J口、C腔、气门E、M口通大气,解除反馈制动,汽车列车才能起步。

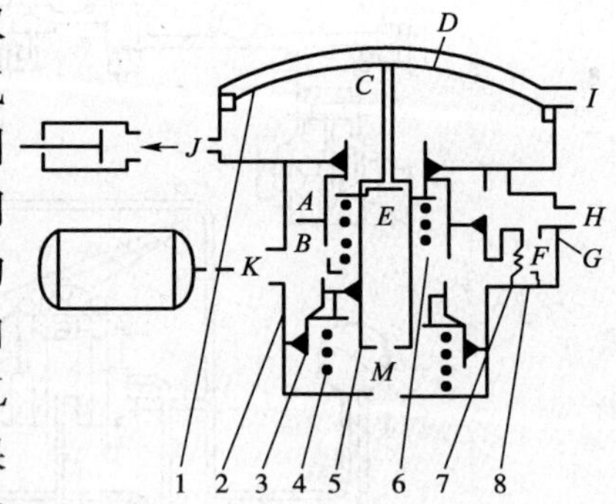

图6-38 双管路挂车紧急继动阀

1、3、5-活塞;2-阀体;4、6、7-弹簧;8-单向阀;I-控制管路;H-充气管路

汽车列车制动时,踩下牵引车制动阀,因挂车制动阀的作用使挂车控制管路充气,该压缩空气由I口进入D腔,推动活塞1下移,导致气门E先行关闭,然后推动活塞5继续下移,使气门F打开,挂车储气筒中的压缩空气经K口、L口、气门F、C腔、J口充入制动气室。另

外，充气管路的空气也由 H 口进入后，经 B 腔直接充入制动气室。

解除制动时，控制管路及 D 腔压力消失，活塞 1 在 C 腔气压作用下上移，活塞 5 在弹簧 6 作用下也上移，使气门 F 关闭，气门 E 打开，制动气室的压缩空气由 J 口、C 腔、气门 E、M 口通大气。

若挂车意外脱挂，且充气管路和控制管路均断裂时，H 口和 A 腔、J 口和 D 腔气压均消失。此时，单向阀 8 在 B 腔压力和弹簧 T 作用下关闭气门 G，防止了挂车储气筒压缩空气的泄漏。同时，活塞 3、5 分别在弹簧 4、6 及 B 腔压力作用下迅速上移，使气门 F 开启，气门 E 关闭，挂车储气筒的压缩空气经 K 口、B 腔、L 口、气门 F、C 腔、J 口充入制动气室，实现断气紧急制动。

2. 调载阀

挂车调载阀可根据挂车轴载质量的变化，通过调节挂车制动气室的管路压力来调节制动力。调载阀有手动、自动之分。手动调载阀作用原理如图 6-39 所示，制动时，压缩空气由紧急制动阀进入 S 口，经进气门 1、Z 口充入制动气室。同时，活塞 2 承受此气压，但可由弹簧 3 平衡。当气压达到要求数值时，活塞 2 将克服弹簧 3 的弹力而下移，阀 5、6 就可在弹簧 7 的作用下下移，使进气阀 1 关闭，从而阻止制动气室压力的进一步增加。弹簧 3 的载荷随操作杆 4 的“满载”、“半载”、“空载”位置得到不同的调节，从而实现按挂车载荷来调节挂车制动力。在挂车摘挂时，把调载阀放在“松开”位置，挂车可解除制动。

3. 挂车制动阀

双管路挂车制动阀是控制挂车管路在制动时充气。其作用原理如图 6-40 所示。当汽车列车行驶时，活塞 2 和阀 4 处于右端位置，使进气门 5 关闭，排气门 3 打开。此时牵引车储气筒的空气被关闭在 V 口处，而挂车制动控制管路由 Z 口放气。

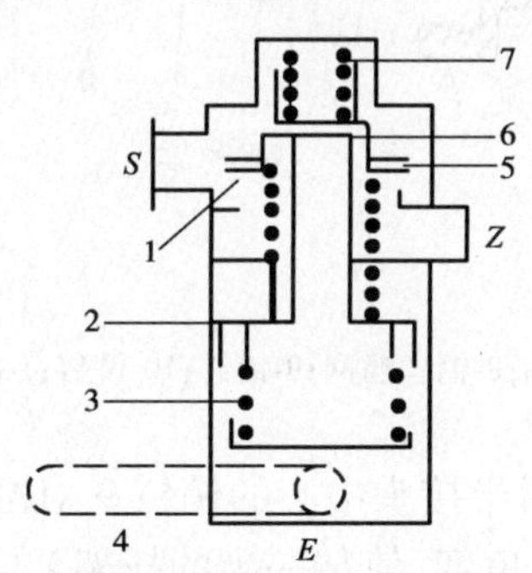

图 6-39 挂车手动调载阀

1-进气门；2-活塞；3、7-弹簧；4-操作杆；5、6-阀门总成

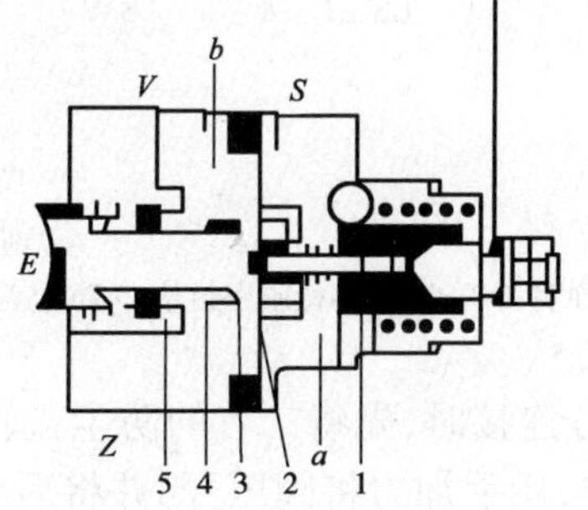

图 6-40 双管路挂车制动阀

1-阀体；2-活塞；3-排气门；4-阀总成；5-进气门

制动时，踩下牵引车制动阀，牵引车制动管路的空气由该阀经 S 口进入 a 腔，推动活塞 2 向左移动，关闭排气门 3，并通过阀 4 打开进气门 5，使牵引车储气筒的空气由 V 口过气门 5 经 Z 口充入挂车制动管路，并进入 5 腔。若 6 腔压力高于 a 腔，则活塞 2 立即右移，阀 4 随之右移并关闭进气门 5，挂车制动控制管路即被阻断。而当牵引车制动压力继续增大时，

a 腔压力大于 b 腔，挂车制动控制管路继续接通，挂车制动压力将进一步增大，对挂车施加更为有效的制动。

解除制动时，S 口压力下降，活塞 2 被较高的挂车制动管路压力推到右边，使排气门 3 打开，制动管路空气通过气门 3 经排气口 E 放出。

四、制动系统的其他元件

1. 气路接头

气路接头将牵引车和挂车的气压制动管路连接起来，它由前后两部分组成，如图6-41所示。前半接头固定在牵引车车架尾端，后半接头装在半挂车气压制动管路的端头上。

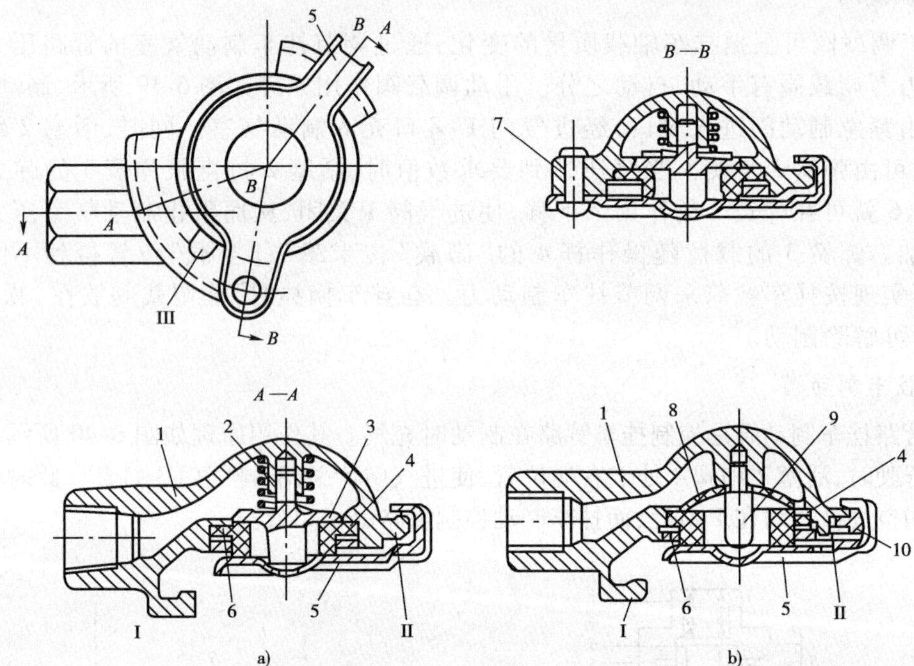

图6-41 气路接头

a）前半接头；b）后半接头

1-壳体；2-弹簧；3-单向阀；4-橡胶密封垫；5-防尘盖；6-环状螺母；7-销轴；8-铜丝滤网；9-销钉；10-铆钉；I-托架；II-凸缘；III-通孔

两部分连接时，先将二者的防尘盖转到一边，再将后半接头中心的销钉 9 对准前半接头的单向阀3，用手加力将阀压开，并将后半接头转过一个角度，使某一半的托架 I 与另一半的凸缘 II 互相嵌合。放手后，后半接头凸缘 II 上铆钉 10 的头部便嵌入前半接头托架 I 上的通孔 III 中，将两接头锁住，即完成连接操作。然后，打开前后两车上的分离开关，牵引车储气筒的压缩空气经打开的单向阀，通过滤网充入挂车管路，压缩空气的高气压将使气路接头前后两部分接合得更为紧密。

分离气路接头时，必须先关闭牵引车上的分离开关，使气路接头内腔与牵引车气源隔绝，并与大气相通。消除气压后，即可旋转后半接头，脱离嵌合状态。

2. 制动气室与手制动

制动气室与制动器的凸轮轴、调整臂相连，在气压的作用下，使制动器接合和分离。制动气室分为膜片式、活塞式和弹簧储能式3种。

图6-42为膜片式制动气室，其进气口1与制动管路连接，夹布橡胶膜片3右方与大气相通。制动时，压缩空气进入膜片3与盖2之间的工作腔，推动膜片克服弹簧5的弹力向右运动，通过推杆8、连接叉9，使制动器的调整臂和制动凸轮转动。

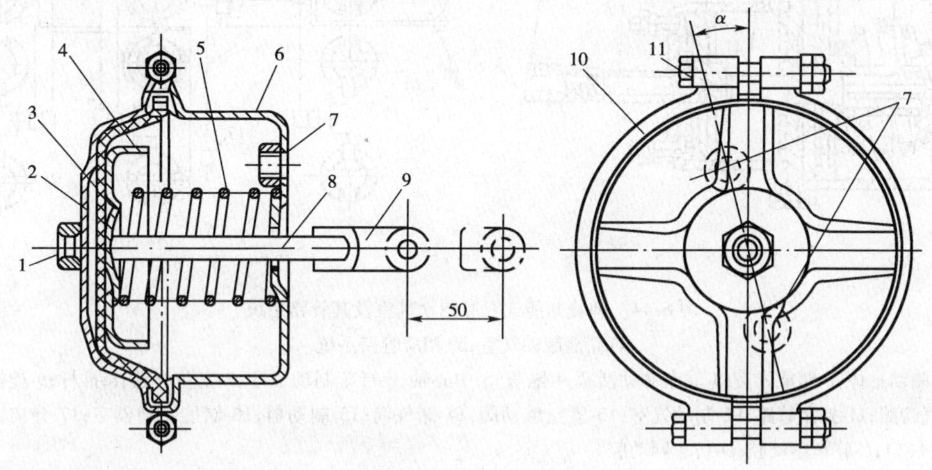

图6-42　膜片式制动气室

1-进气口；2-盖；3-膜片；4-支撑座；5-弹簧；6-壳体；7-固定用螺钉孔；8-推杆；9-连接叉；10-卡箍；11-螺栓

活塞式制动气室如图6-43所示，与膜片式相比，其推杆行程较大，活塞工作寿命较长，但结构较复杂。

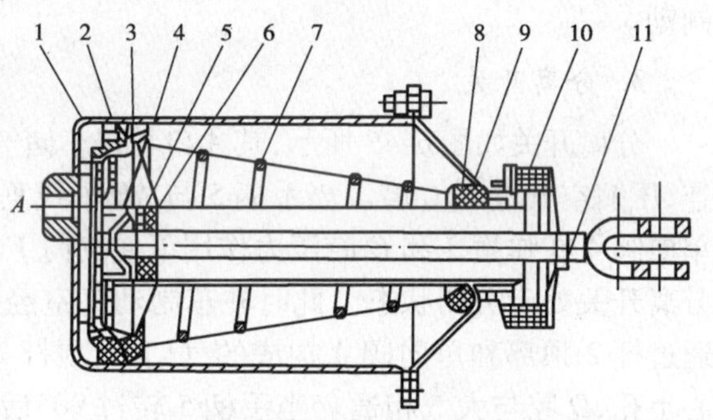

图6-43　活塞式制动气室

1-缸体；2-活塞防尘圈；3-活塞；4-支撑盘；5-导管；6-毡圈；7-弹簧；8-密封；9-缸盖；10-防护套；11-推杆

弹簧储能式双腔制动气室如图6-44所示，它可用于行车制动，即脚制动，也能用于驻车制动，即手制动。进入制动气室的压缩空气分为两路，一路经紧急继动阀13、调载阀，通过B口与行车制动腔D相连，起一般制动气室的作用。另一路由挂车储气筒14经分离开关17，通过A口与驻车制动腔C相连，作为驻车制动气室。当汽车列车起步时，必须先解除驻车制动。此时应将制动管路中的分离开关17处于接通位置，C腔充气，当气压达到40kPa时，驻车制动活塞3和中心轴5在气压作用下向左运动，压缩弹簧2，使之处于储能状态。中心轴5不再顶住活塞6，由于B口不充气，C腔无压力，行车制动活塞6在回位弹簧7的作用下带动推杆向左运动，使制动解除，汽车列车进入正常行驶状态。当列车需制动时，通过前述制动操纵程序，由挂车储气筒14经紧急继动阀13通过B口向D腔充气，即可克服弹簧7的压力，推动推杆8，实现挂车行车制动。

在需要实施驻车制动时，将分离开关17的手柄转动90°，C腔供气被切断而与大气相通，压力消失，储能弹簧2推动驻车制动活塞3、中心轴5向右运动，顶住行车制动活塞6和推杆8，使制动器制动。此时，即使行车制动无效(如挂车与牵引车分离，或制动系统故障时)，驻车制动仍能借助弹簧张力而实施有效制动。若无气源时要解除驻

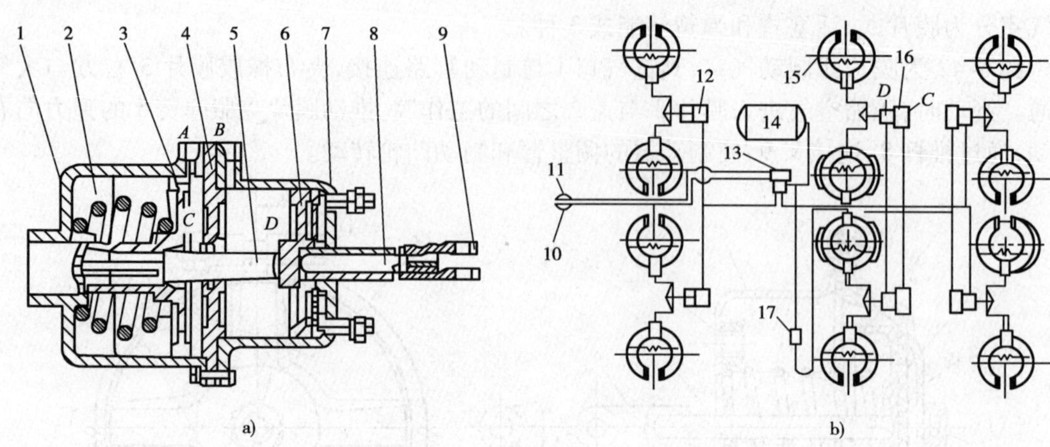

图 6-44 弹簧储能式双腔制动气室及其管路系统

a)储能制动气室;b)相应管路系统

1-驻车制动缸体;2-储能弹簧;3-驻车制动活塞;4-隔板;5-中心轴;6-行车制动活塞;7-复位弹簧;8-推杆;9-连接叉;10-充气管路;11-控制管路;12-制动气室;13-紧急继动阀;14-储气筒;15-制动器;16-储能制动器室;17-分离开关;*A*、*B*-进气口;*C*-驻车制动腔;*D*-行车制动腔

车制动,则需旋松传力螺杆,使中心轴 5 退到驻车制动活塞 3 的中心空管中,从而放松活塞 5,解除制动。

3. 分离开关

分离开关如图 6-45 所示,其 *A* 口与挂车储气筒相连,压缩空气进入 *C* 腔。当手柄 5 与 *AB* 轴线垂直时,单向阀 4 在弹簧 3 和 *C* 腔压力作用下使气门 *F* 关闭,分离开关处于关闭状态。此时驻车制动气室经 *B* 口,通过杆 2 顶部和单向阀 4 构成的气门 *F*、顶杆 2 的中心小孔、*D* 腔与大气相通。当手柄 5 转过 90°后,顶杆 2 下移,顶开单向阀 4,使气门 *F* 关闭,气门 *E* 打开,*A* 口与 *B* 口相通,分离开关处于打开状态,驻车制动气室充气。

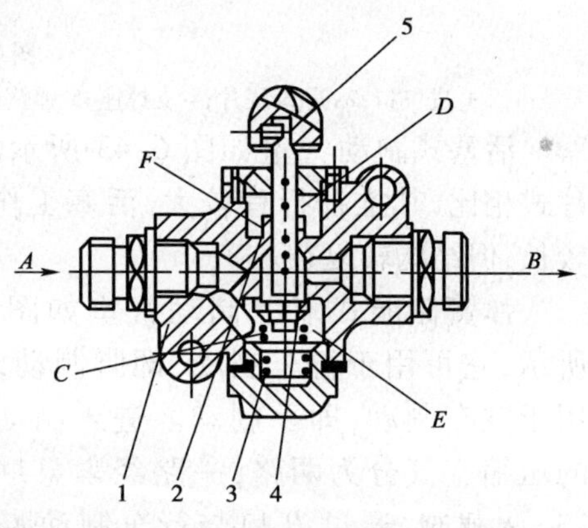

图 6-45 分离开关

1-壳体;2-顶杆;3-弹簧;4-单向阀;5-手柄

第六节 挂车的照明及信号装置的安装

挂车的照明及信号装置是提高运输效率及安全性能的重要保证。因此我国在照明及信号装置的安装方面有如下规定:

(1)各种灯具从透光面的任何部分开始,在几何可见度角范围内不应有妨碍光线传播的障碍。

(2)安装在车辆上的各种灯具,其基准轴应与地面平行,位于车辆侧边的灯,其基准轴必须垂直于车辆的纵向对称平面;位于车辆前后的灯,其基准轴必须平行于这个纵向平面,每个方向允差 ±3°。

(3)检查灯具的高度和方向时,车辆一般为空载,着地安放。

(4)同一装置必须与车辆的纵向对称平面对称安装。

(5)必须符合 GB 4785—1998《汽车和挂车外部照明装置及信号装置的安装规定》。

按照上述要求安装灯具,可使车辆上各种灯光的光束具有合理的几何可见度角。这些角度是可以看到照明和信号装置的最大垂直角 α_1 和 α_2,最大水平角 β_1 和 β_2,如图 6-46 所示。测量这些角度时,以基准中心为顶点,以装置的基准轴为测量基准。一些主要灯具的几何可见度角可查阅相关标准。

在 GB 4785—1998《汽车和挂车外部照明装置及信号装置的安装规定》中,对照明和信号装置作了明确的规定,汽车列车的照明和信号装置和普通载货汽车基本相同,但在挂车上必须安装挂车三角形反射器,该装置是挂车专用的向后反射光的信号装置;如果是特种挂车,应设置明显的示廓灯,并尽量将其安装在车辆的最高处和最边缘处。

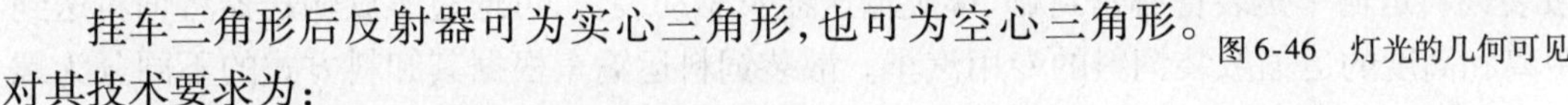

图 6-46　灯光的几何可见度角

挂车三角形后反射器可为实心三角形,也可为空心三角形。对其技术要求为:

①形状。由一个三角形反射光线的平面组成,三角形中心可不反射光线;也可用反射光线的元件组成三角形平面,每边至少有 4 个反射光线的元件。

②生理可见度。天气晴朗的夜晚,在车辆后方 150m 处应能见到反射光线。

③颜色。红色。

复习思考题

1. 汽车列车的概念。半挂车与全挂车在结构上有哪些区别?
2. 半挂车支撑装置有何作用?
3. 半挂车和全挂车实现转向的装置各是什么?
4. 半挂车牵引连接装置的组成、结构及作用。
5. 全挂车牵引连接装置的组成、结构及作用。
6. 对半挂车牵引连接装置的结构和性能有何要求?
7. 汽车列车制动系统的工作原理?
8. 汽车列车比功率的选择?
9. 汽车列车的总质量如何确定?
10. 半挂汽车列车的连接尺寸有哪些,各自的涵义是什么?
11. 和普通载货汽车相比较,汽车列车的运行特性有何不同?
12. 表示汽车列车转向机动性的参数是什么?
13. 半挂汽车列车牵引销和牵引座的连接过程如何进行?

第七章　仓栅式汽车

仓栅式汽车是指具有仓笼式或栅栏式结构车厢的车辆，它主要用于运输散装颗粒食物或饲料、畜禽等货物。

目前我国仓栅式汽车主要有散装粮食运输车、散装饲料运输车、牲畜运输车、家禽运输车、养蜂车等。其中，散装粮食运输车、散装饲料运输车为仓笼式汽车，牲畜运输车、家禽运输车、养蜂车等为栅栏式汽车。

散装饲料运输车是装备有密封罐、螺旋输送器及驱动装置，可通过螺旋输送器将饲料送到一定距离和高度的运输散装饲料的专用汽车。散装饲料运输车根据其卸料方式的不同分为螺旋卸料式、自卸式和气力卸料式。而螺旋卸料式又根据其螺旋机构的驱动方式不同，分为机械式、液压式和螺旋增压器式。自卸式和气卸式散装饲料运输车的设计可参照自卸车和粉罐车结构设计，而螺旋卸料式散装饲料运输车与这两种饲料运输车相比其主要区别是螺旋输送卸料机构的设计，在此从略。下面只对散装粮食运输车和栅栏式牲畜运输车进行介绍。

第一节　散装粮食运输车简介

随着粮食生产、运输、储存、加工机械化的发展，散装粮食的运输越来越少。因此本节只对散装粮食运输车进行简单介绍。

散装粮食运输汽车按其车厢形式可分为敞开式车厢和封闭式车厢两种，如图 7-1 所示。敞开式车厢散装粮食运输汽车，其车厢为高栏板，两边栏板或后栏板可以开启，装有专用防雨装置，并能实行自卸。封闭式车厢顶部开有装料口，装料口盖可以方便地操纵和控制，也能实行自卸。

敞开式散装粮食运输车一般由普通货车或二类底盘改装其车厢部分而成。车厢顶盖(即雨棚)有翼开式、带雨棚钩或雨棚架式、滑动雨棚式等。封闭式车厢包括罐式料仓式(图 7-1b))和厢式料仓式(图 7-1c))两种形式，一般由二类底盘、封闭式车厢或罐体和自卸机构等组成。目前的散装粮食运输车大多采用这两种结构。

从图 7-1b)和图 7-1c)可以看出，这两种结构的散装粮食运输车的专用装置为车厢或罐体，以及自卸举升机构。

设计时车厢或罐体可参考第三章罐式汽车的罐体设计和第五章厢式汽车中车厢结构进行，但切记封闭式车厢一般不需考虑保温设施。在进行散装粮食运输汽车自卸机构的设计时，可参照第四章内容进行，但其最大举升角的选择与普通自卸汽车有所区别，它应由装载粮食的堆积角确定。几种粮食的堆积角(下滑角)见表 7-1。

由表 7-1 可以看出，粮食的流动性较好，下滑角均在 37°左右。散装粮食运输车自卸倾角一般大于 40°，通常选择 45°左右。

几种粮食的堆积角　　表 7-1

粮食种类	豆类	蚕豆	玉米	谷子	高粱	麦子	花生	稻谷
下滑角(°)	24 ~ 26		30 ~ 32		32 ~ 34	34 ~ 36		35 ~ 37

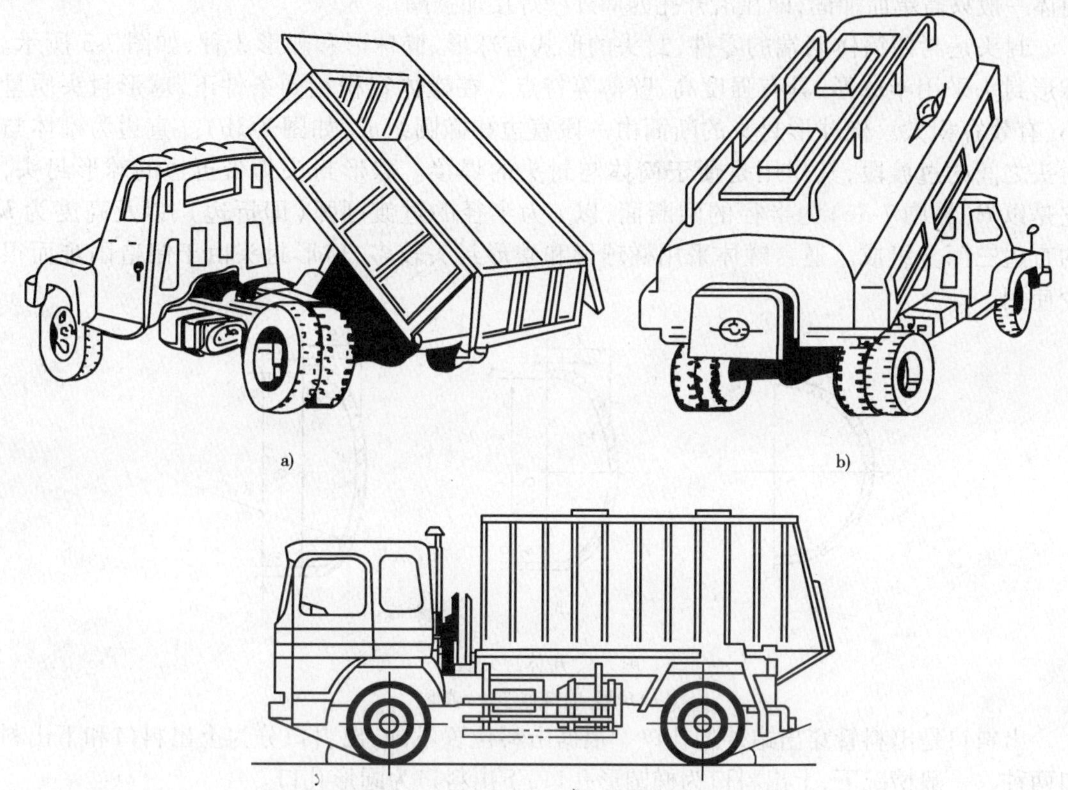

图 7-1　散装粮食运输车车厢结构形式

a）敞开式车厢；b）、c）封闭式车厢

1. 罐式车厢

罐式车厢可分为立罐和卧罐两种形式。

立式罐体结构分为单仓式和多仓式两种。单仓式立罐结构简单，制造方便，适合于装载质量较小的汽车和半挂车上使用；多仓式立罐结构比较复杂，适合于装载质量较大的汽车和半挂车上使用。

卧式罐体通常由进料口、筒体、封头和出料口组成，如图 7-2 所示。进料口包括进料口

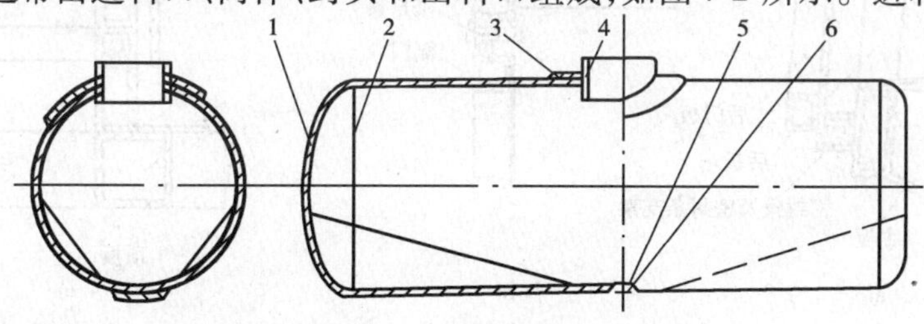

图 7-2　单仓卧式罐体结构

1-封头；2-筒体；3-进料口加强圈；4-进料口直筒；5-出料口加强圈；6-出料口

直筒 4 和进料口加强圈 3。进料口直筒是进料的通道,又是物料出入筒体的入口和进料装置的支撑。进料口直筒的断面有圆形环和椭圆形环两种。粮食散装车用罐通常采用圆形筒进料口。进料口加强圈的作用是加强开孔边缘的筒体强度。当筒体和封头壁厚小于 10mm、孔径大于 75mm 时,均应采用局部加强圈。局部加固可为单面或双面加固。粮食用筒体一般只需单面加固,即在沿开孔四周外壁焊接加强圈。

封头是封闭筒体两端的零件,封头的形式有球形、椭球形和碟形 3 种,如图 7-3 所示。球形封头采用半球形,具有强度高、壁薄等特点。在罐体容积相同条件下,球形封头质量小、有效容积大。椭球形封头的断面由一段直边和椭圆组成,如图 7-3b)。直边为罐体与封头之间的过渡段,其作用是便于筒体与封头的焊接。碟形封头为带折边的球形封头,它是以 R(见图 7-3c)为半径的圆断面,以 r 为半径的过渡圆弧(即折边)、以及高度为 h 的直边三部分组成。通常罐体采用椭球形和碟形封头较多,球形封头由于制造困难而很少使用。

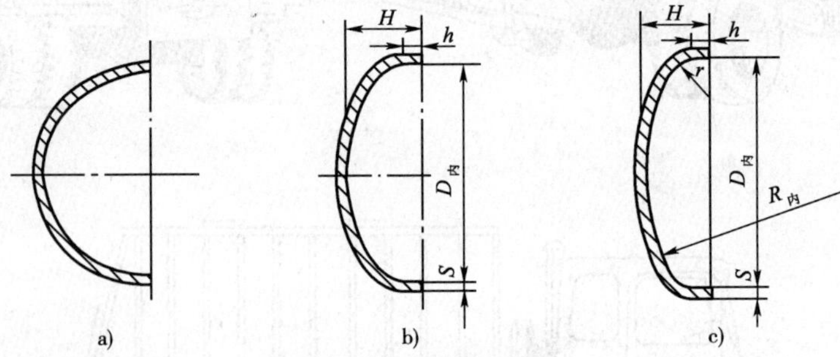

图 7-3　罐体封头形式

a) 球形;b) 椭球形;c) 碟形

出料口是出料管穿出罐外的孔口。根据出料位置不同,出料口分为上出料口和下出料口两种。一般情况下,上出料口为椭圆形孔口,下出料口为圆形孔口。

2. 厢式车厢

厢式料仓式车厢外形如图 7-1c) 所示,它是仓栅式全封闭结构。车厢底板骨架由两根槽形纵梁、若干根槽形横梁、纵梁加强板及侧支撑焊接而成。侧板、前板、后板、顶板及侧门、后门、顶门骨架均采用矩形管焊接,从而保证有较好的刚性。

厢式料仓式车厢应进行车门及其密封装置的设计,以保证运输过程中不会发生粮食洒漏和泼洒现象。车厢门的密封一般采用橡胶密封条即可,如图 7-4 所示。

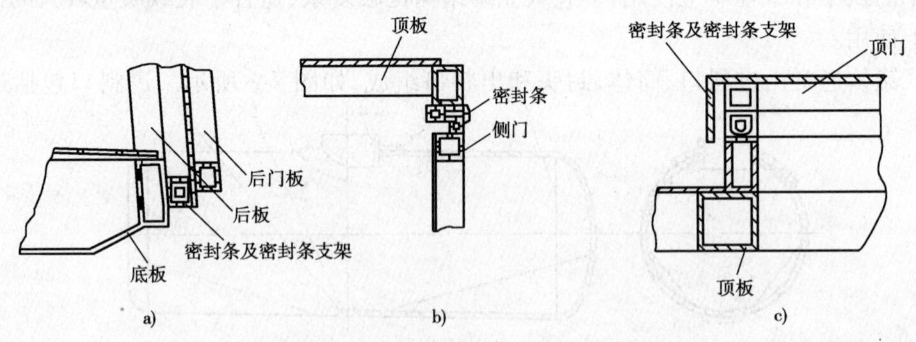

图 7-4　车门密封装置

a) 侧门密封条;b) 后门密封条;c) 顶板密封条

第二节 栅栏式牲畜运输车

一、栅栏式汽车总体结构与设计

1. 总体结构与类型

栅栏式牲畜运输车车厢多为两层或三层的栅栏结构,多层结构的车厢运输效率高,适用于长途运送牲畜、家禽。

栅栏式牲畜运输车均设有便于牲畜上下车的门梯,该门梯通常利用后厢板翻倒作为登坡板,也有的采用电动绞盘提升登坡板。

有些牲畜运输车还专门设有排污系统,包括牲畜粪便的收集、清除和污水槽等。有些车厢在其底板装有不锈钢板,防止底板腐蚀。为防止牲畜在汽车上下坡或紧急制动时拥挤在一起,车厢应装有分仓隔板。

车厢内壁一般比较平整,从而防止车厢内壁与牲畜接触时刺伤牲畜。有些车辆在夏季运输时,设有水箱、喷淋设施,它利用汽车储气罐的压缩空气将水箱内的水从喷管向车厢喷出,从而改善夏季运输条件。为便于夜间装卸和查看,应在车厢内的适当部位设置夜间照明装置。

双层车厢运输车最为常见。对于双层车厢牲畜运输车,根据其第二层车厢底板的结构特点可分为可拆式底板、液压折叠式底板和液压升降式底板 3 种形式。

可拆式底板是指第二层车厢底板可以拆装。在运输牲畜时,将其插进车厢栏板上的滑槽里,即可形成双层车厢。不需要时,将其靠装在侧栏板上,不仅增加侧栏板的高度,还可作一般运输车辆使用。这类牲畜运输车的结构简单,使用可靠,成本低。其缺点是拆装麻烦。

液压折叠式底板是两块鱼鳞板铰链连接在车厢侧壁骨架上,不需要时挂靠在侧壁上;需要时则通过液压缸将其推到水平位置,形成第二层车厢的底板。同时,车厢顶盖也可设计成可折叠式,从而使得车厢底板拼装方便,操作省力。另外,每层车厢的高度较高,有利于人在车厢内打扫卫生等。但其结构复杂,需要较复杂的牲畜上下车装置。

液压升降式底板的第二层车厢底板由分布于车厢 4 个角的 4 个液压缸实现上升和下降。装载时,首先将活动底板搁在底层底板上。当装满牲畜后,将其举升到一定高度后锁止固定,然后装载底层车厢;卸载相反。这种形式的牲畜运输车优点是装载、卸载都非常方便、必要时可将活动底板降落在底层底板上,作一般货车使用。

栅栏式牲畜运输车设计时应注意以下要求:

①栅栏式车厢的栅栏材料应有足够的强度和刚度,不至于在运输途中被牲畜损坏。

②车上各种牲畜运输所需设施应齐全,如饮食设施、隔离装置、喷水降温设施等。

③车厢应有遮烈日、防雨淋设施。

④对于可拆装式底板,拆装应方便、省力;对于升降式活动底板,其升降应平稳可靠无卡滞和爬行现象,并且举升和下降时左右必须同步,其同步精度应满足有关法规要求。

⑤活动底板锁止装置应安全可靠,不允许在装载和行驶过程中自动脱离锁止状态。

2. 基本参数的确定

牲畜运输车的基本参数包括车厢的有效装载面积、车厢层数和每层车厢的高度以及额定装载牲畜头数等。这些基本参数的确定与所运载的牲畜种类有关,不同的牲畜种类其基本参数有很大差异，即使是同一种牲畜，由于品种不一、产地不一，其基本参数也有很大差异。

关于一些典型牲畜的参数可在相关手册中查取，包括牲畜的体高、体长、胸围和质量等。例如表 7-2 所示为部分成年牛的有关统计数据平均值。

部分牛种成年牛尺寸和质量的统计平均值 表 7-2

牛 种	性 别	体 高 $\bar{h}$(mm)	体长 $\bar{l}$(mm)	胸围 $\bar{s}$(mm)	质量 $\bar{m}$(mm)
江汉水牛	雄	1303	1432	1959	544.6
	雌	1272	1373	1499	519.4
郧巴黄牛	雄	1254	1414	1789	422.9
	雌	1144	1318	1640	329.6
枣北黄牛	雄	1266	1391	1744	402.4
	雌	1152	1290	1573	303.9

根据牲畜形体尺寸，可初步估算单头牲畜在运输时所占据的车厢装载面积。

设计时首先应根据所选汽车底盘的额定装载质量，估算牲畜的装载数量(头数)，然后根据所选汽车底盘所对应载货汽车车箱的尺寸确定本牲畜运输车车厢的装载面积，进而确定车厢层数。对于每层车厢，车厢内部高度必须满足运输牲畜中体高最大值的要求，同时应在牲畜与车顶之间留有足够的距离。最后确定本牲畜运输车的车厢高度，车厢高度 H 可按下式估算：

$$H=(1.3\sim1.6)\bar{h}$$

式中：$\bar{h}$——牲畜的平均体高，mm。

部分国产牲畜运输车基本参数如表 7-3 所示，设计时在车厢结构、基本参数和附属装置等方面可进行参考。

二、液压折叠式活动底板

图 7-5 为双层半挂牲畜运输车液压折叠式活动底板原理图，其第二层活动底板可以折叠，车厢顶盖可以升降。

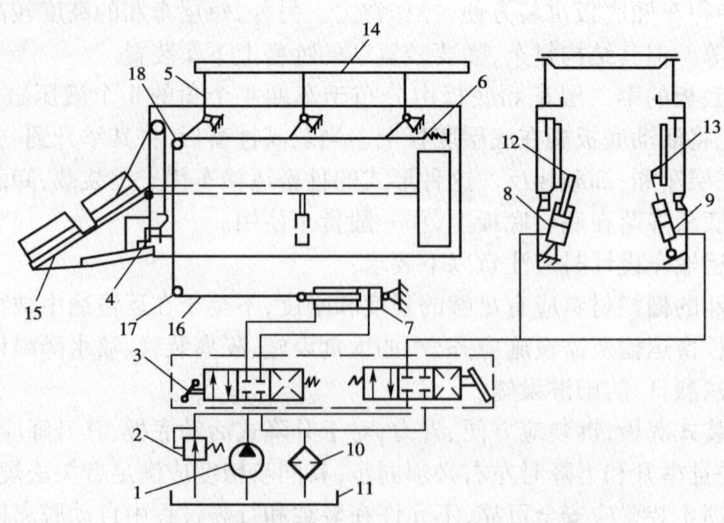

图 7-5 双层车厢液压折叠式活动底板原理图

1、2、3、10、11-油路控制系统；4-第一层门；5-双臂杠杆；6-回位弹簧；7-液压油缸；8、9-第二层底板打开、升起液压油缸；12、13-第二层活动底板；14-顶盖；15-第二层门梯；16-绳索；17、18-滑轮

部分国产牲畜运输车的基本参数　表 7-3

车　型		ZQ5090SC2	ZQ5090SC1	HQ5090SC	ZQ9090SC
底盘型号		EQ1090J	EQ1090J	EQ1090J	EQ1090K
最大总质量(kg)		9 737	10 335	9 500	17 480
最大装载质量(kg)		5 000	4 500	4 500	10 000
前轴质量(kg)	空载	1 980	2 340	1 950	
	满载	2 793	3 100	2 360	2 510
后轴质量(kg)	空载	2 562	3 300	3 050	
	满载	6 944	7 235	7 140	7 700/7 200(牵/挂)
外形尺寸(mm)	长	8 219	8 241	6 785	11 042
	宽	2 508	2 508	2 390	2 496
	高	2 560	3 230	2 820	2 520
车厢内部尺寸(mm)	长	5 350	5 365	3 940	7 140
	宽	2 294	2 284	2 390	2 284
	高	900	两层各高 960	上层/下层 = 850/730	900
车厢结构特点		单层、带顶	可拆装二层带顶及隔离板	敞开式、双层活动底板、液压举升	半挂式、单层、设有隔离栏
附属装置			带水箱和喷水降温装置	带水箱和喷水降温装置	带水箱和喷水降温装置
牲畜装载头数	猪	50 ~ 60	60 ~ 85	70 ~ 75	
	羊	55	110	140	
	牛	13 ~ 17	13 ~ 17	6 ~ 8	

第二层活动底板为左右两块,分别铰接在车厢骨架上,平时收靠在侧壁上。装完第一层牲畜,即可将底板 12、13 通过液压油缸 8、9 打开形成第二层底板。

放下第二层门梯 15,即可装第二层底板的牲畜。门梯的升起、放下通过绞盘进行。液压油缸 7 左腔进油,通过绳索 16、滑轮 17、18 和双臂杠杆 5 可使顶盖 14 升起;反之,液压油缸 7 右腔进油,顶盖在自重和回位弹簧 6 的作用下回落到原来的位置。

三、液压升降式活动底板

图 7-6 为液压升降式活动底板升降机构图,它由举升机构、同步机构、锁止机构等组成。

1. 举升机构

4 个举升柱塞式液压缸垂直布置于车厢底板 1 的四角,活动底板 2 的四角通过四对销轴 3、4 吊在 4 个举升套 6 的侧壁上,液压举升柱塞缸总成通过三角架 8 装在车厢立柱 7 内,三角架固定在立柱的内壁上。

当举升活动底板时，因有四对销轴且互相垂直，活动底板可作纵向和横向摆动，避免了因柱塞运动不同步，而使举升套卡死在立柱内。

举升机构中最主要的是液压缸的设计。为了使底层车厢有足够的高度，活动底板的上升距离有一定要求，因此液压缸的工作行程较大。在这种情况下，当液压缸推力大于某一极限值时，液压缸产生纵向弯曲，出现不稳定现象。因此，必须对液压缸的稳定性进行校核计算。即在活塞杆全部伸出液压缸时，计算液压缸受最大作用力时的稳定性。

液压缸稳定性计算方法有等截面计算法和非等截面计算法两种。

如图 7-7 所示，当液压缸行程 $S>10D$ 时，可将缸体看成与活塞杆相等截面，用等截面法计算极限力。其极限力的计算式为：

$$当：\frac{l}{r}>m\sqrt{\mu}时，F_K=\frac{\mu\pi^2 EJ}{l^2} \tag{7-1}$$

$$当：\frac{l}{r}\leqslant m\sqrt{\mu}时，F_K=\frac{fA}{1+\frac{a}{\mu}\left(\frac{l}{r}\right)^2} \tag{7-2}$$

式中：l——最大行程时液压缸两端支承之间的距离，cm，$l=l_1+l_2$；

r——活塞杆横截面回转半径，cm，$r=\sqrt{\frac{J}{A}}$；

J——活塞杆横截面转动惯量，cm^4；

A——活塞杆横截面的面积，cm^2；

m——柔性系数，钢取 $m=85$；

E——弹性模量，钢取 $E=2.06\times10^7$，N/cm^2；

f——材料强度，钢取 $f=48.02$，kN/cm^2；

a——系数，钢取 $a=1/5\ 000$；

μ——考虑支撑条件的系数。如果液压缸两端都是铰支，取 $\mu=1$；如果一端固定，另一端自由，则取 $\mu=0.25$。

当计算出极限力后，即可对液压缸进行稳定性校核，即：

$$F=\frac{1}{4}(m_{2a}+m_{2e})g\leqslant\frac{F_K}{n_K} \tag{7-3}$$

式中：F——单个液压缸承受载荷，N；

m_{2a}——活动底板质量，kg；

m_{2e}——第二层车厢装载质量，kg；

n——安全系数，一般取 $n=2\sim4$。

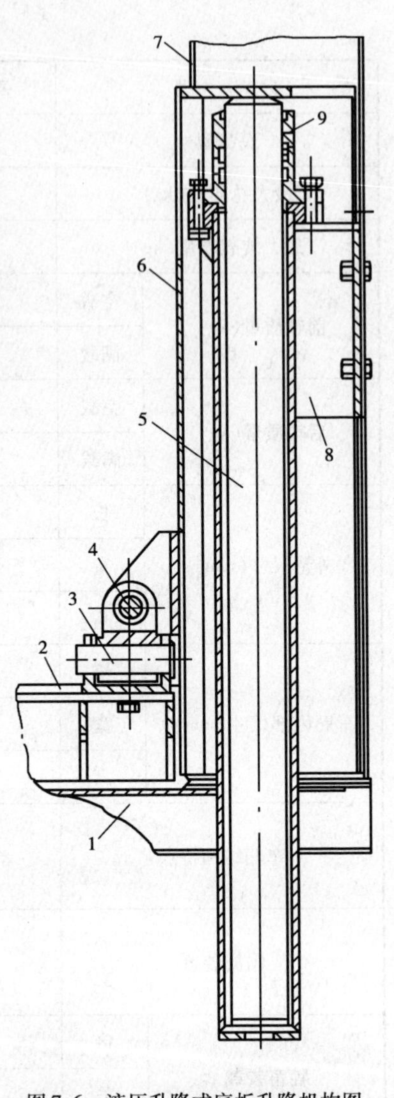

图 7-6　液压升降式底板升降机构图
1-底板；2-第二层活动底板；3、4-销轴；5-柱塞；6-举升套；7-车厢立柱；8-三角架；9-导向套

非等截面计算法特点是分别考虑了活塞杆和缸体的不同截面特性。对于钢制液压缸来说，其不失去稳定性条件为：

$$\frac{K_1}{\tan(K_1 l_1)}+\frac{K_2}{\tan(K_2 l_2)}=0 \tag{7-4}$$

式中：$K_1=\sqrt{\frac{F_K}{E_1 J_1}}$，$K_2=\sqrt{\frac{F_K}{E_2 J_2}}$；

F_K——极限力，N；

J_1、J_2——分别为活塞杆、缸体横截面的转动惯量，cm^4；

E_1、E_2——分别为活塞杆、缸体材料的弹性模量，N/cm^2；

l_1、l_2——分别为活塞杆和缸体的长度，cm。

为了简化运算，有关手册在给定比值 l_2/l_1 和 l_1 条件下，可根据不同比值 $\sqrt{J_2/J_1}$ 作成图表，由图查出 $\sqrt{F_K/J_1}$ 值，再按下式求得极限力：

$$F_K=\left(\sqrt{\frac{F_K}{J_1}}\right)^2 J_1$$

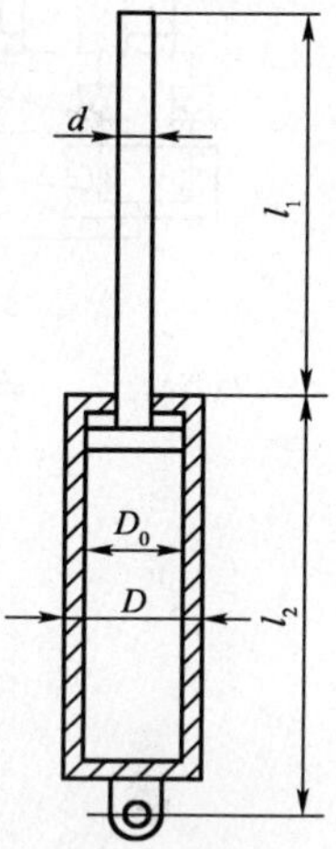

图7-7 液压缸计算简图

如果不满足稳定性条件，则应重新设计液压缸。可采取加大活塞杆直径、加大缸体内径、采用多级液压缸等措施。

2. 同步回路

为了保证活动底板可靠的上升和下降，避免卡死现象，4 个举升液压缸必须保持运动同步，因而具有同步回路系统。主要类型有以下几种。

(1)分流集流阀同步回路

图 7-8 是采用分流集流阀的同步回路。举升时，高压油经方向控制阀进入分流集流阀后，被分成流量相等的两股，分别流经两对分流集流阀，进一步被分成了流量均匀的 4 股。由于每个举升液压缸的流量和活塞直径相等，所以 4 个活塞杆能够同步上升。下降时，打开单向阀，油液便在活动底板重力的作用下，经分流集流阀流回油箱。无论上升和下降，油液均流经分流集流阀，所以能够实现 4 个缸同步升降。

该回路系统简单经济，同步精度可达 2 ~5%，可以满足牲畜运输车的设计要求。

(2)同步液压缸同步回路

同步液压缸同步回路有串联式和并联式两种。

串联式同步液压缸回路如图 7-9 所示。图中 4 个尺寸完全相同的同步液压缸 6 串联成一体，且彼此密封。通过活塞杆 11 实现 4 个缸的活塞同步运动，因此在结构上保证从 4 个同步液压缸 6 输送到 4 个柱塞式举升缸 9 的油液流量始终相等，因而达到同步升降。图 7-10 为串联式同步液压缸结构图。

并联式同步缸同步回路与串联式区别仅在于 4 个同步缸彼此并联，如图 7-11 所示，靠液压泵的压力油推动大活塞 2，并同时驱动与大活塞 2 相连的 4 个小活塞 5 同步运动。因此，在结构上保证了从 4 个同步缸 4 输送到 4 个柱塞式举升缸的油液流量始终相等，从而达到同步升降。

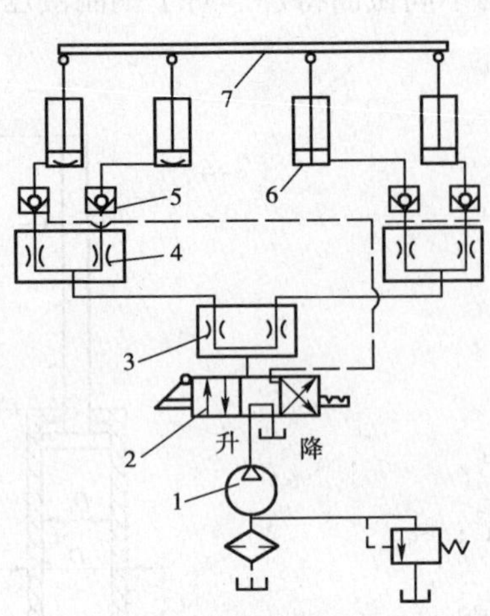

图 7-8　分流集流阀同步回路

1-液压泵；2-换向阀；3、4-分流集流阀；5-单向阀；6-举升液压缸；7-活动底板

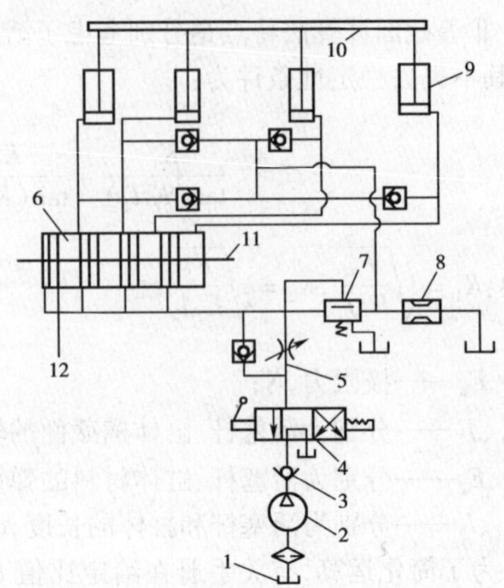

图 7-9　串联式同步液压缸同步回路

1-油箱；2-液压泵；3-单向阀；4-换向阀；5-单向可变节流阀；6-串联式同步液压缸；7-顺序阀；8-节流阀；9-举升活塞缸；10-升降活动底板；11-活塞杆；12-串联活塞

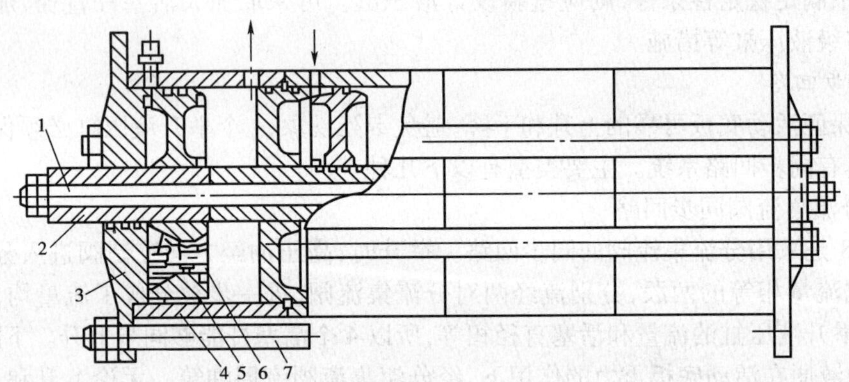

图 7-10　串联式同步液压缸结构图

1、7-螺杆；2-活塞杆；3-端盖；4-液压缸；5-活塞；6-单向阀

除此之外，常用的同步回路系统还有液压马达式同步回路、齿轮式同步分流阀同步回路等。

3. 锁止机构

当活动底板升至要求高度，仅靠液控单向阀长时间地将活动底板支撑在该位置，既不安全也不可靠。因此，必须采取定位锁止装置。活动底板锁止机构有"T"形销式和棘轮式两种。

(1)"T"形销式锁止机构

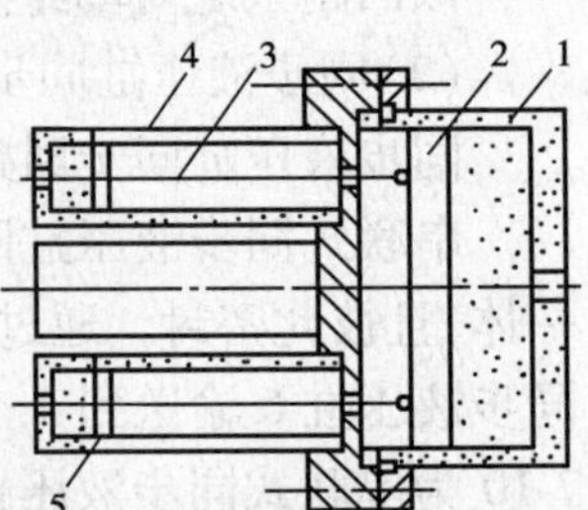

图 7-11　并联式同步液压缸

1-大油缸；2-大活塞；3-活塞杆；4-小油缸；5-小活塞

图 7-12 为活动底板"T"形销式锁止机构，"T"形销的形状如图 7-13。当活动底板升至设计高度后，用可旋转的"T"形销 7 将底板固定；当底板下落时，先稍许上升活动底板，使"T"形销卸荷，通过汽缸推杆 8、摇臂 3 推动"T"形销转动 90°，底板即可下降。橡胶块 5、6 起缓冲减振作用。

对于牲畜运输车来说,“T”形锁止销的强度关系到所载牲畜的安全,因此必须进行强度校核。如图 7-13 所示,假设每个锁止销的载荷相等,则锁止销的载荷 F 为:

$$F=\frac{1}{4}(m_{2a}+m_{2e})g \tag{7-5}$$

使用中可能出现纵向销杆的拉伸破坏和纵、横向销杆联接处的剪切破坏。因此,应分别对其进行强度校核。

(2)棘轮式自动锁止机构

棘轮式自动锁止机构主要由调节螺钉、异形棘轮、限位块、棘轮轴等组成,如图 7-14 所示。其中调节螺钉和限位块通过车厢立柱固定在汽车底盘车架上,棘轮通过棘轮轴与活动底板连接。这样,棘轮一方面可以通过棘轮轴随活动底板在液压缸的作用下垂直上升和下降;另一方面,棘轮绕棘轮轴可以左右旋转,但不能水平移动。

如图 7-15 所示,当棘轮随活动底板在液压缸的作用下举升到一定高度后,棘轮一端的斜面与调节螺钉相撞(图 7-15a))。随着液压缸的继续举升,棘轮在调节螺钉的作用下旋转了一个角度(图 7-15b))。然后液压缸下降,棘轮另一端的斜面与限位块相撞(图 7-15c)),使棘轮又转动一个角度。当棘轮的两个斜面都与限位块接触后,棘轮既不能转动,也不能向下移动,即为锁止状态(图 7-15d)),此时活动底板被固定在设计高度。

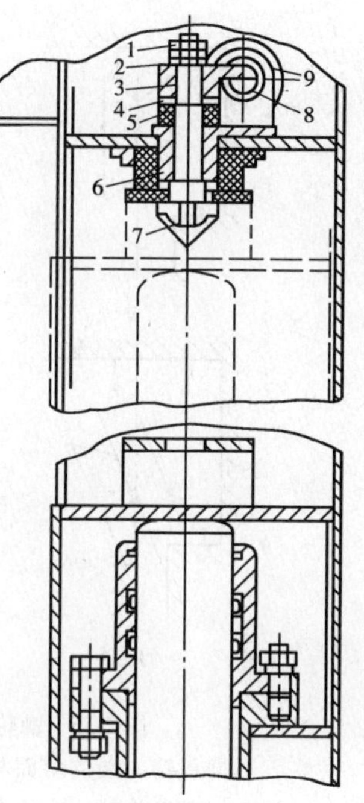

图 7-12 “T”形销式锁止机构

1-螺母;2、4-垫圈;3-摇臂;5、6-橡胶块;7-“T”形销;8-推杆;9-汽缸

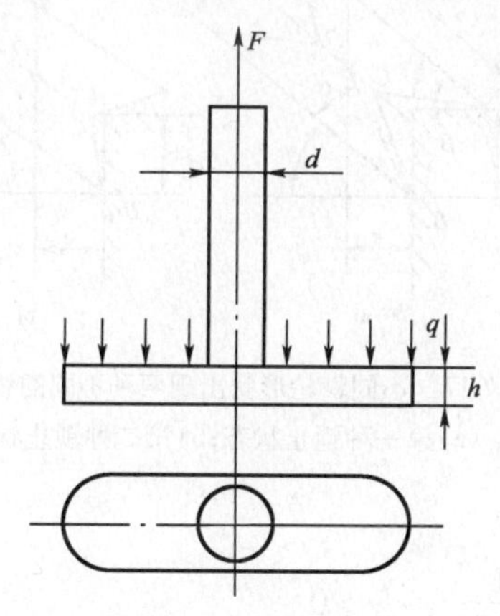

图 7-13 “T”形销受力分析图

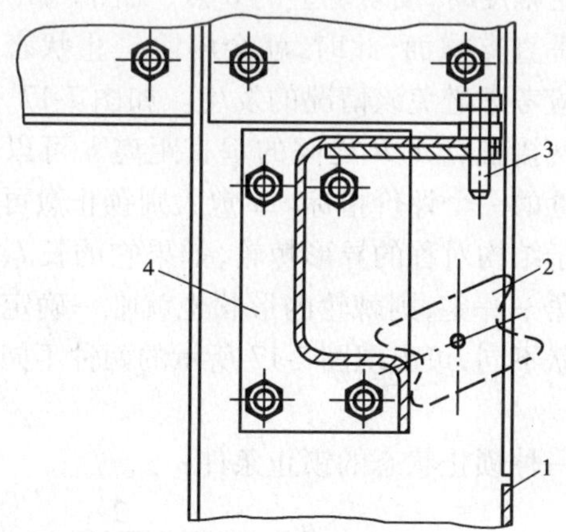

图 7-14 棘轮式自动锁止机构

1-车厢立柱;2-棘轮;3-调整螺钉;4-限位块

锁止状态解除过程如图 7-16 所示。欲使活动底板下降,先使液压油缸举升,棘轮的侧面与调节螺钉相撞(图 7-16a))。随着液压油缸继续上升,棘轮在螺钉作用下转动了一个角度(图 7-16b))。然后液压油缸下降,棘轮另一侧面与限位块相撞(图 7-16c)),并使棘轮又旋转了一个角度,直至棘轮处于垂直状态(图 7-16d))。此时,棘轮便解除锁止作用,活动底板也就可以顺利下降。

1)棘轮式自动锁止机构的锁止可靠性

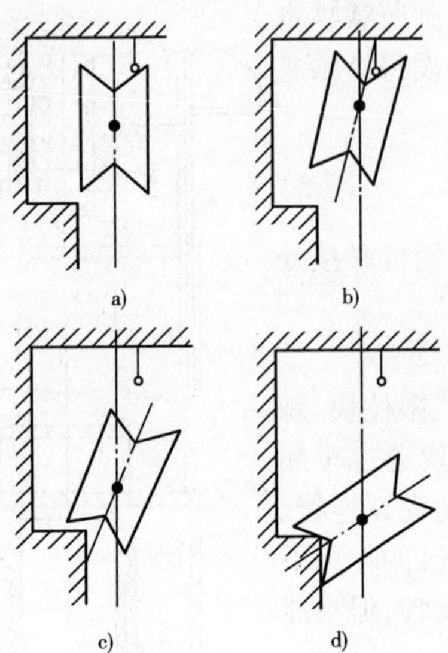

图 7-15　棘轮锁止过程

a)棘轮一端的斜面与调节螺钉相撞；b)棘轮旋转一个角度；c)棘轮又旋转一个角度；d)棘轮锁止

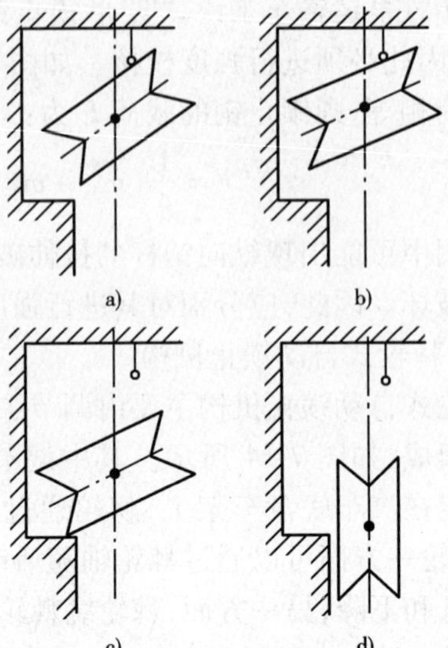

图 7-16　锁止状态解除过程

a)棘轮的侧面与调整螺钉相撞；b)棘轮转动了一个角度；c)棘轮另一侧面与限位块相撞；d)棘轮解除锁止

当牲畜运输车静止不动时，棘轮式锁止机构可以保证活动底板固定在设计的高度。而如果汽车行驶时，由于汽车的振动作用，使活动底板与汽车底盘之间可能产生相对跳动，即棘轮轴和限位块可能产生垂直方向的跳动。当跳动达到一定幅度时，使棘轮上的 B 点(见图 7-17)脱离限位块的垂直支撑面，此时，就会解除锁止状态。因此设计时应考虑避免该情况的发生。如图 7-17，棘轮与限位块两接触点 A、B 之间的垂直距离 h 可以作为锁止可靠性的一个评价指标。h 愈大则锁止愈可靠。

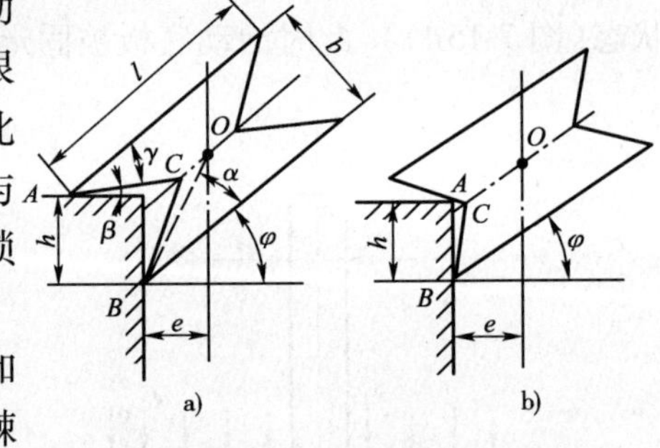

图 7-17　不同棘轮形状出现两种不同的锁止状态

a)第一种锁止状态；b)第二种锁止状态

对于结构对称的异形棘轮，如果它的长 l、宽 b 和斜面倾角 γ 一定，则棘轮的形状也就唯一确定了。棘轮的形状不同，可出现图 7-17 所示的两种不同的锁止状态。

第一种锁止状态的锁止条件：

$$\beta = \arccos\frac{2e}{\sqrt{l^2+b^2}} - \arccos\frac{1}{\sqrt{l^2+b^2}} - \gamma > 0 \tag{7-6}$$

第二种锁止状态的锁止条件：

$$\beta = \arccos\frac{2e}{\sqrt{l^2+b^2}} - \arccos\frac{1}{\sqrt{l^2+b^2}} - \gamma < 0 \tag{7-7}$$

第一种锁止状态的锁止可靠性条件：

$$h = \frac{1}{2}\sqrt{l^2+b^2}\left[\sin(\varphi+\alpha) - \sin(\varphi-\alpha)\right] \tag{7-8}$$

第二种锁止状态的锁止可靠性条件：

$$h=\left[e-\frac{1}{2}(l-b\cot\gamma)\cos\varphi\right]\tan(\alpha-\varphi)-\frac{b\sin(\gamma+\varphi)}{2\sin\gamma} \quad (7\text{-}9)$$

式中:φ——锁止状态时,棘轮侧面与水平面夹角。

设计时,为确保锁止可靠性,应使 $h>h_{\min}$,而最小值 $h_{\min}$ 根据给定条件通过试验来确定。

2)棘轮式锁止机构的受力分析

对于不同的锁止状态,棘轮受力也不同,第一种锁止状态的受力如图 7-18a)。如果忽略棘轮和限位块接触处的摩擦力,根据材料力学知识,由平衡条件可求得限位块对棘轮的支撑反力 F_1 和 F_2:

$$F_1=F=\frac{1}{4}(m_{2a}+m_{2e})g \quad (\text{N}) \quad (7\text{-}10)$$

$$F_2=F_0=F\frac{\cos(\varphi-\alpha)}{\sin(\varphi+\alpha)} \quad (\text{N}) \quad (7\text{-}11)$$

第二种锁止状态的受力如图 7-18b))。同理,由平衡方程得:

$$F_1=\frac{F}{\cos(\gamma-\varphi)} \quad (\text{N}) \quad (7\text{-}12)$$

$$F_2=-\tan(\gamma-\varphi)F+\frac{2\cos(\gamma-\varphi)+2h\sin(\gamma-\varphi)}{\sqrt{l^2+b^2}\sin(\varphi+\alpha)\cos(\gamma-\varphi)} \quad (\text{N}) \quad (7\text{-}13)$$

3)齿顶处宽度 b_0 的选择

当载荷作用于棘轮齿时,棘轮齿的应力状态类似于变截面悬臂梁,如图 7-19 所示。其任一截面上作用有压应力、剪应力和弯曲应力,并且越往齿顶处,压应力和剪应力越大。因此,为了保证足够的强度,齿顶处必须有一定的宽度(实际结构是一段弧线)。

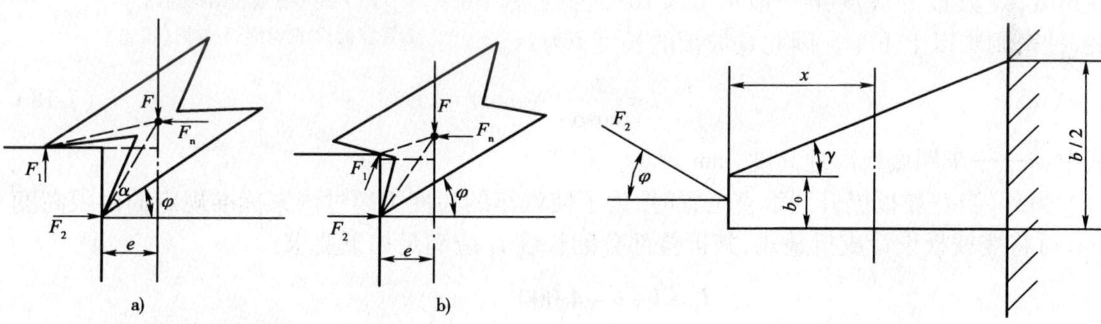

图 7-18　棘轮式锁止机构受力图

a)第一种锁止状态;b)第二种锁止状态

图 7-19　棘轮齿的受力分析

齿顶处截面内的最大剪应力 τ 和压应力 σ_y 分别为:

$$\tau=\frac{3F_2\sin\varphi}{2b_0s} \quad (\text{N/cm}^2) \quad (7\text{-}14)$$

$$\sigma_y=\frac{F_2\cos\varphi}{b_0s} \quad (\text{N/cm}^2) \quad (7\text{-}15)$$

式中:b_0——齿顶处宽度,cm;

s——棘轮厚度,cm。

任一截面的弯曲应力 σ_w 可由下式计算:

$$\sigma_w=\frac{6F_2x\sin\varphi}{s(b_0+x\tan\gamma)^2}$$

由 $d\sigma_w/dx=0$ 可求出危险截面的位置为：$x=b_0\cot\gamma$，则棘轮危险截面的弯曲应力 σ_w：

$$\sigma_w=\frac{3F_2\sin\varphi\cot\gamma}{2sb_0} \tag{7-16}$$

棘轮的强度条件即为：

$$\left.\begin{aligned}\tau&\leqslant[\tau]\\ \sigma_y&\leqslant[\sigma]\\ \sigma_w&\leqslant[\sigma]\end{aligned}\right\} \tag{7-17}$$

齿顶处宽度 b_0 的选择可根据棘轮材料的各种许用应力，由式(7-14)～式(7-17)计算而得。

四、登坡板的结构与设计

登坡板的作用是便于所拉运牲畜上下车之用。而当车辆行驶时，则通过提升机构将登坡板提升到垂直位置，作为车厢的后栏板。图7-20所示是一种机械式登坡板结构简图，其中提升机构由钢丝绳、卷筒等组成。

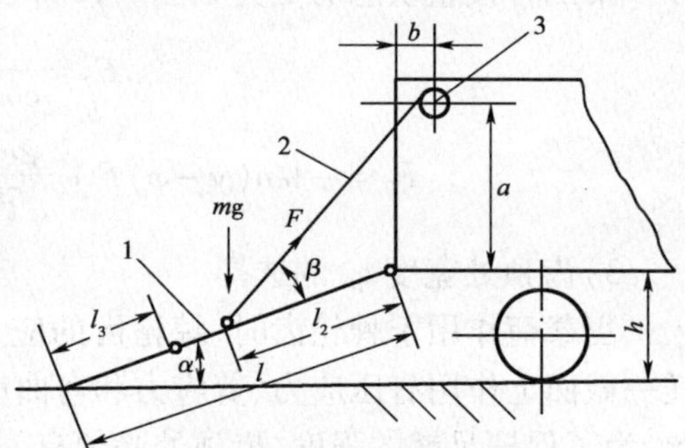

图 7-20 登坡板结构简图

1-登坡板；2-钢丝绳；3-卷筒（滑轮）

在这种登坡板结构中，主要应对登坡板的长度、钢丝绳的拉力以及登坡板提升时所需功率等进行设计。

1. 登坡板的长度

登坡板长度的选择应使登坡板具有合适的坡度角 α，登坡板的坡度角一般取 $\alpha<18°$，否则坡陡，牲畜则难以上下车。因此登坡板的长度 l 为：

$$l=\frac{h}{\cos\alpha}\quad(\mathrm{mm}) \tag{7-18}$$

式中：h——车厢底板离地高度，mm。

另外，当登坡板提升到垂直位置时，为了使汽车的高度不超过国家标准规定的极限高度4m，可将登坡板设计成折叠式，其折叠部分的长度 l_1 应满足如下要求：

$$l_1\geqslant l+h-4\ 000\quad(\mathrm{mm})$$

2. 钢丝绳的拉力

当登坡板接地端刚离开地面时，由登坡板的力矩平衡条件得：

$$m_o g\cdot\cos\alpha\cdot\frac{1}{2}-2F\sin\beta\cdot l_2=0$$

其中：

$$\beta=\arctan\frac{a+l_2\sin\alpha}{b+l_2\cos\alpha}-\alpha$$

所以每根钢丝绳的拉力 F 为：

$$F=\frac{m_o g\cdot l\cdot\cos\alpha}{4l_2\sin\beta}\quad(\mathrm{N}) \tag{7-19}$$

式中：m_o——登坡板的质量，kg；

l_2——登坡板上钢丝绳的牵引位置尺寸，mm；

a、b——卷筒相对于车厢的位置尺寸，mm。

由上式可知,长度 l_2 对钢丝绳拉力影响较大。减少绳的拉力,可减少登坡板提升时所需功率,长度 l_2 应尽可能取大值。为了不妨碍登坡板的折叠,应使 $l_2 < (l - l_1)$。

在选用钢丝绳时,应使:

$$F \leqslant F_b \cdot \frac{\eta}{n_k} \tag{7-20}$$

式中:F_b——钢丝绳破断拉力的总和 N,可在钢丝绳标准中查得;

η——钢丝绳破断拉力换算系数。一般取 $\eta = 0.8 \sim 0.9$;

n_k——安全系数,可取 $n_k = 4 \sim 5$。

3. 登坡板提升时所需功率

登坡板提升时所需功率主要与提升时钢丝绳的线速度、登坡板总提升时间及卷绕在卷筒上钢丝绳的总长度有关。设计时,可根据提升时间选择钢丝绳的线速度和卷筒的转速,然后根据所需功率选择动力装置,提升登坡板的动力装置一般为取力器,也可采用直流电动机。

登坡板提升时所需功率可用下式计算:

$$P = \frac{2F \cdot v}{1\,000\eta_o} \tag{7-21}$$

式中:η_o——提升机构的总效率;

v——提升时钢丝绳的线速度,m/s,$v = \frac{l_0}{t} \times 10^{-3}$;

t——登坡板的总提升时间,s;

l_0——提升过程结束时,绕在卷筒上的钢丝绳总长度。

$$l_0 = \sqrt{(a + l_2 \cdot \sin\alpha)^2 + (b + l_2 \cdot \cos\alpha)^2} - \sqrt{(a - l_2)^2 + b^2} \tag{7-22}$$

4. 卷筒(或滑轮)直径

在提升机构中,卷筒用来驱动和收放钢丝绳,滑轮则用来导向和支撑钢丝绳。如果动力装置(电动机或取力器)安装在车厢上部,则可不用滑轮而直接用卷筒来导向和支撑钢丝绳。

滑轮或卷筒直径越小,则钢丝绳的弯曲变形越大。为了提高钢丝绳的使用寿命,卷筒或滑轮的最小直径应满足下列条件:

$$D \geqslant (\lambda - 1) \cdot d \tag{7-23}$$

式中:D——卷筒或滑轮的名义直径,即槽底直径,mm;

d——钢丝绳直径,即绳的外圆直径,mm;

λ——系数,由钢丝绳用途和工作类型所决定,可查有关标准。一般取 $\lambda = 15 \sim 20$。

复习思考题

1. 仓栅式汽车的概念及用途。
2. 栅栏式牲畜运输车的结构特点。
3. 双层车厢牲畜运输车有几种结构形式,各自的特点有哪些?
4. 牲畜运输车的基本参数有哪些?这些基本参数的确定与哪些因素有关?

5. 双层半挂牲畜运输车液压折叠式活动底板的工作原理?

6. 液压升降式活动底板升降机构由哪几部分组成?

7. 活动底板锁止机构的种类及结构如何?

8. 棘轮式锁止机构的锁止可靠性条件是什么?

9. 登坡板长度、钢丝绳拉力如何计算?

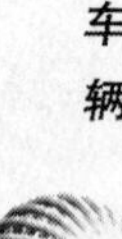

第八章　其他专用汽车

第一节　起重举升车

起重举升汽车是指装备有起重设备或可升降的作业台(斗)的专用汽车。例如在载货汽车上加装臂架式起重装置,就成为具有装卸功能的随车起重运输车;在载货汽车或其二类底盘上加设举升装置,就成为能迅速把作业人员和器材运送到作业现场,并把作业人员和器材举升到空中作业目标,投入相应作业的高空作业车。随着高空作业车作业项目和使用范围的日益扩大,已有专门设计的自走底盘高空作业车,如用于船舶和飞机制造业、市政建设以及无脚手架建筑用高空作业车等。

按照专用汽车行业标准 ZBT 59001—87《随车起重运输汽车技术条件》,起重举升汽车的类型可分为随车起重运输车、后栏板起重运输车、翼开启式栏板起重运输车、高空作业车、云梯消防车、航空食品车、路灯安装工程车、平台升降工作车、油田井架维修车、机场塔台指挥车、电缆架线张力车和电动绝缘升降维修车等。本节将针对随车起重运输车、高空作业车等几种应用较广的起重举升汽车作结构分析与设计介绍。

一、随车起重运输车

随车起重运输车是在定型载货汽车上装有随车起重机,能实现货物自行装卸的专用汽车。它既有普通载货汽车的性能,又具有起重机的功能;除完成本车厢的货物装卸之外,还能完成车厢与车厢之间的货物装卸,以及完成其他装卸工作,故近年来得到较大发展。

(一)随车起重装置的结构类型

随车起重装置的结构可分为折臂式和卷扬式两种类型,如图 8-1 所示。

折臂式随车起重机的吊臂由几节组成,各节臂用铰链连接。起重作业时,各节臂逐一伸开,以得到不同的吊臂幅度和起升高度;不工作时,各节吊臂可以折叠起来,外形尺寸很小,以减小占用的车厢面积。

卷扬式随车起重机的起升机构,具有完整的卷扬机构,结构较为复杂,体积较大,通常用于较大吨位的载货汽车上。

另外,根据驱动方式的不同,随车起重运输车还可分为液压式和机械式两类。由于液压式起重机具有结构紧凑、操作方便、质量小等优点,因此随车起重运输车几乎均装备液压起重机。

1. 随车起重装置的布置

随车起重装置的布置,应考虑汽车车架应力、轴载质量、车厢面积利用率以及货物的物

理性性质等几个方面的问题。按照起重机相对于汽车的位置,随车起重装置通常有以下 3 种布置形式:

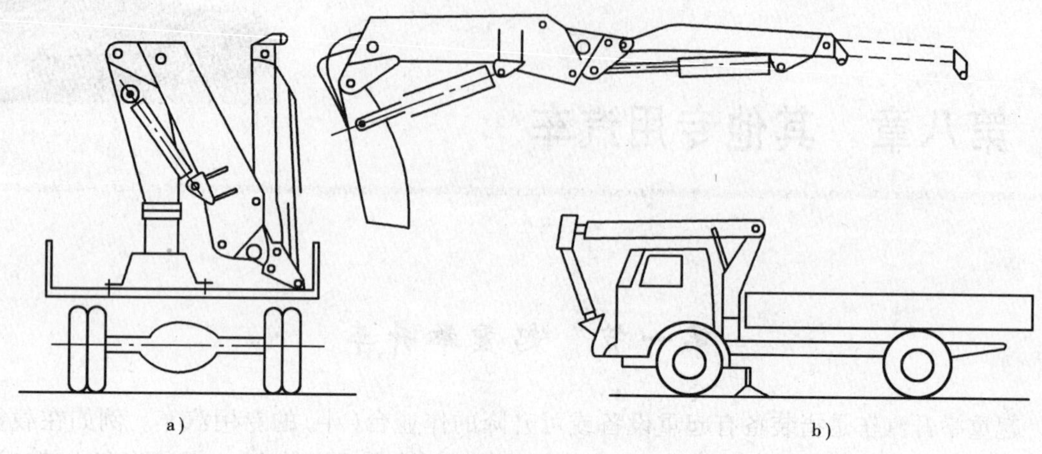

图 8-1 随车起重机的基本类型示意图

a)折臂式;b)卷扬式

(1)前置式

起重装置布置在汽车驾驶室和车厢之间,如图 8-2a)所示。这种形式多为起重能力小于 1t 的中、小型随车起重运输车,适用于装卸包装成件的货物和集装箱等。这种布置形式可充分利用货厢面积,并保证起重臂在允许的伸出长度内和相应的运动条件下,能达到车厢的所有位置。此外,因液压泵安装在汽车前部的发动机处,故从液压泵到起重机液压缸的管道较短,流动阻力小,液压传动效率比其他布置形式高,所以,多采用这种结构形式。但在进行这种车型的整车布置时,要注意防止前轴超载。

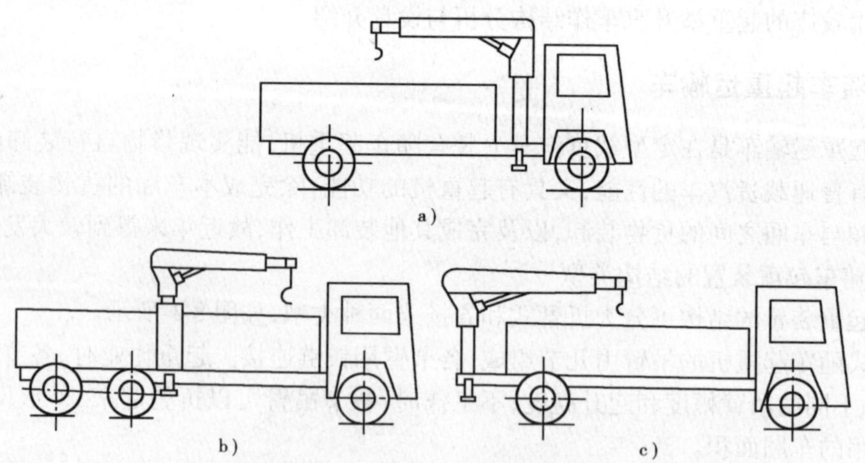

图 8-2 随车起重装置的整车布置图

a)位于驾驶室和车厢之间;b)位于汽车车厢中间;c)位于汽车车厢后部

(2)中置式

起重装置布置在汽车车厢中间,如图 8-2b)所示。这种形式多为起重能力在 1 ~ 3t 的范围内,且采用加长的大、中型汽车底盘。这种布置形式的特点是起重臂短,轴荷分配易于满足要求,基本可保持原车的质心位置,适用于装卸和运输长度整齐的管材、建筑材料、条状物件及木材等,货物沿车厢纵向安放。但由于起重机布置在车厢中部,使得车厢面积的利用率较低。

(3)后置式

起重装置布置在汽车车厢后部,如图 8-2c)所示。这种布置适用于带有挂车的随车起重运输车,其特点是车厢面积利用率高,起重臂能完成主车和挂车之间的装卸作业。但由于这种布置是将起重机安放在车辆的尾部,因此带来的不利影响是改变了原车的轴荷分配,后轴易超载,并使整车的操纵性变差。此外,主车架需作改装设计,否则在起伏不平的路面上行驶时会出现超应力。

2. 随车起重运输车的结构特点

随车起重运输车因选择的汽车底盘和对加装起重装置的要求及布置不同而有差异,但部件结构基本相同或相似。下面以前置式为例,说明随车起重运输车的主要结构特点。

根据随车起重运输车的结构特点,随车起重运输车又有卷扬式随车起重运输车、折叠臂式随车起重运输车两种。

卷扬式随车起重运输车的伸缩臂和回转机构可改变装卸高度和位置,但由于起重臂间不能折叠,吊放需由卷扬机经钢丝绳带动吊钩吊运货物。

折叠臂式随车起重运输车的起重装置通过举升液压缸、折叠臂液压缸和重物移动液压缸实现重物的举升、移位和安放,也可直接用吊钩进行吊运。

图 8-3 所示为一种折叠臂式起重机总成外形图,这种起重机无卷扬装置,起吊作业结束后,臂架可折叠成倒三角形横置于驾驶室和车厢之间。因此,折叠臂式随车起重运输车具有质心较低、行驶稳定性好等优点,有取代伸缩臂式起重机的趋势。

无论哪种形式的随车起重运输车,均由机架(汽车主车架和起重机的连接架)、起重臂、起重臂支架、回转机构、卷扬装置、液压支腿、液压缸等主要部件组成。

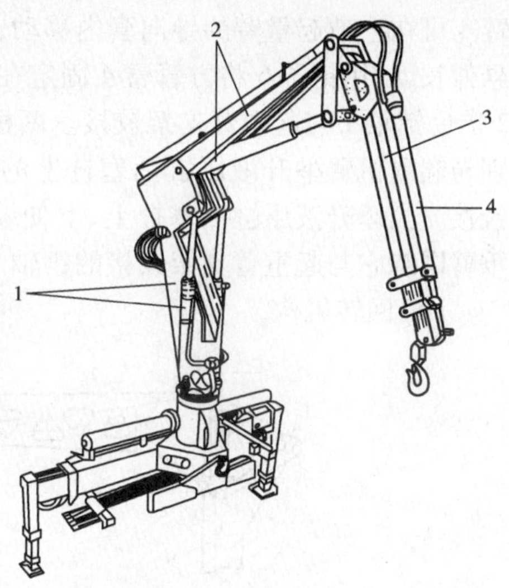

图 8-3 折叠臂式起重机总成外形图

1-主臂;2-中间臂;3-端臂;4-液压缸

(1)起重机机架

图 8-4 为一种随车起重运输车的机架,它由横梁 3 和 13、纵梁 4 和 14 等组成。机架中部设计有安装回转机构的连接螺栓孔,对称焊有托架 15 和支腿支架 10,随车起重运输车机架借助 U 形螺栓 6、垫板 5 和 7 固定在汽车主车架上。

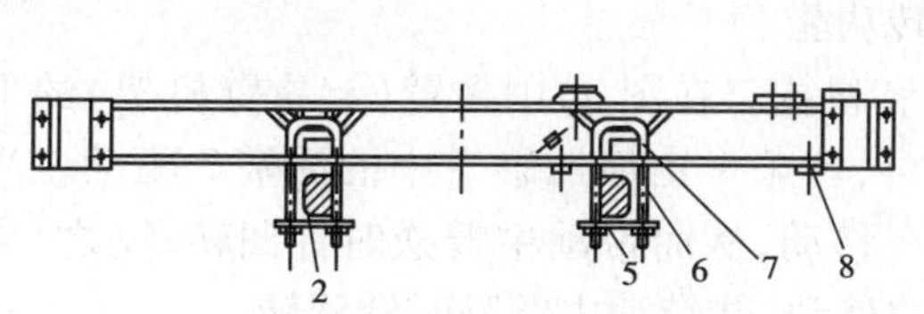

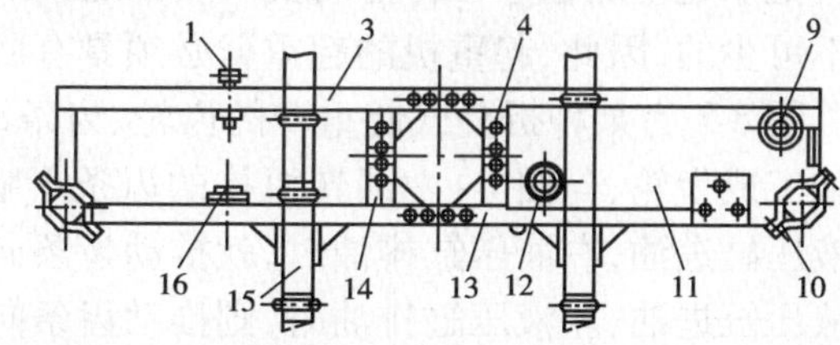

图 8-4 随车起重运输车起重机机架图

1-螺旋顶杆;2-垫木;3、13-横梁;4、14-纵梁;5、7-垫板;6-U 形螺栓;8-固定板;9-软垫;10-支腿支架;11-液压箱安放处;12-固定座;15-托架;16-缓冲垫

(2)起重臂支架

图8-5为装有单向举升液压缸的起重臂支架,悬臂1焊接在外壳10上,在活塞杆17的上端固连有铰接连杆用的支架2;起重机作业时,压力油经管接头18进入液压缸推动活塞杆上升,而活塞杆下降则由压力油卸载、自身重力、起重机臂和载荷的作用下完成。为了排除渗入液压系统内部的空气,在举升液压缸上部装有堵头7。起重臂支架19与外壳10焊接成一个整体,并借助楔块16等固定在回转机构的支柱12上。

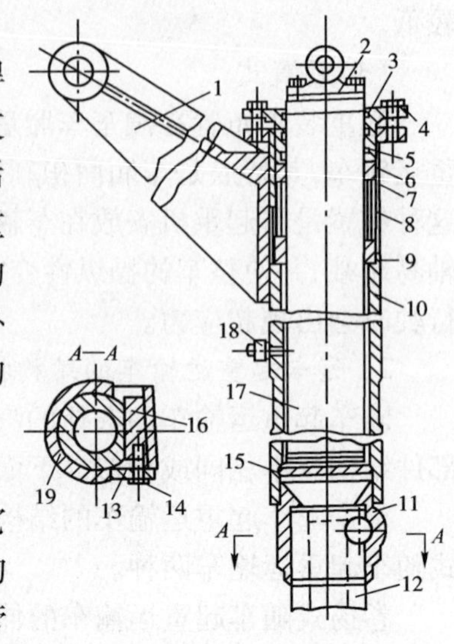

图8-5 举升液压缸的起重臂支架

1-悬臂;2-连杆支架;3-毛毡防尘圈;4-盖;5-密封圈;6、9-导向套;7-堵头,8-支撑套;10-外壳 11-托架;12-回转机构支柱;13-连接盖;14-螺钉;15-端板;16-楔块;17-活塞杆;18-管接头;19-起重臂支架

(3)起重臂

图8-6是一种随车起重运输车的起重臂的结构形式,它由剖面呈槽形的下节臂2、剖面呈箱形的上节臂3、带有吊钩的方管臂4和起重折叠液压缸7等组成。带有吊钩的方管臂4可在上节起重臂的导向套内移动,并有3个可供选择的悬伸长度,用销子6将方管臂4固定在上节臂3上。下节臂2借助销轴1与起重臂支架铰接。两根连杆8的上、下端分别与起重机臂举升液压缸活塞杆上的连杆支架和下节臂2铰接。当举升液压缸活塞杆上、下伸缩时,通过连杆8使起重臂围绕它与起重臂支架铰接的销轴1转动。

(4)回转机构

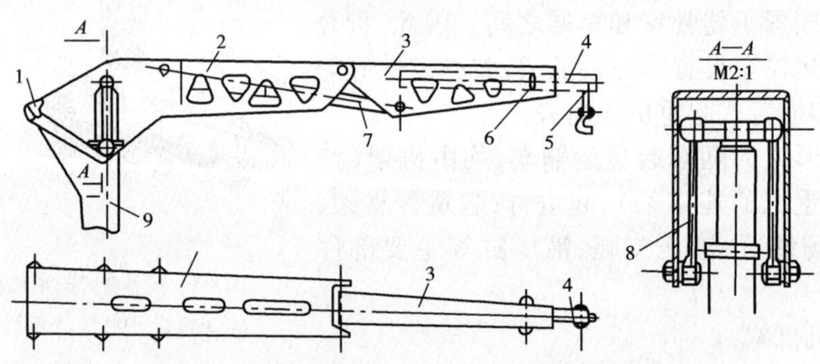

图8-6 随车起重运输车起重臂结构图

1-销轴;2-下节臂;3-上节臂;4-可伸缩方管臂;5-吊钩;6-限位固定销;7-起重臂折叠液压缸;8-连杆;9-支架

随车起重运输车在作业时要将货物送到一定范围内的任意一空间位置,故回转运动是必不可少的,因此,起重机的起重臂必须具有回转功能。

图8-7为某种折叠式起重臂的齿轮、齿条回转机构。在图a)中主臂(起重臂机架)的下端加工成齿轮,与图b)中回转机构的齿条1啮合,齿条1由液压缸3中的活塞2驱动。当左液压缸进油,右液压缸排油时,就推动齿条向右移动,从而带动主臂逆时针回转;反之,当右液压缸进油,左液压缸排油时,则推动齿条向左移动,并带动主臂顺时针回转。

另外,回转机构也可采用液压马达驱动,通过蜗轮蜗杆传动或行星齿轮传动的减速回转机构,最后驱动转盘的内齿圈实现回转。

(5)液压传动系统

液压传动系统的作用是将由取力器取出的发动机动力,通过液压泵转换成液压能,然后

经液压系统的各种装置,如液压缸、液压马达等,将液压能转换成机械能,使随车起重运输车的工作装置作业,如液压支腿的伸缩,起重臂的仰俯、伸缩、回转和折叠等。

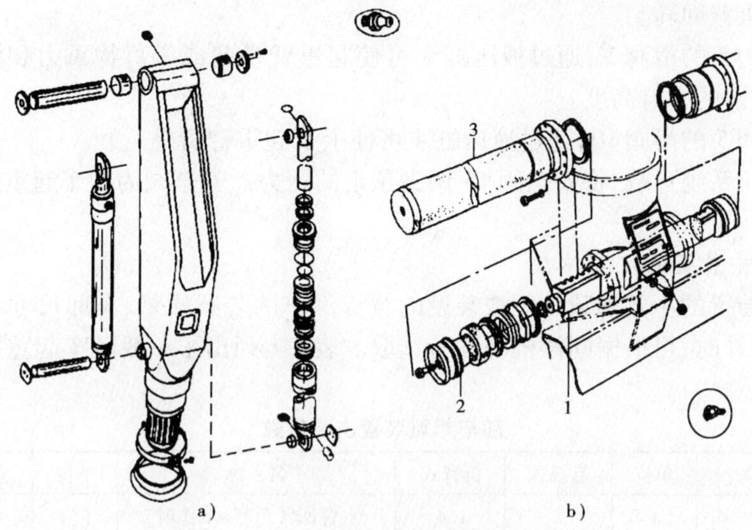

图 8-7　折叠式起重臂的回转机构

a) 主臂;b) 回转机构

1-齿条;2-活塞;3-液压缸

图 8-8 为某随车起重运输车的液压传动系统回路。工作液压油从液压泵 13 进入由溢流阀 16 和安全阀 15 串联起来的控制回路中的三位四通分配阀 14 和 5 中,I ~ V 滑阀在中立位置时,工作液压油打开溢流阀 16、经漏斗式滤清器 10 流回液压油箱 11。

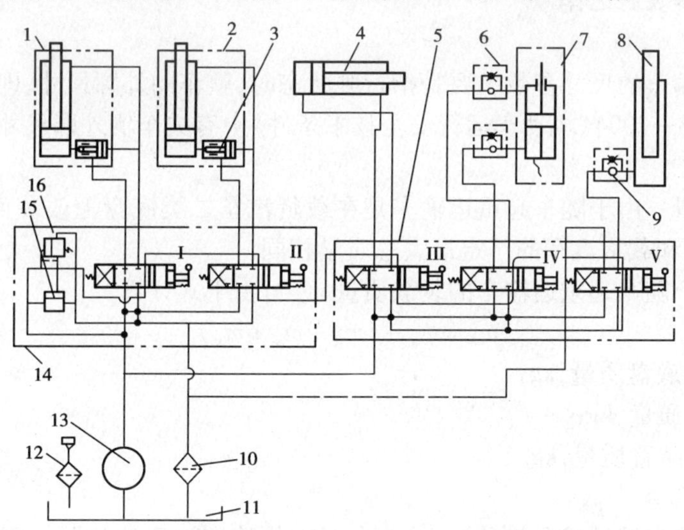

图 8-8　随车起重运输车液压传动系统

1、2、4、8-液压缸;3-液压锁;5、14-分配阀;6、9-流量控制阀;7-回转机构;10、12-滤清器;11-油箱;13-液压泵;15-安全阀;16-溢流阀;I、II、III、IV、V-方向控制阀(滑阀)

操作分配阀 14 的滑阀 I 和 II,工作液压油进入液压缸 1 和 2 相应的腔内,控制伸出的支腿升起或落下。当随车起重运输车进行起吊作业时,伸出的支腿必须停止在原来支承的位置上。为了工作可靠,在伸出支腿液压缸 1、2 顶部装有液压锁 3,用来关闭高压腔中工作液压油的出口。

操纵分配阀 5 的滑阀 IV，工作液压油进入回转机构 7 的液压缸相应腔内，驱动随车起重运输车的起重臂回转。

操纵分配阀 5 的滑阀 V，通过液压缸 8 可使起重臂举起或靠货物重力和活塞杆的自重落下，或保持一定的举升高度。

操纵分配阀 5 的滑阀 III，通过液压缸 4 可使上节起重臂折叠。

为预防液压系统过载，将安全阀 15 调到预定的压力。安全阀为随车起重运输车起吊质量的限制器。

3. 随车起重装置的主要参数

随车起重装置的主要参数与所被装设的载货汽车的装载质量、车厢尺寸和所装卸货物的种类有关，设计时，可根据同样机型参考选取。表 8-1 列出了一般随车起重装置的主要技术参数。

随车起重装置主要参数 表 8-1

名　称	单位	卷扬式	折臂式	名　称	单位	卷扬式	折臂式
最大起重量	t	2	1.4	主臂回转角度(工作时)	(°)		<210
最大起重力矩	t·m	6.1	2.5	自重	t	1.0	0.8
最大起重高度	m	4.62	5.8	装置后汽车外型尺寸：			
最大幅度	m		4.0	长(行驶状态)	m	7.0	7.0
最大幅度时起重量	kg		600	宽	m	2.5	2.5
				高	m	2.8	2.7

(二)随车起重运输车的整车总体设计

1. 整车基本参数的选择

(1)尺寸参数

随车起重运输车的尺寸参数主要是指行驶状态时，整车的外廓尺寸，即车辆的长、宽、高必须符合 GB 7258—2004《机动车运行安全技术条件》中有关车辆外廓尺寸限制的规定。

(2)质量参数

①最大总质量。由于随车起重运输车是在载货汽车二类底盘上改装而成，因而其厂定最大总质量 m_a 应和载货汽车的厂定最大总质量相同。

②装载质量。随车起重运输车的装载质量 m_e 可由下式计算：

$$m_e = m_a - (m_d + m_x + m_k) \tag{8-1}$$

式中：m_d——二类底盘质量，kg；

m_x——车厢质量，kg；

m_k——起重装置质量，kg。

2. 轴载质量分配

随车起重运输车的轴载质量分配，是总布置时须特别注意的问题。要求改装后的整车轴载质量分配应与原货车基本相同。下面以前置式随车起重运输车为例进行说明。

前置式起重运输车为了将起重装置安放在驾驶室和车厢之间，需把原货车的车厢前部截短 450 ~500mm。

由于车厢的缩短和起重装置的布置，整车的轴载质量发生了变化；另外，当起重臂在不同工况位置时，其轴载质量也会有所不同。因此，轴载质量的分配要根据车辆行驶状态下起重臂所处的位置来计算。计算时，应分别从起重臂处于驾驶室上方、起重臂处于驾驶室后围和车厢之间时，空载和满载几种情况进行；在布置时要特别注意防止前轴载质量超载。

（三）起重装置的参数选择与设计

1. 参数选择

起重装置的参数，决定了起重举升汽车的工作特性，其选择应根据使用要求和实际生产条件确定，并且要考虑相关的标准和规定。起重装置的主要参数有：

（1）起重量

起重量是指起重臂在一定长度和幅度下，保证起重举升汽车的起重稳定性的最大起升质量。在起重臂最短和幅度最小时，其最大起重量称为标定起重量。

（2）起升高度

起升高度是指从地面到吊钩钩环中心极限位置的距离。起升高度也随臂长和幅度而变化，通常以最大起升高度表示。

（3）幅度

幅度是指起重臂前端吊钩钩环中心到起重装置立柱转台回转中心线间的距离。随车起重运输车不移位时的工作范围，由最大幅度和最小幅度决定。

（4）工作速度

起重装置的工作速度，应根据工作要求确定，主要包含以下内容：

①起升速度。货物起升速度与起升重量和起升高度有关。对起吊小吨位货物时，可采用较高的起升速度。但要考虑起升高度不大时，起动和制动过程所占的比例相对较大，过分地提高起升速度将增加动载荷，反而达不到提高工作效率的目的。一般可取起升速度为0.3m/s 左右。

②回转速度。立柱的回转速度受旋转起动或制动时切向惯性力的限制。在 10m 左右的幅度内，回转速度不应超过 3.0r/min。回转速度过高，货物在切线方向的摆动大，对作业效率反而产生不利的影响。一般可取回转速度为 2.5r/min。

③变幅速度。对于折叠臂式，起重臂变幅速度是指起重臂在变幅液压缸作用下，其角度的改变速度，一般小于 12°/s。对于伸缩臂式，起重臂变幅速度是指起重臂在水平方向的直线运动速度，可参照起升速度选取。

④支腿伸缩速度。支腿的伸缩速度均用时间来表示，伸腿时间一般为 15 ~ 20s，缩腿时间为伸腿时间的 1/2。

2. 起重装置主要机构的设计计算

起重车液压起重装置通常由支腿、回转、变幅和起升等机构组成。由于随车起重装置的回转、变幅和起升运动是由起重机总成中相应机构来实现的，所以，一般只是作选型和进行总布置。而支腿机构，除保证正常的起吊作业外，还对整车稳定性有很大影响，因而在这里，重点介绍支腿的设计计算。

（1）支腿形式选取

起重装置工作时，起重运输车的车架将承受一个较大的附加集中载荷，为了保证车架不受损坏及提高起重装置的起重能力，起重装置必须设置支腿，并应工作可靠，伸缩方便。

通常采用 H 形支腿，即每个支腿各有一个水平伸缩油缸和一个垂直支撑油缸，工作时支腿外伸后呈 H 形（图 8-9a）），行驶时收回。为保证收回时不超宽，外伸时有足够的距离，可将左右支腿的水平油缸错开安放（图 8-9b））。

支腿必须与起重装置的横梁牢固连接，以保证支腿结构体系的稳定。

(2)支腿跨距的确定

起重车通常只有两个支腿,故只需确定横向跨距。确定的原则是起重装置在臂架强度允许的起重量范围内工作时,起重车的稳定性要达到规定的要求。跨距大虽然有利于起重工况的稳定性,但过大的稳定性是不必要的,有时甚至是有害的。因为超载时,过大的稳定性使操作人员感觉不到超载的危险,当无自动报警装置时,有可能使臂架损坏。

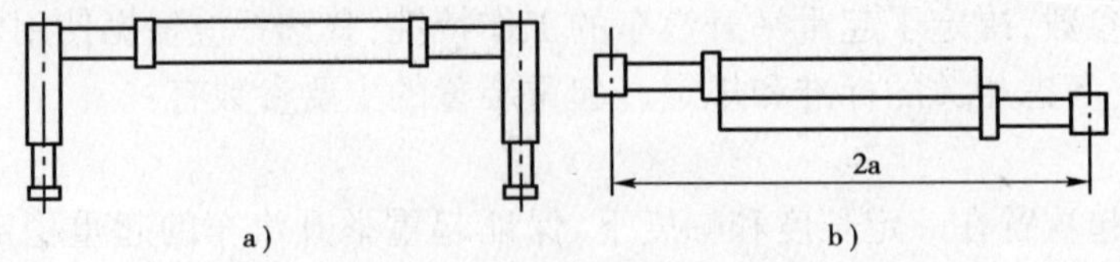

图 8-9　H 形支腿的油缸布置

a)支腿外伸后呈 H 形;b)水平油缸错开安放

支腿横向外伸跨距的最小值是要保证起重臂在侧向工作时整车的稳定性,即最大起重量和其他各重力对该侧支腿中心作用的倾覆力矩和稳定力矩处于平衡状态(图 8-10)。跨距可由下式初选:

$$a = \frac{l_{k1} m_{k1} + RQK}{m_0 + m_{k1} + QK} \tag{8-2}$$

式中:a——支腿与立柱中心距离,m;

m_0——不包括起重臂质量的整车整备质量,kg;

K——动载系数,可取 $K = 1.2$;

l_{k1}——起重臂质心至立柱中心的距离,m;

R——起重装置的工作幅度,m;

m_{k1}——起重臂质量,kg;

Q——起重质量,kg。

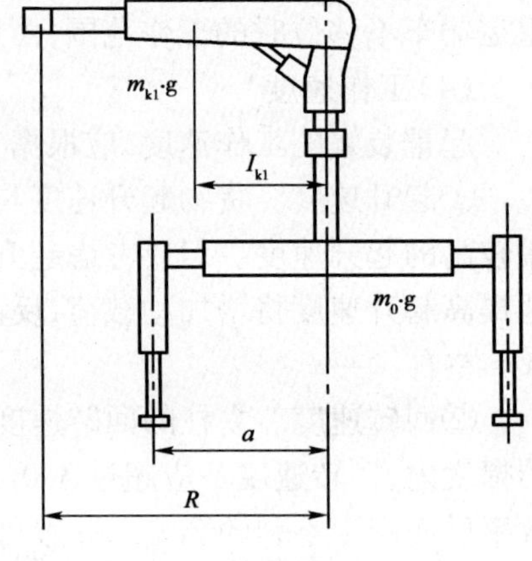

图 8-10　支腿跨距的确定

(3)支腿压力计算和垂直支撑缸缸径选取

按最危险工况进行考虑,即汽车的大部分轮胎被支撑油缸顶起,整车成为 3 点支撑状态。若每个支腿上的压力按均布载荷考虑,则有:

$$F_z = \frac{G}{3} \tag{8-3}$$

式中:F_z——单个支腿所承受的载荷,kN;

G——整车满载时的重力,kN。

根据 F_z 和液压系统工作压力 P(可按中高压系统选 $P = 8 \sim 16$MPa),即可确定支撑油缸缸径。

(四)随车起重运输车的稳定性校核

起重车的稳定性校核包括工作稳定性校核和静态稳定性校核,均根据在极限工况下不发生倾覆的原则进行考虑。即起重臂在侧向工作时的横向稳定性和起重臂在正前、后方工作时的纵向稳定性。从理论上说,稳定性条件可由作用在翻倾支点两侧的倾覆力矩和回复力矩的平衡推出,但实际上还受地形、风载荷和惯性载荷的影响,并要考虑适当的安全系数。

根据 ZB/T 59001—87《随车起重运输汽车技术条件》的规定,在作稳定性校核时,按下列要求选择载荷参数进行计算。

1. 工作稳定性校核

产生稳定力矩的载荷：空载时整车所受重力 G_0。

产生倾覆力矩的载荷：

①起升质量 Q 产生的重力 W_Q，按最大起升质量的 1.2 倍计算；

②惯性载荷 F_H，取回转水平惯性力和变幅惯性力对倾覆影响较大者；

③风力载荷 F_w，按风压 $q = 125\text{N/m}^2$ 计算。

2. 静态稳定性校核

产生稳定力矩的载荷：空载时整车所受重力 G_0。

产生倾覆力矩的载荷：起升质量 Q 产生的重力 W_Q，按 $1.25W_Q + 0.1F$ 计算，其中 F 为起重臂折叠架头部的质量引起的载荷，不计风载。

稳定性计算应以起重机处在最不利的位置时考虑。此外，对稳定性有影响的所有载荷，如自重、附属装置等，其大小和位置都应该按最不利状态考虑。

随车起重运输车的倾覆线根据设计情况确定。所谓倾覆线是指支撑中心的连线（应考虑其柔性支撑面），图 8-11 所表明的倾覆线可供设计时参考。

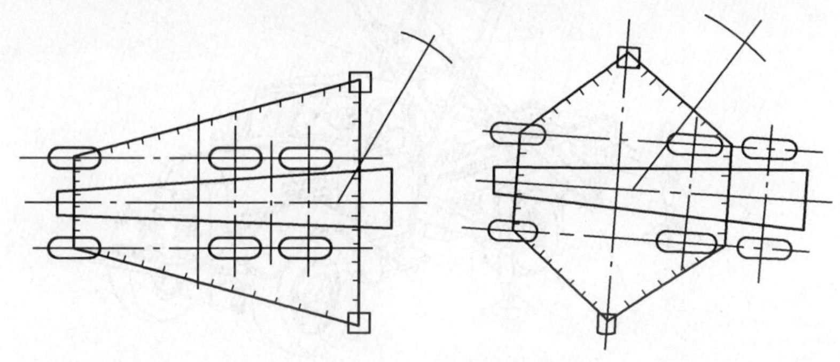

图 8-11 随车起重运输车的倾覆线

在分析了整车的稳定力矩和倾覆力矩之后，可按前面确定轴载质量或支腿跨距的方法进行计算。若在上述两种状态的计算中，稳定力矩大于或等于倾覆力矩，则整车稳定；否则，应对整车布置作重新设计。

二、高空作业车

高空作业车是运送工作人员和器材到达指定高度进行空间立体作业的专用汽车，是汽车起重机、叉车、挖掘机的变型发展。汽车起重机、叉车、挖掘机的工作对象是物，而高空作业车的工作对象是人。所以，高空作业车必须围绕人这一主体，来完善相应的举升机构和可靠的安全保护措施。

高空作业车一般装设在汽车通用底盘或专用底盘上。选装通用汽车底盘，具有转移迅速，机动灵活，适合于线长点多，作业场所不固定的场合；选装专用底盘，可以有针对性地选择车辆的外形尺寸和工作性能，适合于活动范围较小和针对性较强的场合。

高空作业车广泛应用于市政建设、消防救护、建筑装饰、电力电信、摄影广告、铁路船舶、石油化工、航空航天等国民经济的众多领域。

（一）高空作业车的结构

高空作业车按其升降机构的形式分为伸缩臂式（直臂式）、折叠臂式（曲臂式）、垂直升降式和混合臂式等4种基本形式。图8-12所示为一典型的垂直升降式高空作业车的外形结构。图8-13所示为一典型的折叠臂式高空作业车的外形结构图。

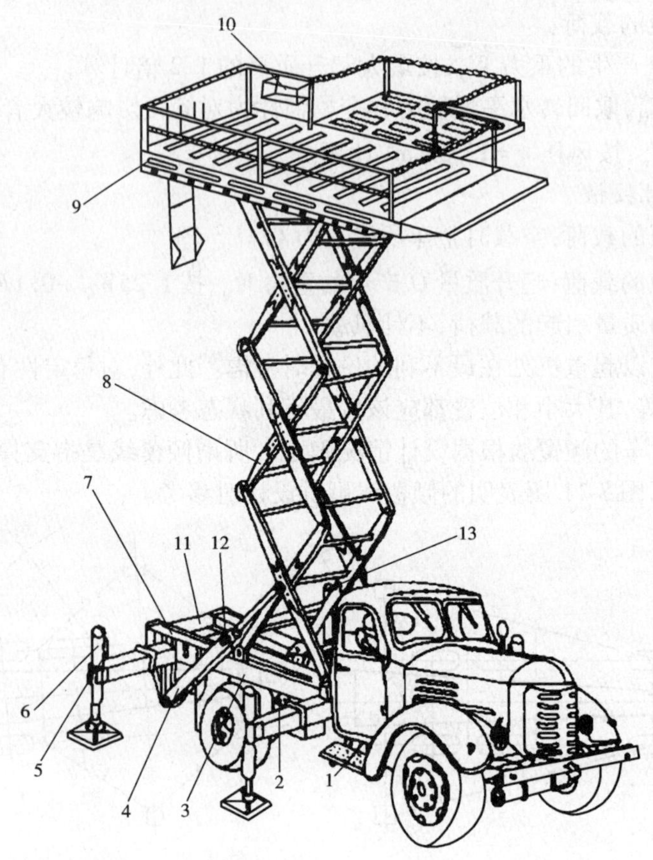

图8-12 垂直升降式(剪叉式)高空作业车外形图

1-取力装置;2-下车操纵阀;3-副车架;4-举升液压缸;5-支腿锁;6-支腿液压缸;7-滑道;8-叉架;9-工作平台;10-台上操纵阀;11-液压油箱;12-平衡阀;13-液压系统

高空作业车除底盘部分外,为实现其高空作业功能,还有动力传动装置、工作装置、安全装置及液压系统等。

1. *动力传动装置*

动力传动装置包括高空作业车各工作装置的动力传动部分。在规定的载荷范围内,不论载荷大小,要求动力传动装置具有稳定的工作转速;同时,在同一作业循环内,工作装置的回转机构、举升机构等必须正向和逆向运动交替进行,因此要求其能适应运动方向的不断改变。在作业过程中,各工作装置的工作速度应能随作业进度及时调整,且调速范围大;举升机构需要有很低的微动速度。动力传动有以下几种形式。

(1)内燃机—机械传动

这种传动方式仅在用途单一的高空作业车上使用,如用于电力设施维修的垂直升降式高空作业车多采用这种形式。动力源为汽车发动机,动力经变速器传出后,还要经分动器、离合器、减速器、卷扬机、滑轮以及钢丝绳等传递到工作装置,传动路线长,结构较复杂。

(2)电力—机械传动

这种传动方式是利用外接电源或车载电源(蓄电池),通过电动机将电能转变成机械能，再经机械传动装置将动力传递到各工作装置。由于电动机具有可逆转性和在较大转速范围内实现无级调速等特点，并且各机构可由独立的电机驱动，简化了传动和操纵机构，而且噪声小、污染少，适用于在外接电源方便或流动性不大的场地作业。

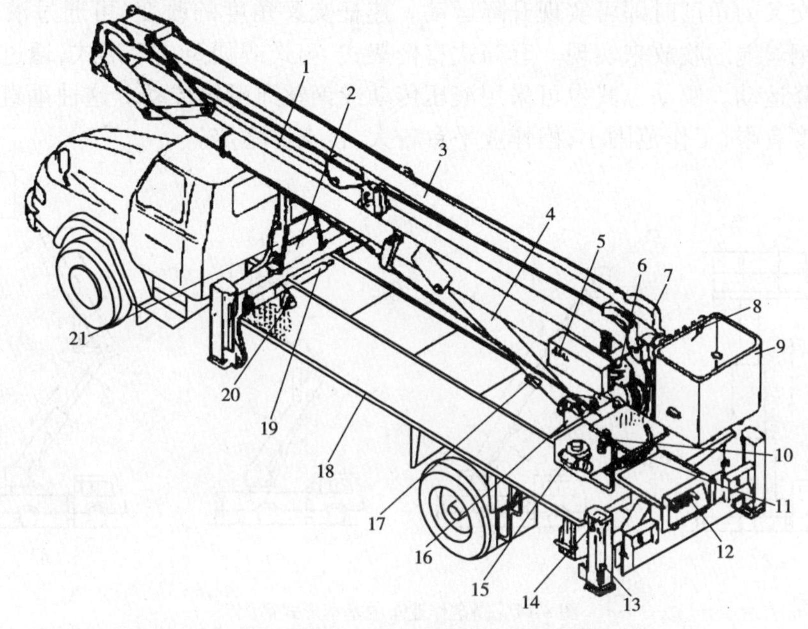

图 8-13　折叠臂式高空作业车外形图

1-臂液压缸；2-液压油箱；3-工作臂；4-变幅液压缸；5-斗下操纵阀；6-液压系统；7-工作平台平衡机构；8-斗上操纵阀；9-工作平台；10-中心回转接头；11-回转支撑；12-下车操纵阀；13、14-支腿锁；15-回转减速器；16-转台；17-平衡阀；18-走台；19-支腿水平液压缸；20-取力装置；21-支撑架

(3)内燃机—电力传动

这种传动方式是利用车载发电机将汽车发动机的动能转变为电能来驱动电动机工作，然后带动各工作装置运转。其优点是利用直流电动机的优良工作特性，使高空作业车获得较好的作业性能。但这套传动装置质量较大，价格昂贵。

(4)内燃机—液压传动

大部分高空作业车都采用这种传动方式，它可充分利用液压传动的优点，简化传动结构，并且易于实现无级调速和运动方向的变换，传动平稳、操作简单、方便、省力、能防止过载。

2. 工作装置

高空作业车的工作装置包括支腿机构、举升机构、回转机构、作业平台及其调平机构等。

(1)支腿机构

支腿是大多数高空作业车所必备的工作装置，目前均采用液压支腿。这类装置是利用从汽车发动机取出的动力来驱动液压泵，通过控制阀把液压泵产生的液压油供给液压支腿的工作缸，实现支腿伸缩。在作业车的两侧，一般备有操纵杆，可使前、后、左、右4个液压支腿单独地伸出或缩回，所以即使在不平整或倾斜的地面上，也能把车体调整到水平状态安全作业。

(2)举升机构

举升机构的作用是实现作业平台的升降和变幅，其基本形式有垂直升降式、伸缩臂式、折叠臂式和混合臂式4种。

垂直升降式举升机构按传动方式,可分为液压传动和机械传动;按其结构形式可分为剪叉式(如图8-12)和套筒式(如图8-14a)。剪叉式交叉布置,铰接成剪刀形的连杆框架结构。当改变连杆交叉的角度时即可实现升降运动。连杆交叉角度的改变,可通过液压油缸活塞杆的伸缩或钢丝绳的收放来实现。套筒式有桁架式、箱式或圆筒式等形式,通过多节套筒的伸缩完成升降运动。驱动方式也可采用液压传动或钢丝绳滑轮传动。这种垂直升降式举升机构作业高度有限,工作范围小,但作业平台较大,且支撑稳定。

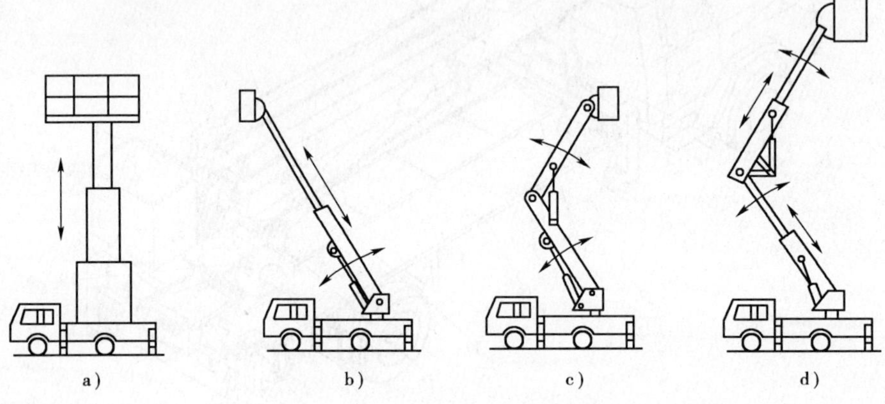

图8-14　高空作业车的基本形式简图

a)垂直升降式(套筒式);b)伸缩臂式;c)折叠臂式;d)混合臂式

伸缩臂式(直臂式)、折叠臂式(曲臂式)、伸缩和折叠混合组成的混合臂式3种形式一般统称为动臂式举升机构,这是目前高空作业车的主要举升机构形式。

①伸缩臂式。举升机构由多节套装、可伸缩的箱形臂构成,如图8-14b)所示。它包括基本臂和伸缩臂两部分。伸缩臂可为一节或多节,各节间装有液压缸。液压缸工作时,各节臂在液压缸活塞杆的推动下可沿导向元件(滑块)上、下滑动,从而改变臂架的长度。整个臂架系统支撑在液压缸底部的铰支座和变幅液压缸的两端。通过变幅液压缸活塞杆的伸缩实现臂架摆动,从而达到变幅与升降的目的。这种形式的臂架其最大作业高度可达60~80m。

②折叠臂式。举升机构由多节箱形臂折叠而成,如图8-14c)所示。这种形式一般采用2~3节折叠臂组成。折叠的方式可分为上折式和下折式两种,各节臂的折叠和展开运动由各节间液压缸完成。这种形式的举升机构可完成一定高度和幅度的作业,另外,下折式还可完成地平面以下的空间作业,如立交桥下桥梁的维修与装饰。

③混合臂式。举升机构由折叠臂式和伸缩臂式混合组成,如图8-14d)所示。这种形式结合了上述两种举升机构的优点,因此,扩大了作业的高度和幅度,并具有较强的越障能力。这类高空作业车一般设有上、下两个工作臂,其中一个工作臂可设置几节伸缩臂,亦可两臂同时设置几节伸缩臂。作业时利用上、下两臂伸距的组合,使这种形式的举升机构具有更大的作业空间。

(3)回转机构

高空作业车通常采用全回转式回转机构,正、反回转方向可根据作业需要进行选择。一般由液压马达带动具有减速作用的机械回转装置旋转。回转机构的回转部分和作业平台均安装在回转支撑即转台上。图8-15为某种转台的局部结构图,驱动装置(即液压马达和减速器)固定在转台5上,其下端装有驱动齿轮4。回转支撑由转台和与车架固定连接的内齿圈座2组成。当驱动装置转动时，经齿轮4与固定齿圈2啮合，齿轮4沿齿圈2转动，带动转台5回转。在转台5与固定内齿圈座2之间装有滚球或滚柱，以减少转台5的摩擦阻力。

回转机构的机械传动形式有蜗杆蜗轮传动、摆线针轮传动或行星齿轮传动等。

(4)作业平台及调平机构

举升机构的端部连接作业平台，它是用于载人或器材的基本构件。为了保证作业人员安全工作和防止器材掉落，对作业平台的结构和性能提出了明确的要求。如平台的护栏高度、平台宽度、平台的防滑表面、平台上的安全带及短索的结点等。

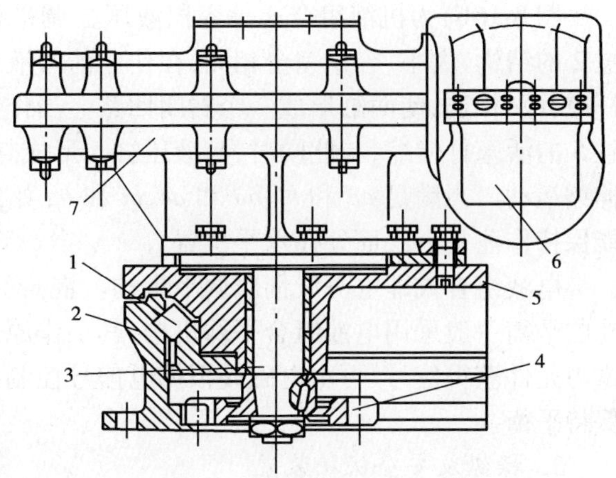

图8-15 转台的局部支撑结构图

1-滚子；2-固定内齿圈座；3-轴；4-主动齿轮；5-转台；6-液压马达；7-减速器

为了使作业平台的底平面在作业过程中始终保持水平，高空作业车上装有使作业平台保持水平的自动调平机构，其形式主要有以下3种：

①机械式。有四杆机构、钢丝绳机构、钢丝绳与链轮机构和锥齿轮机构。

②机液组合式。即机械与静压液压缸组合机构。

③电液组合式。即电—液伺服机构。

重力(自重)式调平机构，其原理是将作业臂的顶端与作业平台质心铅垂线上的一点铰接，这样使工作臂无论作什么运动，作业平台始终处于铅垂状态，其底平面能保持水平位置。但是这种机构在举升过程中由于惯性力的作用及作业人员的质心不能与作业平台的质心完全重合，使作业平台出现偏移和偏摆，减少了安全感，这种机构已很少被采用。

图8-16a)为平行四杆调平机构，是常采用的机械式机构。其原理是当上、下折臂同时或分别作起伏运动时，两套四杆机构中的连杆 ab、cd、ef 始终保持平行，使与连杆 ef 相铰接的作业平台的底面在举升过程中总处于水平状态。

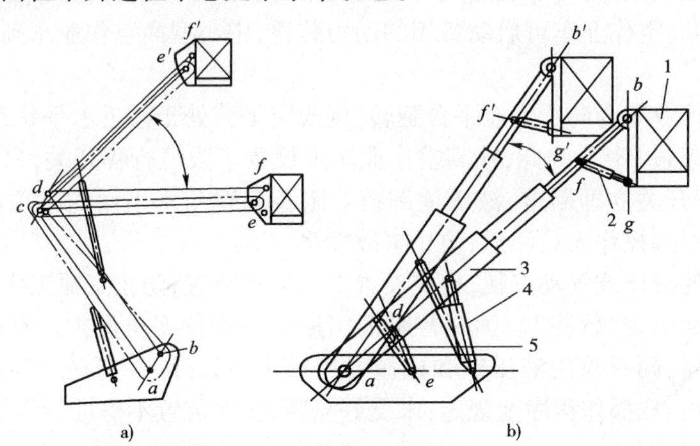

图8-16 作业平台的调平机构

a)四杆调平机构；b)等容积液压缸调平机构

1-作业平台；2-副调液压缸；3-伸缩臂；4-伸缩起伏液压缸；5-主调液压缸

图 8-16b)为机液组合式等容积液压缸调平机构。其原理是主调液压缸 5 与副调液压缸 2 的结构、大小、容积完全相同,在作业前两液压缸充满压力油,且两液压缸的有杆腔和无杆腔分别相连,使两缸形成一个封闭回路。当作业臂受变幅液压缸作用时,会带动主调液压缸 5 的活塞杆伸缩,与此同时,与液压缸 5 形成封闭回路的液压缸 2 的活塞杆则产生相应的伸缩运动。当满足 *ad* 和 *bf*、*ad* 和 *ae*、*bf* 和 *bg* 始终相等时,无论作业臂处于何种状态,则都能保持作业平台底面处在水平位置。

电液组合式即电—液伺服调平机构。混合臂式(伸缩臂 + 折叠臂)高空作业车的工作斗的平衡一般采用电液组合平衡机构,其工作原理是在作业臂的顶端与作业平台之间,通过重力元件获得信号、再由电磁阀根据电信号控制液压油缸、液压马达工作,使作业平台自动保持平衡。

3. 操纵及安全保护装置

高空作业车一般要求配备上(作业平台)、下(操作台)两套操作控制装置,而且上、下操作应具有同样的功能。目前大都采用电开关控制电磁阀实现上、下操作,除此之外还有采用液控操纵的。高空作业车所有的方向控制,都应使其操作方向和运动方向一致。当松开控制手柄时,运动件应能自动回位或处在中立位置,并且不能因振动等原因而离开原位。

为了防止液压升降的作业平台因作业中出现故障而自由下沉,必须在液压系统中设置安全装置。一般可采用平衡阀作为液压缸的锁定与下降超速保护装置,并选用具有节流功能的电磁阀进行相应的控制。

对于采用电力—机械升降的作业平台,应配有防止因电路或动力传动故障而引起的作业平台自由下降的安全装置。对于靠单独提升钢丝绳或链传动实现作业平台升降的系统,应有断绳安全保护装置,防止平台的自由下降。

高空作业车应配备紧急停止装置,并且要求安装在操作者的应急位置。当发生误操作时,该装置应能有效地排除由此而产生的故障和危险,保护高空作业车和各机构的安全。在公路上进行作业的高空作业车,若车上的动力传动装置出现故障,而作业人员又因在高空作业平台上无法排除该故障,可能发生阻碍道路交通的事故。因此,高空作业车必须设置辅助下降装置,如大型高空作业车可启动备用的动力装置,中小型高空作业车则采用手动泵人工辅助下降。

折叠式高空作业车为防止作业平台翻转,则规定下臂处于接近水平状态时,上臂与水平面的夹角不允许超过 78°。为此,在高空作业车上设置了限位行程开关,只要发生超过上述规定的情况,行程开关立即断电,液压油卸荷。阻止上臂与水平面的夹角超过规定值。同时,蜂鸣器报警,提醒操作人员注意,防止事故发生。

高空作业车的液压或气动支腿,也应设置安全保护装置,防止支腿工作时液压或气动管路发生泄漏故障而出现“软腿”。国内普遍采用液压锁进行安全保护。有些作业车为了保证支腿的支撑可靠,同时采用液压锁和机械插销锁定。另外,各支腿之间还应设有互锁装置,确保安全作业。在操作程序上规定:未支好支腿,工作装置不得进行作业;而当进行高空作业时,支腿不得收回。

4. 液压传动系统

现代高空作业车的工作装置均采用液压传动和电液操纵,使之具有无级调速、动作平稳、安全可靠等特点。工作装置如支腿的收放、举升机构的升降、转台的回转等可通过液压传动系统来实现。汽车发动机将动力通过取力器传递给液压泵,液压泵输出具有一定压力的液压油经过纸滤清器后进入工作回路,各工作装置均由电磁换向阀和调速阀控制。不工作时,液压油通过卸荷回路直接回到油箱。

(二)高空作业车的主要性能指标

高空作业车的主要性能指标包括:作业高度、作业幅度、作业速度和作业平台的装载质量等。

1. 作业高度

作业高度是指高空作业车的作业平台底面离地高度与作业人员手臂所能达到的平均高度之和。通常把作业高度分为最大作业高度 H_{max} 和最大作业幅度时的作业高度 H,见图8-17。

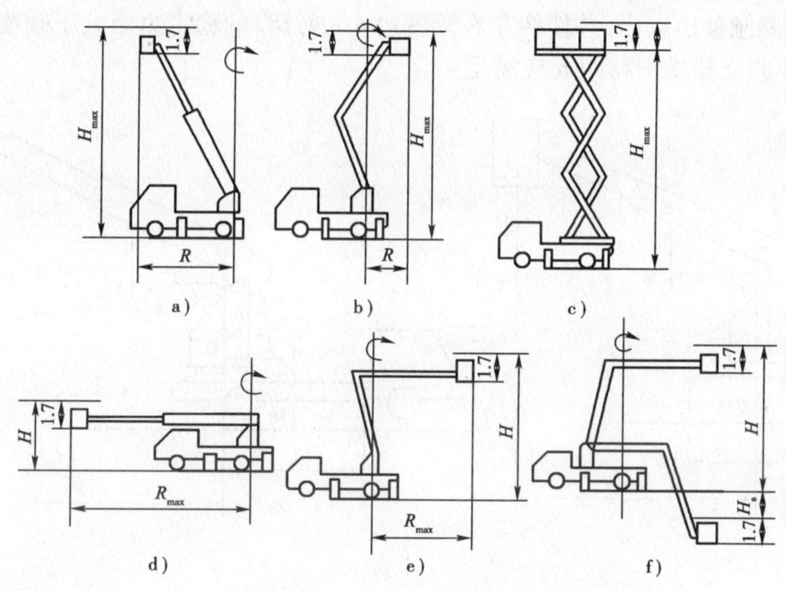

图 8-17 高空作业车几种主要参数示意图

a)、d)伸缩臂式;b)、e)、f)拆叠臂式;c)垂直升降式(剪叉式)

对于可在地下作业的高空作业车,除标明地面以上的作业高度外,还需注明作业车在地面以下的作业深度。

2. 作业幅度

作业幅度是指高空作业车回转中心线(对于垂直升降的高空作业车为升降的中心线)至作业平台外边缘的水平距离 R。

3. 作业速度

高空作业车的作业速度包括:作业平台在垂直方向起升的平均速度和下降的平均速度,以及作业平台的回转速度。GB 94652—88《高空作业车作业技术条件》中规定,高空作业车作业平台的起升、下降速度≤0.5m/s;回转机构的最大回转速度≤2r/min。

4. 作业平台的装载质量

高空作业车作业平台的装载质量是指标定装载质量,不含作业平台的自身质量。

(三)高空作业车典型工作部件设计

高空作业车除底盘外,实现其高空作业的典型工作部件主要有支腿总成、举升总成和回转总成。

1. 支腿机构设计

高空作业车有各种不同类型的支腿，起调平和保证整车工作稳定的作用，要求坚固可靠，操作方便。

(1)支腿跨距的确定

高空作业车的支腿一般为前后设置，并向两侧伸出。支腿支撑点纵横方向的位置选择要适当，其原则是作业平台在标定载荷和最大作业幅度时，整车稳定性要达到规定的要求。

①支腿横向跨距

支腿横向外伸跨距的最小值应保证高空作业车在侧向作业时的稳定性，即全部载荷的重力合力落在侧倾覆边以内，并使绕左右倾覆边 AB 或 DC 的稳定力矩大于倾覆力矩。如图 8-18a)所示，单侧支腿横向跨距 a 应满足：

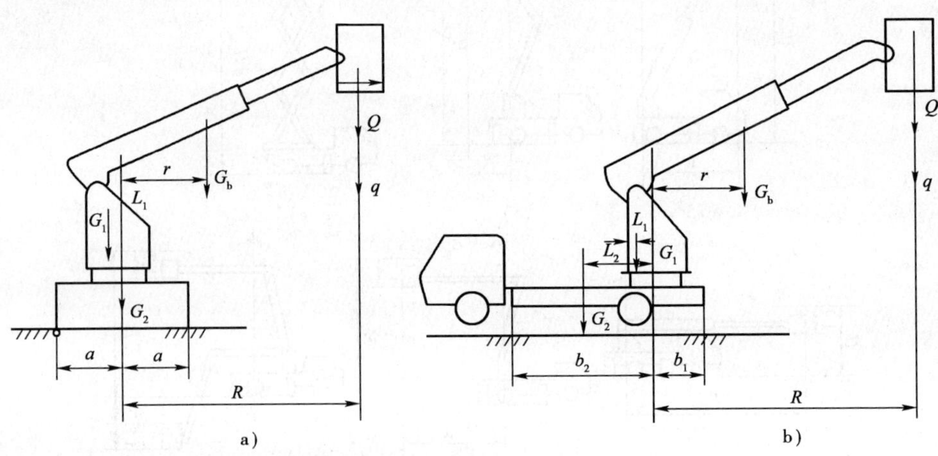

图 8-18 支腿跨距的确定

a)作业平台在车辆侧向作业时；b)作业平台在车辆后方作业时

$$a \geqslant \frac{G_b r + (Q+q)R - G_1 L_1}{G_1 + G_2 + G_b + (Q+q)} \quad (\mathrm{m}) \tag{8-4}$$

式中：G_1——转台重力，N；

G_2——底盘重力，N；

G_b——臂架重力，N；

q——作业平台重力，N；

Q——作业平台的标定载荷，N；

L_1——转台重力中心至回转中心的距离，m；

r——臂架重力中心至回转中心的距离，m；

R——作业半径(臂幅)，m。

②支腿纵向跨距

支腿纵向跨距的确定和横向跨距确定的原则一样，应使绕前、后倾覆边 AD 或 BC 的稳定力矩大于倾覆力矩。

当作业平台在车辆后方作业时，如图 8-18b）所示，可得后支腿支撑点至回转中心的距离 b_1，应满足：

$$b_1 = a - \frac{G_2 L_2}{G_1 + G_2 + G_b + (Q + q)} \quad (\mathrm{m}) \tag{8-5}$$

式中：L_2——底盘质心至回转中心的距离，m。

同理，可得前支腿支撑点至回转中心的距离为 b_2：

$$b_2 = a + \frac{G_2 L_2}{G_1 + G_2 + G_b + (Q + q)} \quad (\mathrm{m}) \tag{8-6}$$

由式(8-5)、(8-6)可知，b_1 和 b_2 不等，这是因为底盘重心在回转中心之前所致，且 $b_1 + b_2 = 2a$。在设计中，实际确定的支腿跨距比按标定载荷计算的值大。一般推荐在支腿反力计算时，设臂架受到 1.3 倍的标定载荷，不会出现两点支撑状态来确定。

(2)支腿压力的计算

计算支腿压力是要求确定高空作业车在作业时所承受的最大支反力，该力是支腿强度计算的依据。

假定高空作业车在作业时支撑在 A、B、C、D 4 个支腿上，臂架位于离高空作业车纵轴线（X 轴）φ 角处，如图 8-19 所示。若高空作业车不回转部分的重力为 G_2，其重心 O_2 在离支腿对称中心（坐标原点 O）e_2 处，回转中心 O_0 离支腿对称中心 O 的距离为 e_0。又设高空作业车回转部分的合力为 G_0，且合力至 O_0 点的距离为 r_0，则作用在臂架平面内的翻倾力矩 $M = G_0 r_0$，于是可求得 4 个支腿上的压力各为：

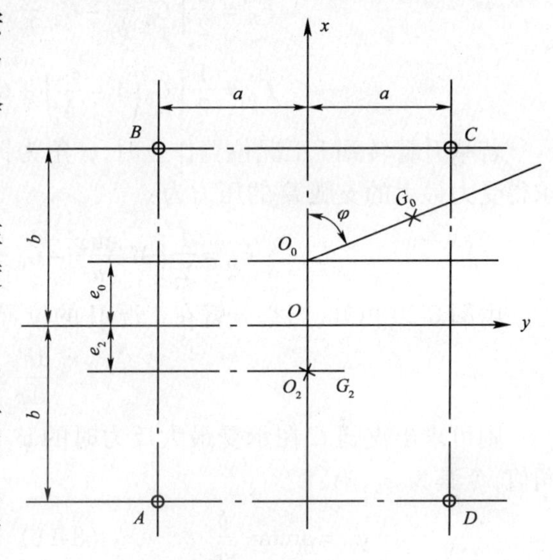

图 8-19　支腿四点支承状态

$$\left.\begin{aligned}
F_A &= \frac{1}{4}\left[G_2\left(1 - \frac{e_2}{b}\right) + G_0\left(1 - \frac{e_0}{b}\right) - M\left(\frac{\cos\varphi}{b} + \frac{\sin\varphi}{a}\right)\right] \\
F_B &= \frac{1}{4}\left[G_2\left(1 + \frac{e_2}{b}\right) + G_0\left(1 + \frac{e_0}{b}\right) + M\left(\frac{\cos\varphi}{b} - \frac{\sin\varphi}{a}\right)\right] \\
F_C &= \frac{1}{4}\left[G_2\left(1 + \frac{e_2}{b}\right) + G_0\left(1 + \frac{e_0}{b}\right) + M\left(\frac{\cos\varphi}{b} + \frac{\sin\varphi}{a}\right)\right] \\
F_D &= \frac{1}{4}\left[G_2\left(1 - \frac{e_2}{b}\right) + G_0\left(1 - \frac{e_0}{b}\right) - M\left(\frac{\cos\varphi}{b} - \frac{\sin\varphi}{a}\right)\right]
\end{aligned}\right\} \tag{8-7}$$

当举升臂在车辆正侧方作业时即 $\varphi = 90°$，则上式可简化为：

$$
\left.\begin{aligned}
F_A &= \frac{1}{4}\left[G_2\left(1-\frac{e_2}{b}\right)+G_0\left(1-\frac{e_0}{b}\right)-\frac{M}{a}\right] \\
F_B &= \frac{1}{4}\left[G_2\left(1+\frac{e_2}{b}\right)+G_0\left(1+\frac{e_0}{b}\right)-\frac{M}{a}\right] \\
F_C &= \frac{1}{4}\left[G_2\left(1+\frac{e_2}{b}\right)+G_0\left(1+\frac{e_0}{b}\right)+\frac{M}{a}\right] \\
F_D &= \frac{1}{4}\left[G_2\left(1-\frac{e_2}{b}\right)+G_0\left(1-\frac{e_0}{b}\right)-\frac{M}{a}\right]
\end{aligned}\right\} \tag{8-8}
$$

$$
\left.\begin{aligned}
F_B &= \frac{1}{2}\left[G_0+G_2-M\frac{\sin\varphi}{a}\right] \\
F_C &= \frac{1}{2}\left[G_0\frac{e_0}{b}-G_2\frac{e_2}{b}+M\left(\frac{\cos\varphi}{b}+\frac{\sin\varphi}{a}\right)\right] \\
F_D &= \frac{1}{2}\left[G_0\left(1-\frac{e_0}{b}\right)+G_2\left(1-\frac{e_2}{b}\right)-M\frac{\cos\varphi}{b}\right]
\end{aligned}\right\} \tag{8-9}
$$

若举升臂转到Ⅰ工况位置作业时，φ 角为钝角，设支腿 B 不受力，支腿 C、D、A 受力，可求得受力最大的支腿 D 的压力为：

$$
F_D = \frac{1}{2}\left[M\frac{\sin\varphi}{a}-G_0\frac{e_0}{b}-G_2\frac{e_2}{b}-M\frac{\cos\varphi}{b}\right] \tag{8-10}
$$

由图 8-20 可知，当举升臂在工况Ⅱ的位置作业时，支腿 C 的受力最大，令：

$$
\frac{dF_c}{d\varphi}=0
$$

则可求出支腿 C 在承受最大反力时的 φ 角值，令其为 φ_0，有：

$$
\varphi_0 = \arctan\frac{b}{a} \tag{8-11}
$$

将所求得的 φ_0 值代入式(8-9)中，或将 $(\pi-\varphi_0)$ 代入式(8-10)中，即可求得支腿 C 所受到的最大压力或支腿 D 所受到的最大压力。比较两支腿支反力的大小，取大者为计算载荷。

(3)支撑脚设计

支撑脚要保证作业车在作业时能在规定的地面上可靠支撑。为了使支撑脚在承受压力时不下陷，则要求支撑腿在受最大支反力 F 的工况下有足够的接地面积 A，有：

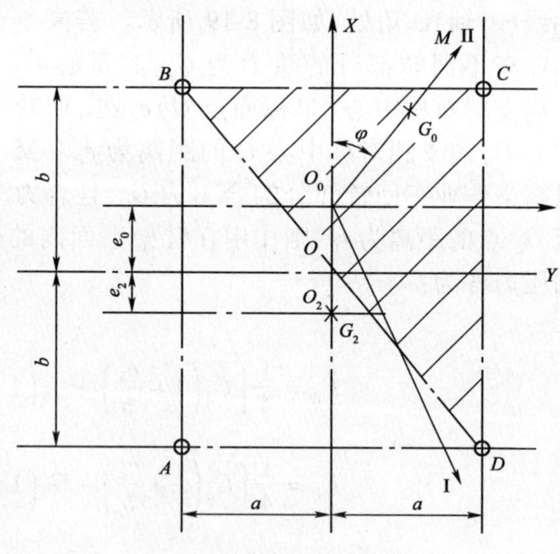

图 8-20　支腿 3 点支撑状态

$$
A \geqslant \frac{F}{[\sigma_d]} \quad (m^2) \tag{8-12}
$$

式中：$[\sigma_d]$——地基强度，一般取 1.6MPa。

支撑脚与支腿采用球式铰接，以满足不同地形的支撑。

2. 举升机构设计

以折叠臂式为例介绍举升机构的设计。

(1)折叠形式和运动范围的选取

常用的上折叠式动臂举升机构如图 8-21 所示。它由 3 个动臂组成,即下臂 3、上臂 4 和折臂 7。下臂的下端铰接在回转台上,由下臂液压缸驱动;上臂的下端与下臂的上端铰接,由撑臂液压缸 5 和四杆机构驱动;折臂的一端与上臂的上端铰接,由折臂的液压缸 6 驱动;作业斗与折臂的另一端铰接,由内藏链式四杆机构保证作业斗保持水平。

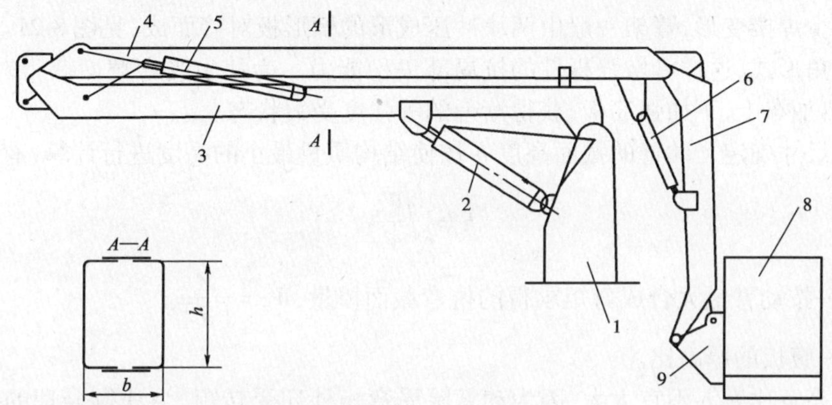

图 8-21　上折叠式举升机构简图

1-回转台;2-下臂液压缸;3-下臂;4-上臂;5-撑臂液压缸;6-折臂液压缸;7-折臂;8-作业斗;9-内藏链式四杆机构

该举升机构在铅垂平面内的运动范围为:

下臂相对于回转台:0° ~82°

上臂相对于下臂:0° ~160°

折臂相对于上臂:0° ~90°

(2)驱动液压缸设计

①下臂液压缸。应以下臂液压缸所受最大载荷的设计工况,同时还要校核下臂处于最大仰角时的工况,此时液压缸轴线至下臂铰接点距离最近,液压缸可能出现反拉现象,且在作回缩动作时,有杆腔工作,液压缸受拉力作用。

②撑臂液压缸。撑臂液压缸一般与四杆机构配合,组成撑臂机构,如图 8-22 所示,其目的是减少液压缸的体积。但这种机构使上臂动作的速度不均匀,设计时要特别注意。设 ω_3 为上臂绕铰接点的回转角速度,由图中可知,撑臂机构的运动速度有如下关系:

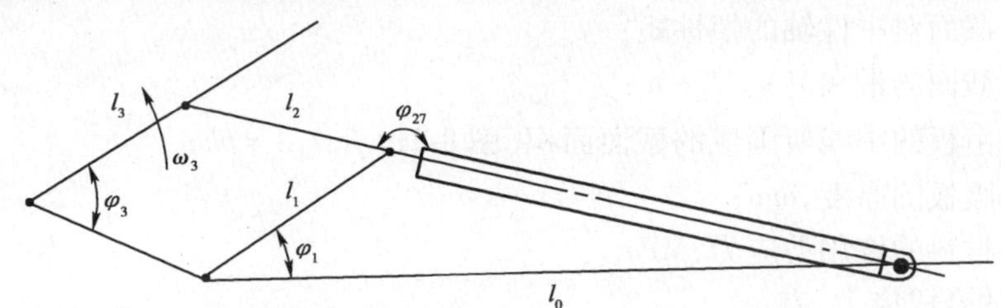

图 8-22　撑臂机构简图

$$\omega_3 = \omega_1 \frac{l_1 \sin(\varphi_1 - \varphi_2)}{l_3 \sin(\varphi_3 - \varphi_2)} \tag{8-13}$$

$$\omega_1 = \frac{vu}{l_0 l_1 \sin\varphi_1} \tag{8-14}$$

式中:v——液压缸的工作速度,m/s。

$$u = \sqrt{l_0^2 + l_1^2 - 2l_0 l_1 \cos\varphi_1}$$

由上述公式可见,合理的布局可使上臂速度变化小,有利于作业斗的平稳性。对液压缸参数的确定和设计,按有关液压传动和液压系统设计的要求进行。

(3)动臂的主要尺寸确定和结构设计

动臂为主要受力构件,受弯扭联合作用。为获得较大的强度和刚度,一般采用薄壁箱形结构。为减少焊接变形,臂架一般由两块冲压成形的槽形板对接而成,见图8-21。槽形板折边采用大圆角形式,这样可增强板件的抗局部失稳能力。为使主受弯截面获得较高的抗弯截面模量,可加布上、下加强筋板,获得渐近的等强度受力状态。

①主要尺寸确定。动臂的截面高度 h 按使结构质量最小的高度进行计算,有:

$$h = \sqrt[3]{\frac{W_x}{\gamma_n}} \tag{8-15}$$

式中:W_x——按动臂最大合成弯矩求得的抗弯截面模量,$W_x = \frac{M}{[\sigma]}$。

γ_n——腹板的厚高比。

动臂的高宽比 h/b 不宜太大,因为动臂除受弯矩外还受转矩,为获得合理的抗扭截面,一般推荐 $h/b = 1.25 \sim 1.50$。

②动臂的强度校核。按动臂的工况,采用相应的载荷组合进行强度校核。正应力 σ 为:

$$\sigma = \frac{M_{xmax}}{W_x} + \frac{M_{ymax}}{W_y} \leqslant [\sigma] \tag{8-16}$$

式中:M_{xmax}——主受弯截面的最大弯矩,N·m;

M_{ymax}——由水平力引起的最大弯矩,N·m;

W_x、W_y——主梁截面对中性轴 x 和 y 的截面模量;

$[\sigma]$——材料的许用应力,MPa。

剪应力 τ 为:

$$\tau = \frac{Q_{xmax} S_x}{2I_x\delta} + \frac{M_n}{2A\sigma} \leqslant [\tau] \tag{8-17}$$

式中:Q_{xmax}——主受弯截面的垂直剪力,N;

M_n——截面的转矩,N·m;

I_x——截面对中性轴的惯性矩;

S_x——截面的最大静矩,N·m;

A——由板的中线所围成的截面面积(图8-21),m^2,$A = bh$;

Δ——腹板的厚度,mm;

$[\tau]$——材料的许用剪应力,MPa。

验算动臂的合成应力,有:

$$\sqrt{\sigma^2 + 3\tau^2} \leqslant [\sigma] \tag{8-18}$$

除上述强度校核外,还应进行动臂的稳定性,板的局部稳定性校核。

3. 回转机构设计

按照专业标准 ZBT 53001—86《高空作业车技术条件》要求,回转机构应能进行正、反两个方向的360°回转,其最大回转速度不大于2r/min。且回转机构在作回转运动时,起动、回转、制动应平稳、准确、无抖动、晃动现象，微动性能良好。

目前应用较多的回转机构是交叉圆柱滚子转盘支撑装置，(图8-15)。滚子的接触角一般为45°，相邻的滚子轴线交叉排列，即相邻的两圆柱滚子轴线成90°交叉。这不但使回转装置能承受轴向和径向载荷，而且还能承受翻倾力矩。此外，和滚球转盘相比，这种滚道是平面，加工工艺比较简单，容易达到加工要求。

(1)圆柱滚子最大载荷的计算

在作业过程中，圆柱滚子要受到3种载荷作用，如图8-23所示。第一种为轴向力 Q，即垂直力，该力由转台及举升机构质量、载质量和惯性载荷等组成；第二种为径向力 H，即水平力，该力由回转离心力、风载荷及举升载荷的分力等组成；第三种为翻倾力矩 M_{ov} 它可由轴向力和径向力的作用而引起。

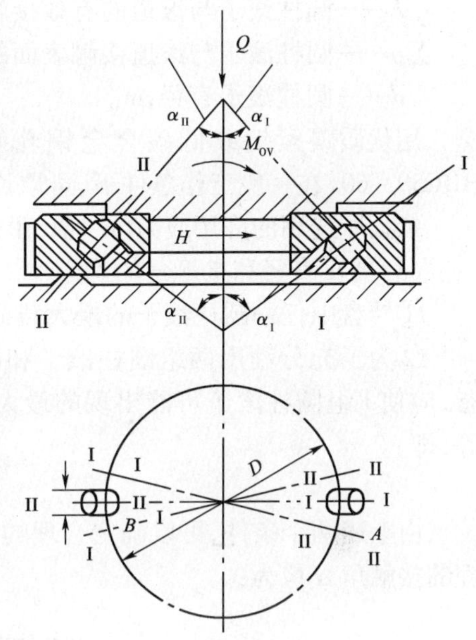

图8-23 圆柱滚子外载荷及承载最大滚子的位置

将方向交叉的两组圆柱滚子，用I组和II组表示，并假定每组的圆柱滚子数目各占一半，并作一对一的间隔排列，则I组圆柱滚子在A点受有最大载荷，其中任一圆柱滚子的最大法向载荷 F_{1max} 为：

$$F_{1max} = F_{1Q} + F_{1H} + F_{1M} \tag{8-19}$$

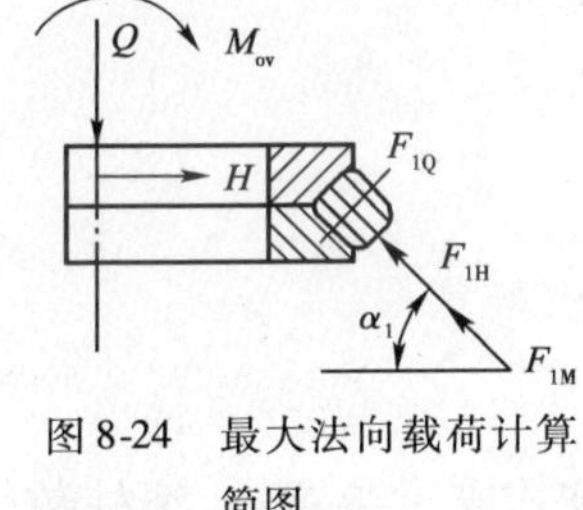

图8-24 最大法向载荷计算简图

式中：F_{1Q}——由轴向力 Q 引起的I组任一圆柱滚子上最大法向载荷，N；

F_{1H}——由径向力 H 引起的I组任一圆柱滚子上最大法向载荷，N；

F_{1M}——由翻倾力矩 M_{ov} 引起的I组任一圆柱滚子上最大法向载荷，N。

如图8-24所示，取转盘为脱离体进行受力分析由力系平衡条件可以求得 F_{1Q} 和 F_{1H}。

为了求得 F_{1M}，可近似地把座圈看成直径为 D 的圆圈，如图8-25所示。并假定圆柱滚子对座圈的压力在座圈上连续分布，按圆柱滚子接触压力沿圆周弧长的比压，列出平衡方程，即可求得值 F_{1M}。

对于II组圆柱滚子处于图8-23中 B 位置时，受到的载荷最大。此时滚子不承受由水平力传来的载荷，且由于轴向力 Q 引起的法向载荷与翻倾力矩 M_{ov} 引起的法向载荷方向相反，因此，B 组中任一圆柱滚子的最大法向载荷为：

$$F_{2max} = F_{2M} - F_{2Q} \tag{8-20}$$

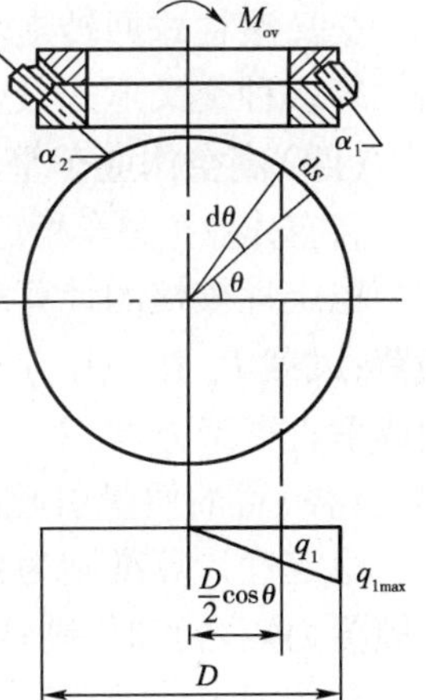

图8-25 F_{1M} 计算简图

(2)圆柱滚子允许载荷的计算

根据赫茨公式，滚道与圆柱滚子的线接触应力为：

$$\sigma = 0.418\sqrt{\frac{FE}{L}\Sigma\rho} \tag{8-21}$$

式中：F——圆柱滚子在接触线上的法向载荷，N；

E——材料的弹性模量，一般滚道材料采用碳素钢或低碳合金钢，圆柱滚子材料采用轴承钢；

L——圆柱滚子与滚道的有效接触长度，一般情况可取 $L=0.85d$,m；

$\sum\rho$——圆柱滚子与滚道接触表面的主曲率之和；

d——圆柱滚子直径，m。

用优质碳素钢或低碳合金钢轧制或锻造成的座圈，其滚道表面的热处理硬度为HRC59～60，在一般工作条件下，可取许用接触应力值$[\sigma]$为1.8kPa。

依据所选用的许用应力$[\sigma]$值，由式(8-21)便可求得圆柱滚子的允许载荷$[F]$。

(3)转盘直径和接触角的确定

①转盘中任一圆柱滚子的最大载荷均不得超过允许载荷$[F]$。

②为了充分利用两组圆柱滚子和两对滚道的最大承载能力，达到应力均衡的理想状态，应使Ⅰ组圆柱滚子可能出现的最大载荷尽量与Ⅱ组圆柱滚子可能出现的最大载荷相等，即：

$$F_{1\max}=F_{2\max} \tag{8-22}$$

由上述两个条件，可以确定合理的 D 和 α 值。当转盘直径 D 值按结构需要确定后，合理的接触角 α 应为：

$$\alpha=\arctan\frac{8M_{\rm ov}+2QD}{8M_{\rm ov}-2QD-5FD} \tag{8-23}$$

D 与 d 的比值越小，则圆柱滚子相对于滚道的滑移越大，而且对安装精度的要求也越高因此，一般要求 $D\geqslant35d$，在结构允许的条件下可取 $D=37d$。

(4)滚动体总数目的计算

设滚动体的总数目为 n_{Σ}，则有：

$$n_{\Sigma}=\frac{\pi D\times10^{3}}{d+b} \tag{8-24}$$

式中：D——滚盘的中心直径，mm；

d——滚动体的直径，mm；

b——隔离套厚度，mm。

滚动体之间可以设置隔离套，也可不设。在无隔离套的交叉滚柱式支承装置中，滚柱数目应为偶数，其最后间隙可用调隙隔离套填充。隔离套常用粉末冶金或尼龙制成，厚度一般为2～3mm。

交叉滚柱式回转支承装置，其滚子的间隔排列可以设计成一对一、二对一、三对一或三对二等多种交叉形式，这些结构现已得到广泛使用。

(四)高空作业车整车稳定性校核

高空作业车整车稳定性校核包括正常作业状态时的稳定性校核和静态时的稳定性校核。

稳定性校核的计算载荷如表8-2所列。在表8-2中，$P_{\rm Q}$ 为作业斗上的总质量所引起的载荷；风载 $P_{\rm w}$ 按风压 $q=1.25{\rm N/m^2}$ 计算；惯性载荷 $P_{\rm H}$ 取载荷的回转水平惯性力(沿臂架方向或垂直臂架方向)和变幅惯性力对倾翻影响较大者；F 是折算到作业斗重力线的主臂和伸缩(折叠)臂的质量引起的载荷。

稳定性计算准则为：高空作业车在表8-2所给定的载荷作用下，当稳定力矩的代数和大于倾覆力矩之和时，则认为整车是稳定的。

在作稳定性计算时，应考虑高空作业车处于最不利位置。此外，对稳定性有影响的所有载荷，如自重、附属装置等，其数值和位置都应按最不利的状态考虑。

高空作业车稳定性计算载荷 表 8-2

验算工况	计算载荷量			
	整车整备质量引起的载荷	起升质量引起的载荷	惯性载荷	风载
作业稳定性校核	G_0	$1.15P_Q$	P_H	P_W
静态稳定性校核	G_0	$1.4P_Q+0.1F$	—	—

第二节 混凝土泵车

混凝土泵车是装备有混凝土泵和布料装置，利用压力通过管道将混凝土进行输送和浇注的专用汽车。如图 8-26 所示为一活塞式混凝土泵车的基本结构图。

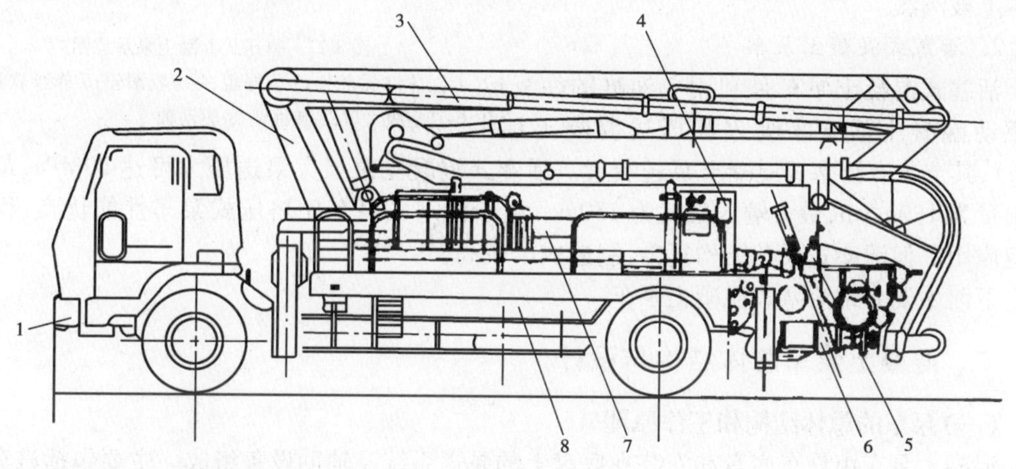

图 8-26 活塞式混凝土泵车

1-汽车底盘;2-布料装置;3-混凝土输送管;4-电气和操纵装置;5-润滑系统;6-混凝土泵送装置;7-液压系统;8-清洗装置

采用混凝土输送泵车能够满足现代施工的要求，而且能同时满足混凝土水平和垂直输送并进行混凝土的浇注作业。其施工过程是：由混凝土搅拌运输车从搅拌站运来混凝土，卸入泵车料斗内，再由混凝土泵车通过臂架输送管或通过专用的管道泵送至混凝土的浇注点。混凝土泵车将混凝土泵和布料装置（臂架）集为一体并装在汽车底盘上，因此不需铺设输送管道，具有机动性好、转移方便、投入使用快、效率高等特点。在泵车难以接近的地方，还可以用在泵车出料口处接铺输送管的方法，将混凝土输送至浇注点。

一、混凝土泵车的分类

混凝土泵车按泵送装置形式的不同分为两类：挤压式混凝土泵车和活塞式混凝土泵车。

1. 挤压式混凝土泵车

挤压式混凝土泵车安装有挤压式混凝土泵。挤压式混凝土泵的工作原理是利用滚轮在滚动时挤压橡胶管，从而使橡胶管吸入和输送混凝土以达到输送混凝土的目的。图 8-27 是挤压式混凝土泵的结构图。

驱动轴 8 带动滚轮架 2 和 3 个滚轮 4 旋转，不断地挤压橡胶软管 5，起到压送混凝土的作用。滚轮挤压过后的橡胶软管立即回弹复原，管内出现局部真空，从后段管中又将混凝土吸入。各滚轮周而复始的旋转、挤压达到不断输送混凝土的目的。真空吸气口6与真空泵连接,工作时真空泵不断抽气,使壳体1内形成负压,以利于橡胶软管回弹恢复原形,再次吸入混凝土。

支撑辊3位于滚轮之后和滚轮一起旋转,有扶持、协助被挤压后的橡胶软管迅速复原的作用,提高对混凝土的吸入性。挤压式混凝土泵的泵送压力为1.8MPa,排出量为50m^3/h,臂架最大高度为16m。

挤压式混凝土泵由于诸多原因,出口压力和混凝土的排出量远小于活塞式混凝土泵,因此已基本上被淘汰。

图8-27　挤压式混凝土泵示意图

1-壳体;2-滚轮架;3-支撑辊;4-橡胶滚轮;5-橡胶软管;6-真空吸气口;7-弹性垫;8-驱动轴

2. 活塞式混凝土泵车

活塞式混凝土泵车是利用主油缸的往复运动驱动混凝土活塞来吸入和压送混凝土(图8-26),其上装有活塞式混凝土泵送装置。活塞式混凝土泵最大泵送压力可达20MPa,最大排出量为180m^3/h,最大输送高度为150m。由于活塞式泵车比挤压式泵车性能优良,得到广泛应用。但活塞式泵车结构复杂,制造成本较高。

下面主要介绍活塞式混凝土泵车。

二、混凝土泵车总体结构与设计

(一)泵车的总体结构和工作原理

混凝土泵车由汽车底盘和安装在底盘上的泵送系统及辅助设备组成。主要包括汽车底盘和动力装置、电气控制系统、冷却系统、混凝土搅拌装置、混凝土输送装置、混凝土布料装置、清洗系统、润滑系统、操作系统和混凝土输送管道等。

一般来说,汽车发动机的动力经分动器驱动主液压泵、布料装置液压泵和搅拌液压泵。主液压泵输出的压力油经控制阀组、集流阀组进入主液压缸(推动主液压缸活塞,驱动混凝土缸活塞)和混凝土分配阀换向液压缸,从而实现泵送混凝土。布料装置液压泵输出的压力油满足泵车支腿和布料装置(臂架、转台)的动力需要,通过操纵支腿控制阀和臂架电磁阀组,完成支腿的伸缩、臂架的升降和转动。搅拌液压泵输出的压力油,通过液压马达驱动料斗内的搅拌叶片,不断搅拌混凝土,使其顺利地进入混凝土缸内,并能在其他部件出现故障而停止作业时继续搅拌料斗内的混凝土,防止混凝土凝固和析水。上述各专用装置的协调配合工作,使泵送出的混凝土沿臂架的输料管道送到浇注点。通过操纵机构使臂架升降或旋转,可以改变浇注点的位置。

1. 汽车底盘与动力装置

混凝土泵车一般采用通用汽车底盘或专用汽车底盘,这需要根据混凝土泵车的臂架长度和混凝土排量以及输送压力的大小来确定。汽车发动机动力输入分动器后,通过操作杆可以实现两种传动:一种是使动力传给油泵,而切断了通向汽车驱动桥的动力,此时,泵车不能行驶,只能进行泵送作业;另一种则正好相反,动力传给汽车驱动桥,而不传给油泵。

有些混凝土泵车，驱动油泵的源动力不是采用汽车发动机，而是设有独立的源动力，这种方式一般适用于汽车底盘取力不易或大型、超大型臂架（如半挂汽车列车泵车）混凝土泵车；中、小型混凝土泵车多采用汽车底盘，但必须经过底盘改装，才能适应泵车的装配。汽车底盘改装包括拆除不必要的设施，安装上必要的设施及管路，其中最为关键的是取力装置和分动器。

取力方式也可采取汽车变速器上专门用于工程机械取力的输出端；把分动器与多个油泵集成化，做成一体用万向节连接分动器的输入端和汽车变速器的取力输出端。这种方法优点较多：分动器与多个油泵高度集成化，体积较小，性能也较好，另外作为汽车运行的传动轴无需截断和改变，改装量小且十分方便。当取力器装在汽车车架的下平面以下时，车架应适当加固，分动器的悬架应满足泵车的工作要求。

2. 泵送装置与布料装置

泵送装置为活塞式混凝土泵，利用液压缸来驱动混凝土缸活塞作往复运动，与料斗、分配阀配合完成吸入和排出混凝土，以达到输送目的。

布料装置为臂架式，能够在一定范围内的垂直和水平方向进行输送和浇注混凝土，可减少辅助人员，降低劳动强度，提高施工效率，并且使混凝土浇注均匀、平整、密实，提高混凝土浇注品质。

3. 电、气、液控制系统

电、气、液控制系统包括电气控制、气路控制和液压控制。

(1)电气控制

混凝土泵车从泵送到臂架操作，从遥控到手动控制都是通过控制电磁阀来实现的。例如，启动泵送开关，主回路安全阀的电磁阀首先动作，以控制安全阀关闭，此时液压系统的主回路才能建立起压力，主油缸才能动作。在臂架操作时，同样是控制电磁阀，经过电磁阀控制油路的进出，使臂架换向阀处于某一开通位置，主回路的压力油才能经换向阀到达臂架油缸的某一腔，使油缸伸缩完成臂架动作，这就是电路控制的工作原理。

(2)气路控制

在混凝土泵车上为增加油泵的吸入效率，常常给油箱内加压。有时为控制油泵的排量和发动机的转速，气动连杆机构也常被采用，因此一般来说，气路是较为常用的。另一方面由于汽车本身的需要，气路的设置较为容易，如图8-28是为油箱加压的气路图。

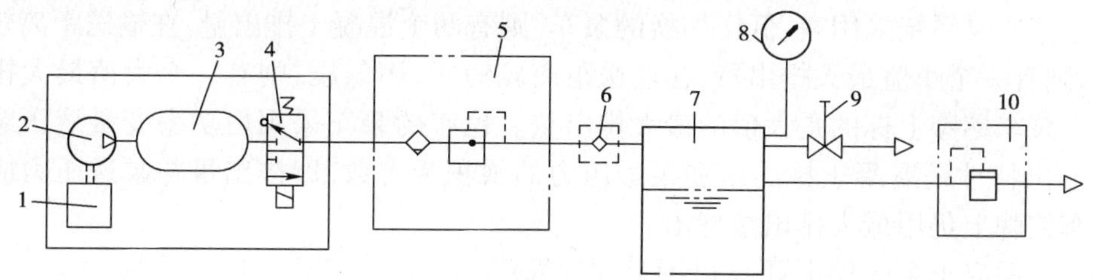

图8-28　油箱加压气路图

1-发动机；2-空气压缩机；3-储气筒；4-电磁阀；5-调节阀；6-单向阀；7-油箱；8-气压表；9-截止阀；10-安全阀

由汽车底盘提供压缩空气，打开电源，电磁阀换向后，向油箱供气，油箱气压由进出口溢流阀控制压力。

(3)液压控制

在液压系统中，电气控制是用来控制和驱动液压系统的方向阀，而方向阀的动作则控制液压系统压力油的流向。电磁阀动作后,液控换向阀动作,控制油路经另一腔使压力流量阀换向,而压力油也随之换向,从而完成油缸动作的换向。

4. 冷却系统

冷却系统是为冷却液压油及液压元件而设置的系统。冷却系统有风冷和水冷两种形式。一般都采用回油冷却。

(1)风冷。风冷形式简单,安装方便,在操作控制上有手动和自动控制两种方法。手动控制是在观察温度计后操纵手动控制阀,使冷却马达启动。自动控制时一般设置有油温传感器,当温度达到设定温度时,传感器导通,与其相连的电磁阀接通并换向,冷却马达启动,油马达转动时带动风扇。回油管以散热较好的铝片或铜管制成,并置于风扇之前。

(2)水冷。水冷的设置同样也很简单,但体积较大,密封性要求高。水冷同样是回油冷却,将回油管用细管布置于水箱内,冷却后回油箱。

5. 搅拌装置

泵车的搅拌装置是用来对混凝土进行二次搅拌,以改善混凝土的质量和可泵性,另一个功能是向混凝土输送缸辅助喂料,以提高混凝土泵的吸入效率。搅拌装置包括料斗、搅拌器和驱动装置。

其他各组成部分在以后的各部分中进行专门介绍。

(二)泵车主要技术参数计算

混凝土泵车的主要技术参数可归纳为专业技术参数和整车技术参数两部分。专业技术参数主要有:混凝土排出量、混凝土泵送压力及输送距离、泵送能力指数、布料装置工作范围、混凝土坍落度适应范围、料斗容积和工作高度等。整车技术参数除必须满足国家交通安全法规的要求外,还应根据工作条件,着重考虑泵车的最小转弯直径、最大爬坡度、质心高度及最小离地间隙等。关于整车技术参数可参阅本书第二章。下面主要介绍专业技术参数。

1. 混凝土排出量

混凝土排出量 Q 是指泵车在单位时间内输送混凝土的量,即混凝土泵车的生产率,单位为 m^3/h。一般可以通过调节发动机转速或主液压泵的流量来改变泵车的混凝土排出量。通常以最大排出量作为泵车的混凝土排出量参数。混凝土排出量按大小可分为3种:小排出量,$Q<40m^3/h$;中排出量,$Q=40\sim100m^3/h$;大排出量,$Q>100m^3/h$。排出量的标准系列为:10、20、30、40、50、60、80、100、125、150m^3/h,设计时可按需要选取。

若主液压泵系统采用高、低压切换的泵车,则有两个混凝土排出量:在输送距离较长时,用高压,则有一个小值最大排出量;在输送距离较短时,用低压,则有一个大值最大排出量。在混凝土泵车铭牌上标的是大值的最大排出量。也有的泵车采用恒功率变量液压泵,则混凝土泵输出特性是混凝土排出量和泵送压力的乘积为常数,即排出量与泵送压力成反比。这种泵车铭牌上仍用最大排出量标出。

活塞式混凝土泵的排出量 Q 可用下式计算:

$$Q=KQ_T \quad (m^3/h) \tag{8-25}$$

Q_T 为混凝土泵理论排出量:$Q_T=60V\cdot n(m^3/h)$,其中:

$$V=\frac{\pi}{4}D^2L\times10^{-9} \quad (m^3)$$

式中:V——混凝土泵缸的有效容积,m^3;

D——混凝土泵缸内径,mm;

L——混凝土泵缸活塞有效工作行程，mm；

n——混凝土泵缸活塞每分钟往复次数，一般在45次/min以下；

K——混凝土泵的吸入效率，可取0.7～0.9。

影响K值的因素较多，主要是混凝土的坍落度和混凝土泵缸活塞的运动速度。混凝土坍落度越小，则K值越小，坍落度在15cm以上时，吸入效率较稳定，K值可取0.85以上。混凝土泵缸活塞工作速度低，混凝土在缸中的流动速度小，有利于吸入，K值大；反之，活塞速度高，混凝土在缸中流动出现滞后，K值小；设计时活塞速度可取1m/s左右。此外，混凝土分配阀的结构形式、阀的密封程度、吸料口的大小和形状、通道的方向和截面形状等都会影响吸入效率K值。

2. 泵送压力和输送距离

混凝土泵的泵送压力是指混凝土泵缸出口处的混凝土排出压力。它也反映了混凝土泵车输送混凝土距离长短的能力，泵送压力p通常分为3个等级：低压级，$p<4$MPa；中压级，$p=4\sim7$MPa；高压级，$p>7$MPa。一般活塞式混凝土泵车的最小泵送压力不小于2MPa。

混凝土泵的泵送压力主要用来克服输料管中的混凝土与管壁间的摩擦力和粘附力，在垂直管中还要克服混凝土的重力；这些压力损失与管道长度、布管状态、混凝土流速、输料管直径、混凝土坍落度及混凝土配料比例等因素有关。实验表明：混凝土流速越高，则压力损失越大；输料管直径越大则压力损失越小；当混凝土的水灰比小，或坍落度小，或水泥用量少时，压力损失也会增加。管道输送压力损失的计算是比较复杂的，通常通过试验绘制几组曲线，供设计时使用。设计时所需要的实验曲线有：不同管径、不同坍落度和不同排出量下每米水平直管的压力损失曲线；不同管径、不同坍落度、不同排出量下与每米垂直直管的压力损失等效的水平直管的长度（简称等效长度）曲线，包括锥形管或弯管等各种形状管道的压力损失等效水平直管长度曲线。

根据提供的输料管道压力损失以及混凝土泵能达到的泵送压力，可以粗略计算出泵车的输送距离（即输送管长度）。然后按所采用的管径、混凝土坍落度、排出量以及混凝土泵的泵送压力，利用水平直管每米长的压力损失曲线，计算出能够输送的水平直管总长度A，再按管道布置，所用的垂直直管长度B、锥形管长度C和弯管长度D，从每米垂直直管的等效水平直管长度曲线、每米锥形管的等效水平直管长度曲线和每米弯管的等效水平直管长度曲线中分别查出它们的等效水平直管长度量B_1、C_1、D_1，于是，输料管道长度L_1为：

$$L_l = A-(B_1+C_1+D_1)+B+C+D$$

水平输送距离L_2为：

$$L_2 = A-(B_1+C_1+D_1)+C_2+D_2$$

式中：C_2——锥形管水平输送距离，m；

D_2——弯管水平输送距离，m。

L_1和L_2均为混凝土泵的泵送压力，全部用在克服管道的阻力上，且管道出口压力为零时的管道长度和输送距离。若需要管道出口的混凝土有一定的速度，可将此速度换算成压力，由水平直管每米长的压力损失曲线查出能够输送的水平直管长度A_3，于是管道出口有一定速度时的输料管长度L_3为：

$$L_3 = A-(B_1+C_1+D_1+A_3)+B+C+D$$

3. 泵送能力指数M

$$M=(pQ)_{\max} \quad (\text{MPa}\cdot\text{m}^3/\text{h}) \tag{8-26}$$

式中：p——混凝土泵送压力，MPa；

Q——泵车的实际排出量，m^3/h。

表 8-3 列出了泵车泵送能力指数的推荐值，供参考。

泵送能力指数的推荐值 表 8-3

排量(m^3/h) 基本参数	10	20	30	40	50	60	80	100	125	150
泵送混凝土压力 (MPa)	≥2.0	≥2.0	≥2.5	≥3.0	≥3.5	≥4.0	≥5.0	≥5.0	≥5.0	≥5.0
泵送能力指数 (MPa · m^3/h)	≥20	≥40	≥75	≥120	≥150	≥200	≥250	≥300	≥300	≥300

4. 布料装置工作范围

混凝土泵车要能在一定空间范围内进行布料作业，如图 8-29 所示。布料作业范围由高度 H、水平工作圆半径 R 及工作深度 D 等参数确定。

工作高度 H 是指各节臂全部垂直于地面时，从地面至臂端的混凝土输料管出口的距离。水平工作圆半径 R 是指各节臂全部水平放置时，从转台回转中心至臂端的混凝土输料管出口的距离。工作深度 D 是指臂架伸入地面以下作业时，地面至臂端的混凝土输料管出口的距离。H、R、D 等参数均与臂架长度有关。臂架长度是指各节臂在同一轴线上时，臂架与转台立柱铰链点中心至臂端混凝土输料管出口中心的距离。

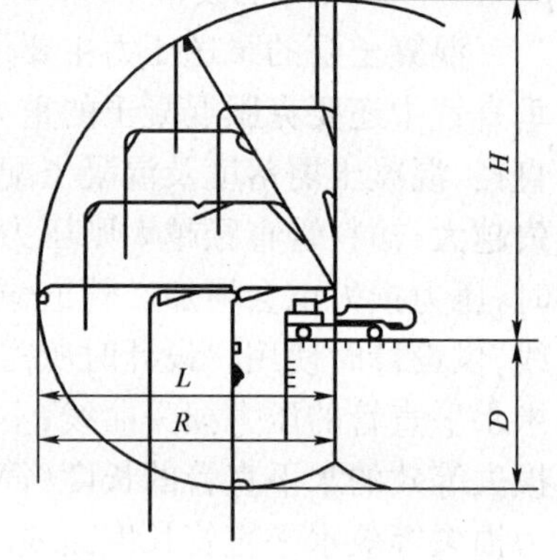

图 8-29 臂架作业范围示意图

目前我国制造的泵车臂架长度为 15 ~ 25m，由 3 节臂组成，折叠形式各有不同。国外 25 ~ 50m 的长臂架发展很快，50m 以上的超长臂架也有生产。一般 32m 以上的臂架多由 4 节或 5 节组成。

5. 混凝土坍落度适应范围

泵车对不同坍落度范围混凝土的可泵性即为坍落度适应范围。它与泵车的混凝土分配阀吸入性能和混凝土泵的混凝土缸径大小有关。目前泵车上所用的两类分配阀（滑阀和摆阀）对混凝土坍落度适应范围均为 5 ~ 23cm。

6. 料斗工作高度

料斗工作高度是指混凝土泵车在作业状态时，料斗口与地面间的距离。为便于对料斗加料，料斗工作高度应尽可能设计得低一些，一般在 1.2 ~ 1.7m 之间。

（三）泵车底盘的选择

1. 对泵车底盘的要求

混凝土泵车一般是用载货汽车二类底盘或专用底盘改装而成。选用的汽车底盘应满足下列要求。

(1) 发动机的功率应能满足泵车各装置要求的驱动功率。

(2) 泵车的总质量及其轴载质量的分配应在原汽车底盘前、后轴的允许承载质量范围内。

(3) 有足够空间配置动力输出装置。

(4) 能合理安装布料装置转台底座和布置混凝土泵送装置。

2. 泵车各工作装置的驱动功率

泵车各工作装置的动力源一般取自本车发动机。在进行混凝土泵送作业时,汽车发动机动力经变速器和万向传动装置输入分动器,通过分动器操纵杆将动力传递给各液压泵,同时切断通往驱动桥的动力,汽车处于驻车状态。计算和确定各工作装置的驱动功率,合理地进行功率组合是正确选择底盘发动机功率的依据之一。

(1)混凝土泵的驱动功率 P_1

混凝土泵驱动功率一般占总驱动功率的80%左右。计算泵送功率时,首先根据泵车的混凝土泵送压力 p 和混凝土排出量 Q 计算液压系统的压力 p_1 和流量 Q_1:

$$p_1 = p\frac{D^2}{D_1^2} \quad (\mathrm{MPa}) \tag{8-27}$$

$$Q_1 = Q\frac{Q_{T1}\eta_{v1}}{Q_{v1}\eta_v} \quad (\mathrm{m^3/h}) \tag{8-28}$$

式中:D、D_1——分别为混凝土缸和主液压缸的内径,m;

Q_{T1}、Q_{v1}——分别为混凝土泵的理论排出量和主液压泵的理论流量,$\mathrm{m^3/h}$;

η_v——混凝土缸容积效率;

η_{v1}——液压系统的容积效率(包括主液压泵、主液压缸及管道等)。

再根据 p_1 和 Q_1 求出主液压泵的驱动功率 P_1:

$$P_1 = 277.8\frac{p_1 Q_1}{\eta} \quad (\mathrm{W}) \tag{8-29}$$

式中:p_1——主液压泵压力,MPa;

Q_1——主液压泵流量,$\mathrm{m^3/h}$;

η——主液压泵传动效率。

(2)布料装置的驱动功率 P_2

布料装置臂架变幅、转台回转、支腿伸缩等均由发动机通过臂架液压泵驱动。但支腿的伸缩是在泵车作业前、后动作,故其驱动功率不计入 P_2 内。

(3)搅拌装置的驱动功率 P_3

搅拌装置通过搅拌液压泵驱动。泵车开始作业,搅拌装置也开始工作,只要料斗中有混凝土,它是不允许间断工作的。通常情况,搅拌装置有4种工况:

①搅拌装置正常工作,这时液压泵的驱动功率为 P_3,主要用于克服搅拌阻力;

②搅拌叶片被骨料卡住不转,液压系统油压升高,使反转溢流阀工作,搅拌换向阀换向,叶片反转而排除卡阻,叶片又恢复正常转动。此工况时间短暂,一般增加功率不计入 P_3 中;

③当搅拌叶片被骨料卡住而无法反转排除时,油压上升,打开溢流阀,液压泵驱动功率达到最大值 $P_{3\max}$,此工况时间也很短;

④搅拌装置不工作时,液压油经换向阀回油箱,液压泵空转,驱动功率为最小值 $P_{3\min}$。

(4)冷却系统的驱动功率 P_4

为使液压油冷却,在液压系统内需设置强制式液压油冷却器。冷却器的驱动功率 P_4 由两部分组成:一是驱动冷却器风扇的功率,二是将油箱中热油泵入冷却器、降温后泵回油箱消耗的功率。

(5)清洗系统的驱动功率 P_5

混凝土泵车作业完毕后,需对车辆和输料管中残余的混凝土进行清洗。清洗工作是在其他装置停止工作后进行的。清洗系统水泵的压力要大于混凝土在输料管中的压送力，这样才能冲洗出管中的残余混凝土。此外，水泵的流量要大，以提高清洗速度。由水泵的压力和流量确定清洗系统的驱动功率 P_5。

3. 发动机功率选择

泵车发动机功率应满足各种工况下泵车所需要的驱动功率。

(1) 工况 I：泵车连续正常作业，臂架不变幅，转台不回转，搅拌装置正常运转，这时泵车所需的驱动功率为：

$$P_{\mathrm{I}} = P_1 + P'_2 + P_3 + P_4 \tag{8-30}$$

式中：P_{I}——工况 I 的驱动功率，W；

$P_2{}'$——布料装置液压泵空转功率，W。

汽车发动机允许长期连续运转的最大持续功率 P_{e1} 应满足下式：

$$P_{e1} \geqslant P_{\mathrm{I}}/\eta \quad (\mathrm{W})$$

式中：η——传动效率。

(2) 工况 II：泵车连续作业，臂架变幅，转台回转，搅拌装置可能同时出现短暂卡住，这时泵车短时间内需要的驱动功率 P_{II} 为：

$$P_{\mathrm{II}} = P_1 + P_2 + P_{3\max} + P_4 \quad (\mathrm{W}) \tag{8-31}$$

汽车发动机允许连续运转 1h 最大有效功率 P_{e2} 应满足下式：

$$P_{e2} \geqslant P_{\mathrm{II}}/\eta \quad (\mathrm{W})$$

(3) 工况 III：泵车输送混凝土作业完毕，开始清洗，主液压泵、布料装置的臂架液压泵、搅拌装置的液压泵均为空转状态，水泵工作，这时消耗的功率也较大，需进行校核。

$$P_{\mathrm{III}} = P'_1 + P'_2 + P_{3\min} + P_4 + P_5 \quad (\mathrm{W}) \tag{8-32}$$

式中：P_{III}——工况 III 泵车所需功率，W；

P'_1——主液压泵空转功率，W。

上述 3 种工况泵车需要的驱动功率计算结果中，取最大值来选择发动机功率。

发动机所需驱动功率 P_e 也可采用下列经验公式来估算：

$$P_e = 0.044Q\left[0.088L + \frac{12}{(D/D_1)^2}\right] \quad (\mathrm{kW}) \tag{8-33}$$

式中：Q——混凝土排出量，$\mathrm{m^3/h}$；

L——泵送混凝土最大水平距离，m；

D、D_1——分别为混凝土缸、主液压缸内径，m。

4. 泵车总质量和臂架质量

泵车总质量主要由汽车底盘质量、混凝土泵送装置质量、布料装置质量及清洗系统质量等构成。影响泵车总质量的关键是臂架质量，而混凝土排出量的影响则不大。所以在选择底盘和计算泵车总质量时，首先计算臂架的总质量。

通过对现有泵车的统计分析，推荐用下列公式估算臂架质量：

$$m = \frac{1}{10}(K_1 L + K_2)L \quad (\mathrm{kg}) \tag{8-34}$$

式中：L——臂架长度，m；

K_1——系数，当 $L<30\mathrm{m}$ 时，$K_1=4$；当 $L\geqslant 30\mathrm{m}$ 时，$K_1=5$；

K_2——系数，当 $L<30\mathrm{m}$ 时，$K_2=40$；当 $L\geqslant 30\mathrm{m}$ 时，$K_2=45$。

(四)混凝土泵车总体布置

混凝土泵车的总体布置主要是取力装置、混凝土泵送装置、布料装置、操纵系统等的布置。

1．取力装置布置

在取力装置布置中,最重要的是分动器的设计和布置。通常分动器布置在变速器之后,将原传动轴截为两段,由万向轴传动。有的将分动器和多个液压泵集成一体成为组合式分动器,该分动器的汽车发动机动力通过装于变速器上的取力器和万向轴传入。其优点是:体积小,性能好,改装方便,汽车传动轴不需截断,可保持原样。

2．混凝土泵送装置布置

混凝土泵送装置是将料斗内的混凝土泵入输料管中并压送到浇注处,是泵车的主要工作装置,通常布置在汽车纵梁之间,固定在汽车车架上。但是,要注意这样的布置方式容易与汽车后桥的制动气室发生干涉。料斗的工作高度应尽量低,以方便装料。为此,在保证车辆的最小离地间隙、离去角和后悬等尺寸符合有关规定的情况下,常将泵送装置的中心线与汽车车架上平面成后倾10°以内的角度,以降低料斗高度。

3．布料装置布置

布料装置用于输送混凝土,并在涉及范围内沿水平方向和垂直方向进行浇注作业。布料装置转台的布置形式大都采用前置式,布置在接近汽车前桥处,臂架向后伸,如图8-30a)所示。并且转台与汽车后部的泵送装置距离大,受振动的影响小。

布料装置的臂架1(图8-30)与转台2上的立柱3铰接,下方有液压举升缸4支撑。臂架为折叠式,可采用不同的折叠方法。图8-30a)和d)分别为下卷式O形和下折叠式Z形折叠臂架,折叠后均具有质心低的优点;图8-30b)为上折叠式S形,中、上节臂可以做得较长,折叠后可悬置于驾驶室上方;图8-30c)为上卷式O形,中、上节臂也可做得较长,折叠后悬置于驾驶室上方,但质心高,对泵车的行驶稳定性不利。超过3节折叠的臂架,一般采用混合式折叠。

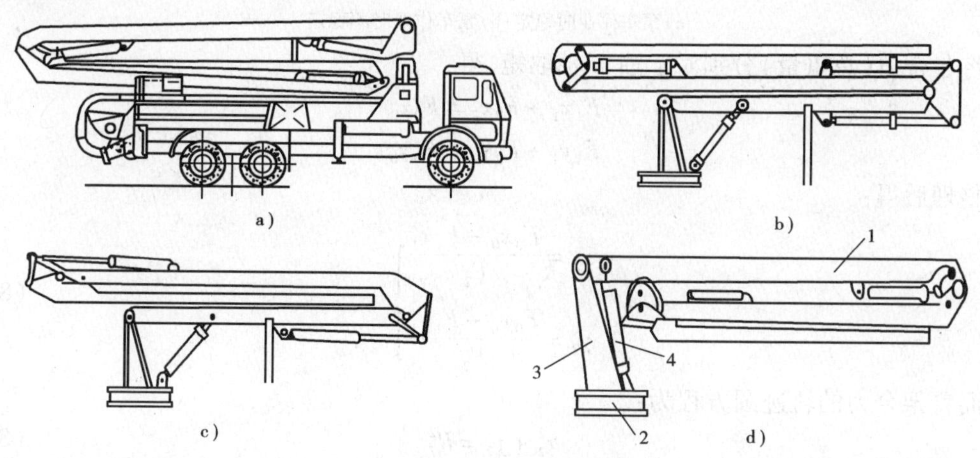

图8-30　臂架折叠形式

a)下卷式O形;b)上折叠式S形;c)上卷式O形;d)下折叠式Z形

1-臂架;2-转台;3-立柱;4-液压举升缸

(五)泵车作业时的稳定性分析

混凝土泵车作业时,由于质心升高,同时受到臂架重量、输料管及其中混凝土的重量、臂

架变幅产生的惯性力、风力以及混凝土在管道中运动产生的振动等作用，使泵车在作业中可能会失去稳定性。为此，在设计中应限制臂架的工作幅度、降低转动部分的质量、加大支腿的支承面积和增加泵车非转动部分的质量等，以保证混凝土泵车作业时的稳定性。

下面介绍用合力轨迹圆方程校核泵车作业稳定性的方法。

泵车最不利的作业状态是臂架处于全伸水平位置，并作回转运动的时候。由于作用在臂架上的载荷是不变的，臂架回转时其轨迹为一个圆，故泵车所有载荷的合力轨迹也为一个圆。合力轨迹圆方程推导如下（图 8-31）。

$$F_0 = F_1 + F_2 \tag{8-35}$$

式中：F_0——泵车的总重量，N，其合力坐标为(x, y)；

F_1——泵车下车部分（不回转部分）的总重量，N，其坐标为(x_1, y_1)；

F_2——泵车上车部分（回转部分）的总重量，N，其坐标为(x_2, y_2)。

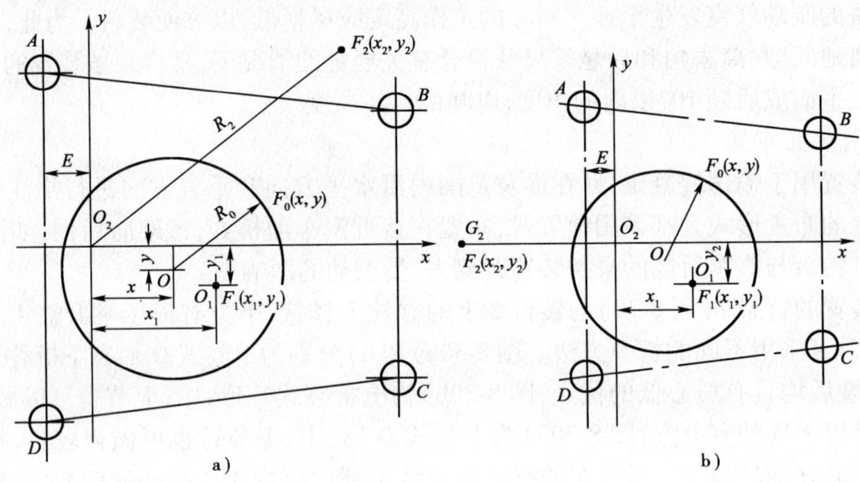

图 8-31　合力轨迹圆分析图

a）泵车作业时稳定；b）泵车作业时不稳定

将各合力（总重量）分别对 y 轴、x 轴取矩，得：

$$F_1x_1 + F_2x_2 = F_0x_0$$
$$F_1y_1 + F_2y_2 = F_0y_0$$

整理后得：

$$\left.\begin{aligned} x_2 &= \frac{F_0x_0 - F_1x_1}{F_2} \\ y_2 &= \frac{F_0y_0 - F_1y_1}{F_2} \end{aligned}\right\} \tag{8-36}$$

而臂架合力的轨迹圆方程为：

$$x_2^2 + y_2^2 = R_2^2 \tag{8-37}$$

将式(8-43)代入式(8-44)并整理得：

$$\left(x - \frac{F_1}{F_0}x_1\right)^2 + \left(y - \frac{F_1}{F_0}y_1\right)^2 = \left(\frac{F_2}{F_0}R_2\right)^2 \tag{8-38}$$

式(8-45)即为泵车合力轨迹圆方程，圆心坐标为$(F_1x_1/F_0, F_1y_1/F_0)$，半径为F_2R_2/F_0。图 8-31a）所示的合力轨迹圆刚好全部落在支撑面 ABCD 内，表示泵车作业时是稳定的。若轨迹圆部分落在支撑面外，如图 8-31b)，则表示臂架回转到 AD 支撑线左侧后，泵车有可能出现倾翻，作业是不稳定的。

有时还对泵车稳定性给出许用稳定安全系数[K]。所谓许用稳定安全系数是指在臂架轴线与倾覆线(泵车的四边形支承面的任意一边线)正交时，倾覆线内(即支承面内)的稳定力矩 M_n 与倾覆线外侧的倾覆力矩 M_w 之比值。安全条件为：

$$\frac{M_n}{M_w} \geq [K] \tag{8-39}$$

式中：[K] = 1.25

现以图 8-31b)来说明 M_n 和 M_w 的计算。假定轨迹圆部分落在 AD 线左侧，则泵车可能会出现向 AD 左侧倾翻。AD 线即为倾覆线，臂架轴线 O_2G_2 与 AD 线正交(相交 90°)，如图示状态。E 为 AD 与 y 坐标轴的距离，则：

$$M_n = F_1(x_1 + E)$$
$$M_w = F_2(x_1 - E)$$

三、混凝土泵送装置的结构与设计

(一)泵送装置结构和作用

活塞式混凝土泵送装置如图 8-32 所示。

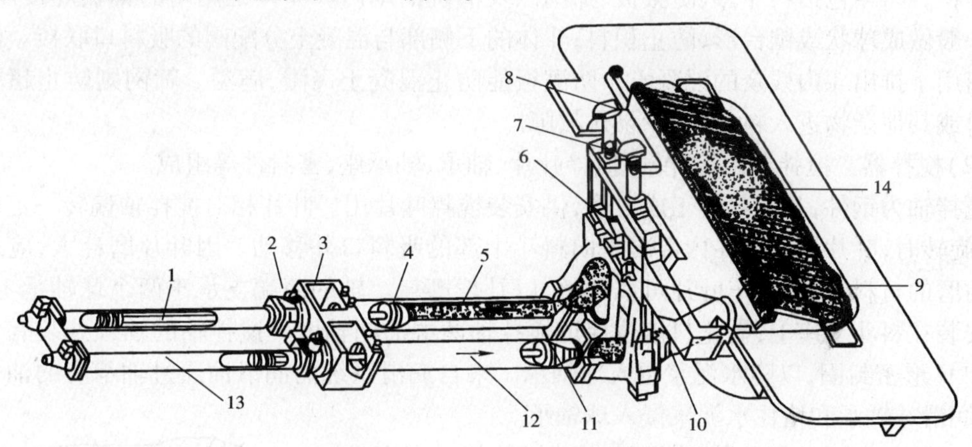

图 8-32　混路土泵送装置示意图

1、13-主液压缸；2-先导阀；3-洗涤室；4-混凝土缸活塞总成；5、12-混凝土缸；6-混凝土分配阀；7、8-分配阀换向液压缸；9-料斗；10-Y 形管；11-搅拌装置；14-筛网

1．主液压缸

主液压缸的作用是利用液压来驱动混凝土缸活塞作往复运动。液压缸体用无缝钢管制成，内壁镀铬，以提高耐磨性和延长使用寿命。主液压缸活塞和活塞杆分别采用球墨铸铁和碳钢制造；活塞上有两个支撑环压在液压缸的内壁上，起导向作用，为改善活塞杆的耐磨性和耐腐蚀性，一般在其表面镀有硬铬层；撞块套装在活塞端部，表面呈圆弧形，当活塞运动到终端时，撞块的弧面推动先导阀的顶杆(即先导阀的阀心)，实现控制换向阀换向，使活塞反向运动。

2．混凝土缸

混凝土缸与主液压缸共用一根活塞杆(图 8-32)，主液压缸活塞推动活塞杆，混凝土缸活塞随之在混凝土缸内作往复运动。混凝土缸采用无缝钢管制造,内壁镀铬或作其他表面耐磨、耐腐蚀处理。

混凝土缸活塞用钢件制成,表面注塑(聚氨脂),防止被混凝土腐蚀;聚氨脂密封活塞将润滑脂均匀地涂在混凝土缸内壁的表面上,在吸料时能防止空气进入缸内;活塞总成由卡键固定在活塞杆上。一般活塞的寿命为7 000~1 000m^3 混凝土。

3. 洗涤室

洗涤室是用钢板拼焊而成的箱形体,用来连接主液压缸和混凝土缸,在作业完毕后,使混凝土活塞退到洗涤室,进行清洗、保养或更换。安装混凝土活塞时,活塞先进入洗涤室,再装到活塞杆上后才进入混凝土缸。在洗涤室的前后安装面上有定位止口,保证主液压缸和混凝土缸安装时的同轴度。洗涤室上还有4个插销孔,当混凝土活塞装入混凝土缸后,插上插销,防止混凝土活塞从缸内脱出。

4. 搅拌装置

搅拌装置包括料斗、搅拌机构、液压马达及传动装置等。搅拌装置的作用是:对混凝土进行二次搅拌,提高混凝上的可泵性;向混凝土缸喂料,提高混凝土泵的吸入率。

(1)料斗。料斗是混凝土泵车的蓄料装置。混凝土运输设备向混凝土泵供料的速度同泵的泵送速度不能完全一致,料斗起到中间调节作用,也为了防止吸料口吸空,料斗要有一定的容积。料斗包括料斗体、防溅板、筛网以及清洗活动门。斗体是用耐磨钢板焊接而成,两端一般做成球状或锥台形,防止积料;斗体的下侧部与混凝土分配阀的吸料口联接。清洗活动门用于排出斗内残余的混凝土。防溅板能防止混凝土飞溅、满溢。筛网则防止超料径的骨料或其他杂物进入料斗,减少泵送故障。

(2)搅拌器。搅拌器由搅拌轴、搅拌叶片、轴承、轴承座、密封件等组成。

搅拌轴为钢件,其中部加工成方形,供安装搅拌叶片用。叶片相对搅拌轴偏转一定的角度,轴旋转时,叶片搅动着斗内混凝土向料斗中部的吸料口外移动。因叶片磨耗大,应采用比较耐磨的材料;有些泵车叶片可以调整,以补偿磨耗。轴的两端支承于两个球轴承上,球轴承安装在料斗支座上,有止口定位保证搅拌轴两端的同轴度。搅拌轴的轴颈处装有骨架油封和O形密封圈,以防水泥浆侵入球轴承。来自润滑系统的润滑油通过轴承座的油孔注入,以润滑球轴承和堵住水泥浆侵入球轴承。

(3)驱动装置。驱动装置是驱动搅拌轴旋转的机构,驱动形式有很多种,有用低速大转矩油马达直接驱动搅拌轴的,也有用油马达通过减速机构带动搅拌轴的。有的泵车是用链传动机构减速,其中链条的松紧可以用调节螺栓调节,这样有利于搅拌及自动反转。

5. 混凝土分配阀

混凝土分配阀的功能是控制料斗和混凝土泵中的混凝土流向,是活塞式混凝土泵的关键部件之一,它直接影响泵车的性能。

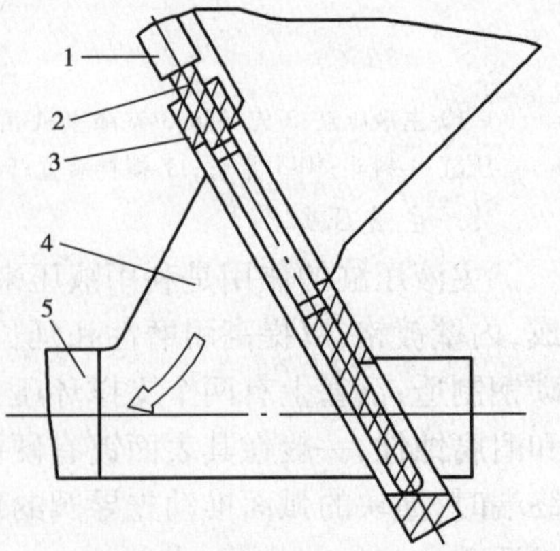

图8-33 斜置式闸板阀工作原理图
1-换向液压缸活塞杆;2-阀板;3-阀座;4-阀室;5-混凝土缸

混凝土分配阀有斜置式闸板阀、平置式闸板阀、旋转式板阀、垂直轴式蝶阀、水平轴式蝶阀、平置式S形管阀等多种类型。下面对几种分配阀作简单介绍。

(1)斜置式闸板阀。斜置式闸板阀倾斜地设置在料斗侧面，如图 8-33 所示。阀板与混凝土流道料交，阀口上部与料斗相通，下部与 Y 形管相接，阀板在换向液压缸活塞杆控制下在阀座内上下滑动，交替地启闭吸料口和排料口，使混凝土缸完成吸料、排料过程。两个分配阀协调工作，一个混凝土缸吸料，另一个混凝土缸排料，实现泵车连续不断地输送混凝土。这种分配阀的优点是：泵体结构紧凑，流道合理，进料口径大，换向速度快（0.17～0.2s），对各种坍落度的混凝土适应性强，还可降低料斗高度。阀的主要件阀板、上下阀座均采用高强度、淬硬性好的铬钼钢制成。

（2）平置式闸板阀。平置式闸板阀布置在料斗的下部，与混凝土流道成 90°角，如图 8-34所示。它是在料斗、混凝土缸、Y 形管三者之间装有两个闸板，其中水平闸板控制从料斗流向混凝土缸的进料；垂直闸板控制从混凝土缸流向 Y 形管的排料。两个闸板都是在换向液压缸的控制下工作。该阀结构简单，密封性好，维修方便，混凝土流道无变化，但料斗位置较采用斜置式闸板阀高。

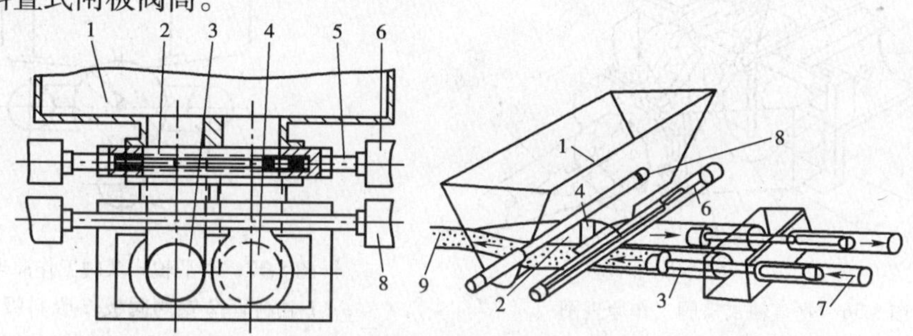

图 8-34　平置式闸板阀示意图

1-料斗；2-水平闸板；3-混凝土缸；4-垂直阀板；5-液压缸活塞杆；6、8-换向液压缸；7-主液压缸；9-Y 形管

（3）旋转式板阀。旋转式板阀由扇形阀板、舌形阀板和转轴等组成，如图 8-35 所示。两阀板装在同一转轴上，成为阀组，可随转轴来回摆动。阀组置于料斗底部，混凝土缸也在料斗底部通过。当扇形阀板将甲混凝土缸的出料口打开而封闭乙混凝土缸出料口时，舌形阀板同时将乙混凝土缸的进料口打开而封闭甲混凝土缸的进料口。下一个过程则相反。所以转轴不断摆动，两缸交替进料和出料，泵车连续输送混凝土。

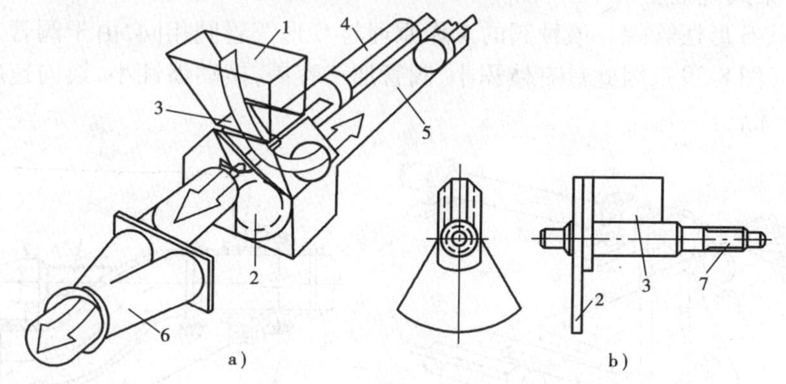

图 8-35　旋转式板阀示意图

a）旋转式板阀工作原理；b）板阀阀组

1-料斗；2-扇形阀板；3-舌形阀板；4、5-混凝土缸；6-Y 形管；7-转轴

（4）垂直轴式蝶阀。蝶阀轴垂直地支撑在阀箱内，在液压缸活塞杆推动下，阀板随垂直轴来回摆动，从而使混凝土缸与输料管或料斗交替相通，完成排料或吸料过程（图 8-36）。这种分配阀的优点是结构简单，维修方便，使用寿命较长（可输送 30000m^3 混凝土），泵的流

道短，省去了 Y 形管，阀板摆动惯性小，与阀箱的接触面小，不易被灰浆卡塞，运动阻力小等。不足之处是阀板边缘磨损后无法自动补偿，易造成漏浆，流道截面变化大，造成较大的压力损失。

(5)水平轴式蝶阀。如图 8-37 所示，水平布置的水平轴 5 由液压缸驱动，蝶阀阀板 2 随之转动，使料斗 4 与混凝土缸 3(或 6)、输料管 1 与混凝土缸 6(或 3)相通，完成吸料和排料过程。两混凝土缸吸料和排料交替进行，泵车实现连续排料。使用这种阀时，料斗高度稍高，混凝土流通要比垂直轴式蝶阀畅通。

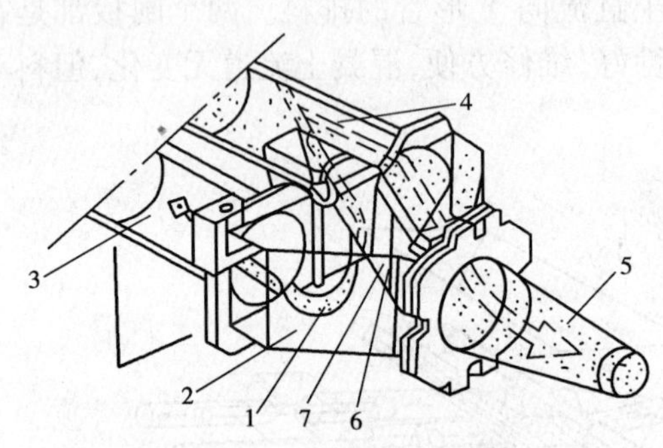

图 8-36　垂直轴式蝶阀工作原理图

1-料斗与混凝土缸通道；2-阀箱；3-吸料混凝土缸；4-排料混凝土缸；5-输料管；6-蝶阀垂直轴；7-蝶阀阀板

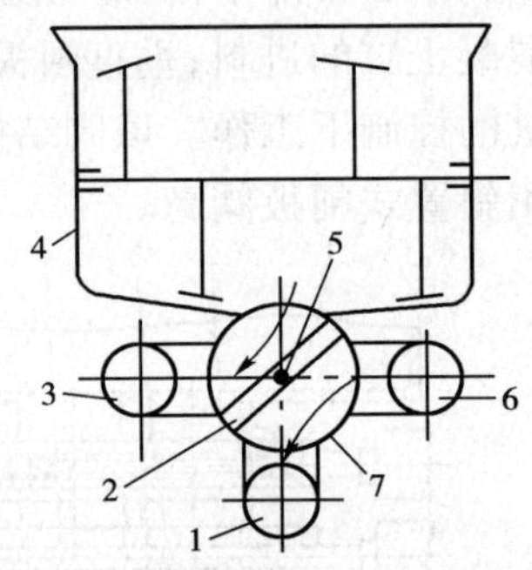

图 8-37　水平轴式蝶阀工作原理图

1-输料管；2-蝶阀阀板；3-吸料吸混凝土缸；4-料斗；5-蝶阀水平轴；6-排料混凝土缸；7-蝶阀阀体

(6)C 形摆管阀。如图 8-38 所示，摆管 3 的一端与输料管 4 相通，另一端则置于料斗内，可以摆动，由控制液压缸通过摆臂驱动，使其管口与两个混凝土缸交替接通、断开，接通缸即为泵送混凝土缸，断开缸则从料斗吸料。摆管阀的优点是料斗高度可以较大地下降，混凝土流道畅通、平滑，省去了 Y 形管，减少堵塞，阀的密封性好，磨损后可实现补偿或自动补偿。但对粘性大、坍落度小的混凝土不太适应。由于摆管阀的管体呈弧形，加工较困难。摆管阀适用于臂架式混凝土泵车。

(7)平置式 S 形摆管阀。该种阀的工作原理与 C 形摆管阀相同，由于阀管采用 S 形，流道弯曲度减小(图 8-39)，因此具有体积小，阀管加工容易，摆动惯性小，换向速度快，混凝土流动阻力小等优点。

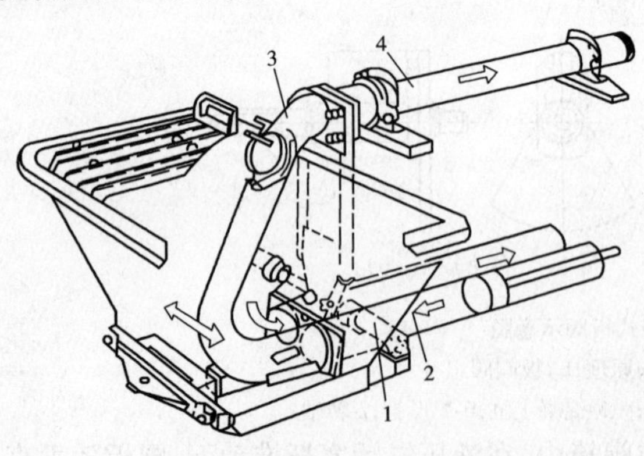

图 8-38　C 形摆管阀工作原理图

1-控制液压缸；2-混凝土缸；3-阀管；4-输料管

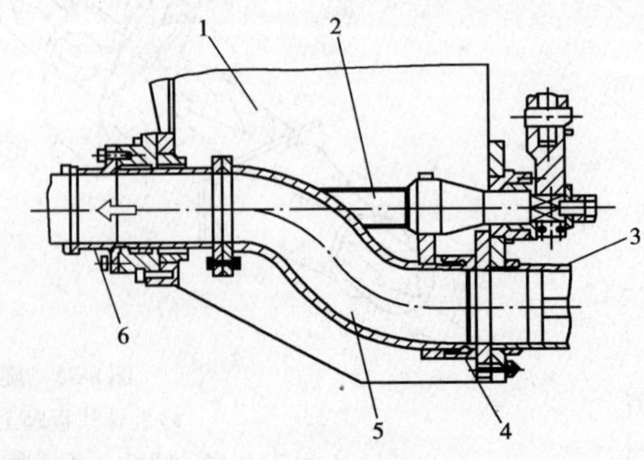

图 8-39　干置式 S 形摆管阀工作原理图

1-料斗；2-驱动轴；3-混凝土缸；4-压环；5-S 形管；6-输料管接口

(二)泵送装置推力的确定

泵送装置推力用于克服混凝土在输料管道中的流动阻力、泵送装置的摩擦力、惯性力和吸料阻力等。

1. 混凝土流动阻力 F_1

流动阻力 F_1 是指混凝土在输料管中的输送阻力,可通过前面介绍的泵送压力 p 求得:

$$F_1 = \frac{\pi}{4} D^2 p \tag{8-40}$$

式中:D——混凝土缸内径,m。

2. 摩擦力 F_2

摩擦力 F_2 主要指主液压缸活塞和混凝土缸活塞与缸壁的摩擦力,可用下式近似地计算:

$$F_2 = \mu A \Delta p \tag{8-41}$$

式中:μ——摩擦系数,橡胶密封,动摩擦的 $\mu = 0.05$,静摩擦的 $\mu = 0.01$;

A——摩擦面积,$A = \pi DLn$,m^2;

D——缸径,m;

L——接触长度,m;

n——缸数;

Δp——活塞两端的工作腔与非工作腔的压力差,Pa。

3. 惯性力 F_3

惯性力主要由活塞和活塞杆运动到活塞两止点附近时的加速度和减速度所产生,可用下式计算:

$$HJ1F_3 = (m_1 + m_2)\frac{\Delta v}{\Delta t} \tag{8-42}$$

式中:m_1、m_2——分别为活塞和活塞杆的质量,kg;

Δv——速度变化值,m/s;

Δt——速度变化的时间,s。

4. 吸料阻力 F_4

目前混凝土泵均采用双列单动液压缸驱动,两个液压缸的非工作腔相互连通,形成闭合油路,其压力主要用于克服混凝土缸的吸料阻力(活塞摩擦阻力、回油阻力等均较小,可忽略不计),吸料阻力 F_4 可用下式计算:

$$F_4 = \frac{\pi}{4} D^2 p_0 \tag{8-43}$$

式中:D——混凝土缸内径,m;

p_0——负压力,Pa;

泵送装置的推力 F 由主液压缸产生,应为上述 4 种力之和,即:

$$F = F_1 + F_2 + F_3 + F_4 \tag{8-44}$$

(三)对泵送装置主要部件的设计要求

1. 混凝土缸

混凝土缸是泵车的主要部件,要求耐磨、耐腐蚀,并有足够的强度和刚度。故缸体要用高碳钢制造，其内壁淬火硬度为 HRC55，或在内壁表面镀铬，厚度大于 0.2mm。缸体要进行强度校核；同时，为了保证主液压缸和混凝土缸的同轴度，对两缸连接面的加工精度要进行控制。

2. 混凝土缸活塞

混凝土缸活塞的工作速度高，承受压力大，又与混凝土接触，故容易产生磨损与腐蚀，通常用钢材制造活塞基体，用聚胺脂橡胶作密封层。活塞要能抗压并有韧性，密封层要耐磨、耐腐蚀，并有一定强度；同时，在结构上要求拆卸和更换方便。

3. 搅拌装置

搅拌装置的料斗要有较大的容积，一般大于 0.35m^3，料斗的口部装有筛网，网孔尺寸为最大骨料的 1.5 倍，料斗的出料口应既能防止空气进入混凝土缸内，又便于混凝土流动，减少混凝土起拱。搅拌叶片的搅拌速度应与混凝土缸吸料口处的混凝土流速相适应，叶片旋转扫过的空间形状应与料斗的形状相似，叶片与料斗的间隙应大于最大骨料的尺寸。

4. 混凝土分配阀

目前应用的混凝土分配阀主要是滑动式板阀和摆动式管阀两种，一般设计要求是：

(1)应具有良好的吸入、排出性能，如吸入通道短，吸入口大，截面和形状不变，流通畅顺，压力损失小等。

(2)应具有良好的换向性，吸入和排出动作协调、及时、迅速；换向动作宜在 0.3s 以内完成，以防止灰浆倒流。

(3)阀门和阀座的相对运动部位应具有良好的密封性，以防止漏浆。

(4)分配阀工作条件恶劣，作业中与混凝土强烈摩擦和冲击，容易磨损，故要有良好的耐磨性。

(5)结构简单，便于加工和维修。

四、布料装置的结构与设计

(一)布料装置结构与功能

布料装置由转台总成、臂架、臂架液压缸及混凝土输料管等组成，如图 8-40 所示。转台总成安装在转台座上，转台的回转由回转机构来实现。

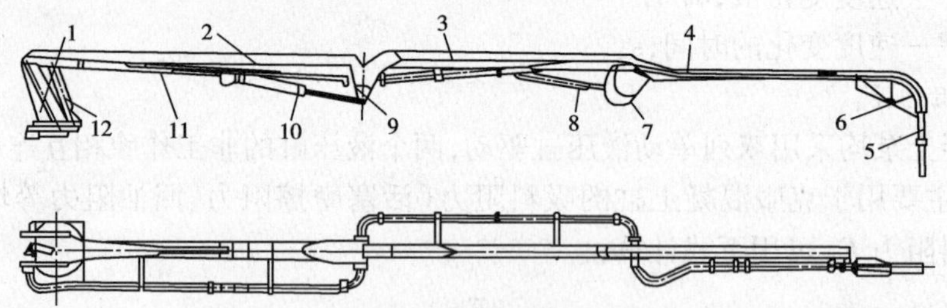

图 8-40 布料装置结构图

1-转台；2-下节臂；3-中节臂；4-上节臂；5-软管；6-支架；7-上铰链；8-上节臂液压缸；9-中铰链；10-中节臂液压缸；11-臂架输料管；12-下节臂液压缸

回转机构的工作是液压马达通过减速器驱动回转支撑，连同安装在其上的回转台一起转动。回转台的制动是由制动液压缸控制的盘式制动器来实现。

回转台的中心装有中心回转接头(图 8-41)，臂架液压缸用的液压油管和混凝土输料管都从转台座的下部经过中心回转接头通向回转台上方。这样布置，在转台回转时不会影响这些管道的走向。整个臂架由转台立柱和下节臂液压缸(即液压举升缸)支撑，故可随转台回转,中、上节臂分别由中、上节臂液压缸和节臂间铰链支撑。臂架的伸缩和升降(即变幅)由各节臂的液压缸来实现。臂架上的混凝土输料管从中心回转接头穿过转台后,再穿过转台立柱与下节臂铰支点及各节臂铰支点,沿臂架两侧直通臂端。这样布置就不影响臂架的回转和折叠。臂端的支架主要用来支撑橡胶软管。

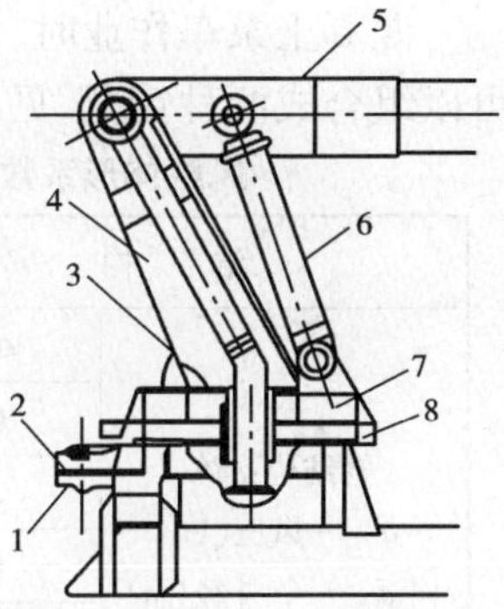

(二)臂架设计要求与强度计算

1. 设计要求

根据混凝土泵车的工作条件,对臂架的设计要求如下:

①臂架的作业范围(高度、水平半径、深度)要尽量大;

②臂架展开、折叠方便,且需要的展开空间要小;

③折叠后臂架整体结构紧凑,并尽可能降低质心。

图 8-41 中心回转接头位置图
1-制动器;2-减速器;3-中心回转接头;4-立柱;5-下节臂;6-下节臂液压缸;7-回转台;8-回转支撑

2. 臂架承受的载荷

(1)自重。自重是指臂架、液压缸及输料管等部件的总重力 G。设计时可根据经验进行计算或参考同类臂架的质量估算。

(2)工作载荷。工作载荷是指作用于臂架上的输料管中的混凝土重力,可以看作是沿臂架长度上的均布载荷 q,以及臂架端部橡胶软管内的混凝土重力,可以认为是作用于臂架端部的集中载荷 Q。

(3)惯性力。当臂架的回转机构制动或臂架开始回转时,回转部件会产生惯性力 F_g,可用下式计算:

$$F_g = 0.104\frac{mRn}{t} \quad (8\text{-}45)$$

式中:m——回转部件总质量,kg;

R——回转部件质心到回转中心的距离,m;

n——回转转速,r/min;

t——回转机构制动或开始回转加速时间,s。

(4)动载荷。泵车作业时,混凝土在输料管中不连续流动所引起的振动构成动载荷,其值为输料管中混凝土的重力与冲击系数 K 的乘积,K 一般取 1.3。此外,汽车发动机、混凝土分配阀、臂架液压缸的工作也使臂架产生振动而构成动载荷,其值为各机构重力与动载系数 K_d 的乘积,K_d 一般取 1.2。

(5)附加载荷

①臂架端部的橡胶软管在布料中常受到浇注混凝土工人的拉引,传到臂架端部引起侧向拉力 F_c,设计中应考虑,一般取 $F_c = 300\text{N}$。

②臂架工作时,有时会受到侧向风作用产生风载荷 F_w,可用下式计算:

$$F_w = qcA \quad (\text{N}) \quad (8\text{-}46)$$

q_1、q_2 推荐表 表 8-4

地区	q_1/Pa	q_2/Pa
沿海	150	250
内地	100	150

式中:q——风压,Pa,按表 8-4 选取,q_1 用于正常工作状态,q_2 用于构件强度计算;

c——风载体形系数,见表 8-5;

A——臂架在垂直风向平面上的投影面积,m^2。

混凝土泵车作业时,由于工作条件不同,臂架实际受到的载荷也不同,按上述几种载荷可以组合成两种情况,见表8-6。

风载体形系数 c 值　　表8-5

结　　构		c
管结构:qd^2 q——风压(Pa d——管外径(m)	≤10	1.2
	11	1.1
	12	1.0
	13	0.9
	14	0.8
	≥15	0.7
矩形梁或桁架		1.2~1.4
箱　　形		1.2

臂架载荷组合表　　表8-6

载　　荷			载荷组合	
类别	载荷名称	代号	第一类计算载荷	第二类计算载荷
基本载荷	自重载荷 自重动载荷系数	G K_d	K_dG	K_dG
	工作载荷 振动载荷系数	$q+Q$ K	$K(q+Q)$	$K(q+Q)$
	惯性力	F_g	F_g	—
附加载荷	侧向载荷	F_c	—	F_c
	风载荷	F_w	—	F_w

第一类计算载荷指混凝土泵车在正常工作条件下,臂架受到自重、工作载荷、动载荷、惯性力等的作用力,用来计算传动零件和金属结构的疲劳强度(耐久性)、磨损性和发热,又称寿命计算载荷。

第二类计算载荷指泵车在工作中可能出现的最大载荷,由第一类载荷和附加载荷组成。主要用于对传动零件、金属结构件的强度、稳定性进行计算,又称强度计算载荷。

3. 臂架强度计算

泵车在进行作业时,臂架的工作位置不同,其受力情况也不一样。图8-42为3节臂架的4种工作位置:第一种工作位置为3节臂全部处于水平位置,呈最大受力状态;第二种工作位置为有一节臂处于垂直状态,当臂架回转时,水平节臂产生的惯性力引起垂直节臂受到转矩作用;第三种工作位置为有两节臂处于垂直状态,臂架回转时垂直节臂同样会受到转矩作用;第四种工作位置是全部节臂处于垂直状态,臂架要承受最大的轴向力,还要考虑臂架(压杆)的稳定性问题。

现假定臂架为箱形节臂,在任意位置横截面上受到的内力如图8-43所示,坐标原点设在截面中心,Mx、M_y 为弯矩,T 为转矩,N 为轴向力,Q_x、Q_y 为截面内的切力,A 为截面积,W_x、W_y 为抗弯截面模量,则任何横截面上的最大压应力 σ_1 和最大拉应力 σ_3 分别为:

$$\sigma_1 = -\frac{N}{A}-\frac{M_x}{W_x}-\frac{M_y}{W_y} \tag{8-47}$$

$$\sigma_3 = -\frac{N}{A}+\frac{M_x}{W_x}+\frac{M_y}{W_y} \tag{8-48}$$

截面上的切应力为:

$$\tau = -\frac{Q_x}{(\delta_1+\delta_2)b}+\frac{T}{2\Omega\,\delta_h} \tag{8-49}$$

$$\tau_h = -\frac{Q_y}{2\delta_h h}+\frac{T}{2\Omega\,\delta_h} \tag{8-50}$$

式中:　τ——上下箱板的切应力,MPa;

τ_h——侧箱的切应力,MPa;

δ_1、δ_2、b——分别为上下箱板的厚度和宽度,m;

δ_h、h——分别为侧箱板的厚度和高度,m;

Ω——横截面箱壁中心线包容面积,m^2。

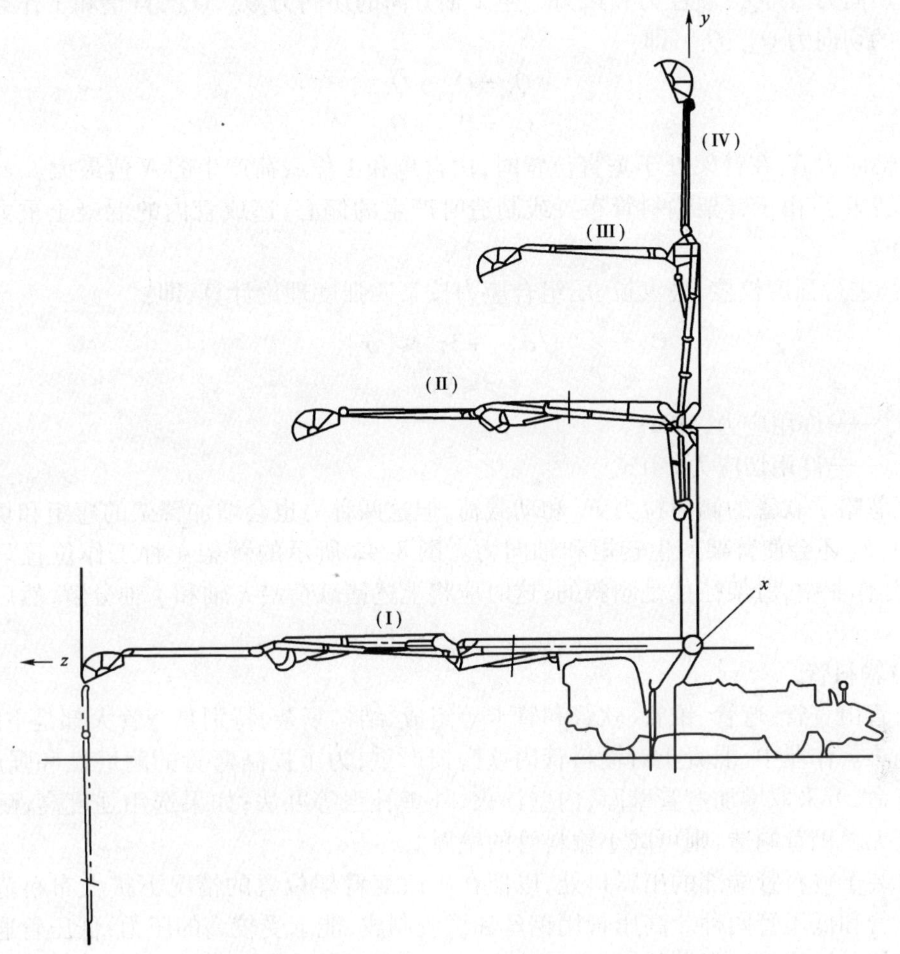

图 8-42　臂架工作位置示意图

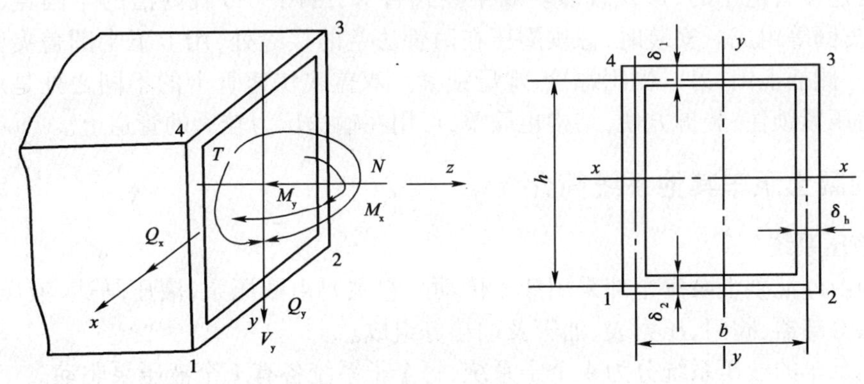

图 8-43　箱形臂架横截面尺寸和内力

截面上各作用力计算方法如下:

(1)弯矩 M_x、M_y;M_x 由自重和工作载荷产生的弯矩 M_G、M_Q 所引起;M_y 由惯性力和风力等侧向载荷产生的弯矩 M_g、M_w 所引起。即：

$$M_x = M_G + M_Q \tag{8-51}$$

$$M_y = M_g + M_w \tag{8-52}$$

（2）切向力 Q_x、Q_y：惯性力和风力产生 x 轴方向的切向力 Q_{gx}、Q_{wx}，自重和工作载荷产生 y 轴方向的切向力 Q_{Gy}、Q_{Qy}，即：

$$Q_x = Q_{gx} + Q_{wx} \tag{8-53}$$

$$Q_y = Q_{Gy} + Q_{Qy} \tag{8-54}$$

（3）轴向力 N：在臂架处于垂直位置时，由自重和工作载荷产生的 N 值最大。

（4）转矩 T：由于臂架输料管布置或制造时产生的偏心，造成管内的混凝土重力对臂架产生转矩 T。

最后，进行强度校核，最大拉、压组合应力按第四强度理论计算，即：

$$\sqrt{\sigma_{1.3}^2 + 3\tau^2} \leqslant [\sigma] \tag{8-55}$$

$$\tau \leqslant [\tau] \tag{8-56}$$

式中：$[\sigma]$——许用应力，MPa；

$[\tau]$——许用切应力，MPa。

这里忽略了软管的侧向拉力 F_c 和动载荷，但这两种力也会增加臂架的弯矩和切力。实际工作中，F_c 还会使臂架产生转矩和轴向力。图 8-42 所示的臂架 4 种工作位置只是特殊状态，实际作业中，臂架往往是倾斜的，这时应将上述诸载荷沿 x 轴和 y 轴分解，然后再进行计算。

（三）输料管

输料管由直管、弯管、锥管、软管和管卡等组成，结构复杂，特别是弯管大部是空间弯曲，制造较困难。作业中，混凝土对输料管内壁磨损严重，为了提高弯管的耐磨性和强度，延长其使用寿命，可采取增加弯管壁厚，内壁淬火，外壁补强等办法；如果选用强度高、耐磨性好的低合金无缝钢管制造，则可减小输料管的壁厚。

软管装于输料管端部的出料口处，以便在不改变臂架位置的情况下扩大布料范围。软管分高压管和低压管两种。高压管用钢丝和橡胶制成，能承受较高的压力；低压管通常采用普通橡胶管。软管对混凝土的流动阻力大，一般场合不宜太长。

管卡是连接管道用的，形式较多。双半圆式管卡，由两个带有内槽的半圆盖、螺栓、螺母、销和橡皮圈等组成。安装时，橡皮圈压在两管法兰的接缝处，用上下半圆盖夹紧两管的连接法兰，一侧插上销，另一侧用螺栓、螺母锁紧。双盖式快速管卡的不同之处是用偏心杠杆将上下盖压紧锁住，装拆方便，结构也简单，可用在输送压力较大的管道上。

五、混凝土泵车其他系统简介

（一）液压系统

目前国内外混凝土泵车全部采用液压传动。它主要由液压泵、液压马达、液压缸、蓄能器、过滤器、冷却器、阀门、压力表、油管及油箱等组成。

混凝土泵车的液压系统分为 4 个子系统，每个子系统各有 1 个液压泵驱动。

1. 主液压系统

主液压系统的功能是使主液压缸和混凝土分配阀换向液压缸工作，并通过控制元件使各液压缸的动作按顺序进行，保证正常泵送混凝土。

2. 臂架液压系统

臂架液压泵一般采用斜轴式柱塞泵。两个手动三位四通换向阀操纵支腿水平液压缸和支腿垂直液压缸,截止阀和双向液压锁锁定支腿工作状态。3 个臂架液压缸和液压马达用三位四通电磁换向阀组分别控制,实现臂架变幅和回转。每个臂架液压缸的油路上均设置了组合阀。组合阀由调速阀、溢流阀、双向液压锁等组成。在液压马达的回路上有 1 个起缓冲作用的综合阀。制动液压缸的油路由二位四通电磁换向阀控制。

3. 搅拌液压系统

搅拌液压系统主要由齿轮泵、液压马达和集流块等组成。

集流块一般由两个溢流阀(主溢流阀和反转溢流阀)、手动三位四通换向阀、液控二位四通阀、液控弹簧复位二位四通阀等集成为阀块。集流块具有控制液压马达自动反转、恢复正转及手动正反转等功能。其原理是,当搅拌叶片被骨料卡住时,液压马达进口油路的油压升高,达到 11MPa 时反转溢流阀打开,压力油经单向阀使液控弹簧复位二位四通阀换向,这时液控二位四通阀随着换向,使液压马达的出油口变为进油口,液压马达反转;当搅拌叶片的卡阻骨料排除后,各阀恢复到原来状态,液压马达正转。

4. 冷却及水洗液压系统

用齿轮泵输送冷却液压油或驱动水泵工作,可由手动三位四通阀控制。冷却时,油箱内的液压油被齿轮泵输送到油冷却器进行冷却和净化。水洗时,压力油经管路进入水泵换向阀驱动往复式液压缸和与液压缸活塞共活塞杆的往复式水泵活塞随之运动,于是水泵工作。往复式液压缸由先导换向阀和两个液控水泵换向阀来控制其往复运动。

(二)润滑系统

混凝土泵车的驱动行走,臂架的折叠伸展与其他工程车相似,但其特殊之处,在于它用来输送混凝土的功能,使其在诸多方面要求更严格,向摩擦副表面供给润滑剂就是其中一个重要方面。

由于混凝土泵车的主要专用部件工作速度高,动作频繁,且常与混凝土接触或被砂浆渗入,容易腐蚀、损坏。如混凝土分配阀、混凝土活塞、搅拌轴上的轴承部位等都要求有良好的润滑来保证机构正常运转和阻止砂浆侵入,以提高零部件的使用寿命。

润滑系统包括油脂泵、蓄能器、油脂分配阀、单向阀、过滤器、油脂箱、铜管和接头等。工作时,由往复式油脂泵通过过滤器将油脂箱内的半流体状态的润滑脂泵入蓄能器中储存,由蓄能器释放出的润滑脂经油脂分配阀到各个润滑点。混凝土分配阀上的润滑点一般装有单向阀。

(三)清洗系统

清洗系统是在混凝土泵车作业完毕后,对输料管道和整车进行清洗的工作装置。清洗的方法有多种,常用的有水洗和气洗。水洗因动力的不同有着许多形式。例如,电泵水洗系统和涡轮泵水洗系统。泵车上可设专门的清洗装置,也可利用混凝土泵泵水进行自身清洗。如设置有摆管阀的混凝土泵就可利用摆管阀密封性好的优点,进行管道自身清洗。设置有板阀的混凝土泵,由于板阀的密封性较差,则利用反吸的方法即反泵工作来清除输料管中的残余混凝土。

混凝土泵车专设的清洗系统,所使用的往复式水泵具有压力高、流量大的优点。往复式水泵由液压缸驱动,水泵两端各有两个单向阀,每端各有一个吸阀和一个排阀,所以活塞每个行程都能吸水和排水,从而形成连续供水。当水泵活塞移动时,水泵的一个腔经单向阀从水罐中吸水,而水泵的另一个腔经单向阀将水压入软管,软管前端的法兰与混凝土管连接,高压清洗水推动在混凝土管中预先放好的清洗活塞和海绵球,将管中残余的混凝土排出。

(四)操纵系统

操纵系统用来控制主液压泵流量和发动机转速,从而改变泵车的混凝土排出量。图8-44a)为通过手柄、钢丝软轴调节发动机的调节器,控制发动机转速在1000~2000r/min内工作。图8-44b)为通过手柄、钢丝软轴调节主液压泵变量斜盘的斜度,改变主液压泵流量,从而改变泵车的混凝土排出量。

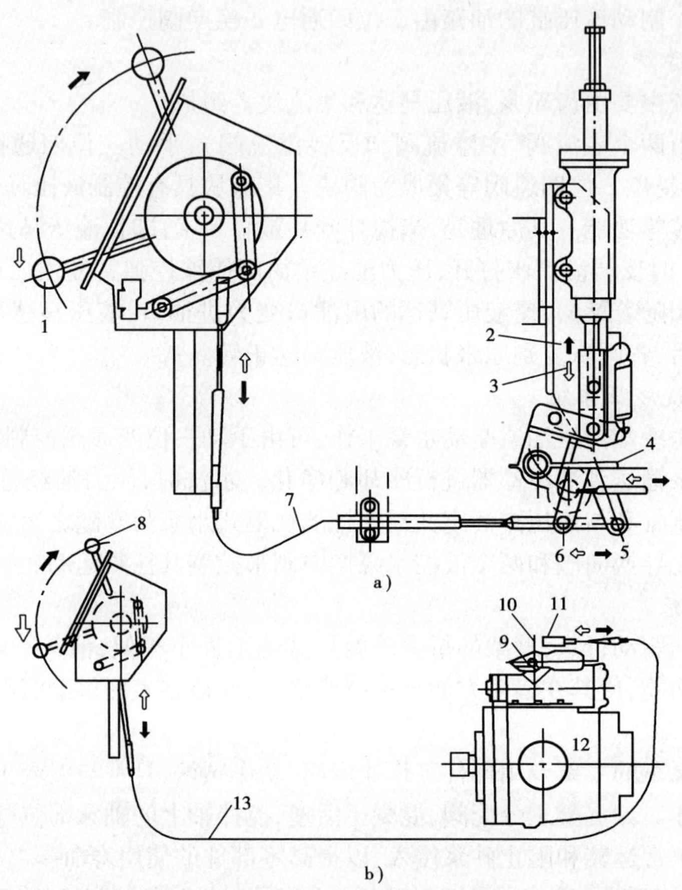

图8-44　操纵系统图

a)调节发动机转速;b)调节主液压泵流量

1、8-手柄;2-空转[600r/min]位;3-1000r/min位;4-发动机调节器;5-1500r/min位;6-2000r/min位;7、13-钢丝软管;9-斜盘操纵杆;10-最小斜度位;11-最大斜度位;12-主液压泵

1. 起重举升汽车的概念及类型。
2. 随车起重运输车的起重装置有几种结构形式?各自的布置方式如何?
3. 随车起重运输车主要由哪几部分组成,各组成部分的作用?
4. 随车起重运输车的主要技术参数有哪些?如何确定或计算?
5. 高空作业车概念、组成、用途及类型?
6. 高空作业车的工作装置由几部分组成,各组成部分的作用?

7. 掌握高空作业车支腿机构、举升机构、回转机构等的设计方法。
8. 混凝土泵车的概念及类型。
9. 混凝土泵车由几部分组成,各组成部分的作用?
10. 混凝土泵车的主要专业技术参数有哪些? 如何确定或计算?
11. 混凝土泵车的总体布置如何进行,主要包括哪些布置内容?
12. 混凝土泵车液压传动系统由几部分组成,各组成部分的作用?
13. 混凝土泵车布料装置由几部分组成,各组成部分的作用?

本书参照标准

1. GB 9417—88《汽车产品型号编制规则》
2. GB 1589—2004《道路车辆外廓尺寸、轴荷及质量限值》
3. GB 7258—2004《机动车运行安全技术条件》
4. GB 11567.1—2001《汽车和挂车侧面防护要求》
5. GB 11567.2—2001《汽车和挂车后下部防护要求》
6. JT 701—88《公路工程技术标准》
7. GB 150—1998《钢制压力容器》
8. ZB T 59003—88《自装卸垃圾汽车垃圾桶尺寸》
9. GB 8170—87《数字修约规则》
10. ZBT 73001—87《半挂车支撑装置》
11. JT 3104—82《货运挂车系列型谱》
12. JT 3105—82《货运全挂车通用技术条件》
13. JT 3115—82《货运半挂车通用技术条件》
14. GB 4785—1998《汽车和挂车外部照明装置及信号装置的安装规定》
15. ZBT 59001—87《随车起重运输汽车技术条件》
16. GB 94652—88《高空作业车作业技术条件》
17. ZBT 53001—86《高空作业车技术条件》
18. GB/T 17350—1998《专用汽车和专用半挂车的术语和代号》
19. GB /T 4781—2006《道路车辆 50 毫米牵引杆、挂环的互换性》
20. GB/T 1835—2006《系列 I 集装箱角件》
21. GB/T 1836—1997《集装箱代码、识别和标记》
22. GB/T 1413—1998《系列 I 集装箱分类、尺寸和额定质量》

参考文献

[1] 徐达、蒋崇贤. 专用汽车结构与设计. 北京:北京理工大学出版社,1998

[2] 明平顺. 汽车运输专用车辆. 北京:人民交通出版社,2003

[3] 蒋崇贤,何明辉. 专用汽车设计. 武汉:武汉工业大学出版社,1994

[4] 崔靖. 专用汽车设计. 西安:陕西科学技术出版社,1989

[5] 徐达,陆锦荣. 专用汽车工作装置原理与设计计算. 北京:北京理工大学出版社,2002

[6] 吴社强,杜愎刚. 通用特种车辆与装卸机械使用维修. 北京:国防工业出版社,2006

[7] 朗有利. 专用汽车维修. 北京:人民交通出版社,1999

[8] 郑殿旺,华学超. 专用汽车结构及维修. 上海:上海科学技术出版社,1997

[9] 金先龙. 国外专用汽车技术. 武汉:湖北科学技术出版社,1994

[10] 王望予. 汽车设计. 北京:机械工业出版社,2000

[11] 余志生. 汽车理论. 北京:机械工业出版社,2000

[12] 司景萍,等. 液罐汽车横向稳定性的研究. 汽车技术,2001.12

[13] 司景萍. 液罐汽车直线制动稳定性的分析. 公路交通科技,2003.3

[14] 吴融华. 大型客车、专用汽车图文集成. 北京:北京理工大学出版社,1995

[15] 汽车运输职工教育研究会. 汽车修理工高级培训教材. 上海:上海科学技术出版社,1994